Margit Gätjens-Reuter/Claudia Behrens (Hrsg.)

Das große Handbuch
Sekretariat, Assistenz und Office-Management

Inhaltsverzeichnis

I.
Einführung

Das Sekretariat der Zukunft

Neue Aufgaben – altes Image?

Vor kurzem moderierte ich ein Auftakt-Meeting zum Thema Qualität. Das Besondere daran: Die Teilnehmerinnen waren Sekretärinnen, die aus einem Unternehmen kamen, in dem schon seit etwa zwei Jahren Total Quality Management lief. Die Mitarbeiter hatten Schulungen in Teamarbeit und Methodik bekommen und arbeiteten in Qualitätszirkeln daran, ihre Arbeitsprozesse und -ergebnisse ständig zu verbessern. Die ersten positiven Ergebnisse wurden spürbar und sichtbar.

An die Sekretärinnen hatte jedoch keiner gedacht. Tatsächlich beteiligten sich alle Mitarbeiter – von der Geschäftsleitung bis in die Produktion hinein –, nur die Sekretärinnen nicht. Niemand war auf die Idee gekommen, daß vielleicht auch diese Gruppe etwas zum unternehmensweiten Verbesserungsprozeß beitragen könnte.

Die Sekretärin der Geschäftsleitung hatte schließlich die Initiative ergriffen und mit ihrem Chef „ein ernstes Wörtchen" geredet. Es gelang ihr, ihm klarzumachen, daß gerade Sekretärinnen prädestiniert sind, in Qualitätszirkeln mitzuarbeiten: Das Sekretariat ist Schaltstelle für offizielle und „inoffizielle" Informationen, der Informationsgrad der Sekretärinnen entsprechend hoch, ihre soziale Kompetenz fördert die Teamarbeit, und oft wissen sie sehr genau, wo die Schwachstellen in den Arbeitsabläufen wirklich zu suchen sind.

Dieses Unternehmen wird von seinen Sekretärinnen auf jeden Fall noch profitieren – mittlerweile haben sie ihren eigenen Qualitätszirkel für noch besseres Office-Management und engagieren sich darüber hinaus auch in anderen Teams.

Dieses Beispiel – leider kein Einzelfall – macht deutlich, wie groß die Kluft zwischen der Leistung, die Sekretärinnen heute erbringen, und dem Image, das ihr Beruf sowohl in der Öffentlichkeit als auch im eigenen Unternehmen oft hat, tatsächlich ist. Wenn Sie „den Mann auf der Straße" fragen, was eine Sekretärin (aus-)macht, hören Sie – wahrscheinlich genau in dieser Reihenfolge: „Kaffee kochen, tippen, gut aussehen ..." Und in der Firma selbst gilt sie häufig als bequemes „Mädchen für alles", das allzeit bereitzustehen und Befehle auszuführen hat.

Zum Glück sieht es nicht mehr überall so aus. Dort, wo die Sekretärin als kompetente, selbständig denkende und verantwortlich handelnde Teampartnerin und Kollegin gilt (und auch dieses Ansehen genießt), hat sie vor allem selbst dafür gesorgt, daß das so ist, wobei ein entsprechend eingestellter Chef dies meist unterstützt und gefördert, zumindest aber nicht aktiv gebremst hat.

Wenn in meinen Seminaren die Mehrheit der Teilnehmerinnen über das „schlechte Image" klagt, gibt es immer welche, die berichten, wie sie sich, teilweise mühsam, aber entschlossen, durch Kompetenz und selbstbewußtes Auftreten ihr gutes Image und damit verbunden einen interessanten und spannenden Aufgabenbereich erobert haben, den sie in eigener Regie bewältigen.

Das Leben ist ungerecht

Da hat uns die 1994 veröffentlichte Fraunhofer-Studie zum „Sekretariat der Zukunft" doch schwarz auf weiß bestätigt, daß die „klassische Sekretärin", die mehr als die Hälfte ihrer Arbeitszeit Dokumente nach Vorgabe erstellt, bearbeitet und verwaltet und sich die restliche Zeit mit Telefonieren und Kaffeekochen beschäftigt, langsam, aber sicher ausstirbt. Wir wissen, daß nur die neuen Aufgabenprofile mit mehr Sachbearbeitung und qualifizierter Chefassistenz wirklich Zukunft haben. Wir wissen – aus eigener Erfahrung – sehr genau, was Sekretärinnen Tag für Tag leisten. Warum dauert es dann nur so lange, bis sich „das Bild" der Sekretärin dementsprechend ändert?

Die Frage ist, wer Interesse an einer solchen Veränderung hat und haben sollte. Als Sekretärin stehen Sie natürlich an erster Stelle. Wenn Sie in Ihrem Job täglich das Äußerste geben, wenn Sie ständig an sich arbeiten, um besser zu werden, und es immer wieder schaffen, die wachsende Aufgabenflut bravourös zu bewältigen, wenn Sie dem Unternehmen mehr Zeit widmen als vertraglich vereinbart (die meisten Sekretärinnen haben volle Überstundenkonten) und dabei durch Ihre positive Ausstrahlung für ein gutes Betriebsklima sorgen, dann haben Sie dafür wahrhaftig einen Anspruch auf Gegenleistung. Einen Anspruch, der meines Erachtens auch über eine „adäquate" Bezahlung hinausgeht. Einen Anspruch, den jeder andere Mitarbeiter, ob Chef oder nicht, auch ganz selbstverständlich erhebt, nämlich einen Anspruch auf Anerkennung und Wertschätzung.

Wer ständig hohe Leistung bringt und dafür keine Anerkennung bekommt, sondern eher noch das Gefühl hat, mißachtet oder sogar verachtet zu werden, wird es schwerhaben, wenigstens seine Selbstachtung zu erhalten. Ohne Selbstachtung und die Achtung anderer kann keiner auf Dauer Spitzenleistungen erbringen. Genau daran haben aber sowohl Ihr Chef als auch Ihr Unternehmen höchstes Interesse.

Woran es hapert

Werden Sekretärinnen von Kollegen, Chefs oder anderen Instanzen im Unternehmen „kleingehalten" und auf das Image vom Dummchen, dem man genau sagen muß, was zu tun ist, festgenagelt, kann das mehrere Gründe haben, z. B.:

Angst, daß die Sekretärin „zu gut" wird und sich ein anderes Aufgabenfeld oder einen anderen Chef sucht.

Angst vor Forderungen, unangenehmen oder überzogenen, die eine anerkannte Sekretärin an das Unternehmen stellen könnte (z. B. hinsichtlich Gehalt, Arbeitszeit usw.).

Angst vor Bequemlichkeitsverlust – es ist praktisch, jederzeit sagen zu können: „Machen Sie doch mal schnell."

Typisches Rollenverhalten: „Der Mann herrscht, die Frau dient."

Klischeegeprägte Wahrnehmung – Sekretärinnen wird oft nicht mehr zugetraut als die „typischen" klassischen Arbeiten.

Fehlendes Bewußtsein für den Nutzen, den eine Sekretärin oder Assistentin Chef und Unternehmen bieten kann, wenn sie sich optimal entfalten darf.

Schlechte Unternehmenskultur, die es zuläßt, daß manche Mitarbeiter ihre Erfolge auf der Erniedrigung anderer aufbauen können.

Diese Gründe sind zwar verständlich, aber meiner Meinung nach nicht tolerierbar – am wenigsten von den Sekretärinnen selbst. Sie sind die Hauptbetroffenen, und als solche liegt es auch an ihnen, etwas dagegen zu unternehmen.

Das ist aber nicht so einfach, dazu ein Beispiel: Eine Sekretärin besucht eine Weiterbildung zur Management-Assistentin, finanziert diese aus eigener Kraft und erfährt dann für ihre innerhalb der Ausbildung geforderte Projektarbeit seitens ihres Chefs keinerlei Unterstützung, obwohl dieses Projekt sich mit der Optimierung von Arbeitsabläufen im Sekretariat beschäftigt. Ja, sie muß diese Projektarbeit sozusagen heimlich anfertigen. Da frage ich mich doch, ob ein solcher Chef, ein solches Unternehmen „noch zu retten" ist?

Die Geschichte ist tatsächlich passiert, und ich könnte Hunderte solcher Geschichten aus meiner Seminar- und Beratungspraxis erzählen, aber das hieße ja, „Eulen nach Athen tragen". Als Sekretärin oder Assistentin wissen Sie mit Sicherheit genau um diese Problematik und sind selbst mehr oder weniger betroffen.

Was hier allerdings am wenigsten weiterhilft, ist jammern. Besser ist eine schonungslose Analyse der Situation und dann ein professionelles Vorgehen in Richtung Veränderung der Situation. Genau hierbei wird Sie dieses Handbuch unterstützen.

Globalisierung und beschleunigter Wandel sind Entwicklungen, die Ihnen dabei ebenfalls helfen können. In unseren Unternehmen stehen die Zeichen auf Sturm. Das kann negativ sein und gefährlichste Turbulenzen bedeuten, es kann aber auch im positiven Sinn frische Luft und Aufwind bedeuten. Sie sollten etwas wissen über die Hintergründe der Veränderungsprozesse, die in den Unternehmen ablaufen, damit Sie diese auch für sich nutzen können.

Risiken und neue Chancen

Veränderungsprozesse in den Unternehmen bringen Risiken und neue Chancen für Sekretärinnen.

Wenn ich die Sekretärinnen in meinen Seminaren nach Veränderungsprozessen in ihren Unternehmen frage, kann fast jede davon berichten: Umstrukturierungen in jeder Form sind an der Tagesordnung, gleichgültig, ob es sich um Industrieunternehmen, Dienstleister oder Behörden handelt. Branchenunabhängig versuchen die Unternehmen, mit Lean-Management, Total Quality Management, KVP (kontinuierlicher Verbesserungsprozeß) oder Kaizen (die stetige Verbesserung hin zum Guten) wettbewerbs- und damit existenzfähig zu bleiben.

Das hat viele gute Gründe – hier nur zwei besonders wichtige:

- Die politischen Veränderungen der letzten Jahre, z. B. die Auflösung der Ost-West-Konfrontation, haben auch die Märkte verändert: Die Unternehmen stehen im internationalen Konkurrenzkampf, müssen global denken und handeln. Tempo, höchste Qualität und konkurrenzfähige Preise für Produkte und Dienstleistungen sind gefordert. Erbracht werden müssen diese Leistungen unter schwierigen wirtschaftspolitischen Rahmenbedingungen.
- Die Informations- und Kommunikationstechnologie entwickelt sich immer schneller weiter und zielt auf eine vollständige Integration aller Systeme mit Standardisierungen und internen sowie externen Vernetzungen. Das Einführen neuer Systeme geht aber immer Hand in Hand mit organisatorischen Veränderungen und bedeutet Zeitaufwand für die Mitarbeiter sowie Kosten für die Unternehmen.

Da die traditionellen Unternehmensstrukturen mit ihrer strengen, hierarchisch ausgerichteten Arbeitsteilung viel zu schwerfällig sind, um schnell und flexibel auf die wechselnden Kundenanforderungen zu reagieren, wird unter anderem mit Hilfe der oben erwähnten Ansätze versucht, die Unternehmensorganisation an die neuen Herausforderungen anzupassen.

Wo gehobelt wird, da fallen Späne, das bekommen Mitarbeiter aller Hierarchieebenen dabei zu spüren.

Die Risiken für Sekretärinnen

Für Sie als Sekretärin beinhalten diese Prozesse vor allem folgende Risiken:

Bei der „Verschlankung" im Zuge des Lean-Managements werden in vielen Unternehmen ganze Hierarchieebenen aufgelöst oder komplette Bereiche aus dem Unternehmen ausgegliedert, z. B. mittels Outsourcing, also Übertragung bestimmter Funktionen an Zulieferer. Wenn es weniger Chefs gibt, gibt es zwangsläufig weniger Sekretärinnen, zumindest, was jene betrifft, die bisher im „klassischen" Stil für einen solchen Chef gearbeitet haben.

Der Druck wird größer für die verbleibenden Sekretärinnen, denn wenn Hierarchien abgebaut werden, heißt das nicht unbedingt, daß damit auch alle Aufgaben entfallen, die von diesen Ebenen bisher erledigt wurden. Die Aufgaben werden daher in der Regel neu verteilt und „bereichern" das bisherige Aufgabenspektrum der nicht Gekündigten.

Die fortschreitende Technologie zwingt zum ständigen Dazulernen. Die Zeit dafür muß meist zusätzlich aufgebracht werden, da das Tagesgeschäft gnadenlos weiterläuft. Wer hier den Anschluß verliert, verliert über kurz oder lang auch den Job.

Umstrukturierungen betreffen immer häufiger auch die Sekretärinnen selbst. Es wird experimentiert und ausprobiert: Bereichssekretariate, Sekretärinnen-Pools, Office-Profit-Center und Telearbeit, um nur einiges davon zu nennen. Damit wird versucht, auch die Office-Arbeit effizienter zu machen. Wer hierbei mauert oder sich nach dem guten, alten Vorzimmer zurücksehnt, riskiert seinen Arbeitsplatz.

Das sind vier Beispiele für die Risikoseite des Wandels. Zum Glück hat jede Medaille zwei Seiten, und die Chancenseite glänzt für Sie gerade als Sekretärin besonders hell.

Die Chancen für Sekretärinnen

Die erste Chance liegt für Sie in der Weiterentwicklung der Informations- und Kommunikationstechnologie.

Schon heute bedeuten E-Mail und elektronischer Terminkalender für Sie eine Entlastung von zeitaufwendigen Routinearbeiten. Schreiben, kopieren, Post verteilen, Ablage und Terminorganisation gehören ja zu den traditionellen Aufgaben der Sekretärin und nahmen früher den Hauptteil ihrer Arbeitszeit in Anspruch.

In Zukunft werden immer mehr Autoren ihre Texte selbst verfassen, auch mit Spracheingabesystemen.

Das Büro wird insgesamt papierärmer und die Erstellung, Verteilung und Verwaltung von Informationen damit schneller. Natürlich setzt das voraus, daß Sie die dazu erforderliche Technik beherrschen. Ihr Vorteil liegt in der gewonnenen Zeit, die Sie nutzen sollten, um sich attraktive Aufgaben „an Land zu ziehen". Worauf Sie Ihr Augenmerk dabei richten, hängt sicher von Ihren Interessen und Talenten und den jeweiligen Möglichkeiten in Ihrem Unternehmen ab. Abgesehen davon, sehe ich vor allem drei Schienen, die für Sie als Sekretärin in Zukunft Entwicklungsmöglichkeiten bieten:

Qualifizierte Management-Assistenz

Wenn es in Zukunft weniger Chefs gibt, werden diese wenigen zwangsläufig noch mehr zu tun bekommen. Nehmen Sie nur einmal den Bereich Menschenführung. Chefs sind in der Regel Führungskräfte, die eine mehr oder weniger große Anzahl von Mitarbeitern direkt zu führen haben. Diese Anzahl vergrößert sich, wenn bei etwa gleicher Mitarbeiterzahl die Chefs verringert werden. Die Leitungsspanne wächst also.

Gleichzeitig verändert sich die Führungsaufgabe. Um die Aufgaben der Zukunft zu bewältigen, brauchen die Unternehmen Mitarbeiter, die sich selbst organisieren, selbst ständig dazulernen und selbst entscheiden können – alles andere dauert viel zu lang. Solche Mitarbeiter wollen und müssen nicht angewiesen und kontrolliert, sondern gefordert und gefördert werden. Der Chef wird zum Coach, der dafür zu sorgen hat, daß seine „Spieler" ein optimales Team bilden und ein optimales Spielfeld vorfinden. Führen wird vor allem durch Kommunikation stattfinden. Hierbei braucht ein Chef die Unterstützung einer qualifizierten, fachkompetenten und psychologisch begabten Assistentin.

Eine Umfrage unter Sekretärinnen, die ich durchgeführt habe, erhellt den Blick auf ein weiteres, nicht ganz unbekanntes Betätigungsfeld, das zukünftig aber auch immer wichtiger wird: das Chef-Management. Die meisten von mir befragten Sekretärinnen stellten ihren Chefs – auch wenn sie sonst sehr zufrieden mit ihnen sind – ziemlich schlechte Noten in den Bereichen Selbst- bzw. Zeitmanagement und Ordnung aus. „Freundliche Chaoten" verfügen ja oft über ausgeprägte soziale Kompetenz, verzetteln sich aber mitunter so, daß ihnen diese auch nichts mehr nützt. Hinter einem effizienten Chef steht in Zukunft noch mehr als bisher die eiserne Faust seiner talentierten Time-Managerin. Von bekannten Künstlern oder Sportlern kennen wir den Spruch: „Sprechen Sie am besten mit meinem Manager." Wenn Ihr Chef diesen Satz zu jemandem sagt, der beispielsweise einen Termin von ihm will, und wenn er damit Sie meint, sind Sie wirklich seine Managerin.

Dann gehört auch das „Chef-Coaching" zu Ihren Aufgaben, denn Chefs und Chefinnen sind auch nur Menschen, denen es ungeheuer hilft, wenn sie mit jemandem, dem sie vertrauen können, auch einmal über ihre ganz persönlichen Entwicklungsziele, aber auch Ängste und Sorgen sprechen können. Jemanden, der es versteht, ihren Problemlösungsprozeß nicht durch gutgemeinte Ratschläge zu unterbrechen, sondern durch einfühlsames, aktives Zuhören zu spiegeln und damit zu unterstützen. Eine schwierige, aber auch besonders spannende und befriedigende Aufgabe.

Als qualifizierte Assistentin managen Sie nicht nur Ihren Chef oder Ihre Chefin und die gesamten Organisationsabläufe im Sekretariat, sondern übernehmen Teile seiner Aufgaben und erledigen diese selbständig, z. B. in Form von Projekten oder eigenen Sachgebieten, für die Sie verantwortlich sind. Das kann der Aufbau eines Informationssystems sein, mit dem Sie alle laufenden Aktivitäten oder Projekte des Bereichs im Überblick behalten, so daß Ihrem Chef eine effektive Projektsteuerung ermöglicht wird. Vielleicht entwickeln Sie auch ein einheitliches Ordnungssystem für die Ablage und führen dies mit elektronischer Unterstützung ein. Oder Sie koordinieren alle Aktivitäten, die mit dem Bau des neuen Verwaltungsgebäudes verbunden sind, und halten Ihren Chef stets auf dem laufenden.

Sie sehen, Ihren Ideen zur qualifizierten Chefentlastung sind fast keine Grenzen gesetzt.

Office-Management – Dienstleistungen rund um das Büro

Wie ich schon erwähnt habe, experimentieren immer mehr Unternehmen mit neuen Organisationsformen für Office-Dienstleistungen. Vor allem das Total Quality Management hat unsere Wahrnehmung dahin gehend erweitert, daß es sowohl externe als auch interne Kunden gibt. Warum also nicht für die internen Kunden des Unternehmens – ob Chefs, Sachbearbeiter oder Management-Assistentinnen – zentrale Dienstleistungsstellen schaffen, die schnell, flexibel und vielleicht sogar rund um die Uhr arbeiten? Gerade in international ausgerichteten Unternehmen ist „immer jemand wach".

Sicher erfordert es eine Umorientierung, wenn Sie bisher als „klassische Sekretärin" gearbeitet haben und jetzt vielleicht ein unternehmensinternes Office-Center übernehmen sollen, in dem „Kunden" blitzschnell ihre Präsentationsgrafiken anfertigen lassen können, von dem aus eine Videokonferenz organisiert und gesteuert wird oder über das die komplette Organisation und Koordination von Meetings und Tagungen abgewickelt werden.

Wenn Sie eine „Einsteigerin" sind, kann es Ihnen auch passieren, daß Sie zunächst einmal in einem Springerinnen-Pool landen und ein oder zwei Jahre lang im gesamten Unternehmen – vielleicht auch im Ausland – Urlaubsvertretungen machen, bis Sie jemand „entdeckt" und fest engagiert.

Mit hoher Wahrscheinlichkeit werden immer mehr Unternehmen solche Experimente wagen und erfolgreiche Ergebnisse entsprechend in neuen Organisationsformen umsetzen. Ihre spezielle Chance liegt hierbei nicht nur darin, sich auf diese Experimente (wohl oder übel) einzulassen. Viel besser wäre es, wenn Sie selbst sich ständig über solche Entwicklungen informieren und von Anfang an mitmischen würden. Warum also nicht – am besten gemeinsam mit Kolleginnen – selbst nach alternativen Formen suchen und diese vorschlagen?

Nur wenn Sie es schaffen, die Entwicklung selbst mit zu beeinflussen, können Sie auch den Kurs mitsteuern und dafür sorgen, daß auch Sie von den Ergebnissen profitieren.

Outsourcing

Der Trend, Funktionen aus dem Unternehmen auszulagern, kann ebenfalls eine Chance bedeuten. Dies setzt jedoch auch eine gewisse Risikobereitschaft voraus, ohne die Selbständigkeit nicht denkbar ist. Überlegen Sie einmal, welche Dienstleistungen Sie einem Unternehmen anbieten können.

Die Spanne reicht vom traditionellen Schreibbüro über die Organisation von Veranstaltungen, vom Reiseservice über Übersetzungen bis hin zu Weiterbildung, Informationsrecherche oder Moderation. In meinem Seminar „Betriebswirtschaft", in dem wir anhand der simulierten Gründung und Führung eines Office-Management-Centers einen Basisüberblick über das gesamte Gebiet schaffen, tauchen immer häufiger Teilnehmerinnen auf, die diese Idee bereits umgesetzt haben, überwiegend mit Erfolg.

Eine „abgemilderte" Variante, bei der Sie nicht das gesamte Risiko der Selbständigkeit tragen müssen, ist die Telearbeit, die vor allem auch für bestimmte Lebensphasen (Stichwort Familienplanung) sehr interessant für Sie sein kann – vor allem auch, um den Anschluß nicht zu verpassen.

Kompetenzen, um den Wandel zu nutzen

Welche Kompetenzen brauchen Sie, um den Wandel zu nutzen? Lebenslanges Lernen ist eine Forderung, die der schnelle Wandel an uns stellt. Einmal einen Beruf fürs Leben zu erlernen und diesen unverändert bis zur Pensionierung auszuüben – diese Zeiten gehören der Vergangenheit an. Gott sei Dank, finde ich, denn so wird die Arbeit doch viel interessanter.

Wenn Sie Ihre berufliche und persönliche Weiterentwicklung planen, sollten Sie vor allem die folgenden drei Kompetenzbereiche im Auge behalten und für jeden zunächst genau erforschen:

- Was wird jetzt und zukünftig verlangt?
- Was kann ich schon, und wie gut kann ich es?
- Was muß ich dazulernen, und wie mache ich das am effizientesten?

Fachkompetenz

Selbstverständlich bleibt auch in Zukunft, daß Sie das Handwerkszeug der Sekretärin beherrschen. Darüber hinaus sollten Sie aber immer die aktuelle Entwicklung mitverfolgen und sich aneignen, was nötig ist. Dazu gehören zur Zeit beispielsweise die neue Rechtschreibung genauso wie das „Designen" von Texten, Grafiken usw., also die Beherrschung eines zeitgemäßen Briefstils und der Grundregeln optischer Gestaltung.

Sie wissen ja, daß gerade schriftliche Informationen das Bild eines Unternehmens entscheidend mitprägen, also sollten Sie über das Thema Corporate Identity ebenfalls Bescheid wissen. Vielleicht können Sie in Ihrem Unternehmen hierzu wichtige Vorschläge machen oder sogar ein CI-Projekt selbständig initiieren und durchführen. Abgesehen davon, daß Sie Ihren PC mit der jeweils aktuellen Software wirklich beherrschen, sollten Sie sich ständig über die neuesten Trends und Entwicklungen im Bereich der Bürokommunikationstechnik informieren – auch hier können Anregungen, z. B. zur Internet-Nutzung, von Ihnen ausgehen.

Daß Sie als Management-Assistentin Ihrem Chef Führungshilfen anbieten können, habe ich schon erwähnt. Ihr fachliches Rüstzeug besteht dabei in Kenntnissen zum Arbeitsrecht und Personalwesen so-

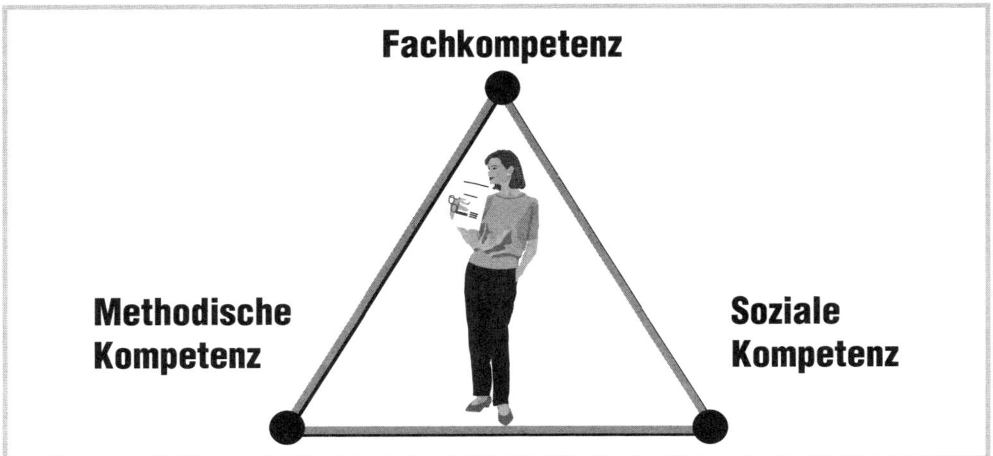

Drei Kompetenzbereiche für erfolgreiche Management-Assistenz wie auch Führungswissen. Vielleicht führen Sie – je nach Aufgabenbereich – einmal selbst andere Menschen, auch dabei wird dieses Know-how von Nutzen sein.

Ablage ist eines der leidigsten Themen – nicht nur für Sekretärinnen. Sie kostet aber meist noch so viel Zeit, daß es Sinn macht, sie optimal zu organisieren. Mit der Kenntnis, daß man alphabetisch oder numerisch ordnen kann, ist es nicht getan. Daß es sich hierbei heutzutage um eine höchst anspruchsvolle Organisationsaufgabe handelt, wissen Sie wahrscheinlich aus eigener Erfahrung. Es gibt eine ganze Menge an Wissen, das Ihnen bei der „Organisation der Information" helfen kann!

Kommunikation beherrscht unseren Arbeitsalltag und will auch organisiert sein, wenn sie effektiv ablaufen soll. Sie verwenden wahrscheinlich eine ganze Menge Zeit auf die Organisation und Koordination von Meetings und Veranstaltungen aller Art. Ihrer Professionalität ist es schließlich zu verdanken, wenn alles reibungslos abläuft. Machen Sie sich fit im „Veranstaltungsmanagement".

Marketingwissen hilft Ihnen natürlich besonders, wenn Sie in diesem Bereich arbeiten. Da aber jeder im Unternehmen auch „Kunde" ist, kann das Grundwissen um Zusammenhänge hier niemandem schaden. Es hilft Ihnen, den Kontext zu begreifen, in dem Ihr Unternehmen steht und in dem Ihr Chef und/oder die Geschäftsführung ihre Entscheidungen fällen muß, die Sie durch Ihre Arbeit vorbereiten, unterstützen und umsetzen helfen.

Natürlich gibt es noch unzählige weitere Möglichkeiten, sich weiterzubilden und zu engagieren. Wir haben in diesem Handbuch vor allem jene Fachkompetenzbereiche aufgegriffen, von denen wir glauben, daß sie für jede Sekretärin und Management-Assistentin wichtig sind.

Methodische Kompetenz

Bei diesem Kompetenzbereich geht es vor allem um die Fähigkeit, selbständig und eigenverantwortlich zu denken, zu handeln, sich zu entwickeln und dabei erfolgreich zu sein. Natürlich sind nicht nur Sekretärinnen mit diesen Kompetenzen gut bedient – sie gehören, genau wie die sozialen Kompetenzen, zu den Kernforderungen, die heutzutage an alle Mitarbeiter, insbesondere auch an Führungskräfte, gestellt werden.

In einer Bürowelt, in der es Tag für Tag so turbulent zugeht, daß man kaum zum Atmen kommt, brauchen Sie vor allem die Fähigkeit, sich trotz aller Hektik konzentrieren zu können und wesentliche Informationen schnell zu erfassen und zu behalten. Daß dies trainiert werden kann, erfahren Sie im entsprechenden Kapitel unseres Handbuchs.

Wenn Sie den Wandel aktiv mitgestalten wollen, werden Sie Ihrem Chef und Ihren Kollegen Vorschläge machen und diese überzeugend vertreten müssen. Hier ist professionelles Vorgehen gefragt. Suchen Sie geeignete Problemfelder, und analysieren Sie diese sorgfältig. Nutzen Sie Ihre Kreativität, um neue Ideen zu produzieren, und bereiten Sie Ihre Präsentationen zielgruppenorientiert und visuell unterstützt vor. Problemlösungs- und Entscheidungstechniken sowie die Methoden und Techniken erfolgreicher Präsentation sollten für Sie keine Fremdwörter sein.

Eine souveräne Moderation von Diskussionen erwarten wir heute auch von einer kompetenten Management-Assistentin. Vielleicht macht Ihnen das so viel Spaß, daß Sie künftig auch andere Meetings und Besprechungen moderieren wollen!

Bevor Sie Ihren Chef und seine Zeit managen, sollten Sie sich natürlich selbst im Griff haben. Erst wenn die Grundprinzipien des Zeit- und Selbstmanagements Ihnen selbst in Fleisch und Blut übergegangen sind, werden Sie auch Ihren Chef oder Ihre Chefin im positiven Sinn „erziehen“ können.

Ihr eigenes Zeitmanagement ist eng mit dem Ihres Chefs/Ihrer Chefin verknüpft – lernen Sie die Grundregeln im entsprechenden Kapitel kennen bzw., wenn Sie bereits ein „alter Zeitmanager“ sind, überprüfen Sie sich bei der Gelegenheit einmal wieder.

Wir haben davon gesprochen, daß gerade die qualifizierte Management-Assistentin zukünftig viele Aufgaben in Projektform durchführen wird.

Projektmanagement ist der zusammenfassende Begriff für alle Instrumente, mit denen Sie ein Projekt starten, steuern und mit Erfolg abschließen können. Besonders im Projektmanagement liegen für Sie sehr attraktive Zukunftschancen: Entweder leitet Ihr Chef selbst Projekte, und Sie unterstützen ihn wirksam dabei, oder aber Sie arbeiten in Projektteams mit oder führen eben eigene Projekte durch. In allen drei Varianten können Sie sich profilieren und ein neues Image aufbauen.

Soziale Kompetenz

Bei aller Euphorie über die Fortschritte, die mit der Informations- und Kommunikationstechnologie erzielt werden können, schwingt oft die Besorgnis mit, daß die Menschen an ihren Computern vereinsamen und in die soziale Isolation geraten. Das wäre fatal, einsame Menschen können wohl kaum immer neue Ideen entwickeln, um die Probleme ihrer Kunden optimal zu lösen und so die Existenz ihrer Unternehmen zu sichern. Die Computer werden daher weiterhin Werkzeuge bleiben und die Arbeit einzelner Mitarbeiter und ganzer Teams unterstützen.

Man hat begriffen, daß kein Mensch alles kann und daß die Teamleistung – wenn es denn ein Team ist – mehr ist als die Summe von Einzelleistungen. Teams brauchen allerdings Zeit und kompetente Unterstützung, um sich zu entwickeln und die Phase der Spitzenleistung zu erreichen. Das Wissen darüber ist faszinierend und hilfreich zugleich.

Gerade Sie als Sekretärin haben sich bisher vielleicht mehr als Einzelkämpferin erlebt. In Zukunft wird Teamarbeit auch für Sekretärinnen immer mehr zum Thema – ich erinnere an unser Einstiegsbeispiel mit dem Sekretärinnen-Qualitätszirkel.

Abgesehen davon fangen auch immer mehr Sekretärinnen an, Netzwerke aufzubauen – unternehmensintern, aber auch übergreifend. Sie engagieren sich in den Berufsverbänden oder bilden eigene Foren, die sie als Informationsbörse und gegenseitiges Unterstützungsinstrument begreifen und nutzen. Hierbei ist Ihre Teamfähigkeit ebenfalls gefragt!

Aus neueren Untersuchungen wissen wir, daß besonders erfolgreiche Unternehmen sich dadurch auszeichnen, daß die Menschen aufeinander zugehen können und herausfinden, wie sie sich gegenseitig am besten ergänzen können, um ihre Ziele zu erreichen. Erfolgreiche Mitarbeiter besitzen „Emotionale Intelligenz“, sie wissen – oft intuitiv –, was sie tun müssen, um andere für sich einzunehmen und für Ziele zu begeistern, die gemeinsam erreicht werden sollen. Gerade in Unternehmen, in denen auf formalen Wegen oft gar nichts mehr läuft oder es einfach viel zu lange dauert, um zum Ziel zu kommen, ist die Emotionale Intelligenz mancher Mitarbeiter das einzige, was die Menschen noch motiviert und Aufgaben voranbringt.

Das Sekretariat war schon immer eine Schaltstelle der Kommunikation. Frauen, auch das wissen wir heute, scheinen im Bereich der sozialen Kompetenz und Emotionalen Intelligenz im allgemeinen etwas begabter zu sein als Männer.

Stellen Sie fest, wie gut Ihre kommunikativen Fähigkeiten schon ausgeprägt sind, entwickeln Sie sie weiter, und scheuen Sie sich nicht, sie konsequent anzuwenden, um Ihre Ziele zu erreichen. Das hat nichts mit negativer Manipulation anderer zu tun. Wirkliche Sozialkompetenz schließt immer die Achtung und Wertschätzung derer ein, bei denen wir sie anwenden. Außerdem bedeutet Sozialkompetenz, sich sich selbst gegenüber „sozial“ zu verhalten, also Verantwortung für sich selbst zu übernehmen und dafür zu sorgen, daß Sie „fit“ bleiben. Kein Mensch kann vierundzwanzig Stunden ohne Pause arbeiten. Auch Sekretärinnen nicht.

Ihr Erfolg hängt nicht zuletzt mit von Ihrer körperlichen Verfassung ab. Sicher, Sie können lange von diesem Konto abbuchen, bis irgendwann einmal die Rechnung präsentiert wird. In der Zwischenzeit sind Sie dann aber lange nicht so leistungsfähig, wie Sie es sein könnten. Gönnen Sie Ihrem Körper – und Ihrer Seele natürlich auch – das, was sie brauchen. Investieren Sie täglich ein wenig Zeit, um „fit for office“ – und natürlich auch fürs Privatleben zu werden und zu bleiben.

Kompetenz von Spitzentrainern für Ihren Erfolg

Ein Handbuch soll ein Werkzeug sein, das konkrete und sofort umsetzbare Unterstützung liefert.

Bei der Themenzusammenstellung haben wir uns daran orientiert, welche Inhalte derzeit auf Seminaren und Fachtagungen ganz besonders gefragt sind, und kompetente und renommierte Trainer und Fachleute gebeten, ihr aktuelles Know-how für Sie zu Papier zu bringen.

Als Herausgeberinnen möchten Claudia Behrens und ich uns bei allen Autoren für die problemlose und professionelle Zusammenarbeit bedanken. Entstanden ist ein Instrument, das Ihnen Wissen, Ideen und Anregungen liefert. Wir wünschen uns, daß es Ihnen hilft, lohnende Ziele für Ihre berufliche Entwicklung zu finden und zu erreichen und Ihre Initiative und Ihr Engagement zu unterstützen, die Sie gewiß entwickeln werden, um den Wandel für sich als Chance zu nutzen.

Kompetent und selbstbewußt – so wünschen wir uns die Sekretärin und Management-Assistentin der Zukunft, und wir hoffen, daß sich langsam, aber sicher auch im breiten Bewußtsein unserer Mitmenschen das Image für Sie etabliert, das Sie schon lange verdienen!

Margit Gätjens-Reuter

Weiterführende Literatur

Gätjens-Reuter, Margit, Aktiv ins Sekretariat 2000, Gabler Verlag, Wiesbaden 1995

Bullinger, Hans/Klein, Barbara (Hrsg.), Sekretariat der Zukunft, Fraunhofer-Studie, Gabler Verlag, Wiesbaden 1994

Berth, Rolf, Erfolg, Econ Verlag, Düsseldorf 1995

II.
Fachkompetenz

Die neue Rechtschreibung und Zeichensetzung

Der Autor

Werner Möhl, Dipl.-Kfm., arbeitete mehr als 30 Jahre in Führungspositionen des Personalwesens von Industrie-, Handels- und Dienstleistungsunternehmen. Seine Tätigkeitsschwerpunkte: Personalauswahl, Personalentwicklung und Personalpflege, Aus- und Weiterbildung. Er machte sich einen Namen als Fachautor zahlreicher Buch- und Zeitschriftenveröffentlichungen. Diese befassen sich mit den Themen Personalarbeit (Bewerbung, Bewerberauswahl, Arbeitszeugnisse, Führungsfragen) und Kommunikation (Personalkorrespondenz, Geschäftskorrespondenz und Rhetorik).

Die Rechtschreibung – Stand der Dinge

Allgemein war anerkannt, dass die deutsche Rechtschreibung reformbedürftig sei. Lange haben Experten aus dem deutschsprachigen Raum (Deutschland, Österreich, deutschsprachige Schweiz) an einer Rechtschreibreform gearbeitet. Das Ergebnis wurde 1996 für Deutschland von der Kultusministerkonferenz abgesegnet. Die neue Rechtschreibung soll ab 1. August 1998 gelten. Das bedeutet, dass sie ab diesem Stichtag in allen Schulen unterrichtet und angewendet werden soll.

Bayern spielte den Vorreiter und hat bereits mit Beginn des Schuljahres 1996/97 die neue Rechtschreibung an allen bayerischen Schulen eingeführt. Hier liegen – nach Aussagen des Kultusministeriums – schon erste, positive Erfahrungen vor. Aber auch in den anderen Bundesländern sollen rund 90 Prozent aller Grundschulen die neue Rechtschreibung eingeführt haben.

Dieser Beitrag ist bereits nach den Regeln der neuen Rechtschreibung geschrieben.

Übergangszeit bis 2005

Weil eine solche Umstellung nicht an einem Stichtag vollzogen werden kann, gilt laut Beschluss der Kultusminister für die Umsetzung eine Übergangszeit bis 2005. Bis dahin müssten zumindest alle amtlichen Stellen ihren Schriftverkehr umgestellt und alle Zeitungs-, Zeitschriften-

und Buchverlage ihre Erzeugnisse in neuer Schreibweise erstellen. Da die deutschsprachigen Nachrichtenagenturen zum 1. August 1998 auf die neue Rechtschreibung umstellen wollen, werden sich auch die Printmedien ab diesem Zeitpunkt umstellen.

Befürworter und Gegner

Kaum erschienen die ersten Wörterbücher mit der neuen Rechtschreibung und Zeichensetzung, wurde die neue Rechtschreibung heftig kommentiert: Den einen ging die Reform nicht weit genug (nur ein „Reförmchen"), den anderen ging sie viel zu weit. Einige fanden sie völlig überflüssig. Nicht gerade zur Klärung trägt bei, dass zwei rivalisierende Institutionen jeweils den Befürwortern oder den Gegnern als Argumentationsstützen dienen: das Mannheimer Institut für deutsche Sprache und die Deutsche Akademie für Sprache und Dichtung. Letztere plant keine alternative Neuregelung der deutschen Rechtschreibung, sondern will im Wesentlichen den bisherigen, relativ einheitlichen Zustand wiederherstellen.

Abweichende Auslegungen: Ebenfalls zu einiger Verunsicherung tragen die neuen Wörterbücher (Dudenverlag und Bertelsmann) bei. Beide vertreten zwar die neue Rechtschreibung, bieten aber in manchen Fällen abweichende Auslegungen.

Engagierte Kritiker fordern Stopp der Reform: Zu den Kritikern gehören Schriftsteller und Sprachwissenschaftler, Lehrer und Bürger und ca. 80 Bundestagsabgeordnete, die mit einem Antrag im Bundestag die Reform rückgängig machen wollen. 12 Bürgerinitiativen fordern in einer Weilheimer Erklärung den sofortigen Stopp der zum 1. August 1998 geforderten Einführung. Auch Lehrerinitiativen gehen gegen die Reform vor. Einige Eltern haben mit unterschiedlichem Erfolg gegen die Unterrichtung ihrer Kinder in der neuen Rechtschreibung geklagt.

Emotionen statt Argumente

Die Diskussion der Gegner und Befürworter ist häufig stärker von Emotionen als von Fakten und stichhaltigen Sachargumenten geprägt. So ist beispielsweise das Argument, der Neudruck der Schulbücher erfordere Milliarden und sei daher ein Schildbürgerstreich, nicht sehr stichhaltig: Die Schulbuchverlage sorgten auch in der Vergangenheit dafür, dass die Schulbücher fast jährlich neu gedruckt wurden und dann auch gekauft werden mussten.

Autorenfreiheit: Autoren und Schriftsteller können ohnehin die deutsche Sprache so einsetzen, wie es ihrem Sprachempfinden und ihren Vorstellungen entspricht (vorausgesetzt, Verleger und Lektoren machen mit). Privatleute dürfen so gut und richtig schreiben, wie sie können, das heißt auch in der alten Schreibweise.

Viel Wind und Wirbel wird also um eine relativ bescheidene Sache gemacht. – Übrigens: Seit dem Erscheinen des „Vollständigen orthograph. Wörterbuches der dt. Sprache" von Konrad Duden 1880, seit 1915 „Duden" genannt, hat sich die deutsche Rechtschreibung erheblich stärker verändert, als dies durch die derzeitige Reform bewirkt wird. Und auch ohne Reform werden sich unsere Sprache und damit ihre Regeln ständig ändern.

Wie sieht es in der Wirtschaft aus?

Die Wirtschaft hat bisher noch nicht erkennbar reagiert. Noch wartet sie offenbar die Entwicklung ab. Sie wird diese jedoch nicht ignorieren können, sondern die neuen Regeln übernehmen müssen, wenn diese sich allgemein durchsetzen. Spätestens wenn die Auszubildenden in der Berufsschule ihre Geschäftskorrespondenz in neuer Rechtschreibung lernen und wenn die Schulabgänger als Auszubildende ihre Deutschkenntnisse umsetzen wollen, besteht konkreter Klärungsbedarf. Fortschrittliche Unternehmen werden eher zur neuen Rechtschreibung übergehen als konservative, die zunächst noch abwarten wollen, wohin die ganze Sache läuft. Sobald aber z. B. Behörden die neue Rechtschreibung anwenden, werden sich auch die Firmen bei schriftlichen Behördenkontakten an deren Schreibweise anpassen.

Die Reform nutzen

Die Rechtschreibreform ist eine günstige Gelegenheit zur Reform der eigenen Korrespondenz. Wenn Unternehmen die neue Rechtschreibung übernehmen und ihre Mustertexte entsprechend ändern, sollten sie die Gelegenheit nutzen, ihre Mustertexte und Textdateien kritisch zu prüfen:

- Ist unsere Textsammlung noch vollständig?
- Welche Texte können (ersatzlos) gestrichen werden?
- Welche Texte müssen hinzugefügt werden?
- Welche Texte müssen geändert werden?

Hier kann ein äußerer Anstoß (wie die Rechtschreibreform) durchaus positive Folgen haben.

Die Sekretärin und die neue Rechtschreibung

Am stärksten werden alle diejenigen von der neuen Rechtschreibung und Zeichensetzung betroffen sein, die täglich korrespondieren müssen: die Sekretärinnen, Korrespondenten und Schreibkräfte. Spätestens wenn sie ihre Korrespondenz und ihre sonstigen Schreibaufgaben entsprechend den neuen Regeln ausführen wollen (oder sollen), müssen sie – neben den neuen DIN-Regeln 5008 und 676 – auch die neuen Rechtschreibe- und Zeichensetzungsregeln beherrschen. Dabei kommt es entscheidend darauf an, ob und in welcher Form die Unternehmen oder die jeweiligen Vorgesetzten die Umstellung fordern und fördern.

Spielregeln verabreden: Probleme kann es auch geben, wenn Chefs sich nicht umstellen wollen und auf alten Regeln und Schreibweisen beharren. Wollen die Sekretärinnen einen täglichen „Kleinkrieg" um die „rechte" Rechtschreibung vermeiden, sollten sie mit ihrem Chef als Spielregel verabreden, dass die aktuelle Rechtschreibung gelten solle und in Zweifelsfällen ein anerkanntes Wörterbuch zu Rate gezogen wird. In den meisten Fällen dürfte dies der „Duden" sein.

Übergangszeit als Schonzeit: Wahrscheinlich werden die Sekretärinnen noch einige Schonzeit haben. (Die Übergangszeit gilt ohnehin bis 2005.) Sie können zunächst noch in Ruhe abwarten, welche Bewegung sich durchsetzen wird: die Kultusminister und die Befürworter oder die Gegner der Reform. Wahrscheinlicher ist, daß sich die neue Rechtschreibung – vielleicht noch ein wenig überarbeitet und dadurch etwas „logischer" – durchsetzen wird.

Neue Rechtschreibprogramme

Man sollte meinen, es sei relativ einfach, mit Hilfe von Umsetzungsprogrammen zumindest auf den PCs die alte Rechtschreibung in die neue zu transformieren. Weit gefehlt: Es gibt zwar inzwischen bereits einige Programme. Aber diese haben so viele Mängel, dass bisher noch nicht ein einziges empfehlenswert ist. Hier werden in Zukunft sicher noch hilfreiche Programme für die geplagten Schreibkräfte auf den Markt kommen.

Ziel dieses Beitrags

Es ist weder möglich noch sinnvoll, im Rahmen dieses Beitrags alle Rechtschreibe- und Zeichensetzungsregeln abzuhandeln. Dies würde ein Buch füllen. Wer fit sein will, braucht ohnehin ein aktuelles Wörterbuch mit Regelwerk. Es kann hier nur darum gehen, auf die wichtigsten Änderungen einzugehen, Mut zu machen und Interesse zu wecken, sich intensiv mit der neuen Rechtschreibung auseinanderzusetzen und anzufreunden.

Diesem Beitrag liegen zugrunde: der „Duden" (21., völlig neu bearbeitete und erweiterte Auflage) und „Rechtschreibung 2000" (2. aktualisierte und erweiterte Auflage, Ernst Klett Schulbuchverlag).

Großschreibung

Im Deutschen dient die Großschreibung im Gegensatz zu den anderen Sprachen nicht nur zur Kennzeichnung von Satzanfängen, Eigennamen und Ausdrücken der Ehrerbietung, sondern vor allem auch der Kenntlichmachung einer Wortart: der Substantive.

Schwierigkeiten bei der Groß- oder Kleinschreibung traten auf, weil einerseits Wörter aller nichtsubstantivischen Wortarten als Substantive gebraucht werden konnten und dann großgeschrieben wurden (das Schreiben, das Sowohl als Auch, die Ewiggestrigen).

In anderen Fällen ist die Substantivierung jedoch nur eine scheinbare, formale, weshalb nach den alten Regeln keine Großschreibung erfolgte (im nachhinein; es wäre das beste, wenn ...; auf dem laufenden bleiben; im dunkeln tappen). Andererseits wurden oft ursprüngliche Substantive auch nichtsubstantivisch gebraucht (heute morgen, abends) und daher kleingeschrieben.

Die neue Regelung will möglichst klare, formale Kriterien für die Großschreibung gewinnen. Deshalb kommt dem Gebrauch der Artikel entscheidende Bedeutung zu. Das führt zu einer leichten Vermehrung der Großschreibung, z. B. werden Substantive in Verbindung mit einer Präposition (in Bezug auf; auf Grund) oder mit einem Verb (Rad fahren; Tennis spielen) grundsätzlich großgeschrieben.

Weiterhin Ausnahmen: Auch weiterhin kleingeschrieben werden die Substantive Angst, Bange, Gram, Leid, Schuld und Pleite in Verbindung mit den Verben *sein, bleiben und werden*: Mir wird angst und bange. (Aber: Ich habe Angst.) Er ist schuld. (Aber. Er hat Schuld.) Ich bin es leid. (Aber: Es tut mir Leid.) Sie werden pleite. (Aber: Sie gehen Pleite.)

Hier trägt die neue Rechtschreibung wohl kaum zu Vereinfachung und besserem Verständnis bei.

Grundsätzliches zur Großschreibung

Im Deutschen dient die Großschreibung zur Kennzeichnung von
- Satzanfängen,
- Eigennamen, Ausdrücken der Ehrerbietung
- und vor allem zur Markierung von Substantiven.

Groß schreibt man deshalb:
- *das erste Wort* eines Satzes
- Namen (z. B. Gabriele Müller, Düsseldorf)
- die Höflichkeitsanrede „Sie" mit dem zugehörigen besitzanzeigenden Fürwort „Ihr". (Das vertrauliche „du" und das

besitzanzeigende Fürwort „dein“ wird in Briefen klein geschrieben.)

- *alle wirklichen Substantive* (z. B. Angebot, Korrespondenz, Mängelrüge)
- *Wörter* aller Art (nicht substantivische Wortarten), wenn sie *als Substantive gebraucht* werden (z. B. Altes und Neues, ohne Wenn und Aber, das Schreiben, etwas Neues, nichts Genaues, wenig Passendes, im Dunkeln tappen, im Trüben fischen, für Alt und Jung, zum Besten stehen, Bezug nehmen)
- *substantivierte Adjektive als Ordnungszahlen* (z. B. der Erste, der Letzte, der Nächste, der Vierte)
- *substantivisch gebrauchte Infinitive* (z. B. das Schreiben und das Lesen, zum Verwechseln ähnlich, böses Erwachen)
- *Farb- und Sprachbezeichnungen* in Verbindung mit Präpositionen (z. B. auf Deutsch, in Blau, bei Rot)
- *Paarformen* mit nicht deklinierten Adjektiven (z. B. Groß und Klein, Gleich und Gleich, Jung und Alt)
- *Wörter auf -er, die* von erdkundlichen Namen abgeleitet werden (z. B. eine Bremer Firma, Schweizer Uhren)
- *Bezeichnungen von Tageszeiten, wenn* sie in Verbindung mit heute, (vor)gestern, oder (über)morgen stehen (z. B. gestern Morgen, heute Abend) oder als Verbindung von Wochentag und Tageszeit (z. B. am Montagmorgen, am Freitagabend)
- *In substantivischen Aneinanderreihungen* wird das erste Wort auch dann großgeschrieben, wenn es kein Sustantiv ist (z. B. Pro-Kopf-Verbrauch, Ad-hoc-Arbeitsgruppe).

Kleinschreibung

Kleingeschrieben werden:

- *Verben* (z. B. wir schreiben, er liest)
- *Adjektive* in festen Fügungen mit Substantiven (z. B. das interessante Angebot, das schwarze Brett, die erste Hilfe)
- *aus Substantiven entstandene Wörter anderer Wortarten* (z. B. kreuz und quer, anfangs, abends, freitags, schuld sein, ein bisschen, kraft, seitens, willens)
- *von erdkundlichen Namen abgeleitete Adjektive auf -isch, wenn* sie nicht Teil eines Eigennamens sind (z. B. französische Autos, fränkischer Karpfen)
- *Ableitungen von Personennamen* (z. B. das ohmsche Gesetz, die darwinsche Evolutionstheorie)
- *die vertraulichen Anredepronomina* „du“ und „ihr“ mit ihren zugehörigen Formen (z. B. du, dein, dir usw.; ihr, euer, euch)

Getrennt- und/oder Zusammenschreibung

Anstelle der früher geltenden, schwer handhabbaren inhaltlichen Kriterien (Zusammenschreibung, „wenn ein neuer Begriff entsteht“ oder „wenn die Bedeutung des Substantivs verblasst ist“) treten grammatische Kriterien (z. B. Erweiterbarkeit, Steigerbarkeit).

Beispiel: Früher hieß es Auto fahren; aber radfahren, heute werden beide getrennt geschrieben, also auch Rad fahren.

Gelten soll die konsequente Getrenntschreibung, da alle Fälle aus dem Textzusammenhang oder aus der Sprechsituation heraus eindeutig zu verstehen sind. Also auch „in der Schule sitzen bleiben“ wie „auf dem Stuhl sitzen bleiben“. All diese Fälle sind aus dem Textzusammenhang oder aus der Sprechsituation heraus eindeutig zu verstehen (so behaupten es jedenfalls die Reformer).

Getrenntschreibung

Getrennt schreibt man Verbindungen mit einem Verb als zweitem Bestandteil,

- wenn der erste Bestandteil ein eindeutig als Substantiv gebrauchtes Substantiv ist (z. B. Auto fahren, Rad fahren).
- wenn der erste Bestandteil ebenfalls ein Verb ist (z. B. laufen lernen, sitzen bleiben, spazieren gehen).
- wenn der erste Bestandteil ein Adjektiv ist, das erweitert oder gesteigert werden kann (z. B. Die Zustimmung ist uns schwer gefallen [wegen schwerer]. Den Stoff [grell] bunt färben).
- wenn der erste Bestandteil ein Partizip ist (z. B. getrennt schreiben, gefangen nehmen, verloren gehen).

Ebenfalls getrennt geschrieben werden

- Verbindungen mit dem Verb „sein" (z. B. beisammen sein, dabei sein, dabei gewesen, vorhanden sein).
- zusammengesetzte Adverbien vom folgenden Verb (z. B. abhanden kommen, zustande bringen, überhand nehmen, vorlieb nehmen).

Auch getrennt schreibt man Verbindungen mit einem Adjektiv oder einem Partizip als zweitem Bestandteil, wenn

- der erste Bestandteil erweitert ist oder wenn bei Zusammenschreibung gegenüber der Wortgruppe kein Artikel und keine Präposition eingespart werden (die Eisen verarbeitende Industrie; eine Aufsehen erregende Nachricht).
- eine getrennt geschriebene Wortgruppe zugrunde (auch zu Grunde) liegt (z. B. allein stehend – wegen allein stehen; verloren gegangen – wegen verloren gehen).
- der erste Bestandteil eine Ableitung auf -ig, -isch oder -lich ist (z. B. riesig groß, verräterisch laut, rötlich braun).
- der erste Bestandteil gesteigert oder erweitert werden kann (z. B. eine schwer verdauliche Speise; weit reichende Beziehungen).
- eine Verbindung aus einem Adjektiv, das wie ein Partizip gebraucht wird, und einem Adjektiv (z. B. blendend weiße Zähne, kochend heißes Wasser).

Als Grundregel kann gelten: Die Getrenntschreibung ist der Normalfall.

Zusammenschreibung

Untrennbare Zusammensetzungen: Verbindungen mit einem Verb als zweitem Bestandteil, bei denen die Reihenfolge der Bestandteile in allen gebeugten Formen unverändert bleibt (untrennbare Zusammensetzungen) werden zusammengeschrieben (z. B. schlussfolgern – ich schlussfolgere – ich habe geschlussfolgert; widersprechen – ich widerspreche – ich habe widersprochen).

Trennbare Zusammensetzungen: Verbindungen mit einem Verb, bei denen die Reihenfolge der Bestandteile je nach Stellung im Satz wechselt (trennbare bzw. unfeste Zusammensetzungen), werden nur im Infinitiv, in den beiden Partizipien und bei Endstellung im Nebensatz zusammengeschrieben (z. B. auffallen, auffallende Aufmachung, aber: ich falle auf, es fällt auf, dass ...; fehlschlagen; der Plan ist fehlgeschlagen; ohne fehlzuschlagen, weil alles fehlschlägt; aber: der Plan schlug fehl).

Auf die Betonung achten: Von den Zusammensetzungen aus Adverb oder Pronominaladverb und Verb sind die Fälle zu unterscheiden, in denen ein selbständiges Adverb oder Pronominaladverb mit einem Verb eine Wortgruppe bildet (z. B. er soll dableiben – nicht weggehen; sie sind noch einmal davongekommen – es ist davon gekommen, dass ...). In Zweifelsfällen hilft die unterschiedliche Betonung zur Unterscheidung (bei der Zusammensetzung trägt das Adverb die Hauptbetonung).

Silbentrennung – Worttrennung

Trennen nach Sprechsilben: Mehrsilbige Wörter werden so getrennt, wie es sich beim langsamen Sprechen ergibt: Ant-wort, Kor-res-pon-denz, Ge-schäfts-part-ner. In den meisten Fällen trennen hier die Trennprogramme automatisch an den richtigen Stellen.

In Ausnahmefällen kann man sich nicht auf deren richtige Trennung verlassen. Ein klassisches Beispiel ist das Wort Ur-instinkt, bei dem man die Trennung Ur-instinkt der Trennung: Urin-stinkt vorziehen sollte.

Auch einzelne Vokalbuchstaben am Wortanfang können abgetrennt werden: U-fer, O-fen, U-do, a-ber. Es ist jedoch sinnvoller, anstatt einer Trennung das ganze Wort auf die nächste Zeile zu schreiben (bessere Lesbarkeit und Optik).

ck bleibt ck: ck (hacken) wird nicht mehr durch *kk* ersetzt (bisher hak-ken). Es bleibt im Sinn der Beibehaltung der Stammschreibung erhalten und kommt geschlossen auf die nächste Zeile (z. B. ba-cken).

st wird s-t: Die alte Regel „Trenne nie st, denn es tut ihm weh!“ gilt nicht mehr. Wörter wie Wes-te, Kas-ten, Mus-ter werden so getrennt wie bereits früher Ris-pe, Wes-pe oder Kas-ko.

Zwei Trennungen möglich: Für Fremdwörter gelten neben der Trennung entsprechend der Herkunftssprache auch Trennungen entsprechend den deutschen Trennregeln (z. B. Chir-urg – Chi-rurg; Päd-ago-gik – Pä-da-go-gik; neut-ral – neu-tral, par-al-lel – pa-ral-lel, Pub-li-kum – Pu-bli-kum).

Nicht getrennnt werden: ch, sch – und in Fremdwörtern *ph, rh, sh* und *th* (z. B. Pro-phet, Ka-tharr, Bu-shel, rhyth-misch).

Das Stammprinzip

Unterschiedliche Schreibweise gleicher Laute: Auch im Deutschen repräsentieren manche Buchstaben unterschiedliche Laute bzw. werden manche Laute unterschiedlich wiedergegeben. So kann ein langes *a* beispielsweise so dargestellt werden: Aal – Zahl – Tal. In diesen Fällen ist die Reform sehr behutsam vorgegangen, weil die Festlegung auf eine gleiche Schreibweise (z. B. Aal – Zaal – Taal oder Ahl – Zahl – Tahl) sicher auf größte Widerstände gestoßen wäre.

Gleicher Stamm – gleiche Schreibung: Als Ausweg hat man sich deshalb auf das Stammprinzip geeinigt. Dies bedeutet, dass Wortformen, die denselben Stamm haben, im Stamm auch gleich geschrieben werden. So schreibt man auch bisher schon Stämme mit *ä* und nicht mit *e*, weil es vom Stamm kommt. Hier setzt in Zukunft das Umdenken ein: aus Stengel wird Stängel (Stamm: Stange), oder aus behende wird behände (Stamm: Hand). Hier müssen die Schreibenden in Zukunft wohl am meisten umdenken.

Einige weitere Beispiele für die neue Umlautschreibung nach dem Stammprinzip:

alte Schreibung	*neue Schreibung*
belemmert	belämmert (zu Lamm)
Bendel	Bändel (zu Band)
Gemse	Gämse (zu Gams)
Quentchen	Quäntchen (zu Quantum)

schneuzen	schnäuzen (zu Schnauze)
überschwenglich	überschwänglich (zu Überschwang)
verbleuen	verbläuen (zu blau)

Entsprechend dem zugrunde (auch zu Grunde) liegenden Substantiv auf *-anz* oder *-enz* ist die Hauptform der Schreibung mit *z*; daneben bleibt die alte Schreibung mit *t* als Nebenform bestehen (z. B. essenziell von Essenz und essentiell; Differenzial von Differenz und Differential; differenziell und differentiell; Potenzial von Potenz und Potential).

Die Schreibung von „s"

Bisher war es recht mühsam zu lernen, wann *ß* und wann *ss* geschrieben werden musste. Jetzt gilt nur diese Regel, man schreibt:

ß nur noch nach einem langen Vokal (z. B. Maß, Spaß, Muße, Straße) und nach einem Doppellaut – Diphthong – (z. B. heiß, beißen, draußen).

ss konsequent nach kurzem Vokal, also Wasser – wässerig – wässrig; müssen – er/sie muss; hassen – Hass; küssen – Kuss – sie küssten sich; lassen – er lässt.

Die Konjunktion daß wird dass geschrieben, weil der Vokal *a* kurz gesprochen wird. Damit bleibt die Unterscheidung gegenüber dem Artikel bzw. dem Relativpronomen *das* bestehen.

Drei gleiche Buchstaben

In Zukunft werden drei aufeinander folgende gleiche Konsonanten auch ausgeschrieben (früher nur bei Trennungen) (z. B. Brennnessel, Balletttänzer, Flusssand). Wem solche Schreibungen zu unübersichtlich oder zu ungewöhnlich erscheinen, kann in Zukunft den Bindestrich frei einsetzen (z. B. Schiff-Fahrt, Flanell-Läppchen, Stoff-Fetzen).

Ausnahmen: Einige Wörter folgen weiterhin nicht dieser Regel, wie dennoch, Drittel, Mittag.

*Erhalten bleib*t nach der Endung *-heit* ein vorausgehendes *h*, also Rohheit (zu roh), Zähheit (zu zäh). Ähnlich behandelt wird das Wort Zierrat (wie Vorrat).

Bei dem Wort selbständig ist auch die Schreibung selbstständig (wegen selbst und ständig) zulässig.

Zeichensetzung

Das Komma hat die Aufgabe, Sätze zu gliedern. Es steht vor allem bei Aufzählungen, herausgehobenen Satzteilen und bei Einschüben und Zusätzen aller Art. Es zeigt die beim Sprechen entstehenden Pausen an.

Vereinfachungen: Gegenüber der bisherigen Regelung (Duden) gibt es Vereinfachungen beim Komma bei *und* und *oder* (siehe nachfolgend) sowie in Verbindung mit Infinitiv- und Partizipgruppen. Der Schreibende hat jetzt größere Freiheiten und Möglichkeiten, dem Lesenden die Gliederung zu verdeutlichen und das Verstehen zu erleichtern.

Das ist neu! Eine wesentliche Änderung der neuen Kommasetzung: Hauptsätze, die mit *und* oder *oder* verbunden sind, müssen nicht mehr durch ein Komma getrennt werden.

Das Komma steht in der Regel nicht zwischen Satzgliedern, auch wenn diese durch Attribute sehr umfangreich sind.

Die wichtigsten Kommaregeln

- Das Komma steht bei Aufzählungen zwischen Wörtern gleicher Wortart oder zwischen gleichartigen Wortgruppen, wenn sie nicht durch *und* oder *oder* verbunden sind (z. B. unsere neuen, hochwertigen Modelle; Arbeiter, Angestellte und Auszubildende).

- Das Komma trennt nachgestellte Einschübe (Appositionen) vom übrigen Satz ab: Die Maschinenbau AG, eines der bedeutendsten Unternehmen der Werkzeugmaschinenbranche, stellt auf der Hannover-Messe aus. Sie hat zwei Stände, und zwar in der Halle A und im Freigelände.
- Das Komma trennt den Gliedsatz (Nebensatz) vom Hauptsatz: Alle Besucher, die an den ersten drei Wochentagen kommen, erhalten eine Freikarte der NVG. Damit soll erreicht werden, dass der Andrang am Wochenende nicht so groß ist wie in den Vorjahren.

Ermessensfrage: Hauptsätze können durch ein Komma getrennt werden, es sei denn, sie werden durch *und* oder *oder* verbunden und haben einen Satzteil gemeinsam: Er begrüßte die Anwesenden und insbesondere die Ehrengäste, dann stellte er den Festredner vor und schließlich dankte er dem Veranstalter. Die Gäste applaudierten und warteten dann gespannt auf die Ausführungen des Redners. Dieser ging auf die allgemeine Situation ein(,) und dann zeichnete er sein Bild einer wahrscheinlichen Entwicklung.

Bei Infinitiv- oder Partizipgruppen wird nur noch ein Komma gesetzt, wenn sie

- durch eine hinweisende Wortgruppe angekündigt werden: Darüber, sich auf die Zusage verlassen zu können, war er sehr erfreut.
- wieder aufgenommen werden: Sich auf die Zusage verlassen zu können, das war sein größter Wunsch.
- aus der üblichen Satzstruktur herausfallen: Er, um sich auf die Zusage verlassen zu können, bestand auf einer schriftlichen Bestätigung.

Bei direkter Rede soll ein Komma gesetzt werden, wenn der direkten Rede ein Kommentarsatz folgt oder wenn er nach ihr weitergeht. Beispiel: Sie sagte: „Das darf doch nicht wahr sein", und sah ihn ungläubig an.

Erlaubt, weil zweckmäßig, ist, ein Komma zu setzen, wenn dadurch die Gliederung eines Satzes verdeutlicht wird oder wenn dadurch Missverständnisse ausgeschlossen werden: Er begegnete seinem Geschäftspartner (,) und dessen Frau musste deshalb länger auf ihren Mann warten. Ich empfehle(,) ihnen(,) zu helfen.

Wahlfreiheit nutzen: Es empfiehlt sich, die größere Wahlfreiheit zu nutzen und genau zu überlegen, für welche Variante man sich entscheidet. Bei dieser sollte man dann allerdings bleiben – zumindest im selben Text. Andernfalls riskiert man Verwirrung bei den Empfängern und läuft Gefahr, als nicht sattelfest in der Zeichensetzung angesehen zu werden.

Kommas als Hilfe für die Leser: Die größere Freiheit sollte nicht dazu missbraucht werden, die Kommas „nach Gefühl und Wellenschlag" zu setzen, nach dem Motto: „Lieber ein Komma mehr als eines zuwenig." Kommas sollten stets dazu dienen, dem Leser Hilfestellung beim Verstehen der Gliederung und damit beim Verstehen des Textes zu geben.

Schriftliche Informationen erstellen

Werner Möhl

Korrespondieren oder kommunizieren?

Bisweilen kommt die Frage auf, wie bald und in welchem Umfang schriftliche Informationen – und insbesondere die Geschäftskorrespondenz – durch andere Medien ersetzt werden und dadurch ständig an Bedeutung verlieren werden. Lohnt es dann überhaupt noch, sich mit Fragen der Korrespondenz zu beschäftigen?

Vorteile des Geschäftsbriefes

Vieles spricht dafür, daß auch in absehbarer Zukunft ein großer Teil der Geschäftskorrespondenz weiterhin in Briefform abgewickelt wird, trotz Telefon, Fax und Mailbox. Die eindeutigen Vorteile des Briefes sind:

- Absender und Empfänger haben „schwarz auf weiß" gleichlautende Texte vorliegen.
- Briefe mit Originalunterschriften haben stärkere Beweiskraft als mündliche Vereinbarungen (z. B. Telefonate mit Telefonnotizen) oder elektronisch übermittelte Schreiben.
- Geschäftsbriefe, die sich anschließend auch durch andere Kanäle (z. B. Fax, Mailbox) übermitteln lassen, können in Ruhe formuliert und gestaltet werden.

Hinzu kommt, daß viele Empfänger von Geschäftskorrespondenz (z. B. die Mehrheit privater Kunden) außer dem Briefkasten und eventuell einem Faxgerät keine weiteren Empfangsmöglichkeiten besitzen.

Auf Inhalt und Wirkung kommt es an

Entscheidend für erfolgreiche geschäftliche Korrespondenz sind jedoch nicht die Übertragungswege, sondern Form, Gestaltung, Stil und vor allem Inhalt und somit die Wirkung der Briefe.

Es schälen sich für die nächste Zukunft einige Problemkreise heraus:

1. Die Entwicklung geht eindeutig von der Schreibmaschine zum PC. Dieser technische Fortschritt sollte jedoch mehr Effizienz bringen. Es wäre zu wenig, den PC nur als Schreibmaschine zu benutzen.
2. Die Gestaltungsmöglichkeiten nehmen zu. Dies sollte jedoch nicht zu mehr Spielerei, sondern zur Vereinfachung führen. Es besteht die Gefahr, daß die Form über den Inhalt siegt.
3. Schriftliche Informationen sollen nicht nur formgerecht sein, sondern – dank ansprechenden Designs und vor allem gut formulierten Inhalts – auch die erwünschte Wirkung erzielen.
4. Die schriftliche Kommunikation (d. h. insbesondere der Brief) wird stärkere Konkurrenz von anderen Kommunikationsmitteln bekommen.

5. Da auch viele Chefs und Sachbearbeiter mit dem PC umgehen können, erwächst in manchen Fällen den Sekretärinnen auf einer ihrer bisherigen Domänen, der Textverarbeitung, eine neue Konkurrenz.

Neue Gestaltungsmöglichkeiten für Schriftgut

Mit dem PC-Einsatz nehmen die Gestaltungsmöglichkeiten für schriftliche Informationen zu. Die vielfältigen Möglichkeiten können mit dem Slogan „vom Tippen zum Designen" umschrieben werden. Dadurch können die Schriftstücke leserfreundlicher und interessanter gestaltet werden.

Grenzen der Gestaltungsfreiheit

Die neuen Designmöglichkeiten können aber auch dazu verleiten, anstelle schlichter Briefe „Kunstwerke" zu gestalten. Die Schreibenden können ihrer Phantasie und Kreativität freien Lauf lassen, und die Briefe können leicht zum Spiegelbild der Beherrschung des PC und des individuellen Geschmacks werden.

Damit würden manche Briefschreiber über das Ziel hinausschießen und gegen die üblichen Gestaltungsregeln sowie gegen ökonomische Grundsätze verstoßen.

Die Versuchung ist sicher groß, die Vielfalt der PC-Programme und die schier unerschöpflichen Anwendungsmöglichkeiten des PCs zu nutzen. Solchen Versuchen, die leicht in Spielereien ausarten können, sind in der Geschäftskorrespondenz – zum Glück – formale, wirtschaftliche und psychologische Grenzen gesetzt:

DIN 5008 und DIN 676: Die „Schreibnormen und Gestaltungsregeln für die Textverarbeitung", in der Regel DIN 5008 verbindlich festgelegt, geben den formellen Aufbau von Geschäftsbriefen vor. Die Gestaltung von Geschäftsbriefbögen ist in der Regel DIN 676 („Geschäftsbrief, Einzelvordrucke und Endlosformulare") geregelt.

Kosten senken: Die ökonomischen Zwänge – immer weniger Menschen müssen in immer kürzerer Zeit immer mehr leisten – zwingen dazu, rationell und effizient zu korrespondieren. Da bleibt nicht viel Spielraum für die „künstlerische" Gestaltung der Briefe.

Spielereien bei der Briefgestaltung – z. B. häufiges Wechseln der Schriftarten, Schriftgrößen und Schriftstärken – lassen bei den Empfängern den Verdacht aufkommen, daß die Absender „nichts Besseres zu tun haben". Diesem Verdacht sollte sich ein Korrespondent nicht aussetzen.

Corporate Identity (CI) und *Corporate Design (CD)* tragen dazu bei, daß sich die Korrespondenz im Unternehmen einheitlich und vor allem zum angestrebten Unternehmensbild passend darstellt.

Schreibprogramm nutzen: Grundsätzlich läßt sich feststellen: Wer mit dem PC gut umgehen kann und sein Schreibprogramm (die zur Zeit meistgenutzten Schreibprogramme sind Word und Word Perfect in der jeweils aktuellen Version) beherrscht, wird in Zukunft effizienter als bisher korrespondieren können.

Die Hauptvorteile des PC-Einsatzes

Der Siegeszug der PCs über die Schreibmaschine erklärt sich vor allem aus den erweiterten Design-Möglichkeiten:

- Alle Formatierungen können schnell eingegeben und verändert werden.
- Ein einheitliches Brieflayout für das ganze Unternehmen kann leicht festgelegt und umgesetzt werden. Dies dient als Beitrag zu CI und CD.

- Texte können bequem überarbeitet, korrigiert und verändert werden. Es entfällt die Neuschreibung.
- Textteile können eingefügt, ausgeschnitten, an andere Stellen verschoben oder kopiert werden.
- Texte können gespeichert (auf Arbeitsspeicher, Festplatte und/oder Diskette) und damit gesichert und wieder abgerufen werden.
- Zeilen- und Seitenumbruch können automatisch durchgeführt werden.
- Dank Rechtschreibprüfprogramm können Rechtschreib- und Tippfehler schnell gefunden und korrigiert werden.
- Silbentrennprogramme erleichtern das korrekte Trennen von Wörtern am Zeilenende und tragen zu einem schöneren Schriftbild bei (gleichmäßigere rechte Textränder bzw. geringere Flatterränder).
- Synonymwörterbücher tragen dazu bei, Wortwiederholungen zu vermeiden, indem sie alternative Wörter oder Wörter ähnlicher Bedeutung anbieten.
- Ein erstes, noch unvollkommenes Grammatikprüfprogramm bietet neben der Rechtschreibprüfung auch die Prüfung von Zeichensetzung, Stil, Satzkonstruktionen und Fällen. Auf diesem Gebiet wird es sicher noch erhebliche Verbesserungen geben.

Alle diese Vorzüge tragen dazu bei, daß die PCs in den nächsten Jahren das Hauptwerkzeug korrespondierender Sekretärinnen sein werden.

Die Gestaltung der Geschäftskorrespondenz

Geschäftsbriefe sollten ihrem Anlaß und Ziel entsprechend gestaltet werden. Den Gestaltungsrahmen geben dabei – wie bereits gesagt – die Regel DIN 5008 und die im Unternehmen üblichen oder sogar konkret vorgegebenen Gestaltungsregeln vor.

Es bleiben für die Schreibkräfte jedoch noch gewisse Gestaltungsfreiräume, welche die Optik der Briefe bestimmen:

Die Schriftarten

Die Schreibkraft (oder der Vorgesetzte) kann je nach Briefanlaß und persönlichem Geschmack unter einer Vielzahl von Schriften wählen. Professionelle Nutzer beschränken sich jedoch auf wenige Schriften. So werden Geschäftsbriefe in der klassischen *Times* oder in der *Helvetica* geschrieben.

Helvetica wird auch gern in Briefköpfen und vergrößerten Gliederungsüberschriften verwendet. Sie eignet sich auch besonders gut für Faxe.

Schriften können auch **fett,** *kursiv* oder <u>unterstrichen</u> dargestellt werden. Dadurch werden Hervorhebungen erzielt.

Die Schriftgröße

Die Schriftgröße kann vielfältig variiert werden. Für Geschäftsbriefe empfehlen sich wegen der besseren Lesbarkeit Schriften zwischen 10 und 12 Punkt.

Die Abstände

Die Abstände zwischen Buchstaben, Wörtern (bei Word Perfect, nicht bei Word) und Zeilen können individuell eingestellt werden. Dadurch kann die Lesbarkeit des Textes beeinflußt werden.

Der Zeilenabstand

Geschäftsbriefe werden einzeilig geschrieben. Der Zeilenabstand kann bei den PCs dennoch zusätzlich variiert werden. Dabei empfiehlt es sich, bei einzeiliger Schreibweise den Zeilenabstand um einen Punkt größer als die Schrift zu wählen, also bei 11 Punkt Schriftgröße 12 Punkt Zeilenabstand.

Zeilenlänge

Der Zeilenanfang (Anschrift, Anrede, Text, Grußformel) liegt bei 24,1 mm von der linken Blattkante, das Zeilenende maximal bei 201,9 mm (oder einfacher: bei 8,1 mm von der rechten Blattkante).

Soll ein geringer Textumfang etwas „fülliger" erscheinen, kann der rechte Rand entsprechend verbreitert werden. Dadurch gewinnt man einige Zeilen.

Die Zeilenausrichtung

Man unterscheidet zwischen linksbündigem, rechtsbündigem, zentriertem und in Blocksatz gesetztem Text.

Die Geschäftskorrespondenz wird in der Regel linksbündig geschrieben. Um rechts einen (großen) Flatterrand zu vermeiden, kann eine Silbentrennung (durch manuelle Einzeleingabe oder automatische Silbentrennung) durchgeführt werden.

Durch den Blocksatz gewinnt man rechts einen exakten Rand. Durch Silbentrennung kann man vermeiden, daß beim Blocksatz zwischen den einzelnen Wörtern zu große Zwischenräume entstehen.

Absätze

Absätze werden nach DIN 5008 grundsätzlich durch eine Leerzeile vom vorhergehenden und vom folgenden Text getrennt.

Aufzählungen

Einen längeren Text kann man durch Aufzählungen übersichtlicher gestalten. Beginn und Ende einer Aufzählung sind vom übrigen Text durch je eine Leerzeile zu trennen. Die einzelnen Aufzählungsglieder können mit und ohne Leerzeile geschrieben werden. Die Aufzählungen können unterschiedlich gegliedert werden:

– durch Spiegelstrich (Mittelstrich)
• durch Aufzählungspunkt (gleiche Schriftgröße wie Text)
1. durch Zahlen mit Punkt
a) durch kleine Buchstaben mit Klammer

Der erste Eindruck ist wichtig

Ein optisch gut gestalteter Geschäftsbrief gewinnt bereits durch den ersten Eindruck. Hier entscheidet sich häufig, ob und mit welchen Gefühlen (z. B. Zustimmung, freundliche Grundstimmung, Interesse oder Ablehnung, negative Einstellung, Desinteresse) der Empfänger den Brief liest.

Letztlich aber sind Inhalt, Stil und Ton für den Erfolg bestimmend. Hierzu folgen an anderer Stelle noch Ausführungen.

Die Gestaltung anderer Texte

Für andere Schriftstücke, z. B. Berichte, Protokolle, Drucksachen, interne Mitteilungen, Einladungen, Glückwünsche u. a. sowie Tabellen, Grafiken, Abbildungen gelten die Regeln DIN 5008 nicht.

Hier können gemäß dem Grundsatz „Erlaubt ist, was gefällt" eine Menge Phantasie und Kreativität eingesetzt und die Vielfalt der Möglichkeiten der PC-Programme genutzt werden. Designen bekommt dadurch eine andere Qualität.

Das Ziel bestimmt das Design: Entscheidend für die Gestaltung sind Art und

Anlaß des Textes und vor allem der verfolgte Zweck und das angepeilte Ziel. Das Design sollte sich dem Ziel unterordnen und sich auch den Lesegewohnheiten und dem Niveau der Empfänger anpassen.

Leserfreundliche Texte
Das Design sollte grundsätzlich leserfreundlich sein. Wichtige Forderungen sind:

Übersichtlichkeit: Der Text sollte so aufbereitet sein, daß die Leser sofort einen guten Überblick gewinnen. Hierzu tragen eine gut lesbare Schrift und eine klare Gliederung (Überschriften, Marginalien, logische Absätze) bei.

Anschaulichkeit und Bildhaftigkeit: Der Text sollte durch bildhafte Darstellungen aufgelockert und untermalt werden, z. B. durch Einsatz von Tabellen, Grafiken, Bildern und sonstigen Darstellungen. Nach dem Motto: Ein Bild sagt mehr als tausend Worte.

Die Sekretärin und ihre Schreibaufgaben

In den nächsten Jahren wird sich an einer der Hauptaufgaben der Sekretärin wenig ändern: Sie wird auch weiterhin die Korrespondenz erledigen – die ihres Chefs und die eigene, soweit sie auch eigenständig korrespondiert. Außerdem wird sie zunehmend zusätzliche Textbearbeitungsaufgaben übernehmen. Hierzu zählen neben Berichten, Protokollen und Notizen (das war in der Regel auch bisher schon ihr Aufgabengebiet) zunehmend Ausarbeitungen, die sich dank des PCs immer leichter, schneller und umfassender erstellen lassen. Hierzu zählen Tabellen, Statistiken, Analysen, Berechnungen, Grafiken usw.

Es ist zu erwarten, daß die Menge der Schreibarbeiten nicht abnehmen, sondern eher zunehmen wird.

Chefs und Sachbearbeiter als Schreibkräfte?

Im Zeitalter der Schreibmaschine überließen Chefs und Sachbearbeiter die Schreibarbeiten in der Regel ihren Sekretärinnen oder den Schreibdamen.

Entlastung oder Konkurrenz?
Seit der Verbreitung der PCs setzen sich immer mehr Chefs und Sachbearbeiter häufiger selbst an die PCs. Dort erledigen sie nicht nur ihre eigentlichen Aufgaben, sondern erstellen Tabellen, Grafiken und Schriftstücke.

Manchmal erledigen sie auch ihre Korrespondenz selbst. Die betroffenen Damen können dies – je nach Sachlage – als willkommene Entlastung oder als ärgerliche Konkurrenz ansehen.

Im Regelfall dürfte es wenig ökonomisch und effizient sein, wenn Vorgesetzte ihre Korrespondenz selbst schreiben. Als Schreibkräfte sind sie zu teuer und meist auch zu ungeübt. Wer von ihnen kann schon „zehn-Finger-blind" und dann auch noch schnell schreiben?

Außerdem sollten Chefs Vorgesetztenaufgaben wahrnehmen und nicht Sachbearbeiter spielen. Auch die Ausrede: „Bis ich das der Frau xy erklärt habe und die begreift, wie ich es haben will, habe ich das zweimal selbst geschrieben" dürfte in der Regel eine Schutzbehauptung sein.

Es bleibt aber ein Faktum, daß auch Chefs die Vorzüge des PCs erkannt haben und immer öfter selbst nutzen.

Zu echten Konkurrenzsituationen am PC zwischen Chef und Sekretärin dürfte es aber dabei nur recht selten kommen.

Wenn die Sekretärin die Hard- und Software beherrscht und gute Ergebnisse bringt, wird ihr der Chef gern den Vortritt lassen.

Vom Tippen zum Informationsmanager
Andererseits kann sich die Sekretärin sogar zu einer Informationsmanagerin und damit zu einer qualifizierten Chef-Assistentin entwickeln. Wer im Informationszeitalter die relevanten Informationen ausfiltern, richtig verdichten und kompetent deuten kann, übernimmt zunehmend Leitungs- und Führungsaufgaben.

Von der Schreibkraft zur Sachbearbeiterin
Anders stellt sich die Konkurrenzsituation zwischen Schreibkräften und Sachbearbeitern (insbesondere Korrespondenten) dar. Hier ist schon eher naheliegend, daß ein Korrespondent seine Texte nicht nur formuliert und diktiert, sondern dann auch selbst tippt. Schließlich unterstützen ihn hierbei komfortable Textprogramme. Damit wären Schreibkräfte gefährdet.

Die Konkurrenzsituation kann aber auch andere Folgen haben: Je besser die Damen – dank ihrer Schreibtätigkeiten – den PC als vielfältiges Arbeitsmittel beherrschen lernen, desto mehr können sie auch Sachaufgaben übernehmen.

Bei ähnlicher Sachqualifikation können sie dank besserer Schreib- und Eingabetechniken manchen Sachbearbeiter ausstechen. Damit ginge die Entwicklung von der Schreibkraft hin zur Sachbearbeiterin.

Zeitgemäß korrespondieren

Die Forderung, zeitgemäß zu korrespondieren, ist nicht neu. Sie gilt, seit man sich mit dem Thema Geschäftskorrespondenz auch theoretisch beschäftigt. So wie sich im Lauf der Zeit die Einstellungen (z. B. zum Kunden), die Wertvorstellungen, der Geschmack oder die Mode ändern, so muß sich die Korrespondenz den Entwicklungen anpassen.

Aktuelle Anforderungen an zeitgemäße Korrespondenz lauten:

- Sie muß kostengünstig erstellt werden.
- Sie soll zielorientiert sein.
- Sie soll empfängerorientiert sein.
- Sie soll effizient und wirksam sein.
- Sie soll zwar sachorientiert sein, zugleich aber auch persönlich wirken und die (positive) Wirkung von Emotionen nutzen, d. h., sie soll auch psychologisch wirksam sein.
- Sie soll normgerecht gestaltet sein.
- Sie soll zur Corporate Identity und zum Corporate Design des Unternehmens passen.

Zeitgemäße Sprache: Kennzeichnend für einen zeitgemäßen Korrespondenzstil ist eine Sprache, die in die jeweilige Zeit paßt: klare und eindeutige Formulierungen und Wendungen und kurze, verständliche und ansprechende Sätze; keine Floskeln, Phrasen und Schnörkel; keine nichtssagenden Wörter, Formulierungen und Wiederholungen.

Kostengünstig korrespondieren

Die Kosten eines Briefs werden häufig unterschätzt. Vorbereiten, eventuell diktieren, tippen, lesen (durch Schreiberin und Unterschreibenden) und postfertig machen – da kommen nach Schätzungen schnell 50 und mehr DM je Briefseite zusammen. Es lohnen sich deshalb alle Bemühungen, Briefe so rationell wie möglich zu erstellen.

So werden Kosten gesenkt!

Kostengünstig korrespondieren hat mehrere Aspekte:

- Nicht mehr schreiben als unbedingt notwendig. Überflüssiges vermeiden! Kurze, klare Sätze und Formulierungen ersparen Schreibarbeit und dem Empfänger Lesezeit. Sie erleichtern das Verstehen des Textes.
- Musterbriefe, Textbausteine, Vordrucke und Formulare einsetzen. Es lohnt sich, für häufig wiederkehrende Geschäftsvorfälle oder Korrespondenzarten eine Sammlung von (Muster-)Texten und Textbausteinen anzulegen und bei Bedarf abzurufen. Der PC erleichtert solche Zugriffe.
- So eindeutig und vollständig schreiben, daß der Empfänger voll im Bilde ist. Das erspart Mißverständnisse, Rückfragen und zusätzliche Korrespondenz.

Zielgerichtet korrespondieren

Das Ziel eines Briefes sollte stets klar sein. Wer nicht genau oder nur ungefähr weiß, was er mit seinem Brief erreichen will, oder einfach drauflos schreibt, braucht sich über ein negatives Ergebnis seiner Bemühungen nicht zu wundern. Er überläßt es dann dem Zufall, ob der Empfänger so reagiert, wie er es sich erhofft.

Erst überlegen, dann schreiben

Im Vorfeld sollte jedoch geklärt sein: Muß ich überhaupt schreiben, oder gibt es andere, kostengünstigere und wirksamere Möglichkeiten der Kommunikation?

Auf welchem Wege erreiche ich mein Ziel am sichersten? Lautet die Entscheidung: Brief, dann heißt die nächste Frage: Was will ich bei meinem Partner erreichen? Will ich z. B.

- informieren oder etwas erfahren?
- motivieren oder beeinflussen (manipulieren)?
- zustimmen oder ablehnen?
- erklären oder richtigstellen?
- mahnen oder reklamieren?
- um Entschuldigung oder Verständnis bitten?
- anfragen oder etwas anbieten?
- etwas bestellen, abrufen oder kaufen?
- möglichst viel Gewinn erzielen oder wenig bezahlen?
- einladen?
- zusagen oder absagen?
- danken?
- gratulieren, Glück wünschen oder Beileid ausdrücken?

Auf Empfänger und Situation eingehen

Solche sehr unterschiedlichen Absichten oder Ziele erfordern verschiedenartiges Eingehen auf die Empfänger und auf die jeweilige Situation. Manchmal verlangen sie sogar eine ausgeklügelte Strategie.

Den größten Erfolg verspricht eine ausgewogene Mischung von klaren Aussagen, zeitgemäßem Stil und freundlichem Ton. Die erfolgreiche Wirkung eines Briefes besteht dann darin, daß der Empfänger so reagiert, wie es sich der Absender vorgestellt hat.

Empfängerorientiert korrespondieren

Empfängerorientiert zu schreiben setzt dreierlei voraus:

- Man muß den Empfänger und seine Wünsche kennen.
- Man muß bereit sein, sich in seine Lage zu versetzen und auch seine Vorstellungen zu berücksichtigen.
- Man muß die Korrespondenz in einem für den Empfänger leicht verständlichen Stil und Wortschatz schreiben.

Noch immer werden (zu) viele Geschäftsbriefe aus der Interessenlage des Verfassers heraus formuliert. Das ist verständlich, denn jeder ist darauf bedacht, die eigenen Interessen zu wahren und für sich Vorteile zu erringen. Eine solche Haltung ist legitim – nicht immer aber der sicherste Weg zum Erfolg.

Erfolgversprechender ist es, die Interessenlage des Empfängers zu berücksichtigen und aus den dabei gewonnenen Erkenntnissen heraus die Korrespondenz zu formulieren. Auch hierbei helfen einige Fragen weiter:

- Welches sind die Interessen, Probleme, Wünsche oder Hoffnungen des Korrespondenzpartners?
- Wo liegen seine kleinen Eitelkeiten und Schwächen?
- Was will er wissen und was interessiert ihn überhaupt nicht?
- Wovon könnte er sich einen Vorteil oder Nutzen versprechen?

Empfängerorientierung stellt sicher, daß der Empfänger sich ernst genommen fühlt, den Brief interessiert (hoffentlich wohlwollend) liest und sich schließlich im Sinne des Verfassers verhält.

Individuell formulieren

Je rationeller und kostengünstiger die Korrespondenz abgewickelt werden muß, desto größer ist die Gefahr, daß die Empfänger anonym abgefertigt werden.

Zu dieser unpersönlichen Abfertigung tragen nicht zuletzt Textbausteine und vor allem vorgefertigte Ganzbriefe bei. Der Empfänger merkt dies besonders dann, wenn in einem Antwortschreiben nicht auf (alle) seine Wünsche oder Fragen eingegangen wird. Entsprechend reagiert er mit Enttäuschung oder Verärgerung, und dies bedeutet Rückfragen und Beschwerden und manchmal auch das Ende einer Geschäftsbeziehung.

Gefahren der Personalisierung

Eine Scheinindividualität konfektionierter Briefe wird durch die Personalisierung – vor allem bei Werbebriefen – erreicht: Außer in der persönlichen Anrede erscheint der Name des Empfängers noch an anderen Stellen des Textes. Dies wird von vielen Lesern als Anbiederung und als Masche empfunden, insbesondere, wenn die persönliche Ansprache aus einem vorgedruckten oder erkennbar vervielfältigten Text den Leser anspringt.

Wer sich von der persönlichen Anrede im Text positive Wirkung verspricht, sollte den Namen des Empfängers in derselben Schrift in den Brieftext einfügen.

Vorteile herausstellen

Zur individuellen Ansprache gehört zwar auch die persönliche Anrede. Wichtiger ist jedoch das gezielte Eingehen auf die individuellen Wünsche und Vorteile des Kunden oder auf die speziellen Belange und Interessen des angeschriebenen Unternehmens.

Die hohe Kunst der individuellen Geschäftskorrespondenz besteht darin, trotz aller Rationalisierung der Textbearbeitung so zu formulieren, daß die Empfänger den Eindruck haben, der ihnen vorliegende Brief sei nur für sie bestimmt. Dies ist zugleich praktizierte Partnerorientierung.

Glaubwürdig formulieren

Zu den wichtigen Voraussetzungen für eine dauerhafte und beiden Seiten Nutzen bringende Geschäftspartnerschaft gehören Glaubwürdigkeit und als deren Folge Vertrauen und gegenseitige Achtung.

Die Glaubwürdigkeit aber hat in den letzten Jahren in allen Bereichen des öffentlichen Lebens zunehmend gelitten. Es wird zu viel mit Halbwahrheiten, Fehlinformationen, Übertreibungen und glatten Lügen gearbeitet.

Auch in großen Teilen der Geschäftskorrespondenz hat die Glaubwürdigkeit stark nachgelassen. Übertreibungen, unbewiesene Behauptungen oder Ausflüchte bewirken, daß die Empfänger manche Mitteilungen mit gesundem Mißtrauen lesen. Besonders üppige Blüten treibt die Unglaubwürdigkeit in manchen werbenden Briefen und bei Antworten auf Mahnungen oder Reklamationen.

Keine Marktschreierei!

Marktschreierische, „einzigartige“ Angebote wecken inzwischen bei den meisten Empfängern eher Mißtrauen als Vertrauen. Vollmundige Versprechungen stoßen sowohl bei Geschäftspartnern als auch bei umworbenen Privatpersonen auf Skepsis. „Einmalige“ oder „exklusive“ Sonderangebote zu „niedrigsten Preisen“ bei „höchster Qualität“ vermögen kaum jemanden zu überzeugen, insbesondere, wenn sie noch mit Preisausschreiben oder Tombolas verbunden sind. Wer hat schon tatsächlich etwas zu verschenken? Solche Angebote klingen dann so:

„Heute können wir Ihnen ein einzigartiges Angebot machen: Unser ... ist konkurrenzlos billig, dabei von höchster Qualität und extremer Gebrauchsdauer.“

„Auf diese Weltneuheit haben Ihre Kunden schon lange gewartet.“

„Sehr geehrter Herr M., Sie wurden als einer der wenigen Vorzugskunden in R. von unserem Computer ausgewählt. Wir können Ihnen heute einmalig günstig ... anbieten. Wenn Sie unser Angebot innerhalb einer Woche nutzen, können wir Sie noch zu einem Vorzugspreis von ... DM beliefern.“

„Vielleicht sind Sie, sehr geehrte Frau ..., schon Gewinnerin eines unserer wertvollen Hauptpreise. Die Gewinnummern wurden bereits unter notarieller Aufsicht ausgelost. Sie brauchen jetzt nur noch ...“

Echte Informationen

Weitaus erfolgversprechender wären hier echte, nachvollziehbare Informationen und Hinweise auf den tatsächlichen Nutzen der Angebote:

„Weil wir unser Lager räumen müssen, bieten wir Ihnen unser Auslaufmodell ... zu stark reduzierten Preisen an. Sie sparen ... DM, und das bei gleichen Garantie- und Serviceleistungen.“

„Sehr geehrter Herr M., wir hatten Sie als Interessenten für ... vorgemerkt. Heute können wir Ihnen ... anbieten – zu einem Preis, der konkurrenzlos günstig ist. Bitte vergleichen und bestellen Sie.“

Keine faule Ausreden

Auch Ausreden haben Hochkonjunktur. So können Rechnungen schon einmal übersehen werden. Häufiger aber werden, vor allem in wirtschaftlich schwierigen Zeiten Zahlungen möglichst lange hinausgezögert. Die üblichen Ausreden auf Mahnungen werden in der Regel durchschaut:

„Ihre Rechnung wurde leider infolge mehrerer Krankheitsfälle in unserer Buchhaltung noch nicht zur Zahlung angewiesen.“

„Wegen hoher eigener Außenstände konnten wir Ihre Rechnungen leider noch nicht regulieren. Wir erwarten jedoch größere Zahlungseingänge und bitten Sie noch um einige Tage Geduld.“

„Wegen Umstellung unseres Finanzwesens hat sich unsere Zahlung leider etwas verzögert."

Solche Behauptungen werden in der Regel als Ausreden gedeutet und mindern die Glaubwürdigkeit (und oft auch die Kreditwürdigkeit) des Schreibenden. Deshalb sind ehrliches Erklären der Situation, Bitte um Entschuldigung und Verständnis und vor allem konkrete Vorschläge für die Zahlung der bessere Weg zu mehr Glaubwürdigkeit.

Verräterischer Stil

Auch auf Mahnungen (z. B. wegen Lieferverzug) oder Reklamationen (z. B. wegen Mängeln) antworten viele Korrespondenten mit leicht durchschaubaren Ausreden:

„Der Lieferverzug ist auf Nichteinhaltung der Zusagen unseres Lieferanten zurückzuführen."

„Ihre Reklamation überrascht uns sehr. Wir hatten bei diesem Artikel noch keinerlei Beanstandungen."

„Wir bedauern außerordentlich, daß Sie mit unseren ... Probleme hatten. Da wir die .... schon seit mehreren Jahren erfolgreich verkaufen und bisher keine Beanstandungen hatten, sind uns die von Ihnen geschilderten Ausfälle völlig unverständlich."

„Unsere ... werden vor Auslieferung gründlich geprüft. Es dürften deshalb unsererseits keine Fehler vorliegen."

Es ist interessant zu beobachten, daß bei unangenehmen Fällen oft gestelzt formuliert wird und die Schuld auf andere oder „höhere Gewalt" abgeschoben wird.

Die Kunden interessieren aber weniger die Ursachen von Fehlern oder Versäumnissen oder gar Ausreden, sondern Vorschläge oder Zusagen, wie ihnen schnellstens geholfen wird.

Die Korrespondenz im Dienst von CI und CD

Daß ein Unternehmen ein Erscheinungsbild und einen bestimmten Ruf hat und daß die Öffentlichkeit eine bestimmte Meinung über ein Unternehmen hat, ist nichts Neues. Auch der Begriff Firmenimage existiert schon seit einiger Zeit.

Neuer sind die Erkenntnisse über die Bedeutung der öffentlichen Meinung und die gezielten Bemühungen der Unternehmen, ihr Erscheinungsbild möglichst positiv zu beeinflussen. Davon erhoffen sich die Unternehmen eine höhere Akzeptanz bei ihren Kunden und in der Öffentlichkeit schlechthin.

Merkmale der CI

Für die bewußten Bemühungen der Unternehmen zur Aufwertung ihres Rufes und ihres Erscheinungsbildes haben sich die Begriffe Corporate Identity (Unternehmensidentität, kurz CI genannt) und Corporate Design (kurz CD genannt) eingebürgert.

Drei Merkmale bilden die Unternehmensidentität und damit den Stil des Unternehmens:

- das Verhalten (begründet auf dem Selbstverständnis)
- das Erscheinungsbild
- die Kommunikation des Unternehmens

Bedeutung der schriftlichen Kommunikation

Es leuchtet ein, welche Bedeutung der schriftlichen Kommunikation (insbesondere der Geschäftskorrespondenz) im Rahmen der CI zukommt. Was nützen die besten Bemühungen des Unternehmens, bei den Geschäftspartnern und in der Öffentlichkeit in einem positiven Licht dazustehen, wenn diese durch schwache Korrespondenzleistungen wieder zunichte

gemacht werden? Deshalb lautet die Forderung an die Korrespondenz des Unternehmens:
- Sie muß nach außen ein einheitliches Bild bieten.
- Sie muß zur Unternehmensphilosophie passen.
- Sie muß in Stil und Ton die Persönlichkeit des Unternehmens widerspiegeln.

Planen oder Entwerfen von Briefen

Viele Geschäftsbriefe werden ohne große Vorbereitung „aus dem Stand" diktiert oder geschrieben. Langjährige Übung machen Planung und Entwürfe häufig überflüssig.

Gefährliche Routine
In dieser Routine lauert jedoch auch eine Gefahr: Es werden „bewährte" Texte produziert, die den Sachverhalt im großen und ganzen treffen, im speziellen Einzelfall jedoch leicht danebenliegen können. Mögliche Folgen sind:
- Der Empfänger versteht den Inhalt falsch oder gar nicht.
- Der Empfänger ist überrascht, verunsichert oder verärgert.
- Der Empfänger reagiert oder handelt anders, als es der Absender erwartet.
- Es kommt zu manchen Rückfragen und dadurch zu Mehrarbeit und Zeitverlusten für beide Seiten.

Kurzum, der Verfasser verfehlt sein eigentliches Ziel und hat sich dies in erster Linie selbst zuzuschreiben.

Hilfreiche Fragen
Hilfreich sind deshalb einige Fragen, die sich die Korrespondenten vor Beginn der (schriftlichen) Vorbereitung eines Geschäftsbriefes stellen sollten:
- An wen will ich schreiben? Wen will ich ansprechen? Wer sind die Entscheidungsträger (welche Personen, Firmen, Behörden o. a.)?
- Wie ist die Interessenlage meines Korrespondenzpartners? Diese kann entweder aus den vorliegenden Briefen des Partners herausgelesen oder durch das Sich-Versetzen in die Lage des Partners ergründet werden.
- Welchen Nutzen kann ich dem Empfänger bieten, damit er in meinem Sinne handelt?
- Was will ich tatsächlich erreichen? Wo liegen meine Limits?
- Was will ich dem Empfänger mitteilen?
- Wie kann ich meine Ideen, Vorstellungen, Gedanken, Wünsche oder Vorschläge am besten verständlich machen?
- Was kann ich vortragen, und wie kann ich dies tun, um ihn in meinem Sinn zu beeinflussen?

Gründliche Vorbereitung
Nach Beantwortung dieser Fragen kann man mit dem Schreiben von Routinebriefen beginnen.

Die Vorbereitung auf wichtige oder schwierige Briefe kann erheblich mehr Zeit beanspruchen. Dieser Zeitaufwand ist eine Investition, die entsprechend höheren Ertrag abwirft.

Von manchen Briefen hängt nämlich zu viel ab, als daß man irgendwelche Risiken eingehen dürfte. Dann kann es auf jedes Wort und jede Formulierung ankommen. Die Reihenfolge der Argumente kann ebenso bedeutsam sein wie die lückenlose Darstellung aller Gesichtspunkte.

Die Vorbereitung kann im Notieren von Stichworten, in der Aufstellung einer Gliederung (eventuell mit Stichworten) oder im Entwerfen eines ganzen Briefes (oder sogar mehrerer Entwürfe) bestehen.

Einige Stilempfehlungen

In der Hauptsache werden an den Stil von Geschäftsbriefen zwei Forderungen gestellt:

- Sie sollen zeitgemäß sein.
- Sie sollen empfängerorientiert sein.

Checkliste: Briefe vorbereiten

Was alles gehört zu einer gründlichen Vorbereitung?

- **das Studieren bereits vorliegender Korrespondenz**
- **das Nutzen interner und externer Unterlagen**
- **das Beschaffen relevanter Informationen**
- **das Festlegen der eigenen Ziele**
- **das Setzen einer Frist, bis zu der die Ziele erreicht sein sollen**
- **das Entwickeln einer Strategie zum Erreichen der eigenen Ziele**
- **die Beschäftigung mit der Interessenlage des Partners**
- **das Erahnen möglicher Reaktionen des Partners**
- **das Festlegen eigener Reaktionen auf das Verhalten des Partners**
- **das Festlegen von Limits oder von Bandbreiten, innerhalb derer man selbst verhandlungsbereit ist**

Es ist schon recht schwierig zu bestimmen, was gerade „zeitgemäß" ist. Noch schwieriger ist es oft, sich an den Empfängern, den häufig „unbekannten Wesen", zu orientieren. Anhaltspunkte sind ihre Situation, ihre Interessenlage, ihr Wissensstand und ihr Niveau. Die dabei gewonnenen Erkenntnisse können in den Stil und in ein psychologisch geschicktes Vorgehen einfließen.

Keine Stilregeln

Es macht wenig Sinn, Stilregeln festzulegen. Feste Vorgaben wären weder realistisch durchzusetzen noch überhaupt wünschenswert. Der Kommunikationsstil (Sprech- und Schreibstil) ist nämlich eine sehr persönliche Angelegenheit. Hingegen ist es durchaus sinnvoll, einige Stilempfehlungen auszusprechen und Ausdrucksmöglichkeiten aufzuzeigen.

Firmenstil – möglich und sinnvoll?

Dennoch sollten sich in einer Firma Regeln für den formalen Aufbau (Dafür gibt es schließlich die Regeln 5008!) und auch – in gewissem Umfang – ein firmentypischer Stil im Sinn der CI durchsetzen.

In kleinen Firmen ist ein einheitlicher Korrespondenzstil leichter durchzusetzen als in Großunternehmen.

Wenn nur der Chef (bzw. seine Sekretärin) oder wenige Mitarbeiter schreiben, kann die Korrespondenz leicht „wie aus einem Guß" wirken.

Je größer und je stärker aufgegliedert ein Unternehmen ist, desto vielfältiger dürften die Art und die stilistische Gestaltung seiner Korrespondenz sein. Das muß nicht unbedingt ein Nachteil sein. Warum sollte nicht – von der Sache her – eine Buchhaltung anders formulieren als das Personalwesen oder der Vertrieb?

Deshalb ist in der Geschäftskorrespondenz ein Kompromiß angebracht: Die äußere Form sollte auf jeden Fall einheitlich sein. Die Partner- oder Kundenorientierung ist ebenfalls ein Muß.

Vom Inhalt, von der Aussage und vom Stil her sollte jeder Bereich so schreiben, daß seine Briefe zum erfolgreichen Image und vor allem zum Nutzen des Unternehmens beitragen.

Was gilt als zeitgemäß?

Ein zeitgemäßer Korrespondenzstil zeichnet sich aus durch:

Leichte Verständlichkeit: Der Text sollte in einer für die Zielgruppe leicht und eindeutig verständlichen Sprache formuliert sein (kurze, klare Sätze).

Anschaulichkeit: Der Text sollte in einer möglichst konkreten und anschaulichen Sprache geschrieben sein (treffende, bildhafte Worte und Formulierungen).

Logik: Die Gedankenführung und die Formulierungen sollten logisch und sprachlogisch korrekt sein (klare Gedankenführung, keine Widersprüche oder Brüche).

Psychologie: Die Texte sollten die Grundregeln der Psychologie berücksichtigen und so formuliert sein, daß die Empfänger (gern) im Sinn des Absenders reagieren (im Idealfall Motivation und nicht Manipulation).

Schreiben im Sie-Stil

Nicht gerade neu, aber immer noch zu wenig angewandt ist der Sie-Stil. Er ist vor allem angebracht, wenn der Partner sich in die Überlegungen einbezogen fühlt und wenn er mitdenken soll.

Der Sie-Stil setzt ein erhebliches Umdenken beim Korrespondenten voraus. Vielen fällt es nämlich schwer, vom Partner her zu denken und zu formulieren, wenn sie ihre eigenen Interessen wahrnehmen oder einen anderen von den Vorzügen des eigenen Angebots überzeugen wollen. Sie formulieren dann in der Regel im Ich- oder im Wir-Stil:

„Heute können wir Ihnen besonders günstig unser neuentwickeltes ... anbieten. Es zeichnet sich durch eine hervorragende Qualität aus."

„Zahlreiche Führungskräfte aller Branchen und Ebenen wenden erfolgreich mein tausendfach bewährtes Zeitmanagement-System an."

„Wir sind ein führender Hersteller gehobener Freizeitkleidung für Damen. Zu unseren Kunden zählen fast alle namhaften Bekleidungshäuser. Der beiliegende Prospekt dokumentiert unseren modischen Chic und unsere besondere Leistungsfähigkeit."

Die Reaktion des Empfängers solcher Angebote ist häufig:

„Ist ja ganz interessant, was da angeboten wird. Der Anbieter scheint auch ganz schön von sich überzeugt zu sein." „Klappern gehört zum Handwerk!" „Zur Zeit habe ich aber kein Interesse."

Persönliche Ansprache

Persönlicher angesprochen und zum Nachdenken angeregt fühlt sich ein Leser, wenn die Angebote im Sie-Stil formuliert sind. Wird ihm außerdem noch ein Problem und dessen Lösung oder ein besonderer Nutzen aufgezeigt, dürfte sein Interesse geweckt sein:

„Als Hersteller von ... setzen Sie sicher ... ein. Dabei hat Sie bisher vermutlich auch die lange Bearbeitungszeit gestört. Sie können diese mit unseren neu entwickelten ... um rund ein Drittel kürzen."

„Zeit ist Geld. Das gilt sicher auch für Sie. Fragen Sie sich nicht auch manchmal, wo Ihre kostbare Zeit bleibt und wie Sie diese am effizientesten nutzen können? Mein System Time-Plus – von zahlreichen Managern seit vielen Jahren angewendet – könnte auch Ihnen aus der Zeitfalle heraushelfen."

„Als führendes Bekleidungshaus suchen Sie sicher immer wieder modische Hits im Freizeitbereich für Ihre mode- und qualitätsbewußten Kundinnen. Bei uns finden Sie sicher interessante Erweiterungen Ihres Sortiments an gehobener Freizeitkleidung. Im beiliegenden Prospekt können Sie sich von unserer Leistungsfähigkeit überzeugen."

Fragen stellen

„Wer fragt, führt“, das ist eine wichtige Erkenntnis aus der mündlichen Kommunikation. Sie gilt auch für die Korrespondenz. Durch Fragen weckt man Interesse und bringt den Partner zum Mitdenken in einer bestimmten Richtung.

Durch geschickt gestellte Suggestivfragen verführt man ihn eventuell sogar dazu, im Sinn des Fragenden zu antworten oder zu handeln.

Aber Vorsicht: Der Leser darf sich nicht eingeengt oder gar manipuliert fühlen! Dann könnte er nämlich verärgert völlig anders reagieren, als es der Schreibende beabsichtigt hatte.

Die richtigen Fragen stellen

In Frageform könnten die Einleitungssätze in den vorigen Beispielen lauten:

„Setzen Sie als Hersteller von ... auch ... ein? Hat Sie dabei auch die lange Bearbeitungszeit gestört?“

„Gilt für Sie auch der Spruch: Zeit ist Geld?“

„Suchen Sie als führendes Bekleidungshaus auch immer wieder modische Hits?“

Protokollführung

Damit die Ergebnisse von Besprechungen, Sitzungen, Konferenzen und Tagungen nicht verpuffen, muß ein Protokoll geführt werden.

Protokolle als Dokumente

Häufig ist eine gute Protokollführung entscheidend für den Erfolg und das Ergebnis einer Veranstaltung. Was protokolliert und später von den Teilnehmern akzeptiert wird, das gilt als vereinbart.

Wer soll Protokoll führen?

Als Protokollführer bietet sich eine neutrale Person an, auf die sich die Teilnehmer vorher einigen sollten. Häufig ist dies die Sekretärin des Einladenden oder des Veranstalters. Sie wird häufig auch schon mit der Organisation der Veranstaltung beauftragt.

Ergebnisse festhalten

Nur in Ausnahmefällen ist es zweckmäßig, ein Ablauf- oder Verlaufsprotokoll anzufertigen, d. h. jede Äußerung mitzustenographieren oder mit dem Tonbandgerät aufzunehmen und später – wörtlich oder in Auszügen – niederzuschreiben.

Im Regelfall genügt die Mitschrift wichtiger Einzelheiten. Deshalb empfiehlt es sich, ein Ergebnisprotokoll zu schreiben. Für solche Protokolle gibt es keine Formvorschriften. Die Sekretärin hat hier die Möglichkeit freier Gestaltung.

Wichtige Forderungen an ein Protokoll sind dabei Übersichtlichkeit, leichte Lesbarkeit, Eindeutigkeit und gute Verständlichkeit.

Bewährt haben sich Protokollformulare. Sie sollten enthalten:

1. *den Verteiler* – als Information für alle Beteiligten, wer das Protokoll erhält
2. *die formalen Informationen:*
   - Art der Veranstaltung
   - Veranstalter, Einladender
   - Tag und Ort
   - Beginn und Ende
   - Teilnehmer, eventuell (un)entschuldigt Fehlende
   - Leiter und Protokollführer
   - Tagesordnung oder Besprechungsthema
   - Ort und Datum der Niederschrift

Protokoll

Art der Veranstaltung:

Datum:	Beginn:	Ende:
Ort:	Raum:	

Ziele/Zwecke:

Teilnehmer:	Verteiler:	Leiter:
		Protokollführer:

Tagesordnungspunkte/Themen:

1.
2.
3.
usw.

Ergebnisse:	erledigt bis:	verantwortlich:

zu 1.
zu 2.
zu 3.
usw.

Datum:	Unterschrift Protokollführer:	Unterschrift Leiter:

Muster eines Protokollformulars

3. den eigentlichen Inhalt, z. B.:
- wichtige Fakten
- Teilergebnisse, Ergebnisse, Beschlüsse und Vereinbarungen
- Unterschriften (Leiter, Protokollführer)

Wer tut was bis wann?
Wichtig ist es, genau festzuhalten, wer was bis wann tun muß, wer hierüber informiert werden muß und wer ggf. die Erledigung kontrolliert. Nur so kann verhindert werden, daß trotz guter Ergebnisse und Übereinstimmung später in der Sache nichts geschieht.

Man sollte das Formulieren nicht dem Protokollführer allein überlassen. Es hat sich bewährt, daß der Leiter – immer wenn Fortschritte, Teilergebnisse oder Ergebnisse erzielt wurden – diese diktiert.

Er kann auch ein Diktiergerät benutzen; dann braucht die Sekretärin nicht während der manchmal recht langen Veranstaltung ständig dabeizusein.

Die Arbeit des Formulierens
Das Protokoll sollte so rasch wie möglich endgültig formuliert und an die Teilnehmer (Verteiler) verschickt werden, solange noch das Interesse, die Erinnerung an den Ablauf und das Interesse an den Ergebnissen wach sind. Außerdem ist zu überlegen, wer zusätzlich das Protokoll erhalten soll. Dies können „zur Kenntnisnahme“ andere Vorgesetzte sein, vor allem aber alle Personen und Stellen, die von den Beschlüssen oder Ergebnissen in irgendeiner Weise berührt werden. Auf S. 45 finden Sie ein Muster.

Berichte

Bei Berichten besteht Gestaltungsfreiheit. Da die Sekretärin nicht nur eigene Berichte, sondern Berichte für andere (in der Regel ihren Chef) schreibt, geben diese den Inhalt an und schreiben auch die Form vor. Innerhalb dieser Vorgaben kann die Sekretärin Berichte frei gestalten.

Forderungen an Berichte
Für die Gestaltung von Berichten gelten ähnliche Forderungen wie für Protokolle: Sie sollen leserfreundlich, eindeutig und gut verständlich sein. Bei umfangreichen Berichten empfiehlt sich für eilige Leser (z. B. höhere Vorgesetzte) ein Inhaltsverzeichnis, ein kurzer Überblick am Anfang oder eine Zusammenfassung am Ende des Berichts.

Den Chef unterstützen
Auch wenn die Sekretärin fremde Berichte schreibt, sollte sie diese nicht nur „tippen“, sondern auch kritisch beurteilen und, wenn nötig, für eine Verbesserung sorgen.
Damit erfüllt sie ihre Aufgabe als Chef-Assistentin. Dazu gehört es auch, den Chef davor zu bewahren, sich durch weniger qualifizierte Abhandlungen in ein ungünstiges Licht zu setzen. Worauf bei Berichten insgesamt zu achten ist, zeigt die folgende Checkliste.

Checkliste für das Abfassen von Berichten

Form und Inhalt
1. Ist das äußere Bild des Berichts so, daß es den Empfänger anspricht? Ist die Schrift gut lesbar? Ist das Papier blendfrei? Ist die Form handlich?
2. Hat der Bericht ein Deckblatt, einen Schutzumschlag, einen Einband?
3. Hat der Bericht einen Titel?
4. Ist der Verfasser genannt?

5. Stimmt der Verteiler? Ist keine wichtige Person vergessen?
6. Sind alle Quellen genannt?
7. Hat der Bericht ein Inhaltsverzeichnis, und sind (insbesondere bei längeren Berichten) auch die Seiten angegeben (damit ein eiliger Leser rasch das ihn Interessierende findet)?
8. Ist der Bericht klar gegliedert, so daß die einzelnen Abschnitte rasch zu finden sind (Inhaltsverzeichnis, Untertitel, Gliederung)?
9. Sind Bilder, Graphiken und sonstiges Anschauungsmaterial im Text oder im Anhang untergebracht?

Inhalt und Darstellung

1. Sind alle Forderungen nach einem guten Stil erfüllt? Ist der Bericht in allgemeinverständlichem Deutsch abgefaßt?
2. Beschränkt sich der Bericht auf das Notwendigste? Berücksichtigt er, daß die Leser wenig Zeit haben?
3. Wurde das Interesse der Empfänger berücksichtigt?
4. Haben die Empfänger die nötigen Vorkenntnisse, und berücksichtigt der Bericht etwa fehlende Fachkenntnisse? Ist die Fachsprache bekannt, und sind Fachausdrücke erklärt?
5. Ist das Thema abgegrenzt?
6. Wird ein einleitender Überblick gegeben, das Thema umrissen, die Berichtsabsicht klar ausgedrückt?
7. Sind alle wichtigen Punkte erfaßt und ausreichend abgehandelt?
8. Ist der Bericht so aufgebaut, daß er jeden Leser in leicht nachvollziehbaren Schritten zum gewünschten Ziel bringt?
9. Hat der Bericht keine Lücken oder Gedankensprünge? Ist alles logisch aufgebaut und formuliert?
10. Sind alle erwähnten Tatsachen auch wichtig? Gibt es uninteressante oder unwichtige Teile? Wenn ja, warum wurden diese nicht gestrichen?
11. Ist der Bericht objektiv?
12. Sind alle Ergebnisse und Daten fundiert und kontrolliert? Können sie nachgeprüft werden?
13. Sind die Daten exakt (nicht: einige, manche, viele usw.)?
14. Sind Quellen, Versuchsreihen u. ä. angegeben?
15. Sind Bilder, Darstellungen und anderes Anschauungsmaterial eingesetzt? Sind diese gut zu erkennen und zu verstehen?
16. Bestätigen die Schlußfolgerungen zwingend die einleitenden Behauptungen?
17. Sind die Schlußfolgerungen eindeutig, oder können auch andere Schlüsse gezogen werden?
18. Macht der Bericht brauchbare Vorschläge, oder zählt er nur Fehler und Mängel auf?
19. Kann sich der Leser anhand des Berichts ein richtiges Bild machen, und kann er zu einem eigenen Urteil kommen?
20. Ist der Bericht so zwingend, daß der Leser sich im Sinn des Verfassers verhält und entsprechend handelt?

Weiterführende Literatur

Manekeller, Frank/Manekeller, Wolfgang, Briefe schreibt man heute so, Holzmann Buchverlag, Bad Wörishofen 1994
Möhl, Werner, Geschäftsbriefe schnell und leicht geschrieben, mit Mustertexten auf Diskette, ECON Verlag, Düsseldorf 1997

Corporate Identity

Werner Möhl

Was für den einzelnen Menschen gilt – nämlich die Suche nach Identität –, gilt in ähnlichem Maß für Unternehmen. Die Frage nach der Unternehmensidentität (Corporate Identity, abgekürzt CI) und ihrer Wirkung beschäftigt Unternehmer und Führungskräfte immer stärker. Diese Hinwendung wird bestimmt von der Erwartung, daß eine verstärkte Beschäftigung mit Fragen der CI nach innen eine Verbesserung des Betriebsklimas und nach außen eine Steigerung des Unternehmenserfolgs mit sich bringe.

Was ist Corporate Identity?

Es gibt eine Vielfalt an Definitionen. Übereinstimmung herrscht darüber, daß die folgenden drei Merkmale die Unternehmensidentität (CI) und damit den Stil eines Unternehmens bilden:

- das Verhalten (begründet auf dem Selbstverständnis)
- das Erscheinungsbild
- die Kommunikation eines Unternehmens

Es besteht Übereinstimmung darüber, daß Selbstverständnis und Erscheinungsbild des Unternehmens zueinander passen sollen, damit die erwünschte positive Wirkung eintritt. In der Wirklichkeit weichen beide häufig voneinander ab. Manche Unternehmen halten ihren Ruf für weitaus besser, als dies in der Öffentlichkeit tatsächlich der Fall ist.

Ziel der Corporate Identity

Oberstes Ziel der CI ist es, Sicherheit und Vertrauen bei Außenstehenden (Kunden, Lieferanten, Öffentlichkeit) und – als wichtige Voraussetzung hierfür – zunächst bei den Mitarbeitern zu schaffen. Das Auftreten eines Unternehmens nach außen und nach innen muß ehrlich und vertrauenswürdig sein und „wie aus einem Guß“ wirken. Dadurch wird CI zu einem Erfolgsfaktor. Einen erkennbaren Nutzen für das Unternehmen bringt sie erst, wenn ein Vorsprung des Unternehmens gegenüber seinen Konkurrenten umgemünzt werden kann.

Begriffe rund um die CI

Außer dem Begriff Corporate Identity tauchen noch einige weitere (neuere oder seit längerem bekannte) Begriffe auf, die sich zum Teil mit der CI überschneiden, zum Teil diese ergänzen:

- Corporate Culture (Unternehmenskultur) als Verhalten des Unternehmens
- Corporate Personality (Unternehmenspersönlichkeit) als Ausdruck des Erscheinens und des Sichaustauschens
- Corporate Design (Unternehmenserscheinungsbild) als Form der äußerlichen Darstellung
- Corporate Communication (Unternehmensausdrucks- oder Austauschform) als verbale Verbindung zu Dritten
- Firmenimage (Ruf/Bild des Unternehmens) als Vorstellungsbild des Unternehmens in der Öffentlichkeit

- Firmenstil (Summe aller Stilausdrucksformen) als spezieller Ausdruck der CI
- Unternehmensphilosophie (Sinnfrage des Unternehmens)
- Corps-Geist als frühere Bezeichnung für Corporate Identity

Von der Unternehmenspersönlichkeit zur Corporate Identity

Mit der Gründung und dem Wachsen eines Unternehmens entwickelt sich dessen „Persönlichkeit" und damit eine spürbare Identität. Die „Person" des Unternehmens besteht aus den Organisationselementen (den Menschen und Sachen) und der Organisationsstruktur. Geprägt wird sie durch die Unternehmensziele (betriebswirtschaftliche Ziele), durch volkswirtschaftliche Zwecke (z.B. Bedarfsdeckung) und durch soziale Erfordernisse (z.B. Ansprüche der Gesellschaft und Umwelt wie Sicherheit von Arbeitsplätzen, Beitrag zum Sozialprodukt oder Schonung der Umwelt).

Ständiger Veränderungsprozeß
Die Persönlichkeit drückt sich im Verhalten (Unternehmenskultur – Corporate Culture) und in der Art der Kommunikation und Interaktion (Corporate Communication) aus. Da ein Unternehmen ein lebender Organismus ist, unterliegt auch die Unternehmenspersönlichkeit einem ständigen Veränderungsprozeß. Dieser Prozeß kann durch die Unternehmensführung beeinflußt werden. So wird ein Unternehmen, das mit neuen Produkten, Problemlösungen und Dienstleistungen in neuen Märkten operieren will, seine Persönlichkeit entsprechend anpassen (z.B. als innovatives Unternehmen).

Negatives wirkt lange nach: Wie stark ein negatives Bild geschäftsschädigend sein kann, hatte vor einiger Zeit ein großer, internationaler Erdölkonzern erfahren müssen. Trotz größter Anstrengungen des Vorstandes und erheblicher PR-Arbeit ist es ihm noch nicht gelungen, seinem Ansehen zu altem Glanz zu verhelfen.

Der Firmenstil

Den Firmenstil kann man am Verhalten eines Unternehmens erkennen. Der Firmenstil setzt sich aus einer Reihe von Stilarten zusammen:
- dem Führungsstil
- dem Produktionsstil
- dem Werbestil
- dem Verkaufsstil
- dem Architekturstil
- dem Kommunikationsstil

Einflußmöglichkeiten der Sekretärinnen
All diese Stilarten wirken sich in der Firmenkultur und der CI aus. In die Öffentlichkeit hinein wirkt der Firmenstil vor allem durch das Erscheinungsbild (Corporate Design) und die Kommunikation (Corporate Communication).

Insbesondere bei der Kommunikation nach innen und nach außen haben Sekretärinnen erhebliche Einflußmöglichkeiten. Wie sie beispielsweise Geschäftspartner am Telefon behandeln, wie sie Briefe formulieren oder wie sie auf Mitarbeiter eingehen, prägt bei den Partnern das Bild des Unternehmens nachhaltig.

Die Firmen- oder Unternehmenskultur

Die Kultur eines Unternehmens drückt sich im Handeln und Verhalten aller in einem Unternehmen beschäftigten Personen aus. Sie betrifft sowohl die Art der innerbetrieblichen Zusammenarbeit als auch alle Handlungen gegenüber Außenstehenden. Dieses Handeln und Verhalten kann z. B. großzügig oder kleinlich, partnerschaftlich oder egoistisch, ehrlich und vertrauenerweckend oder unehrlich und mißtrauensfördernd, gerecht, fair, hart, locker und vieles andere sein. Als besonders positiv werden Merkmale wie jugendlich, dynamisch, fröhlich, optimistisch, leistungsbereit, solide, fair und zuverlässig anerkannt und von der Öffentlichkeit wohlwollend honoriert.

Den Chef unterstützen

Auch an dieser Stelle sind die Sekretärinnen gefordert: Sie können ihren Chef in seinen CI-fördernden Bemühungen unterstützen und sich zu Anwältinnen der CI machen, wenn ihr Chef im Alltagsstreß seine guten Vorsätze vergessen sollte.

Sekretärinnen und Corporate Identity

Sekretärinnen gehören zu einem Mitarbeiterkreis, der in der Regel viele Kontakte nach innen und nach außen hat. Ihre direkten und ihre indirekten Einflußmöglichkeiten hängen ab:

- von der hierarchischen Einstufung ihres Chefs
- vom Aufgabengebiet ihres Chefs
- von ihrer eigenen Initiative und von ihrer Ausstrahlung

Auf den Chef kommt es an

Je höher der Chef in der betrieblichen Hierarchie angesiedelt ist, je stärker sein Führungseinfluß und sein Engagement sind und je stärker er durch sein Verhalten den Unternehmensstil (mit)prägt, desto mehr wirkt er auf die CI ein. So prägt zum Beispiel der Inhaber eines Klein- oder Mittelbetriebes durch sein Auftreten, sein Verhalten und seine Zielvorgaben weitgehend den Stil seines Unternehmens, das Verhalten seiner Mitarbeiter und auch das Erscheinungsbild in der Öffentlichkeit. Oft verkörpert ein solcher Unternehmer das Unternehmen und dessen CI.

Auch der Vorsitzende oder Sprecher des Vorstandes einer großen Aktiengesellschaft, der häufig in der Presse zitiert wird oder auch im Fernsehen erscheint, hat in der Regel einen großen Einfluß auf die öffentliche und die veröffentlichte Meinung über sein Unternehmen.

Auf den Führungsstil kommt es an

Bei Vorgesetzten mit geringerer Außenwirkung und Führungskräften der mittleren und unteren Ebenen ist der Einfluß auf die CI entsprechend geringer. Immer haben sie jedoch zumindest in ihrem Führungs- und Wirkungsbereich die Möglichkeit, im Sinn der CI zu wirken und den Firmenstil zu beeinflussen. Schließlich verkörpert für die meisten Mitarbeiter der direkte Vorgesetzte die Firma. Wie der Mitarbeiter von seinem Chef geführt und behandelt wird, so erlebt er das Unternehmen und entwickelt er seine Identität mit dem Unternehmen.

Je näher die Sekretärin „an den Zentren der Macht" eingesetzt ist, desto größer sind auch ihre Einwirkungsmöglichkeiten auf die CI.

Corporate Identity muß wachsen

Unternehmensidentität kann nicht in einem einmaligen Kraftakt erzeugt und auf Dauer konserviert werden. Sie kann nicht von oben verordnet und eingeführt werden. Es genügt auch nicht, sie durch gute Werbung und Pressearbeit in der Öffentlichkeit zu verkünden und zu hoffen, damit sei der Erfolg gesichert. CI muß von innen heraus entwickelt und ständig gepflegt werden. Hierzu können auch die Sekretärinnen wichtige Beiträge leisten.

Das Interesse der Mitarbeiter an CI

Den Mitarbeitern ist es in der Regel nicht gleichgültig, wie es um die CI und um den Ruf ihres Unternehmens bestellt ist. Mitarbeiter wollen sich mit ihrem Unternehmen identifizieren können. Sie wollen stolz sein auf seine Produkte und Dienstleistungen, auf seinen Ruf und seine Erfolge. Je besser es um diese Dinge bestellt ist, desto mehr Freude dürften sie an ihrer Arbeit haben, und desto größer dürfte im allgemeinen ihr Engagement für das Unternehmen sein.

Abweichungen zwischen den positiven Erwartungen oder Vorstellungen der Mitarbeiter hinsichtlich der Identifikationsmöglichkeiten mit ihrem Unternehmen und den tatsächlichen (oder wahrgenommenen) negativen Verhältnissen wirken sich nachteilig auf das Betriebsklima aus. Die Folgen reichen von Enttäuschung und verminderter Einsatz- und Leistungsbereitschaft (Dienst nach Vorschrift) bis zu inneren Kündigungen und tatsächlichen Kündigungen. Solche Kündigungen mögen in Zeiten hoher Arbeitslosigkeit stark rückläufig sein. Es ist jedoch leicht nachvollziehbar, daß ein Unternehmen mit demotivierten Mitarbeitern nicht die Ergebnisse erzielt, die es gerade in solchen Situationen besonders nötig hätte.

Eine positive Corporate Identity stärkt:

- den Einsatzwillen der Mitarbeiter
- den Stolz der Mitarbeiter auf ihr Unternehmen
- die Identifikation der Mitarbeiter mit ihrem Unternehmen
- den Ruf des Unternehmens auf dem Markt und in der Öffentlichkeit

Bei den Mitarbeitern anfangen

Deshalb sollten alle Bemühungen, die CI zu verbessern, bei den Mitarbeitern beginnen. So wie die eigenen Mitarbeiter die besten Kunden des Unternehmens und der Führungskräfte sein sollten, so sollten sie auch die ersten Adressen für alle CI-Bemühungen sein. Schließlich sind es gerade die Mitarbeiter, die durch ihr Verhalten und durch ihre Äußerungen über das Unternehmen sehr stark zum guten oder schlechten Ruf ihres Unternehmens beitragen. Die Mitarbeiter sollen zum einen die Nutznießer einer guten CI und zum anderen die Botschafter der CI nach außen sein.

Wenn sich ein Unternehmen um einen besseren Ruf oder ein besseres Corporate Design bemüht, müssen die Mitarbeiter als erste innerbetriebliche, positive Veränderungen spüren. Erstrecken sich die Bemühungen nur nach außen, halten sie diese – zu Recht – für rein „kosmetische" Übungen ohne echten Gehalt. Sie sind enttäuscht und stehen nicht hinter den Maßnahmen. Schlimmstenfalls fühlen sie sich „für dumm verkauft" und boykottieren die unternehmerischen Bemühungen.

Was beeinflußt die Corporate Identity?

- Unternehmensleitlinien/Unternehmensgrundsätze
- Unternehmensziele (Was?)
- Unternehmensphilosophie (Wie?)
- strategische Planung
- technischer Stand des Unternehmens
- Erfolge des Unternehmens
- Führungsleitsätze, Leitlinien zur Führung und Zusammenarbeit
- Führungsstil
- Charisma der Unternehmensführung
- Personalpolitik

Checkliste: Woran kann man den Erfolg, die Wirkung der Corporate Identity erkennen?

- Wie ist die Stimmung/das Betriebsklima im Unternehmen?
- Wie sprechen die Mitarbeiter über das Unternehmen?
- Wie hoch sind die Fehlzeiten?
- Wie weit sind die Mitarbeiter bereit, Mehrleistungen zu erbringen? (Überstunden, zusätzliche Aufgaben)
- Machen die Mitarbeiter „Dienst nach Vorschrift"?
- Welches Interesse und freiwillige Engagement der Mitarbeiter sind erkennbar?
- In welchem Umfang kaufen und benutzen Mitarbeiter die Produkte des Unternehmens?
- In welchem Umfang empfehlen die Mitarbeiter die Produkte des Unternehmens?
- In welchem Umfang sind die Mitarbeiter finanziell am Unternehmen beteiligt? (z. B. Belegschaftsaktien, sonstige Beteiligungen)
- Wie erfolgreich ist das Unternehmen?
- Wie berichtet die Presse über das Unternehmen?
- Welchen Eindruck haben die Geschäftspartner vom Unternehmen?
- Welche Informationen bringen die kundennahen Bereiche mit? (Außendienst, Kundendienst etc.)

- Personalentwicklung und Personalpflege
- Art der Zusammenarbeit
- Informationspolitik (nach innen und außen)
- Marketingkonzept
- Erscheinungsbild (Logo/Signet, Hausfarbe, Produkte, Werbung, Öffentlichkeitsarbeit, einheitliche Betriebskleidung, Gebäude)
- Ruf des Unternehmens
- Reaktionen des Umfeldes, der Umwelt

Welche Faktoren beeinflussen die Corporate Identity negativ ...

... und sind deshalb zu vermeiden?

- fehlende Kundenorientierung
- unzeitgemäßer Führungsstil
- Freisetzungen und Entlassungen
- Mißerfolge
- Skandale
- schlechter Ruf des Unternehmens (bei Mitarbeitern und in der Öffentlichkeit)
- umweltschädigende Produkte und Verfahren

Wodurch kann man die Corporate Identity unterstützen?

- ständige Informationen der Mitarbeiter
- Einbeziehung der Mitarbeiter in die Entwicklung
- Einbeziehung des Betriebsrats (Mitarbeit, Information)
- Workshops und Seminare

Bürokommunikationstechnik

Der Autor

Ernst Tiemeyer, Dipl.-Hdl., war nach dem Studium der Wirtschaftswissenschaften, Organisation und Informatik zunächst mehrere Jahre als Gruppen- und Projektleiter an einem Institut für angewandte Informatik beschäftigt. Eingebunden in ein Berater-Netzwerk, ist er heute in vielfältiger Form als freiberuflicher Management- und Organisationsberater tätig. Beispielhafte Projekte sind die Einführung prozeßorientierter Organisationsformen (Reengineering), die Optimierung von Bürokommunikationslösungen (Groupware, Workflow, Dokumentenmanagement, EDI, Intranet und Internet-Integration, Office-Anwendungen) sowie Konzepte zum Informationsmanagement. Neben der Leitung und „Begleitung" von Praxisprojekten stellt er sein Wissen in Publikationen, Seminaren und Tagungen zur Verfügung.

Bürokommunikation heute – Anforderungen und Anwendungslösungen

Computertechnologie ist aus dem Sekretariat nicht mehr wegzudenken. Textverarbeitungs-, Tabellenkalkulations- und Grafikprogramme haben sich zu einer Selbstverständlichkeit entwickelt, wobei Professionalisierungswünsche und neue Versionen eine ständige Anpassung erfordern. Eine isolierte Nutzung dieser Programme ist allein jedoch nicht ausreichend, um den aktuellen und künftigen Herausforderungen der Praxis gewachsen zu sein. Ergänzend ist vielmehr die Nutzung von Office-Software in Netzwerken sowie die Anwendung moderner Formen der *Bürokommunikation* notwendig.

Wenn über eine Modernisierung der Büro- und Sekretariatsarbeit diskutiert wird, fällt oft der Begriff *„Bürokommunikation"*. Gemeint sind damit alle Aktivitäten, die das Ziel haben, über den Einsatz neuer Technologien eine umfassende Unterstützung der im Bürobereich anfallenden Tätigkeiten sicherzustellen. Unter dem Stichwort „Neue Medien" hat die Bürokommunikation in jüngster Zeit eine rasante Weiterentwicklung erfahren. Mit der Entwicklung zum Multimedia-Computer, dessen Einbindung in lokale und öffentliche Netze sowie der Internet-Technologie wurde die Möglichkeit geschaffen, früher getrennte Technologien (wie Telefonie, Informationstechnologie, Kommunikationstechnologie, Bildverarbeitung usw.) miteinander zu verbinden und völlig neue Anwendungsgebiete zu erschließen, die auch für den Arbeitsplatz der Sekretärin und Management-Assistentin eine enorme Bedeutung haben.

Aktuelle Entwicklungstendenzen

Für die Realisierung von Bürokommunikationslösungen spielt die IT-Infrastruktur und das Zusammenspiel der technischen Komponenten eine besondere Rolle. Folgende aktuelle Trends haben sich herauskristallisiert:

- *Client/Server-Systeme bilden die Plattform:* In einer Client/Server-Umgebung kommunizieren Clients (= Arbeitsplatzrechner) in einem Netzwerk mit zentralen Server-Modulen (= zentralen Rechnersystemen). Der Client übernimmt die Steuerung der Applikation, führt bestimmte Verarbeitungsschritte durch und sendet bei Bedarf eine Anfrage, beispielsweise den Wunsch auf die Bereitstellung bestimmter Daten und Dokumente. Die Infrastruktur-Komponente der Client/Server-Software leitet die Anfrage an den entsprechenden Server weiter. Dieser führt den Auftrag aus und sendet eine Antwort (Reply), die an den anfordernden Client weitergeleitet wird.
- *Verteilte Daten- und Dokumentenhaltung ist unumgänglich.* Die Speicherung von Daten und Dokumenten kann sowohl zentral als auch dezentral erfolgen. Bürokommunikationssysteme bieten die Möglichkeit, gezielt auf das zentral archivierte Informationsmaterial zuzugreifen.
- *Die Kommunikation der Systeme ist hardware- und softwareübergreifend möglich.* Da die Arbeitsprozesse (gerade auch im Sekretariat) typischerweise unter Einbindung mehrerer Personen sowie in Kommunikation mit Lieferanten, Kunden und sonstiger „Umwelt" ablaufen, gewinnt die Kommunikationskomponente stark an Bedeutung. Möglich ist diese Kommunikation unabhängig von der Art des installierten Computersystems.
- *Die Bedienung der Anwendungen wird weiter vereinfacht und standardisiert.* Moderne Bedienungskonzepte und Dialogformen können wesentlich dazu beitragen, die Benutzeradäquanz und Bedienungsfreundlichkeit von computergestützten Anwendungslösungen zu erhöhen. Gerade in jüngster Zeit zeigen sich hier erhebliche Fortschritte: Multimedia, Hypermedia und Sprachverarbeitung seien als wesentliche Schlagworte genannt.

Anforderungen an die Bürokommunikation aus Sekretariatssicht

Das *Sekretariat* hat sich immer mehr zu einer *„Schaltstelle" für Informationen* entwickelt, an der Informationen von allen Seiten des Unternehmens und von außen zusammenfließen. Kennzeichen moderner Sekretariatsarbeit ist das Verarbeiten, Speichern und Übermitteln von Informationen verschiedener Art: Daten, Texte, Grafiken, Bilder und Sprache. Ergebnis der Arbeit sind in der Regel Dokumente. Neben reinen Textdokumenten oder Zahlenaufstellungen kommen dabei zunehmend Mischdokumente vor. Da letztlich das Erstellen der Dokumente kein Selbstzweck ist, kommt es darauf an, diese gezielt an die Adressaten zu verteilen.

Erfolgreiche Sekretariatsarbeit/Managementassistenz ist heute nur dann realisierbar, wenn die Möglichkeit gegeben ist, das intern und extern vorhandene Wissen effizient zu nutzen und dieses gezielt zu verarbeiten und zu verteilen. Einem professionellen Informationsmanagement und einer Verbesserung der Informations- und Kommunikationsprozesse im Sekretariat kommt deshalb unter Nutzung der modernen Bürokommunikationstechnik eine besondere Bedeutung zu.

Die folgende Übersicht gibt eine Orientierung, wie Informations- und Kommunikationsprozesse generell ablaufen: Die Darstellung macht deutlich, daß die Arbeitsprozesse in Büro und Sekretariat in zweifacher Weise unterteilt werden können:

- Gewinnung, Verarbeitung und Speicherung von Informationen stellen die sogenannten *Informationsprozesse* dar.
- Der Informationsaustausch innerhalb und zwischen Organisationen zum Zweck der Aufgabenerfüllung wird als Kommunikation bezeichnet. *Kommunikationsprozesse* umfassen die Vorgänge der Weitergabe, Übermittlung und Aufnahme von Informationen.

Erfahrungen der Praxis zeigen: *Beschaffung, Sammlung, Auswertung und gezielte Weitergabe von Informationen stellen eine Kernaufgabe moderner Sekretariatsarbeit dar.* Im wesentlichen können daran anknüpfend folgende *Globalziele* zur Optimierung von Informations- und Kommunikationsprozessen herausgestellt werden:

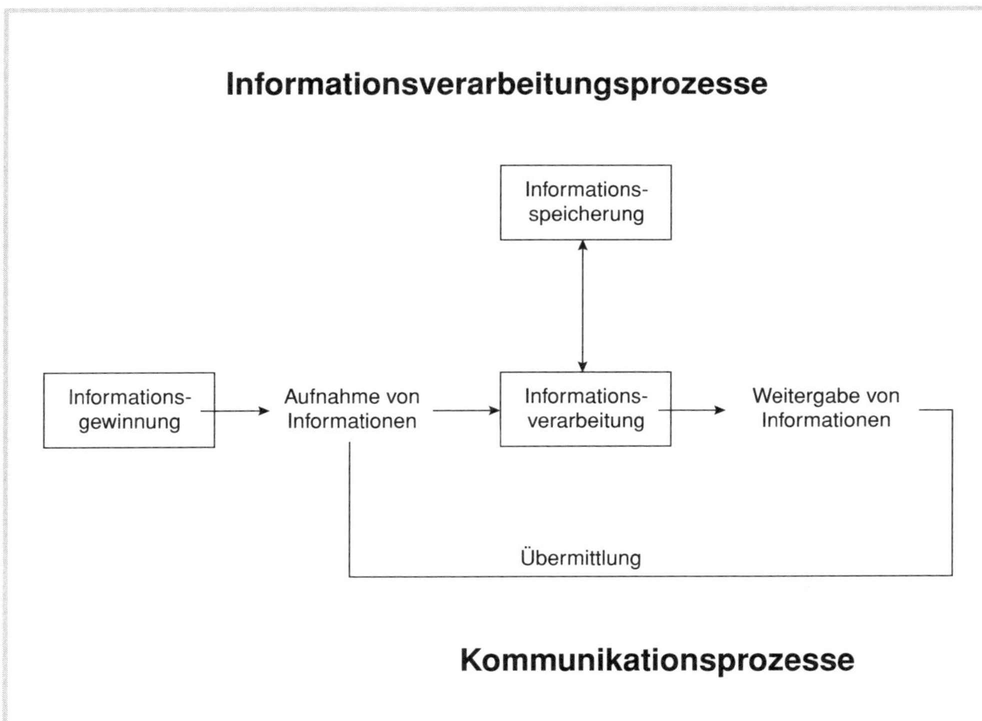

Informations- und Kommunikationsprozesse

- *einfache Informationsaufnahme und Informationspflege* für alle Informationsarten (Dokumente, strukturierte Daten, Termine usw.)
- *Verbesserung der Informationsqualität* durch Bereitstellung aller benötigten und vorhandenen Informationen
- *Verkürzung der Durchlaufzeit* durch Wegfall von Transport-, Kopier- und Wartezeiten sowie durch eine Verkürzung der Bearbeitungszeit
- *Beschleunigung der Informationssuche* durch geeignete Werkzeuge (Datenbanken für die gezielte strukturierte Suche, Dokumentenmanagementsysteme für die inhaltsorientierte Zugriffsmöglichkeit auf archivierte Dokumente, Möglichkeit der Hypertextsuche)
- *gezielte Weiterverwendung von Informationen* (etwa für Auswertungen, Serienbriefe)
- *höhere Ergebnisqualität* durch Standardisierung der Abläufe und Sicherstellung der Aktualität der verwendeten Dokumente/Daten

Beachten Sie: Moderne Bürokommunikationslösungen bieten die Möglichkeit, eine Verbindung bisher getrennter Bereiche (Auflösung des strengen „Taylorismus") und eine umfassende Aufgabenintegration sicherzustellen. Bei einer „fließenden" Verbindung lassen sich dann wesentliche Vorteile für die gesamte betriebliche Organisation (etwa durch die Beschleunigung von Bearbeitungsvorgängen) erschließen.

Anwendungen der Bürokommunikation im Überblick

Für die Realisierung von Bürokommunikationsanwendungen kommen hardwareseitig verschiedene Lösungsmöglichkeiten in Betracht. Klassischerweise gibt es dazu eine Vielzahl von Geräten: Kopierer, Telex- und Telefaxgerät, Telefon und vieles mehr. Im Mittelpunkt steht heute jedoch der Einsatz der Computertechnik. Beachtenswert ist, daß auch bei den noch vorhandenen getrennten Bürotechniken (beispielsweise Faxgeräten oder Telefonanlagen) zunehmend eine Verbindung zur Computertechnik angestrebt und realisiert wird.

Bei Bürokommunikationssystemen auf Computerbasis zeichnen sich neue Dimensionen ab. Wichtig ist die Ausstattung nahezu aller Arbeitsplätze im Büro mit multifunktionalen Arbeitsplatzstationen. Die Teilbereiche moderner Bürokommunikation zeigt die Übersicht auf der folgenden Seite.

Technologien zur Realisierung moderner Bürokommunikation

Die Client/Server-Technologie

Anwendungen der Bürokommunikation werden heute in sogenannten Client/Server-Umgebungen realisiert. Dies bedeutet: Clients, den sogenannten Endanwendern, werden von einem Server die Zentralleistungen zur Verfügung gestelt. Jeder Arbeitsplatzrechner, der in das Netzwerk eingebunden ist, wird einem Server untergeordnet. Auf diesem Server werden alle Daten und Programme zentral verwaltet. Außerdem werden ausgewählte Peripheriegeräte gesteuert. Für den Zugriff auf die zentralen Ressourcen werden an den jeweiligen Benutzer entsprechende Rechte vergeben.

Die logischen Komponenten einer Anwendung,

- Anwendungslogik (die eigentliche Verarbeitung),
- Daten- und Dokumentenhaltung,
- Präsentation (visuelle Umsetzung der Information am Bildschirm),

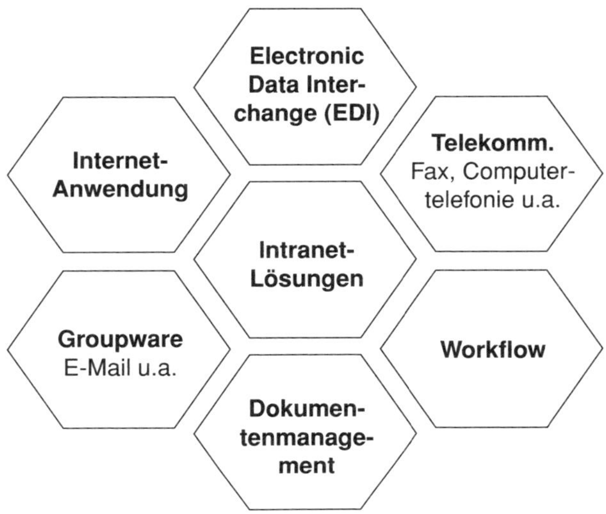

Bürokommunikation: Anwendungen

sind zwischen Client und Server in spezifischer Weise aufgeteilt (siehe Abbildung auf S. 60).

Client/Server-Konzepte sind für Bürokommunikationslösungen deshalb besonders geeignet, weil es sich hier typischerweise um Anwendungen handelt, die

- Informationen aus verschiedenen Quellen beziehen (Server),
- aus einer aufgabenbezogenen Komponente bestehen, die die individuellen Arbeitsabläufe des Benutzers unterstützt (Client), sowie einer anderen, daten- und funktionenbezogenen Komponente, die die Zurverfügungstellung von Daten, Funktionen und anderen Ressourcen gewährleistet (Server),
- den einfachen Austausch von Modulen ermöglichen muß (standardisierte Protokolle).

Beachten Sie: Die Datenhaltung im Rahmen eines Bürokommunikationssystems wird sinnvollerweise ein Server-Modul übernehmen, während die Benutzeroberfläche mit Menüführung, Masken, grafischen Auswertungen usw. als Client realisiert wird.

Multifunktionale Endgeräte dominieren

Eine optimale Bürokommunikationslösung setzt natürlich auch ein geeignetes Endgerät am Arbeitsplatz voraus. Erhebungen der Praxis zeigen: Der am Arbeitsplatz der Assistentin installierte PC weist erhebliche Leistungsunterschiede auf und kann über verschiedene Zusatzausstattungen verfügen. Auswirkungen hat dies unter anderem auf

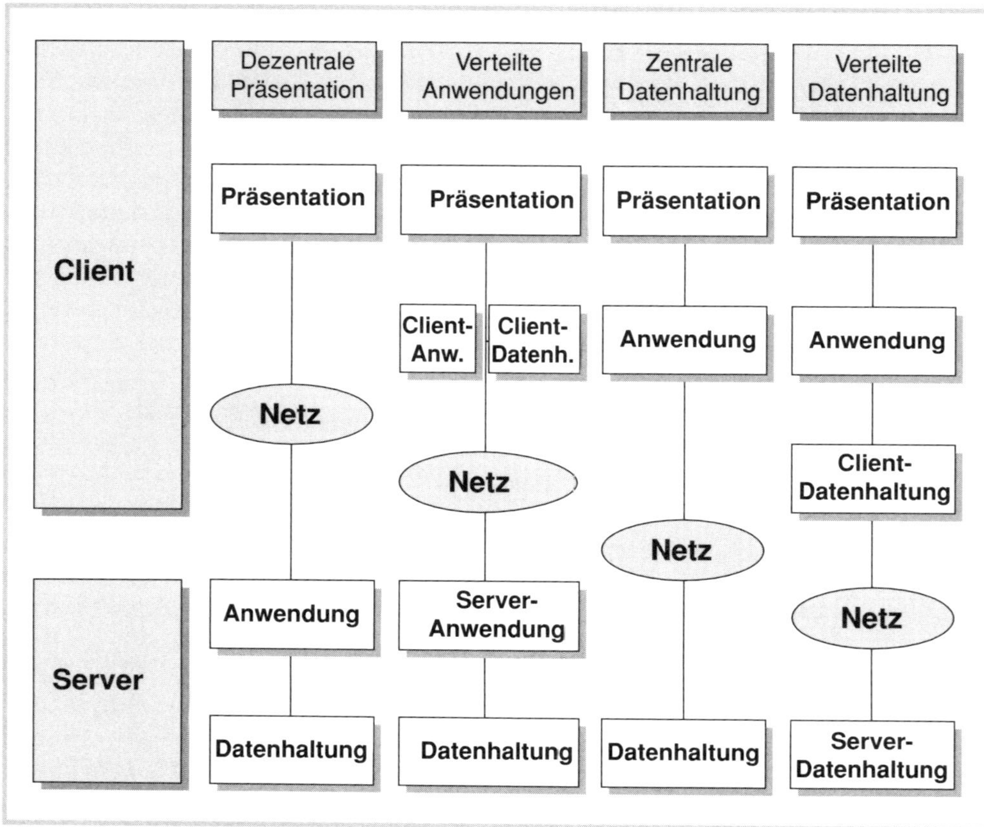

Client/Server-Architektur-Varianten (Gartner Group)

- die Geschwindigkeit, mit der bestimmte Aktionen vom Rechner ausgeführt werden,
- die Menge an Informationen, die von Ihnen dezentral auf der lokalen Festplatte gespeichert werden können,
- die einsetzbaren Programme (bestimmte Programme setzen eine bestimmte Hardware-Ausstattung voraus),
- den Komfort, mit dem Sie bestimmte Aufgaben erledigen können (etwa die Größe und Qualität der Zeichendarstellung am Bildschirm),
- die Qualität und Geschwindigkeit bei der Druckausgabe,
- die Anschlußmöglichkeiten an betriebsinterne und öffentliche Netze.

Praxis-Tip: Als Minimum sollten Sie heute einen Pentium-Rechner mit 200 MHz Taktfrequenz, mit einem 64 MB Arbeitsspeicher und mit einer Festplatte von 2,6 GByte verlangen. Bei etwas höheren Ansprüchen – etwa für Multimedia-Anwendungen oder als Server-System – werden Sie aber nicht umhin kommen, höhere Leistung „einzukaufen".

Höhere Leistung bedeutet meist: Leistungsstärkere Prozessoren und eine höhere Hauptspeicherkapazität, bessere oder zusätzliche Ein-/Ausgabe-Peripherie, mitunter auch zunehmende Unterstützung von

Connectivity-Fähigkeiten (Anschluß an betriebsinterne Netzwerke, Möglichkeit der Nutzung von Online-Diensten).

Besondere Aufmerksamkeit kann etwa der Ausstattung mit geeigneten Speichermedien dienen. Die aktuellen Highlights:
- die Super-Diskette (mehr als 100 MB-Speicherkapazität) setzt sich durch
- hervorragendes Preis-Leistungs-Verhältnis für Festplatten (ohne Gigabyte-Platten geht nichts mehr)
- CD-ROMs mit immer höherer Leistung (Laufwerke mit verbesserter Geschwindigkeit)
- die wiederbeschreibbare CD
- DVD-Technologie (DVD = Digital Versatile Disk). Das Medium DVD speichert 4,7 Gigabyte pro Schicht (gegenüber 680 MB bei der CD. Bei zwei Schichten pro Seite ergibt sich eine Gesamtspeicherkapazität von 17 GB). Ein DVD-Laufwerk ist abwärtskompatibel. Das bedeutet, daß auch die bisherigen CDs verwendet werden können.
- interessante Weiterentwicklungen bei den Backup-Medien

Hinzu kommt die Notwendigkeit zu prüfen, inwieweit multimediale Fähigkeiten verfügbar sein müssen. Neben Offline-Angeboten (auf CD-ROM) gewinnen die multimedialen Online-Dienste via Internet zunehmend an Bedeutung. Basis für Multimedia sind leistungsstarke Computersysteme, die in der Lage sind, eine Anwendung als integrierte Mischung aus Text, Grafik, Klang und Live-Bewegung zu erzeugen. Neben den typischen Ausstattungen eines leistungsfähigen PC sollten Ausstattungselemente vorhanden sein, wie sie die untenstehende Tabelle zeigt.

Schließlich ist die *Kommunikationsfähigkeit* des Endgerätes herzustellen. Um

Elemente	**Leistungsmerkmale**
Leistungsfähige **Grafikkarte**	64-Bit-Grafikkarte mit 2 oder 4 MB-Grafikarbeitsspeicher
Soundkarte	Eine 16-Bit-Soundkarte (möglichst Soundblaster-kompatibel) mit 44,1 KHz Abtastfrequenz und MPU-401-kompatibler Schnittstelle gehört zum guten Ton. Wichtig ist, daß die Karte einen Audio-Eingang oder zumindest eine Line-In-Buchse besitzt. Zum Komponieren am PC ist eine Wavetable-Karte nötig.
Videokarte	Ausgewählte Videokarten können schließlich Fernsehbilder einfangen und für eine weitere Bearbeitung bereitstellen. Empfohlen wird heute eine PAL-taugliche Videokarte (768 x 576 Punkte mit 25 Bildern pro Sekunde).
Integrierte **Stereo-Lautsprecher** und **Mikrofone**	Für einen guten Klang benötigen Sie Aktivboxen und einen leistungsfähigen Verstärker. Praktisch sind Boxen und Verstärker, die im Monitor integriert sind.

Multimediale Ausstattung

dies zu ermöglichen, ist es notwendig, daß dieses mit einer seriellen V24/RS-232C Schnittstelle ausgestattet ist. Das ist allgemein üblich. Darüber hinaus ist für den Anschluß an das öffentliche Netz aber auch ein Modem, ein Datex-P-Hauptanschluß oder eine ISDN-Karte notwendig.

- Mittels *Modem* (Kunstwort für Modulator Demodulator) können Sie eine Datenkommunikation über das Telefonnetz realisieren. Modems, die sowohl im Rechner eingebaut sein können als auch als Beistellmodems geliefert werden, sind mittlerweile preisgünstig und leistungsstark. Diese Zusatzgeräte ermöglichen die Umsetzung der Computerdaten für die Datenübertragung bzw. eine Rückübertragung empfangener Daten in einer für den Computer verarbeitbaren Form.
- Um *ISDN direkt per PC* nutzen zu können, benötigen Sie ergänzend einen ISDN-Adapter an Ihrem Rechner. Dies kann beispielsweise eine interne Adapterkarte sein, die auf einen der noch freien Steckplätze der Hauptplatine Ihres PC gesteckt wird. Diese Lösung ist relativ preiswert, erfordert allerdings die Belegung eines unter Umständen knappen Steckplatzes auf der Hauptplatine. Alternativ ist ein externer Adapter möglich. Es handelt sich hier um ein besonderes Peripheriegerät, das an einer der vorhandenen Schnittstellen des PC anzuschließen ist. Schließlich gibt es ISDN-Adapter in Form einer PCMCIA-Karte. Dies ist eine bequeme und komfortable Lösung, setzt aber voraus, daß Ihr Rechner mit einer entsprechenden Anschlußmöglichkeit ausgestattet ist. Moderne Notebooks verfügen heute über diese Variante, so daß die Vorteile von ISDN auch unterwegs genutzt werden können.

Kommunikationsnetze

Die Integration von Bürokommunikations-Systemen zum Internet ist bereits in zahlreichen Systemen realisiert und gewinnt zunehmend an Bedeutung.

Das Internet als Basisplattform

Das Internet hat die Welt der Unternehmen bereits enorm verändert und wird dies künftig in einer noch radikaleren Weise tun. So werden geschäftliche Transaktionen und betriebliche Kommunikationsprozesse zunehmend in anderer Form getätigt. Das hat natürlich enorme Konsequenzen für die betriebliche Organisation und für die Anforderungen, die an die Mitarbeiter in den Unternehmen und Verwaltungen gestellt wird.

Grundsätzlich ergeben sich mit dem Internet/Intranet zahlreiche Herausforderungen für die IT-Strategie. Intranet-Technologien haben das Potential, bestehende Systemgrenzen zu überwinden. Sie können prinzipiell auch nachträglich auf fast allen Rechnern und Systemplattformen installiert werden und diese in bisher ungeahnter Weise integrieren.

Zunächst eine Erläuterung, was unter dem Internet überhaupt zu verstehen ist. Das *Internet* ist im Grund nichts anderes als ein *weltweit verzweigtes Computernetz*, an dem grob geschätzt ca. 60 000 Netzwerke und mehr als 80 Millionen Computeranwender angeschlossen sind. Eine wichtige Besonderheit: Die im Internet weltweit miteinander verbundenen *Computer* können vollkommen *verschiedener Größe und Plattform* sein.

Der bekannteste Dienst im Internet ist das World Wide Web. Es steht für die Integration verschiedener Dienste unter einer Oberfläche und verfügt über die Fähigkeit, *hypermediale Dokumente* zu erzeugen und zu verwenden. So kann mittels World Wide

Web (kurz WWW) eine Publikation auf einfache Weise weltweit angeboten werden. Dabei lassen sich Töne, Sprache, Musik, Farbbilder, Animationen, Videoclips und Texte hypermedial verknüpft abrufen. Andererseits können mittels WWW auch Informationen gezielt interaktiv abgerufen werden.

Aufgrund der Tatsache, daß die Benutzung keine umfangreichen Kenntnisse mehr erfordert und auch die Erstellung von eigenen WWW-Dokumenten in kurzer Zeit erlernt werden kann, ist das WWW der mit Abstand populärste Internetdienst und hat entscheidend zur explosionsartigen Verbreitung des Internet beigetragen.

Folgende *Merkmale des WWW* sind zu beachten:

- Um im Internet präsent zu sein, wird eine sogenannte *Web-Site* auf einem *Web-Server* eingerichtet. Dieser Web-Server ist ein mit dem Internet verbundener Computer.
- Eine typische Web-Site besteht aus einer *Homepage*, der Start-Seite und beliebig vielen anderen pages mit verschiedenen Inhalten.
- Die Sprache, in der alle Web-Dokumente vorliegen müssen, heißt HTML (für Hyper Text Markup Language).
- *Web-Browser* nennt man Programme, die es ermöglichen, Web-Seiten auf dem PC darzustellen und innerhalb des Webs zu navigieren.
- Die Navigation innerhalb des WWW erfolgt mittels Hyperlinks und mit der Maus anklickbarer Karten. Unter *Hyperlinks* sind dabei farbig unterlegte Textstellen auf der Web-Seite zu verstehen. Sie enthalten die Adressen von anderen Web-Seiten. Ein Mausklick genügt, und Sie gelangen sofort zu der neuen Seite.

Wie funktioniert die *Zusammenarbeit zwischen den Rechnersystemen* im Internet? Grundsätzlich gilt auch bezüglich der Kommunikation zwischen zwei Rechnern im Internet das *„Client/Server-Prinzip“*. Dies bedeutet, daß die eingestellten Web-Dokumente auf einem Server gespeichert und verwaltet werden. Diese Dokumente können dann weltweit von allen Rechnern im Internet mit Hilfe entsprechender Client-Programme (sog. WWW Browser oder HTML-Viewer) abgerufen werden. Es gibt zur Kommunikation im Internet folglich grundsätzlich zwei Arten von Software:

- ein Programm auf dem Rechner, der den Dienst anbietet (Server = Diener), und
- ein Programm auf dem Rechner, der den Dienst anfordert (Client = Kunde).

Mit Server-Programmen, die in der Regel auf speziell für diesen Zweck bereitgestellten Rechnern installiert sind, werden auch die Internet-Dienste angeboten. Es wird dann von WWW-Servern usw. gesprochen.

Ein Beispiel: Im WWW muß der Dienst-Anbieter einen *WWW-Server* verwenden, während auf der Nutzerseite ein *WWW-Browser* erforderlich ist. Letzteres ist ein Programm, das die Verbindungsaufnahme zum Server, die Auswahl des richtigen Dienstes, das Wechseln ins richtige Verzeichnis des Servers und das Anzeigen von HTML-Dokumenten (via HTTP) auf dem Computer des Nutzers übernimmt.

Damit werden auch die Protokolle im WWW deutlich. Das **HTTP**-Hyper Text Transfer Protocol sorgt für die Verbindung zwischen WWW-Client und WWW-Server, **HTML**-Hyper Text Markup Language ist die verwendete Sprache, mit der WWW-Dokumente erstellt werden. In einem mit HTML erstellten Dokument werden die Verweise auf andere Dokumente (Hyperlinks) in einen Text oder in eine Grafik integriert. Durch Anklicken der Hyperlinks läßt sich die Verbindung zu einem weiteren Dokument aufbauen.

Wer fungiert als Anbieter von Diensten im Internet? Bedingt durch die dezentrale Struktur des Internet tummelt sich hier eine Vielzahl von unterschiedlichen Anbietern, die darüber hinaus die unterschiedlichsten Dienste anbieten können. Zu unterscheiden sind drei wesentliche Bereiche, so daß auch drei unterschiedliche *Arten von Anbietern* in Betracht kommen, deren Leistungen genutzt werden:

- *Anbieter, die Datenleitungen bereitstellen:* Um in das Internet zu gelangen, müssen die Leitungen eines Telekommunikationsanbieters in Anspruch genommen werden. Dies sind in der Regel die nationalen PTTs (postal, telegraph and telephone company), in Deutschland beispielsweise die Telekom AG, künftig auch o.tel.o und andere private Anbieter.
- *Anbieter, die den Zugang zum Internet ermöglichen:* Die sogenannten Service-Provider oder Online-Dienste stellen die Zugangsberechtigung für das Internet her.
- *Informationsanbieter* (sogenannte *Content-Provider)*: Inhalte (also Texte, Listen, Bilder oder sogar Videos) bezieht der Nutzer von den Informationsanbietern. Dies können Firmen mit Informationen zu den von ihnen hergestellten oder verkauften Produkten sein. Ein Beispiel sind Verlage, die ihre Informationsdienste anbieten.

Die Intranet-Technologie

Die hausinterne Vernetzung wird heute in der Regel in den Unternehmen über lokale Netze bzw. Client-/Server-Umgebungen realisiert. Eine Erweiterung ergibt sich durch die Anwendung der Intranet-Technologie:

- Technologien des Internet lassen sich unternehmensintern nutzen und zu sogenannten Intranets ausbauen. Das optimiert und revolutioniert Geschäftsprozesse sowie Kommunikationsabläufe und ermöglicht den Aufbau völlig neuer Kundenbeziehungen.
- *Hinzu kommt die Möglichkeit offener Anwendungen:* Mittels der Programmiersprache Java können sämtliche, bisher nur schwer miteinander kombinierbare Hardwaretypen zu einem riesigen Rechnernetz verschmolzen werden.

Die Anwendungspotentiale eines Intranet im Unternehmen sind zahlreich. Die besonderen Vorteile von Intranet-basierten Lösungen (gegenüber klassischen Lösungen interner Bürokommunikation) sind:

- offene Plattform (Nutzung vorhandener Netzwerke)
- Benutzerfreundlichkeit (grafische Oberfläche des WWW, Hyperlink-Technik)
- einfache Integration in vorhandene Anwendungen (problemloser Datenaustausch)
- kostengünstiger Betrieb

Aus diesen Gründen werden heute in nahezu allen Unternehmensbereichen Intranet-Anwendungen geplant und realisiert. Eine Übersicht dazu gibt die Aufstellung auf der folgenden Seite.

Beachten Sie: Optimal eingesetzt wird das Intranet das „Nervensystem" eines Unternehmens. Dadurch wird das ganze Wissen, das im Unternehmen steckt, für alle Mitarbeiter zugänglich. Somit ist das Intranet das Werkzeug für ein echtes Knowledge Management. Das Sekretariat kann bei der Steuerung der Informationen eine wichtige Rolle einnehmen.

Anwendungsbereich	Anwendungsbeispiele
Marketing/Vertrieb	• Produktinformationen • Presseinformationen • Schulung/Präsentationen
Personalwesen	• Online-Stelleninformationen und -Bewerbung • Elektronische Personalakte • Weiterbildung • Vorschlagswesen • Mitarbeiterinformationen • Arbeitszeitkonten
Kundendienst	• Problemmeldung • Fehlerbeseitigung • Wartung und Diagnose
Allgemeine Verwaltung	• Organigramm • Archive • Adreß- und Telefonlisten • Projektüberwachung • Data-Warehouse
Beschaffung	• Bestellformulare und Bestellüberwachung • Lieferanten- und Produktkataloge • Elektronische Ausschreibungen
Produktion und F&E	• Arbeitsplanung • Qualitätsmanagement • Auftrags- und Terminverfolgung

Intranet-Anwendungen in verschiedenen Unternehmensbereichen

Bei der Realisierung von Intranet-Anwendungen beginnen die Unternehmen meist mit allgemeinen Informationen (Geschäftsbericht, Pressemitteilungen, Organisation, Qualitätsmanagement-Handbücher), Produktinformationen und Präsentationsmaterialien, Telefonlisten, Projektbeschreibungen und Weiterbildungsinformationen. Häufig vertreten sind auch Informationen über Wettbewerber, interne Stellenausschreibungen, Software-Updates und Hilfestellungen bei der Problem- oder Fehlerbeseitigung im Umfeld des Computers.

Anwendungen betriebsinterner Bürokommunikation für das Sekretariat

Workgroup-Lösungen

Was ist der Ausgangspunkt? An nahezu allen Arbeitsplätzen von Sekretariat und Management-Assistenz hat sich der Personal Computer zum Standardgerät entwickelt.

Mit Softwarewerkzeugen wie Textverarbeitung, Präsentationsgrafik, Tabellenkalkulation und Datenbanken lassen sich heute arbeitsplatzbezogene Aufgaben effizient erledigen.

Mängel liegen jedoch vielfach noch in der Unterstützung arbeitsplatzübergreifender Tätigkeiten, etwa bei der Abwicklung eines übergreifenden Arbeitsprozesses.

Groupware ist die Software, die eine *effiziente Gruppenarbeit im Netzwerk* ermöglicht. Software dieser Art bietet eine reelle Chance zur Effizienzsteigerung, wenn mehrere Personen an einer Aufgabenerfüllung beteiligt sind, etwa in Projekten oder in Produktplanungsteams. Strukturierte und unstrukturierte Abläufe und Aktivitäten werden damit durch die Bereitstellung gruppenorientierter Funktionen unterstützt, sei es die Terminkoordination, der Nachrichtenaustausch, die Durchführung von Meetings, die gemeinsame Erstellung von Dokumenten und vieles mehr.

Im Detail können sich hinter Groupware also sehr unterschiedliche Funktionen befinden. Die wichtigsten Leistungsmerkmale, über die Groupware-Programme verfügen können, werden nachfolgend aufgezeigt.

Electronic-Mail-Funktionen: Ein typisches Funktionsmerkmal von Groupware ist die Kommunikationsunterstützung *(E-Mail-Funktionen)*. Das Grundprinzip einer Electronic-Mail-Anwendung zeigt die Übersicht auf der nächsten Seite.

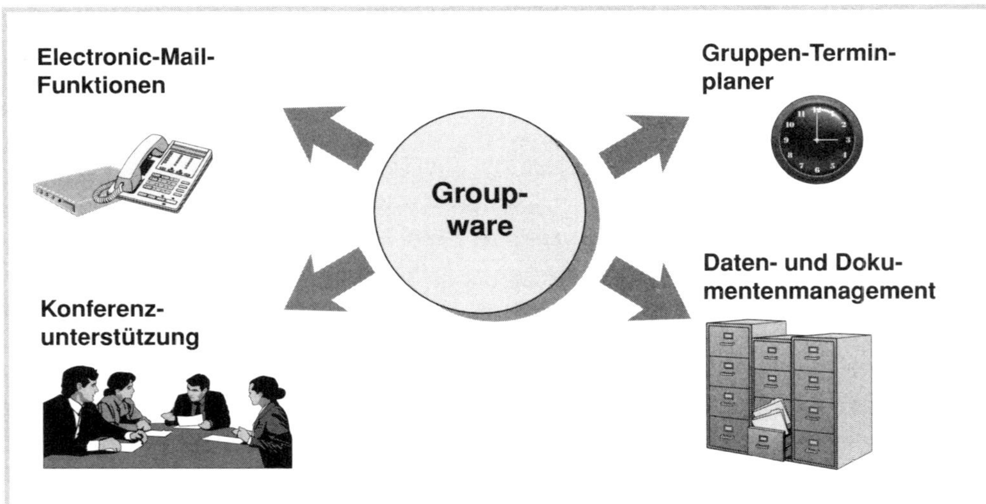

Groupware: Leistungsmerkmale

Die angeschlossenen Endbenutzer verfügen in diesem Fall jeweils über ein *elektronisches Postfach (Mailbox, Telebox)* zur Aufnahme von Texten. Gespeichert werden eingehende Mitteilungen in dem Computer in jedem Falle so lange, bis sie von dem autorisierten Empfänger abgerufen werden. Mögliche *Teilfunktionen eines Electronic-Mail-Systems* sind:

- der Empfang eingehender Post
- das Abschicken von Nachrichten

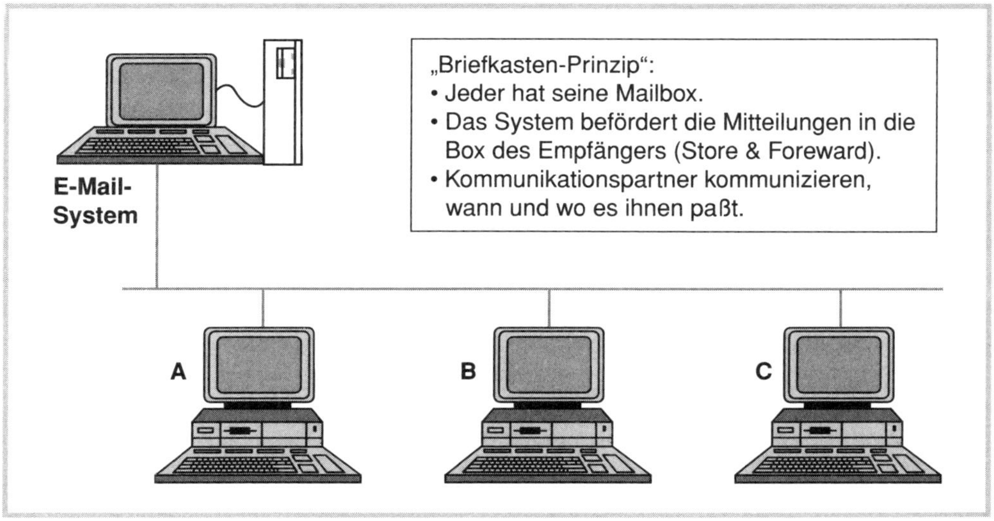

Merkmale von E-Mail

- das automatische Quittieren des Posteingangs
- das Speichern von Dokumenten und Nachrichten
- das Zusammenstellen und Editieren (Überarbeiten) ausgehender Nachrichten
- das Verteilen elektronischer Post

Die Vielfalt der E-Mail-Anwendungen im Sekretariat macht die untenstehende Übersicht deutlich.

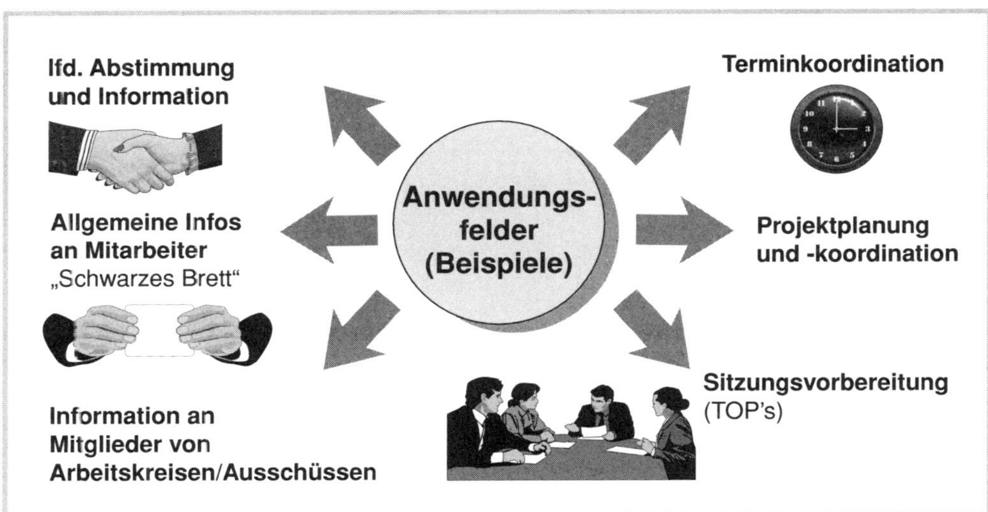

E-Mail-Anwendungen im Sekretariat

Gruppen-Terminplaner (Meeting-Scheduler): Ein weiteres typisches Element von Groupware ist der Gruppen-Terminplaner. Damit läßt sich das Zeit- und Ressourcenmanagement optimal im Team organisieren. Typische Beispiele für Terminorganisation von mehreren Mitarbeitern einer Arbeitsgruppe sind Vertriebsabteilungen oder projektorientierte Organisationsformen. Übliche Termine, die dann zu allen Gruppenmitgliedern festgehalten werden müssen, sind:

- Besprechungstermine (intern, extern)
- Präsentationstermine
- Besuchstermine
- Urlaubstermine
- Seminartermine

Sofern keine klaren Terminabstimmungen in Gruppen erfolgen, sind Probleme unausweichlich. Beispiele: unzureichende gegenseitige Information sowie fehlender Abgleich zwischen verschiedenen Kalendern.

Hauptvorteil des Meeting-Schedulers ist die Zeitersparnis bei der Reservierung von Terminen. Dies gilt insbesondere dann, wenn häufig abteilungsinterne Konferenzen zu planen sind; denn dann verschafft ein elektronisch geführter Terminkalender dem Sekretariat die Möglichkeit einer einfacheren Terminabstimmung, vorausgesetzt, die Terminkalender sämtlicher Mitarbeiter der Abteilung sind im Computersystem gespeichert und dem Sekretariat zugänglich. Während herkömmlicherweise eine umständliche Telefoniererei einsetzt, um eine entsprechende Terminkoordination zu erreichen, kann das Sekretariat nun sofort am Bildschirm sehen, welche Termine für eine Konferenz noch frei verfügbar sind.

Bei zentral gespeicherten Terminkalendern lassen sich Terminkollisionen zudem eher vermeiden, da im Sekretariat stets auf den aktualisierten Terminkalender zugegriffen werden kann. Weitere Vorteile sind die erhöhte Wahrscheinlichkeit der Termineinhaltung sowie der beschleunigte Zugriff auf genau definierte Kalenderinformationen.

Bei Terminvereinbarungen mit anderen Teilnehmern besteht oft auch die Möglichkeit, diese per E-Mail auf Änderungswünsche hinzuweisen. Schließlich ist manchmal eine Delegationsfunktion vorhanden, die das Weiterreichen von Terminanfragen gestattet. Notwendig ist natürlich auch eine Funktion, die es gestattet, Terminanfragen abschlägig zu bescheiden.

Daten- und Dokumentenmanagement: Groupware erleichtert meist auch das gemeinsame Daten- und Dokumentenmanagement. In einer zentralen Ablage können beispielsweise die gruppenrelevanten Dokumente inklusive der Bearbeitungsvermerke aufgenommen werden. Der wesentliche Vorteil: Durch ein umfassendes Dokumentenmanagement mit integrierten Recherchefunktionen und den raschen Zugriff auf abgelegte Dokumente wird die Informationsbasis der Nutzer wesentlich erweitert. Hinzu kommt: Durch die Verwaltung und Bereitstellung von Dokumenteninformationen für viele Benutzer kann im Unternehmen vermieden werden, daß das Rad zweimal erfunden wird.

Konferenzunterstützung: Gruppendialoge lassen sich so über zeitliche und räumliche Distanzen hinweg einfach steuern. Typische Anwendungen für Konferenzsysteme sind:

- **Online-Konferenzen:** Zwischen ausgewählten Teilnehmern kann zu bestimmten Aufgabenstellungen auf elektronischem Weg eine Konferenz durchgeführt werden. So lassen sich Gruppendialoge über zeitliche und örtliche Grenzen hinweg ermöglichen und gezielt steuern.
- Hilfen bei **Gruppenentscheidungsprozessen.** Groupware ermöglicht die Unterstützung bei der Vor- und Nachbereitung sowie der Durchführung von Sitzungen und Besprechungen. Dazu werden Tools bereitgestellt, die einen strukturierten Ablauf des Entscheidungsprozesses erlauben. So lassen sich beispielsweise Abläufe koordinieren oder Nachrichten gezielt generieren und verteilen.

Spezielle Dokumentenmanagement-Lösungen

An vielen Arbeitsplätzen in Büro und Verwaltung sind Dokumenteninformationen zu verwalten. Für das Archivieren und Wiederauffinden von Dokumenten können Computersysteme sinnvoll eingesetzt werden. Die Verwendung geeigneter Software für das Dokumentenmanagement hat mitunter wesentliche Vorteile: Es kann sichergestellt werden, daß Dokumenten-Informationen wirtschaftlich verwaltet werden und nicht mehr die Zufälle die Hauptrolle bei der Informationsgewinnung spielen.

Voraussetzung für einen inhaltsorientierten Zugriff ist zunächst einmal die *elektronische Speicherung von Dokumenteninformationen.* Dabei ist zu unterscheiden, ob das Dokument insgesamt als sog. Volltext im System gespeichert wird (Vorteil: bei einer Recherche steht der Volltext unmittelbar elektronisch zur Verfügung) oder ob lediglich die charakteristischen Informationen zu einem Dokument erfaßt werden (sogenannte Stichwörter oder Deskriptoren), die bei einer späteren Informationssuche von Bedeutung sein können (Vorteil: geringerer Speicherbedarf). Die Erfassung der Dokumente kann grundsätzlich mit Hilfe eines Scanners unterstützt werden. Dabei ist zu unterscheiden, ob eine Texterkennung erfolgt oder lediglich in Imageform eingelesen wird. Die Zuordnung von Deskriptoren zu einem Dokument kann automatisch erfolgen (zum Beispiel beim Namen des Autors, beim Entstehungs- und Versanddatum) oder durch Schlagworteingabe realisiert werden.

Das *gezielte Suchen nach Dokumenten* über verschiedene Schlagwörter steht im Mittelpunkt des Retrieval-Prozesses. Dazu müssen der Deskriptor oder die Deskriptoren eingegeben werden. Bei einer Volltextrecherche kann dann nach jedem Wort gesucht werden, das innerhalb der Dokumente auftaucht. Im anderen Fall müssen die den Dokumenten zugeordneten Suchbegriffe eingegeben werden. Nach Auslösen des Recherchevorganges werden dann die „Trefferanzahl" sowie die Volltexte beziehungsweise die bibliographischen Angaben zu den gefundenen Dokumenten am Bildschirm angezeigt (Titel, Autor, Standort).

Im Bedarfsfall ist auch ein Ausdruck der Suchergebnisse beziehungsweise bei Volltextspeicherung aller oder bestimmter Dokumente möglich.

Entscheidenden Einfluß auf die Beantwortung der aufgeworfenen Entscheidungsfelder haben die beabsichtigten Anwendungen. Denkbare *Anwendungsgebiete* für das Dokumentenmanagement im Sekretariat sind:

- Büroautomation (elektronische Aktenverwaltung, Verträge, Aktennotizen)

- Vertrieb/Marketing (zum Beispiel für Produktinformationen, Angebote, Artikelbeschreibungen)
- technische Dokumentation (Patente, Lizenzen, Produktinformationen, Handbücher)
- Unterstützung von Führungsinformationssystemen (Faktendatenbanken) und
- Bibliothekssysteme (Pressearchiv, Literaturverwaltung)

Weiterleitung von Dokumenten, Grafiken und Formularen innerhalb eines Organisations- und Bearbeitungszyklus steuert. Das Regelwerk repräsentiert dabei die unternehmensinternen Strukturen und Prozesse und muß deshalb in der Regel speziell programmiert werden, wenn es auf die Besonderheiten eines Unternehmens zugeschnitten sein soll.

Produktivitätskriterien	Workflow	Workflow nach Redesign
Durchlaufzeit	bis zu 20 %	bis zu 90 %
Bearbeitungszeiten	bis zu 25 %	bis zu 60 %
Personalkapazitäten	bis zu 10 %	bis zu 40 %
Suchzeiten	bis zu 50 %	bis zu 90 %
Kundenrückfragen	bis zu 20 %	bis zu 75 %

(vgl. Horst G. Schönecker, Office Management 7–8/1994, S. 23)

Produktivitätsanstieg mit Workflow

Workflow-Software

Immer mehr Unternehmen möchten in Zukunft ihre Arbeits- und Geschäftsprozesse durch Einführung von Workflow-Lösungen optimieren. Dies kann zunehmend auch Prozesse der Sekretariats- und Assistenzarbeit betreffen.

Was ist das Besondere an Workflow? Mit einer solchen Softwarelösung – einem Workflow-Programm – können in vernetzten Systemen Arbeitsabläufe computergestützt gesteuert werden. Nach Beendigung einer Vorgangsbearbeitung durch einen Sachbearbeiter wird der Vorgang elektronisch automatisch zum nächsten Bearbeiter weitergeleitet (aktenarme Sachbearbeitung).

Der Workflow-Manager stellt sich dazu als ein Überwachungsprogramm dar, das über ein besonderes Regelsystem die

Die Vorteile von Workflow macht die folgende Übersicht deutlich:

Die entwickelte Workflow-Lösung stellt sich als ein besonderes Regelsystem für die Weiterleitung von Dokumenten, Grafiken und Formularen innerhalb eines Organisations- und Bearbeitungszyklus dar. Das Regelwerk repräsentiert dabei die unternehmensinternen Strukturen und muß deshalb in der Regel speziell programmiert werden, wenn es auf die Besonderheiten eines Unternehmens zugeschnitten sein soll.

Mit dem Einsatz von Workflow-Management-Systemen kann dann eine einfache Kontrolle und Überwachung von Geschäftsprozessen realisiert werden. Dabei werden durch das Vorgangsinformationssystem Daten über die Vorgangsbearbeitung protokolliert und ausgewertet. So können sowohl betriebswirtschaftlich als auch technisch relevante Daten gewonnen werden. Beispiele für solche Kontrolldaten sind der Status eine Vorganges, die Bearbeitungsdauer eines Vorganges usw.

Workflow-Lösungen verfügen über mehr oder weniger umfangreiche Funktionen, die die Auswertung solcher Kontrolldaten erlauben. Die Verwendungsmöglichkeiten für die Kontrolldaten und der damit durchführbaren Analysen zeigen die folgenden Beispiele:

- Das Fachmanagement kann jederzeit den Bearbeitungsfortschritt einzelner Vorgänge kontrollieren und dadurch in Problemsituationen schneller reagieren.
- Durch den Vergleich von Analyseergebnissen aus Vorgängen unterschiedlicher Filialen oder Unternehmen können Aussagen über die Prozeßqualität gewonnen werden.
- Mitarbeiter bekommen durch aktuelle Vorgangsdaten (etwa Anzahl bearbeiteter Vorgänge) Hinweise, wie sich ihre Arbeitsleistung auf die gesamte Vorgangsbearbeitung auswirkt.

Beachten Sie: Weitet man die Überlegung des Workflow-Management auf die gesamte Wertschöpfungskette und unter Einbezug von Lieferanten und Kunden aus, müssen auch die technischen Möglichkeiten des **Electronic Data Interchange** (zum Beispiel standardisierter Datenaustausch mit EDIFACT) einbezogen werden. Hier werden in den nächsten Jahren erhebliche strukturelle Veränderungen zu erwarten sein.

Internet-Nutzung im Sekretariat – Einsatzbeispiele und Einsatzpotentiale

Auch der öffentliche Zugang zum Internet wird für immer mehr Sekretariate künftig zu einer Selbstverständlichkeit. Die im Folgenden skizzierten Einsatzmöglichkeiten verdeutlichen, welche Potentiale das Internet auch und gerade für die Arbeit der

Nutzungspotentiale des Internet

Management-Assistentin hat. Einen ersten Überblick gibt die folgende Übersicht:

Die Anwendungsmöglichkeiten sind bereits heute vielfältig – von Info-Diensten über Serviceleistungen bis hin zum elektronischen Shopping reicht die Palette. Generell gilt: Der Zugang zum Internet ist für viele Anwender deshalb interessant, weil damit eine globale Information und Kommunikation geboten wird.

Zugangsvoraussetzungen zum Internet
Um im Internet arbeiten zu können, sind die in der folgenden Übersicht aufgeführten Zugangsvoraussetzungen zu erfüllen:

Minimum für den Internet-Anschluß im Büro ist ein kommunikationsfähiger PC. Neben Telefon und Personal Computer, was sich heute quasi an jedem Sekretariatsarbeitsplatz findet, reicht in der einfachsten Einsatzform ein angeschlossenes Modem aus. Mit der Anmeldung beim Dienstleister kann es losgehen. Für den Anwender fallen dann außer den Telefongebühren zum nächsten Einwählpunkt keine weiteren Ausgaben an. Für erweiterte Anwendungen sollte Multimedia-Fähigkeit gegeben sein.

Der Zugang zum Internet selbst wird über sogenannte Provider oder via **Online-Dienste** ermöglicht. Neben professionellen Unternehmen tummeln sich auch zahlreiche semiprofessionelle Firmen auf diesem Markt.

Bei den kommerziellen Online-Diensten, die unter anderem besondere Informations- und Kommunikationsangebote bereitstellen, machen sich derzeit vor allem vier große Dienste-Anbieter Konkurrenz. Unterschiede bestehen hinsichtlich der Kosten sowie der darüber angebotenen Leistungen (etwa dem vorgefundenen Informationsangebot). Um einen der Online-Dienste nutzen zu können, benötigen Sie neben den Hardware-Voraussetzungen (Modem oder ISDN-Karte) noch

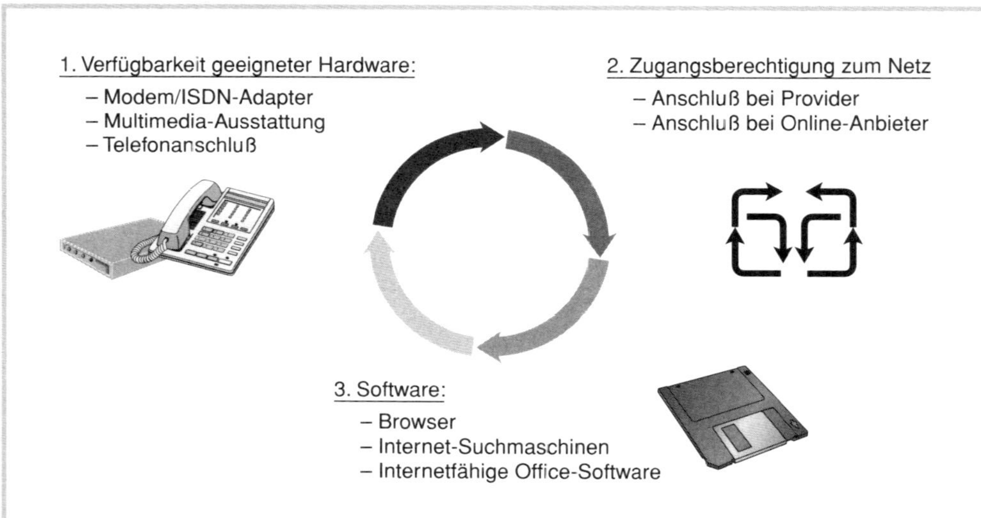

Voraussetzungen zur Internet-Nutzung

Zielgruppe: Unternehmen	Zielgruppe: Private
• Provider im engeren Sinne, u.a. – Eunet – MAZ Hamburg • Online-Dienste wie – T-Online – CompuServe	• Kommerziele Anbieter wie – Provider – Online-Dienste • Nichtkommerzielle Anbieter wie – Universitäten – Vereine, Institute

Zugangsanbieter für das Internet

eine entsprechende Zugangssoftware. Diese wird in der Regel vom Anbieter nach der Anmeldung zur Verfügung gestellt.

Die wichtigsten Informationen zu den verschiedenen Online-Diensten gibt die Übersicht auf der nächsten Seite.

Unentbehrlich für das Arbeiten im Internet ist eine spezielle *Zugangssoftware*. Mittels eines besonderen Anzeigeprogramms, dem *Browser*, werden die Inhalte des Internet überhaupt erst sichtbar auf den Bildschirm des Computers gebracht. Marktführer bei den Browsern ist der Netscape Navigator.

Um eigene Dokumente in das Internet einstellen zu können, müssen diese im HTML-Format zur Verfügung stehen. Sofern die *Programmiersprache HTML* beherrscht wird, können Sie eigene Internet-Seiten darüber gestalten. Einfacher ist jedoch meist die Nutzung von Office-Software, die automatisch eine Konvertierung gestattet.

Dienste im Internet

Im Internet wird eine Vielzahl von Diensten und Dienstleistungen angeboten. Neben dem bereits erläuterten World Wide Web (WWW) kommen vor allem folgende Dienste in Betracht:

• Electronic Mail (E-Mail) via Internet

E-Mail (= Elektronische Post) zählt zu den am häufigsten genutzten Diensten im Internet. Es ermöglicht das Verschicken elektronischer Nachrichten an andere Netzbenutzer, deren Netzadresse natürlich (genau wie bei der gelben Post) bekannt sein muß. Eine E-Mail-Adresse (Beispiel: ErnstTiemeyer@Compuserve.de) setzt sich zusammen aus

- der Bezeichnung des Adressaten *(= User-Name)*,
- getrennt durch ein ‚@' (gesprochen wie das engl. Wort ‚at'),
- der Internet-Adresse des Benutzers (genauer dem *‚Domain-Namen'* seines Rechners oder Netzes, zum Beispiel Rechnername, Kurzname der Einrichtung usw.),

Online-Dienst	T-Online	CompuServe	America Online (AOL)	MS-Network (MSN)
Anbieter	Deutsche Telekom	H&R-Blockgruppe in Kooperation mit AOL	America Online/Bertelsmann	Microsoft
Zugangs-software	T-Online-Software	CompuServe Information Manager	AOL-Software	Windows 95
Teilnehmer-zahl	fast eine Mio.	220 000 in Deutsch-land, 4 Mio. weltweit	4 Mio. weltweit	525 000 weltweit
Kosten	Grundgeb. 8,00 DM pro Monat, plus Gebühren (6,60 DM bzw. 4,20 DM pro Stunde), Internet-Nutzung 3,00 DM pro Std.	Grundgeb. 15,00 DM pro Monat, jede weitere Stunde 4,50 DM	Grundgeb. 9,90 DM pro Monat, jede weitere Stunde 6,00 DM	Grundgeb. 12,00 DM pro Monat, jede weitere Stunde 6,00 oder pauschal 49 DM mit unbegrenzter Nutzung
Highlights	Home-Banking, Nachrichten, in Deutschland flächen-deckend	ansehnliche Bedienerober-fläche, interna-tionale Nut-zung bietet Vorteile	am Massen-markt orientiert, Marktführer	einfach bedienbar, Zielgruppe „Windows-Anwender“

Online-Dienste im Überblick

- getrennt durch einen *Punkt* kann noch der Ländername angegeben werden (z.B. **de** für Deutschland).

• File Transfer Protocol (FTP)
Mitunter wollen Sie Dateien von anderen Benutzern empfangen bzw. Dateien an andere versenden. Obwohl auch E-Mails meist Dateien angehängt werden können, ist der Dienst „File Transfer Protocol“ oft der sichere Weg. Auf diese Weise wird ohne besonderes Paßwort (man gibt einfach die Internetadresse und als Password ‚Anonymous‘ ein) der Zugriff auf eine unübersehbare Menge an Software, Texten, Bildern, Sounds – kurz: allem, was elektronisch speicherbar ist – ermöglicht.

Der *Ablauf* (= die Prozedur des Download) ist bei FTP grundsätzlich folgender:

Teilmodule	Anwendungsvarianten
Textverarbeitung	• Web-Seiten in HTML erzeugen • HTML-Seiten lesen • Hyperlinks in Texte integrieren
Tabellenkalkulation	Felder mit einer Internet-Datei verknüpfen
Präsentations-software	• Web-Präsentationen erzeugen (auch multimedial) • Öffnen von Web-Präsentationen
Datenbanken	• Datenverteilung über das Web • Dateimanagement im Internet • Web-Site-Datenbank

Office-Software im Internet

- Der Client kontaktiert zunächst den gewünschten FTP-Server (also den „Lieferanten" der Daten). Bei Nutzung des Dienstes besteht eine Zugriffsmöglichkeit auf den entfernten, fremden Rechner, wobei man sich die dort vorhandenen Verzeichnisse und Dateien ansehen kann.
- Freigegebene Dateien lassen sich dann auf den eigenen Rechner kopieren.

Ergebnis: Je nach Umfang der zu transferierenden Daten stehen diese bereits wenige Sekunden nach der Anforderung auf der Festplatte des jeweiligen Client-Rechners zur Nutzung bzw. Weiterbearbeitung bereit.

Navigieren im Web – ein neuer Weg der Informationsbeschaffung

Grundsätzlich können über alle Internet-Dienste Informationen beschafft werden. Im Internet gibt es fast alles. Aber zu finden, was man sucht, ist schwierig und zeitaufwendig. Denn: Informationen, die neu ins Web kommen, werden bei keiner zentralen Stelle angemeldet. Entsprechend gibt es auch niemanden, der Überblick über die immer mehr zunehmenden Datenmengen hat. Material zu Themen, die Sie interessieren, müssen Sie selbst aus dem Netz holen – mit Ausnahme von E-Mail-Abonnements, bei denen Ihnen zu bestimmten Themenbereichen Informationen automatisch zugesandt werden.

Um die Suche nach Informationen im Netz zu erleichtern, stellt das Internet eine Vielzahl sogenannter *„Suchwerkzeuge"* (auch „Suchmaschinen" genannt) zur Auswahl. Wer nur deutschsprachige Angebote sucht, dem hilft mitunter die folgende Internetadresse weiter: http://www.web.de

Grundsätzlich gibt es zwei Arten von Suchmaschinen:

- *Indizes:* Es handelt sich dabei um riesige, von Computern erstellte Datenbanken mit Informationen über Millionen von Web-Seiten. Gefüttert werden sie von Software-Robotern, die sich durch das WWW „wühlen".

- *Verzeichnisse:* Es handelt sich hierbei um hierarchisch geordnete, nach Inhalt sortierte Listen von Web-Seiten. Solche Seiten kommen nicht durch die Tätigkeit von Maschinen, sondern durch die Arbeitsleistung von Redakteuren zustande.

Nicht nur zur eigenen Informationsversorgung, auch zur Unterstützung der Informationsversorgung von Führungskräften ist ein Einsatzgebiet im Sekretariat gegeben. Externe Datenbanken sind üblicherweise auf Sachgebiete spezialisiert. Hinsichtlich der Inhalte dominieren heute Wirtschaftsinformationen; Beispiele sind Markt- und Brancheninformationen, Firmendaten, Finanzinformationen sowie volkswirtschaftliche Zeitreihen. Weitere Hauptgebiete sind Informationen aus den Bereichen Technik (Maschinenbau, Elektrotechnik usw.), Naturwissenschaft (Chemie, Medizin, Werkstoff-Informationen) sowie sonstige (Patente, Pressedaten).

Wenn ...	... dann
Ihnen ein redaktionell gepflegter Katalog wichtig ist,	... ist Yahoo die für Sie geeignete Suchmaschine, http://www.yahoo.com oder .de
Sie Mail-Adressen finden wollen,	... können Sie das über Excite, Lycos, Yahoo oder Internet Address Finder tun.
Sie Informationen aus privaten Datenbanken und Nachrichtendiensten benötigen	... liefert NlightN Ihnen die gewünschten Ergebnisse.
Sie nach deutschen Seiten suchen,	... sind Web.de, Yahoo.de oder Aladin die erste Wahl.

Entscheidungshilfe: Suchmaschinen

Online Business im Internet

Die Möglichkeiten des Internet zur Informationsbeschaffung sind bei näherer Betrachtung offensichtlich. Das Internet stellt insgesamt gesehen einen gigantischen Informationspool dar. Dieser kann dann über die verschiedenen Internet-Dienste mehr oder weniger gezielt genutzt werden.

Mit dem Schlagwort „Electronic Commerce" verbindet man vor allem das Konzept des elektronischen Marktplatzes. Dahinter verbirgt sich die Möglichkeit,

- sich im Internet über Waren und Dienstleistungen zu *informieren,*
- diese dann über das Netz *bestellen* zu können und
- auch über das Netz zu bezahlen.

- **Virtuell reisen und surfen (Angebote vergleichen, Reiseleistungen buchen)**

Eine typische Anwendung betrifft die Nutzung von Internet und Online-Diensten für *Bahn- und Flugreisen.* Als Beispiel sei das Angebot der Bahn erläutert. So können

Sie via Internet Ihre Bahn-Card oder Ihren Fahrschein direkt bestellen. Darüber hinaus erhalten Sie im Internet-Dienst der Deutschen Bahn unter anderem Fahrplanauskünfte sowie spezielle Links zu ausländischen Eisenbahngesellschaften. Eine Übersicht internationaler Züge findet sich ebenfalls im Internet. Über Easyabre in CompuServe und Internet kann man Flüge buchen, aber nicht sehr bedienerfreundlich. Online-Buchungen bei der Lufthansa sind möglich.

Über Online gibt es eine interessante Unterstützung für die *Hotelwahl.* Damit sind Interessenten immer auf dem neuesten Stand, erfahren die aktuellen Preise und können gleich buchen. Im In- und Ausland stehen rund 53 000 Unterkünfte zur Verfügung, die Tag und Nacht gebucht werden können. Sie erhalten Informationen über die Lage des Hotels, Entfernung zum Flughafen oder Bahnhof, Ausstattung und Preis.

Viele Hotels und fast alle Hotelketten bieten via Internet ihre Dienste an. Gebucht werden kann in der Regel per E-Mail, Fax oder Telefon. Direktbuchungen sind noch die Ausnahme. Über Tourismus Info Internet gelangt man schnell auf die Seiten der Hotelketten und auch zu speziellen Hotelgruppierungen. Wer Hotels in einer bestimmten Stadt sucht, kann entweder über ein Reisebüro wie FAO Travel oder über die gewünschte Stadt gehen. Oft sind die Hotels in das Angebot einer ganzen Region oder eines Landes eingebunden.

• Electronic Shopping – Online einkaufen

Trotz langer Einkaufstradition via Btx steckt Online-Shopping in Deutschland noch in den Kinderschuhen. Allerdings: Durch das Online-Einkaufen sind mitunter gute Preisvergleiche möglich. Den Versand übernimmt meist ein Kurierdienst. Beliebt ist das Bestellen am Bildschirm mittlerweile bei Computerprogrammen, CDs (Musik, Computer), Videos, Büchern, aber auch bei Bekleidung, Lebensmitteln und Versandhäusern wird zunehmend das Electronic Shopping via Internet genutzt.

• Electronic Banking/Cash

Online Banking (auch *Homebanking* oder Electronic Banking genannt) hat bereits in vielen Privathaushalten Einzug gehalten. Neben dem Abruf des aktuellen Kontostands werden bereits Überweisungen von der heimischen Wohnung aus getätigt. Standardangebote der *Banken im Bereich Electronic Banking* sind:

- Anzeige des aktuellen Kontostands
- Anzeige einer Umsatzübersicht (ab gewünschtem Datum)
- Ausführen von Einzel- und Sammelüberweisungen
- Bankleitzahlenverzeichnis
- Daueraufträge und Lastschriften

Neben diesen Standardangeboten können – je nach Geldinstitut – weitere Funktionen hinzukommen. Beispiele sind:

- Wertpapierverwaltung
- Verwaltung von Sparkonten sowie Festgeld/Termingeld, Anzeige des Dispokredits
- Fremdwährungskonto
- elektronischer Abruf von Börsenkursen, Kauf von Aktien über Online-Makler, Devisenkurse

Die Nutzung von Leistungen des Online-Banking kann sowohl direkt via Internet als auch über die Online-Dienste erfolgen. Die wesentlichen Vorteile liegen in der örtlichen und zeitlichen Unabhängigkeit für den Bankkunden. So können zu jeder Tag- und

Nachtzeit alle Bankgeschäfte erledigt werden. Besondere Vorteile können zudem darin liegen, gezielt Zinsangebote und Anlageformen bei unterschiedlichen Geldinstituten miteinander zu vergleichen.

Es liegt nahe, daß auch für finanzielle Transaktionen im Business-Bereich das Internet zur Diskussion steht. Ein Beispiel: Derzeit experimentieren zahlreiche Firmen weltweit an unterschiedlichen *Electronic-Cash-Konzepten* zur direkten Zahlung im Internet. Das Fehlen eines sicheren, einfachen und bequemen Zahlungsmechanismus für Verkaufstransaktionen im Netz ist allerdings derzeit noch ein gewisses Manko.

Das Internet als Kommunikationsmedium

Electronic-Mail (auf Deutsch „elektronische Post“) ist bereits seit längerer Zeit in Unternehmen und Sekretariaten vor allem für die unternehmensinterne Bürokommunikation verbreitet. Weltweit wird nun via Internet eine einfache elektronische Kommunikation möglich.

Die *Funktionsweise* ist folgende: Jeder Internet-User bekommt von seinem jeweiligen Provider eine individuelle E-Mail-Adresse zugewiesen, unter der er für andere Netzteilnehmer erreichbar ist. Soll ein bestimmter Teilnehmer angeschrieben werden, so kann die gewünschte Mitteilung zunächst am PC erfaßt und anschließend mittels einer geeigneten Internet-Software an die Adresse des Empfängers übertragen werden. Bei Abwesenheit des Empfängers werden alle eingegangenen Nachrichten von dessen Provider zwischengespeichert, so daß der Empfänger jederzeit die Möglichkeit hat, seinen elektronischen Briefkasten zu sichten und Mitteilungen zu beantworten.

Beispiel: Das folgende Dialogfeld *Brief verfassen* ermöglicht Ihnen, eine Nachricht zu verfassen und diese dann über CompuServe zu verschicken. Dieses Dialogfeld können Sie aufrufen, indem Sie aus dem Menü Post den Befehl Brief verfassen/versenden auswählen und dann das folgende Dialogfeld *Empfängerliste* ausfüllen:

Anschließend können Sie in einem weiteren Dialogfeld die Mail verfassen.

Der *Vorteil von E-Mail im Internet:* Dokumente und Dateien können in Sekunden von Computer zu Computer rund um

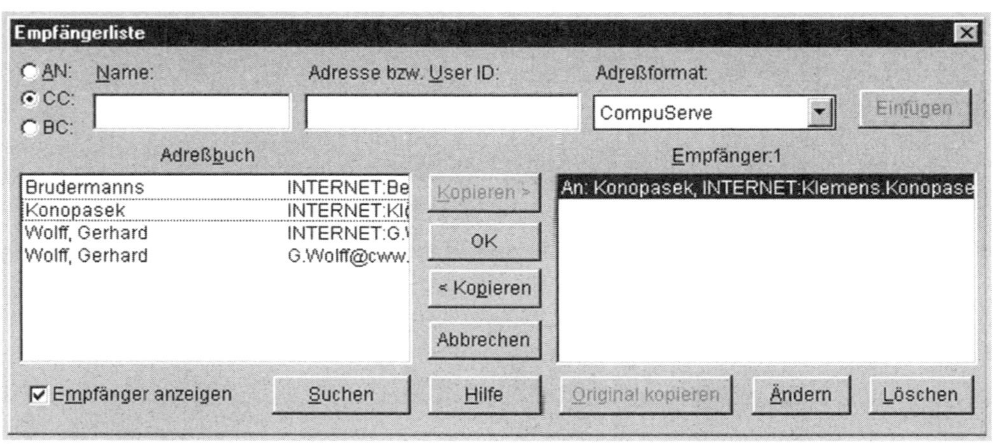

E-Mail versenden

die Welt befördert werden. Für das professionelle E-Mailing können Zusatzprogramme bzw. Zusatzdienste nützlich sein:

- Um eine E-Mail an eine bestimmte Adresse zu senden, muß natürlich die E-Mail-Nummer des Empfängers bekannt sein. Wenn die Adresse nicht bekannt ist, helfen im *Internet elektronische „Telefonbücher“* weiter. Ein Beispiel ist „Suchen.de“, ein Verzeichnis von deutschen E-Mail-Teilnehmern.
- Nützlich sind auch Computerprogramme, die als *automatisierte, elektronische Verteiler* für Nachrichten agieren können. Sendet ein Teilnehmer eine E-Mail an eine Mailingliste, erhalten alle in der Liste eingetragenen Teilnehmer eine Kopie der Mail.
- Eine Erweiterung von E-Mail-Lösungen läßt sich auch dann realisieren, wenn mit „Browsern“ vorprogrammierte Antworten auf die jeweiligen Anfragen erstellt werden können. Wenn man dann eine bestimmte Adresse in die Browser-Software eingibt, wird eine Beschreibung des jeweiligen Empfängerortes und der vorhandenen Daten das Ergebnis sein. Hierbei können sich Informationen über die Plazierung eines Auftrages, die Bestätigung einer Lieferung, die Registrierung einer Kundenbeschwerde bis hin zur Anfrage über den Auftragsbestand erstrecken.

Publizieren im Internet – was Sie dazu wissen müssen!

Neben der Möglichkeit, als Kunde des Internet Informationen zu empfangen, können umgekehrt auch Informationen für andere Personen und Organisationen gezielt bereitgestellt werden. In diesem Fall ist man ein Server im Internetbereich.

Grundsätzlich kann man als Server über das Internet all das bekanntgeben, was über das Unternehmen wichtig ist:

- aktuelle Presseinformationen
- Jahresberichte
- Produktinformationen
- Spezifikationen
- Preislisten
- Versandangebote

Es ist selbstverständlich, daß die Kosten für Internet-Server weitaus höher sind als die der Internet-„Kunden“. Zur Wahl stehen grundsätzlich zwei Varianten, um Informationen in das Internet einzustellen:

- Sie nutzen das Angebot der sogenannten „Provider“. Diese externen Internet-Vermittlungsagenturen verfügen nicht nur über das entsprechende Know-how für das Erstellen von Web-Seiten, sondern stellen auch den nötigen Speicherplatz auf ihren Rechnern zur Verfügung.
- Eine andere Variante ist die Installation eines eigenen *WWW-Servers* im Unternehmen. Diese bietet sich vor allem bei größeren Anwendungen an. Kunden können dann sogar Waren und Dienstleistungen bestellen, und Informationsprodukte können direkt ausgeliefert werden.

Eine besondere Methode der Informationspräsentation ist *Hypertext.* Diese Methode erlaubt es, bei gesetzten Verweisen zwischen Dokumenten (die aus Text, Grafiken, Tabellen, Klängen und anderen Inhalten bestehen können) beliebig hin und her zu springen (Hyperlink). Die angesprochenen Dateien müssen dabei nicht auf dem lokalen Computer bereitstehen, sie können auch bei anderen Anbietern auf dem Netz liegen.

Am Beginn einer Informationspräsentation im Internet findet sich eine Startseite, die

Beispiel einer Homepage

sogenannte *Homepage*. Über die Homepage gelangt man dann zu den vielfältigen Angeboten von Firmen, Organisationen und Einzelpersonen (= weiteren Pages).

Um im Internet eigene Publikationen „ablegen" zu können, verfügt heute die Office-Software typischerweise dazu über die entsprechenden Funktionalitäten. Je nach Anwendung werden Sie dabei entscheiden, ob ein Werkzeug (Textverarbeitung, Präsentationssoftware oder Tabellenkalkulation) dazu ausreicht oder ob ein kombinierter Einsatz sinnvoll ist. Für Spezialfälle gibt es aber auch noch besondere Programme.

Wichtig für das Einstellen eigener Dokumente in das Internet ist die Speicherung im HTML-Format. HTML-Hyper Text Markup Language ist die verwendete Sprache, mit der WWW-Dokumente erstellt werden. In einem mit HTML erstellten Dokument werden die Verweise auf andere Dokumente (Hyperlinks) in einen Text oder in eine Grafik integriert. Durch Anklicken der Hyperlinks läßt sich die Verbindung zu einem weiteren Dokument aufbauen. Sie können durch das Einbauen von Hyperlinks folgende Sprünge realisieren:

- an eine Stelle im aktuellen Dokument beziehungsweise auf der Web-Seite
- zu einer in einem anderen Programm erstellten Datei
- zu Multimedia-Dateien, wie z.B. Klang- und Video-Dateien

Der Nutzen moderner Bürokommunikation

Wo liegen aber nun die *Chancen moderner Bürokommunikation?* Die Nutzenpotentiale können in folgenden zwei Sätzen zusammengefaßt werden:

- Durch den Einsatz neuer Informations- und Kommunikationstechnologien kann die *Wirtschaftlichkeit* in Büro und Verwaltung *erhöht* werden.

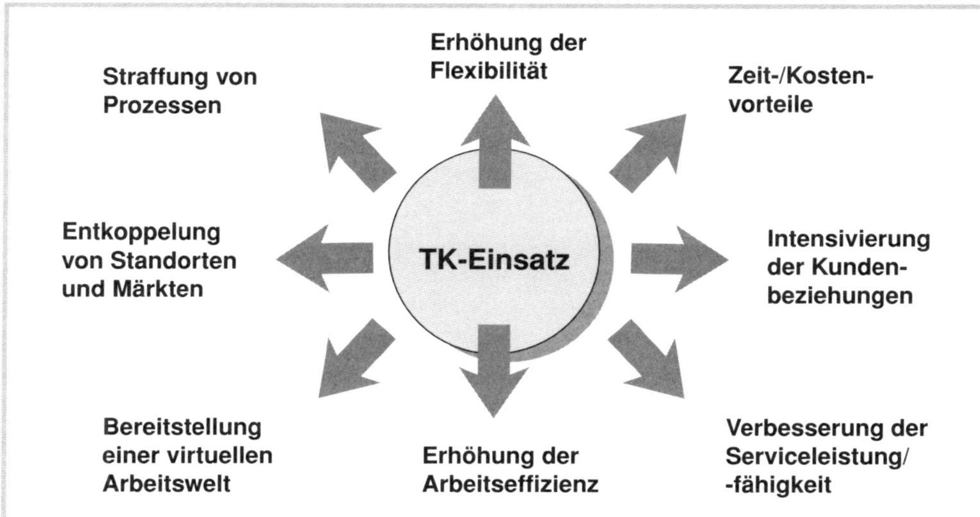

Was vom Einsatz der Telekommunikation erwartet wird

- Informations- und Kommunikationstechnologien leisten einen wesentlichen Beitrag zur *Erhöhung der Leistungsfähigkeit* der Büroarbeit (insbesondere für die Management-Assistenz).

Besondere Bedeutung hat die *Steigerung der Leistungsfähigkeit der Büroarbeit*. Aktuelle Informationen über Märkte, Produkte und andere Firmen sind für nahezu alle Unternehmen von äußerster Wichtigkeit. Nur so kann vielfach die Wettbewerbsfähigkeit erhalten und ein hoher wirtschaftlicher Erfolg erreicht werden.

Online-Dienste und Internet garantieren der Management-Assistenz in vielen Fällen eine gezielte Informationsversorgung; und gerade dies ist zunehmend die Voraussetzung für den eigenen beruflichen Erfolg und die Leistungsfähigkeit von Unternehmen in der Wirtschaft.

Für allgemeine Informationen und zur Unterstützung von Routineentscheidungen ist die Nutzung der beschriebenen Möglichkeiten häufig durchaus ausreichend. Anders ist jedoch die Situation, wenn spezifische Informationen für eine bestimmte Entscheidungssituation gezielt benötigt werden.

Weiterführende Literatur

Gätjens-Reuter, Margit, Aktiv ins Sekretariat 2000, Gabler Verlag, Wiesbaden 1995
Bullinger, Hans/Klein, Barbara (Hrsg.), Sekretariat der Zukunft, Fraunhofer-Studie, Gabler Verlag, Wiesbaden 1994
Tiemeyer, Ernst, Sekretariat Special "Computer", Gabler Verlag, Wiesbaden 1996

Ablageorganisation

Die Autorin

Margit Gätjens-Reuter arbeitete nach ihrem Abschluß als Diplom-Kauffrau als Projektleiterin in einer Unternehmensberatung. Seit 1980 fungiert sie als geschäftsführende Gesellschafterin der PLANOLOG GmbH in Niederzissen und Möhrendorf. Ihre Beratungs- und Trainingsschwerpunkte liegen u. a. bei der Aufbau- und Ablauforganisation und der Verwaltungsorganisation für Führungskräfte und Assistentinnen. Darüber hinaus hat sie sich als Fachbuchautorin, Verfasserin von Fachartikeln und als Referentin einen Namen gemacht.

Gibt es überhaupt noch ein Problem?

Sabine Seitner würde vor Wut am liebsten in ihren Schreibtisch beißen. Als Top-Assistentin hat sie ihr Vorstandssekretariat perfekt im Griff. Die Prioritäten stimmen, und meistens klappt auch alles wie am Schnürchen. Auf der Klaviatur der modernen Informations- und Kommunikationstechnologie weiß sie virtuos zu spielen – professionell nutzen sie und ihre beiden Mitarbeiterinnen die jeweils neuesten Versionen ihrer Software, um raffinierte Textdesigns oder Grafiken perfekt zu erstellen. Sie rufen Informationen in internen und externen Datenbanken ab, surfen im Internet und organisieren Termine im elektronischen Kalender.

Alles läuft eigentlich bestens. Wenn es nur nicht immer wieder zu Situationen käme, die ihr wie ein Alptraum aus der Bürosteinzeit erscheinen: Ihr Chef steht dann nämlich vor ihr und sagt beispielweise: „Frau Seitner, da gab's doch mal ein Schreiben von Professor Dr. ..., Sie erinnern sich, es ging um das Thema ‚Mitarbeitermotivation nach Erkenntnissen der Verhaltensforschung'. Ich habe schon in meinem Schrank nachgesehen, aber da ist es nicht – könnten Sie mal bitte ..."

Und schon ist er da – der Adrenalinschub, denn Sabine Seitner weiß, daß sie jetzt wieder Detektiv spielen muß, um erstens herauszufinden, was ihr Chef eigentlich genau will, und zweitens, in welchem Ordner oder Stapel dieses Dokument denn nun stecken könnte. Ihr Chef besitzt nämlich außer vielen hervorragenden Eigenschaften auch noch in sehr ausgeprägtem Maß die des Jägers und Sammlers. Das führt dazu, daß er stapelweise „interessante Informationen und Beiträge" in seinen Schränken hortet und dann in aller Regel nie wieder anschaut.

Aber Ausnahmen bestätigen ja die Regel, und in einer solchen Ausnahmefalle steckt jetzt seine Assistentin. Schlimmstenfalls wird sie nach einer halben Stunde Stapelwühlerei entnervt feststellen, daß es dieses Schreiben entweder so nie gegeben hat oder daß es vielleicht schon vernichtet wurde. Gefunden hat sie es jedenfalls nicht, aber die Suchaktion hat ihren Chef 15 Minuten und sie selbst 30 Minuten aufgehalten. In Geld bewertet macht das mindestens 100 DM, die soeben zum Fenster hinausgeschmissen wurden.

Wenn Sie beim Lesen dieser Einleitung ein bißchen geschmunzelt haben, kann es dafür zwei Gründe geben: Unverständnis oder Solidarität. Unverständnis, wenn Situationen wie die beschriebene in Ihrem Sekretariat völlig undenkbar sind, weil Ihre Ablage – ob elektronisch oder auf Papier – perfekt organisiert ist. Dann wird Sie dieser Beitrag höchstens aus Vergleichsgründen interessieren. Checken Sie, ob Sie ähnlich vorgehen, wie nachfolgend beschrieben, oder ob Sie vielleicht viel bessere Ideen umgesetzt haben. (Die würden mich dann natürlich brennend interessieren!)

Informationsvielfalt im Chefsekretariat

Der zweite Grund – Solidarität – ist nach meiner Erfahrung wahrscheinlicher: Auch Sie werden solche Situationen zur Genüge kennen, womit Sie in bester Gesellschaft wären. Die Auswertung einer von mir durchgeführten Befragung von Chefassistentinnen zeigt, daß die meisten Chefs im Bereich „Selbstorganisation, Informationsmanagement und vor allem Ordnung" von ihren Assistentinnen ziemlich schlechte Noten bekommen.

Das Problem ist: Anders als in den Abteilungen und Sachgebieten, in denen die Informationen aufgrund der Aufgabengebiete homogener und daher leichter zu strukturieren und zu ordnen sind, fließen in Chefbüros außerordentlich viele und zudem sehr unterschiedliche Informationen zusammen, unterschiedlich in bezug auf Inhalt und Absender, aber auch in bezug auf Wichtigkeit und Wertigkeit. Außerdem befinden sich diese Informationen auf ganz unterschiedlichen Medien: Papier, elektronischen Medien wie Disketten, Magnetbändern oder -platten oder auf optischen Speicherplatten wie CD-ROM.

Informationsmanagement ist Aufgabe der Chefassistentin

Zu Ihren Aufgaben als Assistentin gehört es natürlich, dafür zu sorgen, daß Ihr Chef oder Ihre Chefin jederzeit optimal informiert ist, also alle benötigten Informationen schnell, vollständig und aktuell und möglichst wirtschaftlich zur Verfügung stehen. Wenn Sie einen problembewußten und kooperativen Chef haben, wird es Ihnen nicht schwerfallen, ein professionelles Informationsmanagement mit einer gut funktionierenden Ablage einzuführen und zu pflegen. Gehört Ihr Chef dagegen zu den (mehr oder weniger) „sympathischen Chaoten", ist die Aufgabe schwieriger, aber durchaus auch zu bewältigen – allerdings benötigen Sie dann mehr Durchsetzungsvermögen auf der menschlichen Ebene.

In diesem Beitrag möchte ich Ihnen Tips, Anregungen und methodische Hilfestellungen für Informationsmanagement und Ablage im Chefsekretariat geben, damit Ihnen Adrenalinschübe der Seitnerschen Art in Zukunft erspart bleiben.

Dabei geht es im wesentlichen um fünf Fragen:

- Was muß aufbewahrt werden?
- Wie lange müssen Informationen aufbewahrt werden?
- Wo und in welcher Form sollten Informationen gespeichert und verwaltet werden?
- Wie finden Sie Informationen am schnellsten wieder?
- Wer ist für die Ablage verantwortlich?

Wenn Sie diese fünf Fragen für sich zufriedenstellend beantworten können, haben Sie Ihre Ablage im Griff.

Was muß aufbewahrt werden?

Ihre eigene Erfahrung wird es bestätigen: Auf der einen Seite ist es oft schwierig, die richtige Information rechtzeitig zu bekommen, auf der anderen Seite werden Sie mit Informationen überhäuft, die Sie – zumindest teilweise – gar nicht benötigen.

Richtige Selektion spart Zeit und Platz

Die erste Frage heißt also: Welche von all diesen Informationen, die tagtäglich auf Ihrem Schreibtisch oder in Ihrem PC landen, sind so wichtig, daß sie entweder weitergeleitet oder von Ihnen selbst bearbeitet und/oder schließlich auch aufbewahrt werden müssen?

Bei bestimmten Informationen fällt Ihnen die Entscheidung leicht: Werbung, unverlangte Angebote, Einladungen zu Veranstaltungen, die niemanden interessieren usw. Ganz sicher machen Sie hiermit sofort kurzen Prozeß und vernichten diese Informationen. Allerdings kosten Sie jeder erneute „Augen-Blick" und jede auch noch so schnelle Entscheidung Zeit. In manchen Fällen macht es daher Sinn, sich endgültig aus dem Verteiler solcher Informationen streichen zu lassen.

Kurze Zusammenfassungen erstellen – das Wesentliche auf einen Blick!

Genauso können Sie vorgehen, wenn die Information zwar wichtig, aber insgesamt zu umfangreich ist: Rufen Sie die Absender an, und bitten Sie darum, künftig nur den für Sie wichtigen Teil der Information zugeschickt zu bekommen. Ihr Chef wird dankbar sein, wenn er sich nicht mehr durch seitenlange Memos, Statistiken oder Berichte quälen muß, sondern Zusammenfassungen vorgelegt bekommt, die ihn auf einen Blick die für ihn interessante Information erkennen lassen.

Aufbewahrungsgründe auflisten

Schwierig wird die Selektion natürlich bei den nicht so offensichtlich nutzlosen Informationen. Viele Sekretärinnen berichten von dem Problem, selbst darüber zu entscheiden, ob ein Dokument wichtig ist oder nicht, weil sie entweder noch nicht genügend Erfahrung in ihrem Job haben oder weil einfach das Fachgebiet ihres Chefs so komplex und schwierig ist, daß nur er entsprechend entscheiden kann – und wie gesagt, viele Chefs entscheiden sich nun mal oft und gern fürs Aufheben! Aufheben und Ablegen von nicht mehr benötigten Informationen kostet aber Zeit und damit Geld.

Was können Sie also tun? Ihre Überlegung starten Sie am besten mit der Frage „Warum?“. Warum ist es in Ihrem Verantwortungsbereich überhaupt notwendig, Dokumente aufzubewahren? Schreiben Sie die Gründe einfach einmal auf, Sie bewahren die Unterlagen auf z. B.:

- weil der Gesetzgeber es verlangt,
- weil Sie später eventuell Nachweise führen, etwas beweisen oder belegen müssen und dies nur mit dem entsprechenden Dokument können,
- weil Sie Wissen speichern und sichern wollen, das Sie oder Ihr Chef benötigen, um
  - richtige Entscheidungen zu treffen,
  - Aktionen durchzuführen,
  - andere zu informieren,
  - neue, kreative Lösungen und Ideen zu entwickeln,
  - weil Sie Ihren internen und externen Kunden hiermit einen Service bieten können,
  - weil außer Ihnen niemand über dieses Dokument verfügt oder für dessen Aufbewahrung verantwortlich ist.

Unterlagenkatalog erstellen

Vielleicht fallen Ihnen auch noch andere Gründe ein? Besprechen Sie mit Ihrem Chef, welche Dokumente grundsätzlich warum aufbewahrt werden müssen. Halten Sie diese Informationen in einem Unterlagenkatalog fest. Falls Sie neu in Ihrem Job sind, lernen Sie auf diese Weise sehr schnell, wie Sie im Sinn Ihres Chefs richtig selektieren müssen, und Sie können künftig selbst entscheiden, was in Ihrer Ablage landet und was nicht. Voraussetzung ist natürlich, daß Sie das Dokument (quer-)lesen und verstehen. Je nach Fachgebiet kann das in der Anfangsphase recht schwierig sein, aber ehrgeizige Assistentinnen schrecken davor erfahrungsgemäß nicht zurück und haben schon oft Chef, Kollegen oder Kunden mit ihrem sich „nebenbei“ angeeigneten fachspezifischen Wissen verblüfft.

Den Unterlagenkatalog bauen Sie in Ihrem PC am besten gleich so auf, daß Sie auch Registraturstufen und Aufbewahrungsfristen festhalten können, womit wir schon bei der nächsten Frage wären.

Wie lange muß ein Dokument aufbewahrt werden?

Die richtige Antwort auf diese Frage heißt: „Es kommt darauf an.“

Gesetzliche Aufbewahrungsfristen

Laut Handelsgesetzbuch müssen Kaufleute Unterlagen aufbewahren (§ 238, 239, 257–261 HGB). Alle, die nach § 140 ff. der Abgabenordnung (AO) oder nach anderen Steuergesetzen Bücher oder sonstige Aufzeichnungen zu führen haben, müssen die Aufbewahrungsvorschriften der § 146, 147 AO beachten. Zu den nach diesen Gesetzen aufbewahrungspflichtigen Unterlagen gehören:

- Handelsbücher und Aufzeichnungen, Inventare, Eröffnungsbilanzen, Jahresabschlüsse, Lageberichte, Konzernabschlüsse und -lageberichte sowie die zu ihrem Verständnis erforderlichen Arbeitsanweisungen und sonstigen Organisationsunterlagen.
- Buchungsbelege, deren geordnete Ablage die Führung von Büchern und Aufzeichnungen ersetzt.

Diese Unterlagen müssen 10 Jahre aufbewahrt werden.

Sechs Jahre Aufbewahrung sind dagegen vorgeschrieben für:

- empfangene Handelsbriefe
- Wiedergaben der abgesandten Handels- oder Geschäftsbriefe
- Buchungsbelege
- sonstige Unterlagen, soweit für die Besteuerung von Bedeutung

Steuerprüfung abwarten! Nach HGB bzw. AO beginnt die Aufbewahrungsfrist mit dem Schluß des Kalenderjahres, in dem das jeweilige Dokument entstanden ist. Allerdings läuft die Frist jedoch nicht ab, soweit und solange die Unterlagen für Steuern von Bedeutung sind, für die die Festsetzungsfrist noch nicht abgelaufen ist. Also keine Vernichtung steuerlich relevanter Unterlagen, bevor die Außenprüfung erfolgt ist!

Es kommt also darauf an, ob ein Dokument in den Wirkungsbereich der genannten Gesetze fällt oder nicht. Wenn ja, sind Aufbewahrungsfrist und -pflicht gesetzlich geregelt. (Falls Sie sich näher mit dieser Thematik beschäftigen wollen, empfehle ich Ihnen die AWV-Broschüre „Aufbewahrungspflichten und -fristen nach Handels- und Steuerrecht".)

Wenn nein – und das ist bei den Unterlagen des Chefsekretariats wohl meistens der Fall –, haben Sie ein Problem. Sie können nicht alles ewig aufbewahren. Irgendwann sind alle Schränke voll, alle möglichen Stellflächen für Registraturmöbel ausgereizt oder Ihr elektronisches Archiv quillt über von längst nicht mehr aktuellen Informationen, die das Finden der aktuellen erschweren.

Wiederholtes Sichten kostet zu viel Zeit

In der Praxis gehen Sie dagegen heute schon an: Mehr oder weniger regelmäßig sichten Sie allein oder vielleicht sogar gemeinsam mit Ihrem Chef den vorhandenen Bestand, vernichten, was nicht mehr benötigt wird, und schaffen so Platz für neue, aktuelle Unterlagen. Haben Sie sich schon einmal überlegt, daß diese Sichtungsaktionen zumindest teilweise sehr unproduktiv sind? Bei jeder neuen Sichtung gehen Sie ja dieselben Unterlagen wieder durch, um zu entscheiden: Das müssen wir noch aufbewahren! Sinnvoller wäre es doch, einmal zu entscheiden, wie lange etwas aufbewahrt werden soll, um es dann gezielt nach Ablauf der Frist zu vernichten. Damit würde jede zeitaufwendige Sichtung, die ja auch jedesmal

Unterlagenart	Zugriffshäufigkeit/Standort			Verantwortung
	hoch Arbeitsraum (grün)	**mittel Zwischen-Reg. (blau)**	**niedrig Archiv (rot)**	
Projekt-unterlagen	bis Projekt abgeschlossen		10 Jahre, dann vernichten	Sekret. Vorstand
Sitzungs-protokolle des Aufsichtsrats usw.	bis jeweils nächste Sitzung gelaufen ist	2 Jahre	8 Jahre, dann vernichten	Sekret. Vorstand

Beispiel für Unterlagenkatalog

erneutes Nachdenken bedeutet, entfallen. Das leuchtet doch ein, nicht wahr? Die Frage ist nur, wann und wie Sie gezielt diese Entscheidung treffen können. Hier kann Ihnen jetzt der abgebildete Unterlagenkatalog in Tabellenform helfen.

Listen Sie in diesem Unterlagenkatalog alphabetisch alle Ihre wichtigen Aktenarten auf. Besteht eine einzelne Aktenart aus verschiedenen Unterlagen, ist es zweckmäßig, diese detailliert aufzuführen, da die Aufbewahrungsfristen hierbei durchaus differieren können und es manchmal Sinn macht, Teile einer Akte früher zu vernichten als den Rest. Beispielsweise könnten die Organisationsunterlagen von Aufsichtsratssitzungen (etwa Hotelreservierungen, Bewirtungsunterlagen usw.) sicher früher vernichtet werden als die Sitzungsprotokolle.

Registraturstufen definieren

Definieren Sie dann die Registraturstufen. Damit sind die Standorte Ihrer Akten gemeint. Es gibt Ihr Sekretariat, das Chefzimmer, vielleicht einen Besprechungs- oder Zwischenregistraturraum auf der gleichen Etage und/oder ein Archiv im Keller oder auf dem Speicher.

Grundsätzlich gilt: Was Sie häufig brauchen, sollte so nah wie möglich an Ihrem Arbeitsplatz sein – hoher Zugriff erfordert kurze Wege. Ist dagegen die Zugriffshäufigkeit gesunken, weil bestimmte Bearbeitungsschritte erledigt sind, können die Akten ruhig auch weiter entfernt von Ihnen untergebracht sein.

Aufbewahrungsfristen festlegen

Legen Sie dann – am besten gemeinsam mit Ihrem Chef – fest, wie lange welche Aktenart in einer Registraturstufe bleiben bzw. wann sie endgültig vernichtet werden soll. Bei Akten, die niemals vernichtet werden dürfen (solche gibt es natürlich auch), sollten Sie statt der Vernichtungsfrist eine Wiedervorlagefrist festlegen, so daß wirklich keine Akte in einen ewigen Dornröschenschlaf versinken kann und einfach vergessen wird.

Den Begriff Fristen sollten Sie übrigens nicht so eng sehen. Es ist nicht unbedingt nötig, tatsächlich einen Zeitraum, z. B. fünf Jahre, festzulegen. Viel sinnvoller ist es meistens, bestimmte Ereignisse – wie „bis Projekt abgeschlossen“ – als Kriterium für die Verlagerung von Akten in die nächste Registraturstufe zu definieren.

Verantwortung regeln

In die Spalte „Verantwortung“ schreiben Sie hinein, wer künftig für die Verlagerung und Vernichtung welcher Akten verantwortlich sein soll. Das macht vor allem dann Sinn, wenn der Unterlagenkatalog für mehrere Mitarbeiter oder sogar für das ganze Unternehmen aufgestellt wird. Besonders praktisch ist dann, daß Sie schon bei der Erarbeitung des Kataloges erkennen können, wo es Mehrfachablagen derselben Unterlagen gibt. Diese können im Stadium der aktuellen Bearbeitung durchaus sinnvoll sein. Ist dieses Stadium abgeschlossen, reicht es aber meist, die Unterlage auf ein Exemplar zu reduzieren.

Natürlich erfordert es einen gewissen Aufwand, einen solchen Unterlagenkatalog überhaupt erst einmal auf die Beine zu stellen. Sie brauchen allerdings diese Arbeit nicht auf einmal zu bewältigen. Nehmen Sie sich jeden Tag einfach eine andere Aktenart vor, so daß Ihr Katalog nach und nach wächst und damit immer aussagekräftiger und nützlicher wird.

Wo liegt der Nutzen, wenn Sie einen solchen Katalog erarbeiten? Zunächst einmal ist er besonders hoch, wenn Sie noch viel Ablage in Papierform führen und dies Ihrer

Einschätzung nach vorläufig auch so bleiben wird. Der Katalog bietet eine ganze Reihe von Möglichkeiten, z. B. können Sie Altlasten auflösen, die Sie viellleicht von Ihrer Vorgängerin übernommen haben. In den Griff bekommen Sie das am besten mit der richtigen Kennzeichnung:

Registraturstufen mit Farben versehen
Teilen Sie jeder definierten Registraturstufe eine Farbe zu, z. B.

- Grün – hoher Zugriff/Arbeitsraum
- Blau – mittlerer Zugriff/Zwischenregistratur
- Rot – niedriger Zugriff/Archiv
- Schwarz – Vernichtung

Ordnen Sie jetzt – eventuell wieder gemeinsam mit Ihrem Chef – jeden Schriftgutbehälter (Ordner, Stehsammler, Hängemappe usw.) einer Farbe zu, indem Sie den Behälter mit einem entsprechenden Farbpunkt markieren. Orientieren Sie sich bei der Zuordnung an dem jeweils „jüngsten" Dokument innerhalb des Behälters.

Danach zählen Sie, wie viele Behälter von jeder Farbe Sie markiert haben und wieviel Platz diese Behälter beanspruchen. Gemessen wird der Platz in Zentimetern: Ein Ordner hat z. B. (ob voll oder nicht) eine Rückenbreite von 8 cm. Nach dieser Erfassung können Sie:

Überflüssiges gezielt vernichten: Vorhandene Aktenberge – z. B. auch übernommene „Altlasten" Ihrer Vorgängerinnen – können Sie nun gezielt reduzieren. Das funktioniert so:

Vernichten Sie alle Unterlagen, die den schwarzen Punkt abbekommen haben (Sie werden wahrscheinlich erstaunt sein, was da zusammenkommt!).

Unterlagen archivieren: Verlagern Sie alle Unterlagen, die einen roten Punkt bekommen haben, ins Archiv. Geben Sie jeder Akte, die ins Archiv wandert, eine laufende Nummer, nach der sie künftig im Archiv stehen soll, und erfassen Sie zu dieser Nummer jeweils Titel der Akte und Vernichtungsdatum (das Sie jetzt nur aus dem Unterlagenkatalog entnehmen müssen) am besten in einer Datenbank.

Ab sofort können Sie jeweils am Jahresende quasi per Knopfdruck feststellen, welche Akten die Vernichtungsfrist erreicht haben, und diese gezielt – nach ihren Standortnummern aus dem Bestand herausnehmen und vernichten (lassen).

Gesteuerten Aktenfluß in Gang halten
Halten Sie dann den gesteuerten Aktenfluß in Gang: Verlagern Sie Akten, die nicht mehr im hohen Zugriffsbereich notwendig sind, konsequent in die nächste Registraturstufe – orientieren Sie sich dabei immer am jüngsten Dokument innerhalb der Akte.

Damit beugen Sie Platzproblemen vor, ersparen sich für alle Zeiten die leidigen Sichtungsaktionen und haben dennoch jederzeit den Überblick darüber, in welcher Stufe sich jede Akte gerade befindet.

Zukünftig selbständig entscheiden
Weitere Nutzenaspekte für Sie bestehen darin, daß Sie ab sofort nicht mehr mit Ihrem Chef diskutieren oder gar darum ringen müssen, etwas vernichten zu dürfen. Ist die Sache einmal im Unterlagenkatalog geregelt, können Sie das in Zukunft selbständig tun, ohne zu fragen. Besonders wenn der Katalog für das gesamte Unternehmen erstellt wird, werden Sie viel mehr Unterlagen vernichten können, da ja festgelegt ist, wer was verantwortlich aufzubewahren hat. Statt Mehrfachablagen zu führen, wissen Sie anhand des Kataloges genau, an wen Sie sich wenden

können, wenn Sie oder Ihr Chef etwas benötigen.

Bestandsaufnahme bei Umzug

Falls Ihr Unternehmen jemals ein neues Verwaltungsgebäude bezieht oder innerhalb des bestehenden Gebäudes umgezogen wird, empfehle ich Ihnen ganz besonders, eine Bestandsaufnahme nach dem Unterlagenkatalog zu machen. Genauere und realistischere Planungsdaten für die Raum- und Möblierungsplanung können Sie kaum erhalten.

So manches Unternehmen hat durch eine solche Bestandsaufnahme schon erhebliche Investitionskosten vermieden, die entstanden wären, wenn z. B. Registraturmöbel nur aufgrund von Schätzungen und Hochrechnungen gekauft worden wären.

Tatsache ist – und das habe ich selbst in Tausenden von Untersuchungen immer wieder bestätigt bekommen –, daß in den Büroräumen, deren Stellflächen immerhin die teuersten sind, sehr viel mehr Schriftgut aufbewahrt wird, als dort aufgrund der tatsächlichen Zugriffshäufigkeit notwendig wäre.

Erfassungsformular schafft Überblick

Das folgende Formular können Sie z. B. nutzen, um festzuhalten, wie viele Unterlagen (in Zentimetern gemessen) in welcher Zugriffshäufigkeitsstufe am Tag der Erfassung vorhanden sind.

Wie Sie sehen, enthält das Formular im Bereich des hohen Zugriffs noch eine weitere Differenzierung, nämlich nach Art der Unterlagen. Dabei sind

- Auftragsunterlagen solche Unterlagen, die im weitesten Sinn die Kunden oder Interessenten des Unternehmens betreffen, also das Geschäft, mit dem das Unternehmen sein Geld verdient.

Abteilung:

Ablageart Zugriff	Ordner	Hänge-registratur	Stapel	Sonst.	Gesamt	%
Häufig Auftragsunterlagen Verwaltungsunterl. Know-how-Unterl. Prospekte, Kataloge Literatur						
Gesamt						
Mittel Selten Vernichtung möglich						
Summe %						

Erfassungsformular, das Überblick verschafft

- Verwaltungsunterlagen solche Unterlagen, die die interne Verwaltung des Unternehmens betreffen, also z. B. Personal- oder Organisationsunterlagen.
- Know-how solche Unterlagen, die wie „Werkzeuge“ benutzt werden, also z. B. Normen, Richtlinien, Preislisten, Anweisungen usw.
- Außerdem werden Prospekte, Kataloge, Broschüren noch unterschieden von Literatur, also Büchern.

Legen Sie pro Arbeitsplatz oder Arbeitsraum ein Formular an, und rechnen Sie nach Erfassung aller betroffenen Arbeitsplätze auch deren Summen aus.

Unterlagenkatalog nützt auch im papierlosen Büro

Lohnt sich der Aufwand mit dem Unterlagenkatalog auch, wenn Sie bereits im papierlosen oder zumindest papierarmen Büro arbeiten oder ein solches anstreben?

Natürlich brauchen wir im Bereich der elektronischen oder elektrooptischen Speicherung keine Registraturstufen einzurichten, da es gewissermaßen keine Raumprobleme gibt. Es könnte höchstens Platzprobleme mit den Speichermedien geben, sofern diese nicht umfangreich genug ausgelegt sind.

Was aber auf jeden Fall Sinn macht, ist die Festlegung, was wie lange überhaupt gespeichert bleiben soll. Es kann schließlich nicht Sinn der papierlosen Speicherung sein, „unnützen Schrott“ über Jahre oder Jahrzehnte aufzubewahren und zu verwalten. Also ist die Erstellung eines Unterlagenkatalogs mit Aufbewahrungsfristen auf jeden Fall sinnvoll, unabhängig davon, welche Speichermedien benutzt werden.

Bestandsaufnahme schafft aktuelle Informationsbasis für Entscheidungen

Wenn Sie derzeit noch überwiegend mit Papier arbeiten, aber das papierarme Büro anstreben, sollten Sie unbedingt eine Bestandsaufnahme wie oben beschrieben durchführen. Damit erhalten Sie nämlich erst die notwendigen Informationen darüber, wieviel und was sich lohnt, in einen papierlosen Speicherzustand zu bringen, z. B. wäre es wenig nützlich, eine große Menge von Unterlagen, die vielleicht noch 3 oder 4 Jahre im niedrigen Zugriff aufzubewahren wären, einzuscannen. Mit dem Scannen allein wäre es ja nicht getan, auch das Indexieren zwecks späterem Wiederfinden wäre fällig. Das bedeutet Zeitaufwand und damit Kosten, die sicher höher lägen als die Aufbewahrung in Papierform für diesen Zeitraum.

Solche Entscheidungen lassen sich, auch und gerade unter Wirtschaftlichkeitsgesichtspunkten, nur sinnvoll treffen, wenn eine aktuelle Informationsbasis vorhanden ist – und genau diese erhalten Sie mit der Bestandsaufnahme nach dem Unterlagenkatalog.

Wo und in welcher Form sollten Informationen aufbewahrt werden?

Einen Teil dieser Frage haben wir schon im vorherigen Punkt beantwortet: Der optimale Standort für die Ablage in Papierform hängt ab von

- der Zugriffshäufigkeit entsprechend dem Bearbeitungsstadium,
- den räumlichen Möglichkeiten des Unternehmens,
- dem Umfang der Akten,
- der Anzahl derjenigen, die auf die jeweiligen Akten Zugriff haben,
- der Geschwindigkeit, in der bei Bedarf Unterlagen greifbar sein müssen,

• der verwendeten Ablagetechnik, also davon, ob das Schriftgut in Ordnern, Hängemappen usw. abgelegt ist.

Zwei Aspekte hieraus sollten wir noch vertiefen: die Sache mit dem Bearbeitungsstadium und die Ablagetechnik.

Zu viele Stationen erschweren das schnelle Finden

Viele Sekretärinnen berichten von der Problematik, ein aktuelles Schriftstück schnellstens aufzufinden, weil es sich oft an mehreren verschiedenen Stellen befinden kann, z. B.

• im „heute zu bearbeitenden" Stapel auf dem eigenen Schreibtisch,
• in der eigenen Wiedervorlage,
• in einem der Stapel auf dem Chefschreibtisch,
• im Stapel „Ablage" im Sekretariat (gemeint ist das noch abzulegende Schriftgut, das vielleicht auch schon in einem Vorsortier-System steckt),
• in der endgültigen Ablage im Aktenschrank.

Außerdem kann sich das Dokument natürlich auch im EDV-System befinden.

Im Ernstfall müssen also 5 oder 6 Stationen durchsucht werden, um ein gewünschtes Dokument zu finden – unter Zeitdruck ein nervenaufreibendes Geschäft.

Deshalb gilt: Reduzieren Sie konsequent die Alternativen, an denen sich ein gesuchtes Schriftstück befinden kann, auf das absolute Mindestmaß.

Dabei kann Ihnen folgendes Vorgehen helfen, das Sie immer dann anwenden, wenn Sie ein Dokument das erste Mal in die Hand nehmen:

Wenn Sie wirklich konsequent nach diesem Schema vorgehen, kann sich ein

Zuerst checken:	**Ergebnis**	**dann Aktion:**
1. Für wen wichtig?	für andere	sofort weiterleiten, bei Bedarf Kontrollvermerk.
	für mich	siehe 2.
2. Termin?	ja	notieren, dann siehe 3.
	nein	siehe 3.
3. Aktion nötig?	ja	planen/durchführen, dann 4.
	nein	siehe 4.
4. Informationswert?	ja	Aufbewahrungsfrist bestimmen und ablegen
	nein	siehe 5.
5. Gesetzliche Frist?	nein	vernichten
Interne Frist?	ja	ablegen, Vernichtung terminieren

Gehen Sie bei der Dokumentenablage so vor

Dokument bei Ihnen nur noch an folgenden Stellen befinden:

- in Bearbeitung auf Ihrem Schreibtisch
- in Bearbeitung bei jemand anders, wobei Sie aufgrund des Kontrollvermerks wissen, wer es hat und wann es wieder bei Ihnen sein muß
- in Ihrer Ablage

Wiedervorlageordner ist unnötig und unpraktisch

Einen gesonderten Wiedervorlageordner können Sie sich damit sparen. Dokumente, für die es in der Ablage keine Vorgänge gibt und mit Sicherheit auch nicht geben wird, sollten Sie im Wiedervorlagestadium in einer Hängeregistratur alphabetisch lose ablegen.

Vergessen können Sie nichts, wenn Sie sich die Wiedervorlagetermine, die dazu notwendigen Akten und ihre Standorte sowie die notwendigen Aktionen in einer Datenbank speichern.

Ablagetechnik optimieren

Auch auf den Ablagestapel können Sie verzichten. Sicher werden Sie einwenden, daß Sie nicht immer die Zeit haben, Dokumente sofort abzulegen.

Woran liegt das? Möglicherweise dauert es einfach zu lange. Ein Grund hierfür kann Ihre Ablagetechnik sein – der zweite Aspekt, auf den wir in diesem Punkt noch eingehen müssen.

Mit Ablagetechnik ist die Art der Behälter für Schriftgut gemeint.

Grundsätzlich haben Sie folgende Möglichkeiten: Sie können Schriftgut in Papierform

- legen (Stapelablage),
- stellen (Ordner, Stehsammler/Kassetten),
- hängen (Pendelregistratur, vertikale Hängeregistratur).

Dazu können Sie noch wählen, ob Sie das Schriftgut abheften oder in Loseblattform aufbewahren.

Loseblatt ist am schnellsten

Was ist nun die beste Möglichkeit? Auch hier gilt wieder die Antwort: „Es kommt darauf an."

Bei der Wahl der optimalen Ablagetechnik für Papier müssen Sie sich wohl oder übel entscheiden, ob Sie eher Platz oder eher Zeit sparen wollen (oder müssen).

Loseblatt-Techniken sparen vor allem Zeit. Die folgende Übersicht (s. nächste Seite) macht schnell klar, warum. Sie zeigt Ihnen nämlich, wie viele Arbeitsschritte Sie tun müssen, um ein Blatt Papier im Ordner abzuheften bzw. in der Hängemappe loseblatt abzulegen:

Sie sehen, beim Ordner brauchen Sie mehr als doppelt so viele Arbeitsschritte für die Ablage wie bei der Hängemappe mit Loseblattablage.

Wenn Sie bedenken, daß durchschnittlich 90 % aller Registraturkosten Personalkosten sind, können Sie sich sicher vorstellen, daß ein Umsteigen auf die vertikale Hängeregistratur eine Zeit- und Kostenersparnis von mindestens 30 bis 40 % bedeuten kann.

Für Sie persönlich könnte das heißen: Weil das Ablegen wesentlich schneller geht, wächst der Stapel für die Ablage die Woche über gar nicht mehr so schnell an – Sie werden sehr viel häufiger „im Vorbeigehen" Ihre Ablage zeitnah erledigen.

Natürlich ist nicht jede Art von Unterlagen für die Loseblatt-Technik geeignet. Grundsätzlich gilt: Alles, was sich gut untergliedern läßt und häufig gebraucht wird, bietet sich hierfür an.

Außerdem verlangt Loseblattablage auch ein wenig Disziplin: Mehr als 60 Blatt sollten sich nicht in einer Hänge- oder

Vergleichen Sie

Ordner/geheftete Ablage	Hängemappe/Loseblatt
1 Schriftgut sortieren	1 Schriftgut sortieren
2 Schriftgut lochen	2 Schrank öffnen
3 Ordner aus Schrank nehmen	3 Mappe anheben
4 Ordner öffnen	4 Schriftgut einlegen
5 Niederhalter öffnen	5 Mappe loslassen
6 Ablagestelle suchen	6 Schrank schließen
7 Schriftgut umlegen	
8 Mechanik öffnen	
9 Schriftgut einlegen	
10 Mechanik schließen	
11 Schriftgut zurückblättern	
12 Niederhalter schließen	
13 Ordner schließen	
14 Ordner in den Schrank stellen	

Ablagetechniken und die erforderlichen Arbeitsschritte

Einstellmappe befinden. Wird es mehr, dann sollten Sie eine weitere Unterteilung mittels Einstellmappen vornehmen – damit wird auch der gezielte Zugriff auf einzelne Ablageteile erleichtert.

Manche Sekretärinnen sagen: „Bei meinem chaotischen Chef ist die Loseblatt-Technik undenkbar. Gebe ich ihm eine solche Mappe in eine Besprechung mit, dann fehlt nachher die Hälfte oder zumindest ist alles durcheinander."

Wenn dem tatsächlich so ist, dann ist das undisziplinierte Verhalten eben teuer erkauft – es kostet fast die doppelte Zeit.

Fragen Sie Ihren Chef (falls er zu dieser „Sorte" gehört) doch einfach einmal, ob er sich das leisten kann.

Art des Schriftgutes und Zugriffs bestimmt die Ablagetechnik

Für Ordner besonders geeignet sind vor allem gleichartige Schriftstücke, die in streng chronologischer Reihenfolge eingehen und den Ordner schnell füllen, also z. B. Buchhaltungsbelege.

Der Ordner hat nämlich der vertikalen Hängeregistratur gegenüber den Vorteil, daß er weniger Platz braucht – vorausgesetzt, er ist voll. Das liegt daran, daß Sie 6 Reihen Ordner übereinanderstellen können, aber nur 4 Hängezüge. Die Raumausnutzung ist bei gefüllten Ordnern etwa doppelt so gut wie bei vertikaler Hängeregistratur.

Die folgende Übersicht (s. rechts) zeigt Ihnen die Vor- und Nachteile der genannten Ablagetechniken im Vergleich.

Bei den Angaben handelt es sich um Durchschnittswerte aus Registraturkosten-Untersuchungen der Organisationsmittel-Hersteller:

Die „beste" Ablagetechnik im Sekretariat wird sicher eine Mischform sein.

Schränke, die im unteren Bereich Hängezüge und im oberen Bereich Fachböden haben, sind optimal geeignet.

Nutzen Sie Stehsammler/Kassetten für Prospekte, Kataloge und alles, was ungewöhnliche Formate hat. Sie können sie – in Verbindung mit Einstellmappen – auch

Vergleichen Sie

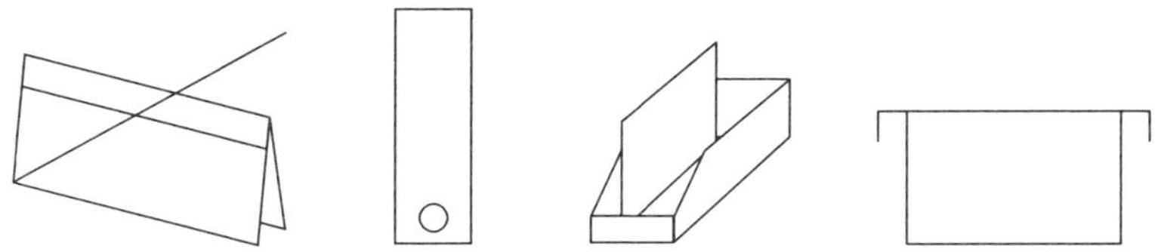

Kosten	Pendelregister	Ordner	Kassetten	Hängemappe
Personal	97,2%	80,1%	65,7%	51,9%
Einrichtung	2,1%	2,5%	2,9%	8,6%
Raumkosten	0,7%	0,7%	0,7%	1,4%
Gesamt	100%	83,3%	69,3%	61,9%

Aufwand für die verschiedenen Ablagetechniken

nutzen, um vorhandene Stapel aufzulösen. Der Zugriff auf Kassetten geht auf jeden Fall schneller als das Wühlen in Stapeln, die Übersicht wird erheblich verbessert, außerdem ist der optische Eindruck auch viel „aufgeräumter".

Bleiben Sie bei Ordnern, wenn Ihr Chef nicht mit Loseblatt-Technik umgehen kann, und nutzen Sie für sich selbst möglichst intensiv die Zeitvorteile der Loseblatt-Ablage.

Papier bleibt wichtiges Speichermedium im Chefsekretariat

Zu der Frage, in welcher Form Informationen zu verwalten sind, gehört natürlich auch grundsätzlich die Überlegung, ob es heutzutage überhaupt noch so viel Papier sein muß.

Dieser Beitrag bezieht sich ja hauptsächlich auf die Ablage in Papierform, und das hat seinen Grund. Wie in der Zeitschrift *BIT spezial* vom August 1997 nachzulesen ist – diese Ausgabe beschäftigt sich vor allem mit dem Thema „Workflow und Dokumentenmanagement-Systeme" –, befinden sich derzeit höchstens 20% aller Informationen in strukturierter, also elektronisch gespeicherter Form.

Mehr als 80% aller Informationen sind nach wie vor auf Papier gespeichert und damit nur manuell zugreifbar.

Nach Statistiken aus dem Jahr 1992 gibt die deutsche Wirtschaft rund 200 Mrd. DM jährlich für das Handling dieses Papiervolumens aus – das sind 10% des Bruttosozialproduktes!

Natürlich wird allerorts fieberhaft daran gearbeitet, aus diesem Papierberg einen elektronischen Datenberg zu machen. Das papierlose Büro ist technisch heute schon realisierbar und in manchen Branchen bzw. Bereichen bereits zu finden.

Informationen können papierlos erstellt,

verteilt und archiviert werden. Informationen auf Papier können mittels Scan-Technik digitalisiert und damit auch papierlos weiterbearbeitbar und verwaltbar gemacht werden. Wer nutzt diese Technologie heute schon konsequent?

Es sind vor allem Unternehmen mit stark strukturierten Kundenstammdaten und sich wiederholenden Abrechnungsmodalitäten, die ihre Papierformulare durch elektronische Dokumente ersetzen, also z. B. Banken, Versicherungen, Krankenkassen, Telefongesellschaften usw.

Das papierlose Chefsekretariat wird dagegen nach der Einschätzung der meisten Chefassistentinnen, die ich übrigens teile, noch eine Weile auf sich warten lassen, wenn es auch durchaus schon „papierärmer“ geworden ist.

Die Möglichkeiten, E-Mail und Online-Dienste zu nutzen, steht immer mehr Sekretärinnen zur Verfügung, viele drucken auch nicht mehr jedes selbsterstellte Dokument in Papierform aus, sondern speichern und verwalten ihre Dateien in ihrem System.

Aber ganz papierlos? Sicher, rein theoretisch denkbar wäre das schon. Was würde aber passieren, wenn Ihr Chef dann in der Tür steht und sagt: „Ich brauche mal schnell die Akte XY, denn auf dem Rückweg von der Messe will ich noch bei unserem Interessenten XY vorbeifahren und ein Gespräch führen.“

„Mal schnell“ ist gut, wenn die Akte vielleicht schon 100 Blatt umfaßt. Was tun Sie? Dem Chef alles schnell auf Diskette abspeichern oder in seinen Laptop überspielen? Wohl denn, wenn er einen besitzt und damit auch umgehen kann.

Schneller, als die Papierakte aus dem Schrank zu holen, wird es allerdings so nicht gehen, ganz zu schweigen davon, wenn Sie noch einen Chef haben, der bei Computern zwei linke Hände bekommt. Einem solchen Chef müßten Sie die ganze Akte wieder ausdrucken. Ob das besonders wirtschaftlich wäre?

Sie sehen, die Arbeitsabläufe im Chefsekretariat werden es zumindest vorläufig nicht erlauben, 100 % papierlos zu werden.

Zuerst die organisatorischen Grundlagen schaffen

Hinzu kommt, daß gerade für die Informationen im Chefsekretariat zunächst ein bedarfsgerechtes und funktionierendes Ordnungssystem geschaffen werden muß, da eine reine Volltextrecherche oder eine „automatische Verschlagwortung“, mit der viele Hersteller ihre elektronischen Archivsysteme ausgestattet haben, hier eher zur Informationsfalle werden kann. Zu vielfältig und zu wenig standardisierbar sind die Informationen, zu mehrdeutig unsere Umgangssprache, um einen schnellen und gezielten Zugriff selbst im elektronischen Archiv zu gewährleisten.

Einfaches Beispiel: Das eingangs erwähnte Schreiben wäre wahrscheinlich unter den Schlagworten „Mitarbeitermotivation“ und „Verhaltensforschung“ im elektronischen Archiv gelandet. Ihr Chef könnte Sie aber Wochen später fragen: „Da gab’s doch mal was unter ‚Anreizsysteme für Mitarbeiter …‘“ Sicher würden Sie unter diesem Stichwort dann fündig, aber besagtes Schreiben wäre sicher nicht dabei, es sei denn, Sie hätten an die Verknüpfung „Mitarbeitermotivation – siehe Anreizsysteme“ gedacht und diese gleich mit eingegeben.

Indexieren kostet Zeit!

Dieses Beispiel macht Ihnen sicher klar, daß es nicht damit getan ist, Briefe einfach in den Scanner zu legen und auf den Knopf zu drücken. Vielmehr kostet es Zeit, sich bei jedem Dokument, das elek-

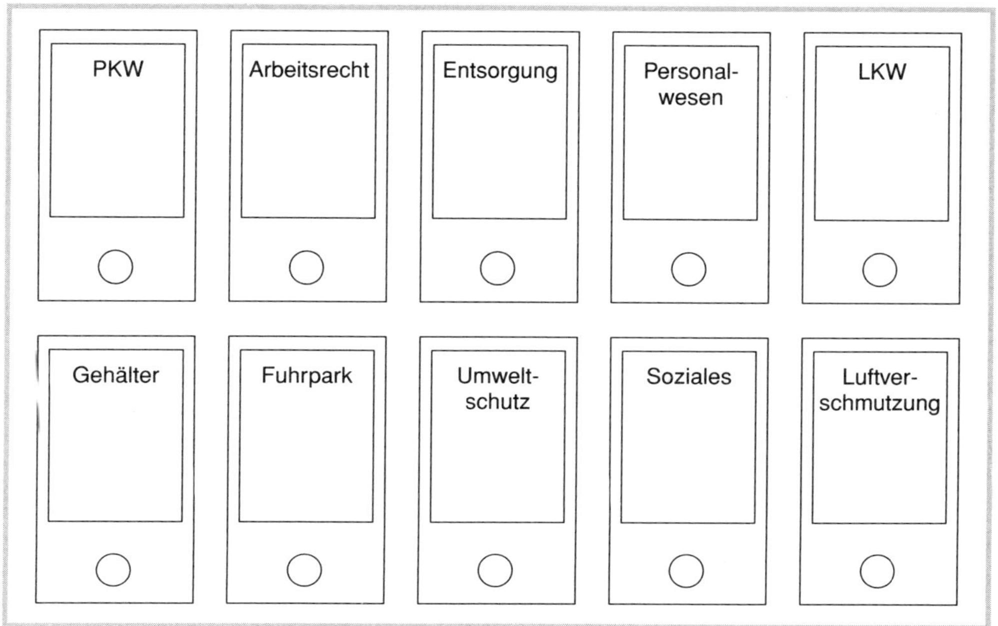

Ordnerreihe einer Stichwortablage

tronisch gespeichert werden soll, genau zu überlegen, wie man es später wiederfinden will, und einen entsprechenden Index dafür anzulegen.

Bei einer Rechnung ist das dagegen sehr viel einfacher – hier wird z. B. einmal grundsätzlich festgelegt, daß bei Rechnungen Kunde, Kundennummer, Datum, Rechnungsnummer usw. in den Index zu übernehmen sind, und dann können Sie tatsächlich einen Stapel Rechnungen auf den Scanner legen – den Rest besorgt das System.

Also – ohne Ordnung geht es weder im Aktenschrank noch auf der Magnetplatte. Am besten wäre natürlich ein einheitliches Ordnungssystem, das in beiden Bereichen nach gleichen Prinzipien funktioniert. Damit sind wir bei der nächsten Frage.

Wie finden Sie Informationen am schnellsten wieder?

Stichworte sind häufigstes Ordnungsprinzip

Die einfachste und daher auch am häufigsten zu findende Ordnung im Aktenschrank ist die Stichwortablage.

Vielleicht funktioniert es auch so bei Ihnen: Sie legen einen neuen Ordner an, überlegen sich einen Oberbegriff, zum dem die ersten Dokumente passen, die in den Ordner hinein sollen, und beschriften die Rückseite. Wird der Ordner voller, gliedern Sie innerhalb mit Hilfe von Registern und beschriften diese auch mit Stichwörtern. Der Bestand wächst, und irgendwann sind Ihre Schränke voller Ordner, deren Rückseiten mehr oder weniger aussagefähig beschriftet sind. Schauen Sie sich einmal die obenstehende Ordnerreihe an, die mit Stichwörtern versehen ist:

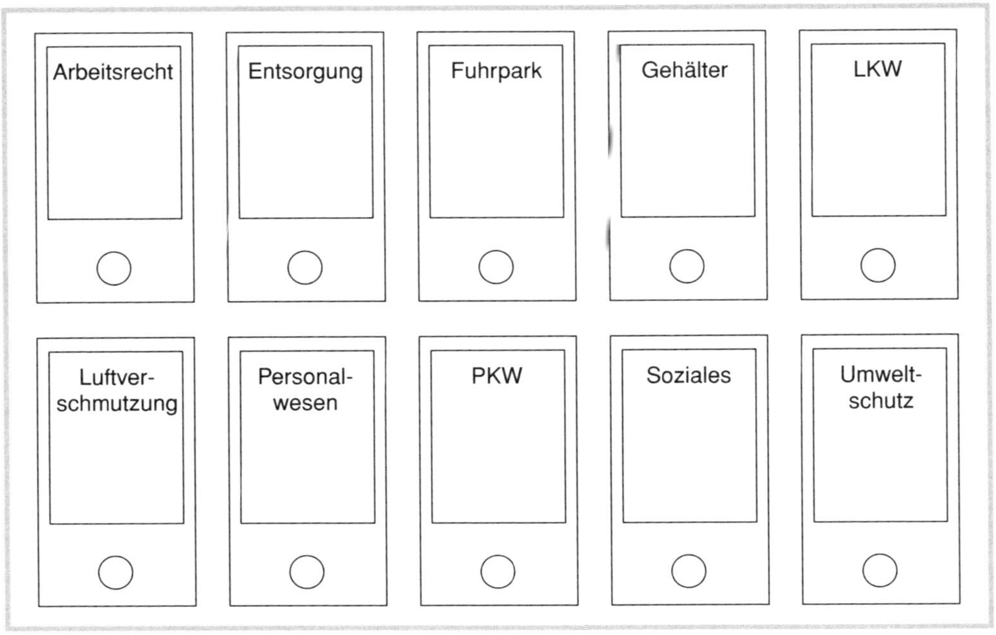

Ordnerreihe alphabetisch sortiert

Was sind die Vorteile einer solchen Stichwortablage? Wenn es Ihre eigenen Stichwörter sind und Sie ein gutes Gedächtnis haben, werden Sie einigermaßen damit zurechtkommen. Leider gibt es dabei aber einige Nachteile:

Stichwortablage wird schnell undurchsichtig

- Ihr Chef, Ihre Urlaubsvertretung oder möglicherweise auch andere Mitarbeiter werden Schwierigkeiten haben, etwas zu finden.
- Kein Ordner hat einen eindeutigen „Parkplatz", d. h., ein Ordner kann heute hier und morgen dort stehen.
- Es gibt keinen thematischen Überblick, Ordner zu einem gemeinsamen Oberthema stehen an verschiedenen Stellen.

Alphabet als weiteres Ordnungsprinzip

Eine Möglichkeit, etwas mehr Ordnung in einen solchen Stichwortbestand hineinzubringen, wäre die alphabetische Sortierung (s. Abbildung oben).

Damit hätte jeder Ordner seinen festen Platz, und der Bestand wäre auch beliebig durch Stichworte erweiterbar. Allerdings sind die Themen hierbei immer noch auseinandergerissen, und das ist nicht sehr übersichtlich. Probieren wir einmal, die Ordner nach Themen zu gruppieren.

Gruppierung nach Themen

Jetzt sehen wir zwar „auf einen Blick", was zu einem Thema vorhanden ist, erweiterbar wäre der Bestand auch, aber die Eindeutigkeit, wo was steht, ist nicht mehr gegeben (s. Abbildung rechts).

Beim Zurückstellen eines Ordners muß man überlegen: „Gehört PKW jetzt zu Fuhrpark oder vielleicht doch zu Perso-

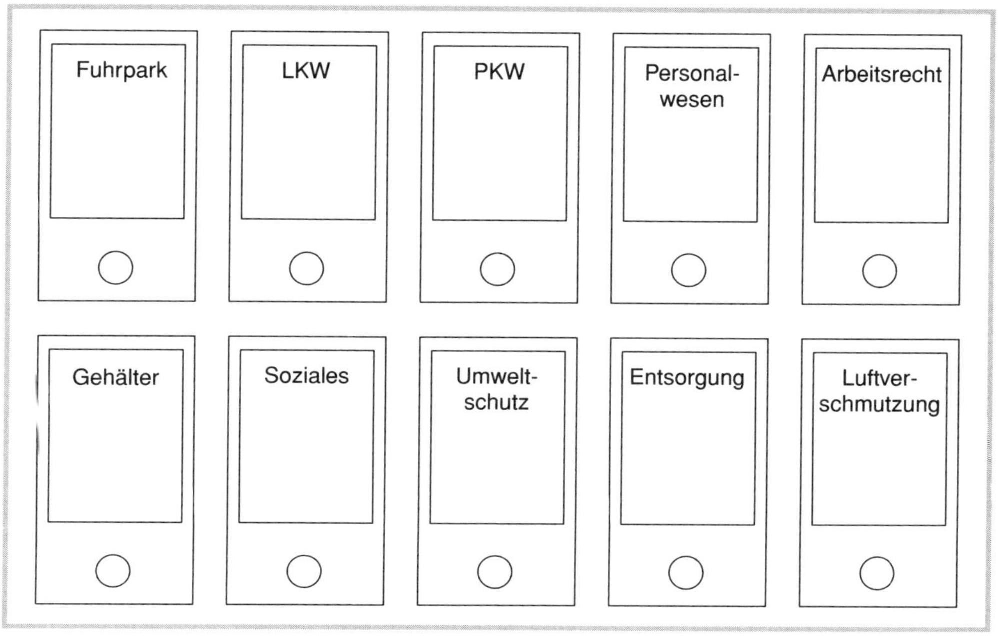

Ordnerreihe nach Themen gruppiert

nalwesen?" Jetzt hilft uns nur eine zusätzliche Markierung weiter. Wir könnten z. B. Farben verwenden, um zusammengehörende Themenbereiche zu kennzeichnen. Solange der Bestand klein bleibt, ist das eine Möglichkeit.

Gibt es mehr Themen als Farben, ist eine Numerierung besser:

Nummernsystem schafft Übersicht und Eindeutigkeit

Damit wäre eine Ordnung nach Themen gegeben, die erweiterbar ist (bei hohem Erweiterungsbedarf muß die Codierung natürlich größer angelegt werden), und jeder Ordner hat seinen genau definierten Parkplatz innerhalb des Bestandes (s. Abbildung nächste Seite).

Aktenplan anlegen

Jetzt können Sie noch einen Aktenplan anlegen und in diesen gleich auch den Standort des jeweiligen Ordners hineinschreiben, z. B. Raum-Nummer und Schrank-Nummer (s. Abbildung folgende Seite).

Vollständigkeitskontrolle

Hängen Sie nun in jeden Schrank einen Auszug aus dem Aktenplan, damit können Sie innerhalb des Schrankes jederzeit feststellen, ob ein Ordner fehlt.

Wie Sie im Beispiel-Aktenplan sehen, befindet sich der Behälter 3.2 bereits im Archiv. Er steht dort unter der laufenden Nummer 4711 und soll Ende des Jahres 2003 vernichtet werden.

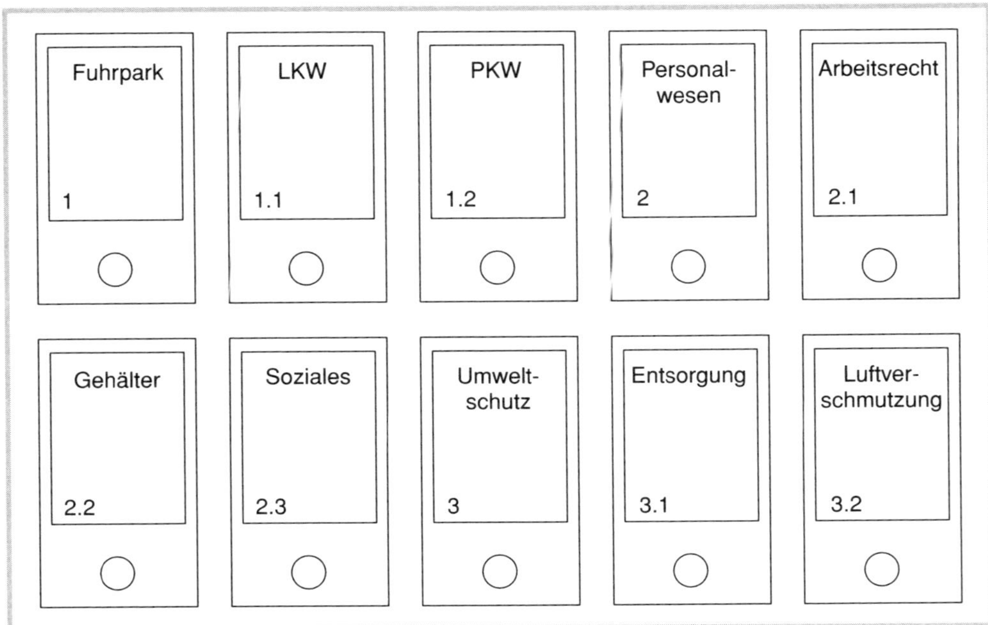

Ordnerreihe nach Nummern sortiert

Nr.	Titel	Raum/Schrank	Vernichtung
1	Fuhrpark	300/1	
1.1	LKW	300/1	
1.2	PKW	300/1	
2	Personalwesen	300/2	
2.1	Arbeitsrecht	300/2	
2.2	Gehälter	300/2	
2.3	Soziales	300/2	
3	Umweltschutz	300/3	
3.1	Entsorgung	300/3	
3.2	Luftverschmutzung	Archiv/4711	2003

Muster für einen Aktenplan

Aktenplan in Datenbankform anlegen

Wie Sie sehen, macht es Sinn, sich den Aktenplan als Datenbank anzulegen und jedesmal, wenn Sie einen neuen Ordner anlegen, hierfür einen Datensatz einzugeben. Am besten fügen Sie noch eine weitere Spalte ein, in der Sie – einfach mittels Kennbuchstaben – festhalten, ob es sich um einen Ordner (O), ein Register innerhalb des Ordners (R), eine Hängemappe (H) oder sogar ein einzelnes Dokument (D) handelt.

Alphabetische Sortierung ermöglicht gezieltes Suchen nach Suchbegriff

Nun können Sie Ihren Aktenplan auch noch alphabetisch nach Stichworten sortieren, um Ihrem Chef oder Ihrer Urlaubsvertretung das schnelle Finden zu erleichtern, wenn Sie nicht da sind (s. Abbildung unten).

Der Beispiel-Aktenplan in diesem Beitrag enthält natürlich willkürlich gewählte Stichworte – es ging hauptsächlich darum, Ihnen das Prinzip vorzustellen.

Wenn Sie für Ihren Verantwortungsbereich einen eigenen Aktenplan entwickeln wollen, empfehle ich Ihnen, folgende Kriterien in Ihre Überlegungen mit einzubeziehen:

Einheitliche Terminologie im Aktenplan verwenden

Bei der Ablage verwenden wir in aller Regel unsere Umgangssprache. Diese ist aber nicht eindeutig. Es gibt oft viele verschiedene Begriffe für ein und denselben Inhalt, z. B. „Auto = PKW = Kraftfahrzeug“, aber auch Begriffe, die selbst mehrdeutig sind, z. B. „Bank“.

Hinzu kommt, daß jeder Benutzer einer Ablage „individuell denkt“. Der eine sucht das Schreiben nach dem Stichwort „Mitarbeitermotivation“, der zweite nach „Verhaltensforschung“, der nächste hat nur den Autor im Kopf, wenn er sucht.

Versuchen Sie, die „Sprache“ Ihres Ablageplanes möglichst eindeutig und einheitlich zu machen. Eventuell müssen Sie mit Ihrem Chef oder anderen Benutzern auch einige Gespräche zwecks Begriffsdefinition und -abgrenzung führen.

Nr.	Titel	Raum/Schrank	Vernichtung
2.1	Arbeitsrecht	300/2	
3.1	Entsorgung	300/3	
1	Fuhrpark	300/1	
2.2	Gehälter	300/2	
1.1	LKW	300/1	
3.2	Luftverschmutzung	Archiv/4711	2003
2	Personalwesen	300/2	
1.2	PKW	300/1	
2.3	Soziales	300/2	
3	Umweltschutz	300/3	

Aktenplan nach alphabetischer Sortierung

Erweiterbarkeit sicherstellen

Legen Sie Ihren Aktenplan so an, daß er erweiterungsfähig ist, damit Sie ihn in Zukunft nicht mehrfach „umbauen“ müssen. Vor allem die Codierung muß genügend Reserve enthalten.

Geeignete Struktur wählen

Überlegen Sie gut – am besten auch gemeinsam mit Ihrem Chef –, für welche Struktur Sie sich entscheiden.

Eine einmal gewählte Gliederungsstruktur sollten Sie innerhalb des gleichen Ablagekomplexes nämlich nicht verändern, weil Ihr Aktenplan sonst nicht mehr eindeutig ist. Das folgende Beispiel (s. Abbildung unten) zeigt Ihnen, was gemeint ist:

Stellen Sie sich vor, Sie hätten einen Stapel Prospekte und Preislisten für Büromöbel, Kopiergeräte und Drucker zu ordnen. Sie haben zwei Möglichkeiten, eine Struktur zu bilden: Entweder Sie fassen einerseits alle Prospekte und andererseits alle Preislisten zusammen und untergliedern diese durch die Gegenstände, oder Sie gliedern erst nach Gegenständen und dann nach den Unterlagenarten „Prospekte“ und „Preislisten“. Beides durcheinander geht nicht, denn dann müßten Sie eine Preisliste zu einem Drucker zweimal ablegen.

Die Wahl der richtigen Gliederung und deren konsequente Anwendung ist sicherlich das Schwierigste beim Erarbeiten eines Ordnungssystems. Klar sein muß Ihnen, daß die verwendeten Suchbegriffe verschiedenen Kategorien angehören.

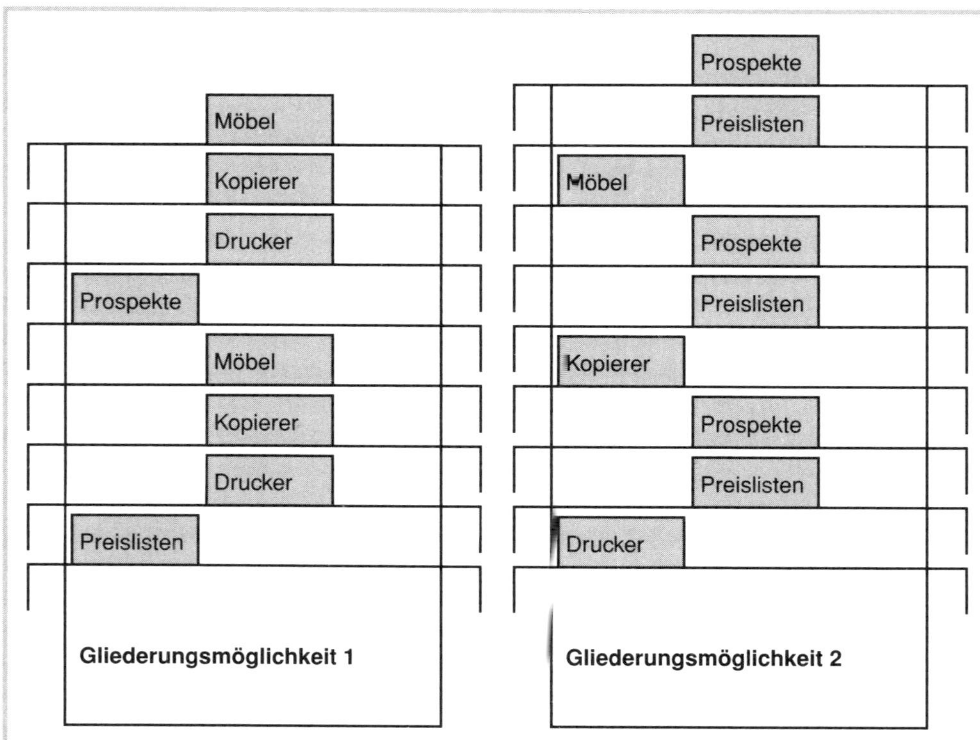

Gliederungsmöglichkeiten für die Ablage

Zwei haben Sie im Beispiel gerade kennengelernt:
- Unterlagenarten = formale Bezeichung des Dokuments
- Gegenstände = Dinge, die „man anfassen kann"

Weitere Kategorien können z. B. sein:
- Bezugspersonen = natürliche oder juristische Personen
- Sachgebiete = abstrakte Begriffe

Wenn 4 Kategorien von Suchbegriffen benötigt werden, dann haben Sie schon 24 Möglichkeiten, eine Gliederungsstruktur zu bilden. In einem Aktenplan wie oben beschrieben müssen Sie sich tatsächlich auf eine Grundstruktur festlegen, um Intransparenz zu vermeiden.

Bausteinmethode als Alternative

Alternativ zu einer vorgegebenen Struktur im Aktenplan könnten Sie sich auch für ein flexibleres System entscheiden, z. B. für die Bausteinmethode nach Planolog. Hier wird zuerst ein „Ablagewortschatz" erarbeitet, der alle für die Ablage verwendbaren Suchbegriffe, getrennt nach Kategorien, enthält.

Jeder Suchbegriff hat seine eigene, unverwechselbare Codierung.

Jeder Benutzer des Systems „bedient" sich aus diesem Fundus, wenn er seine Ablage aufbaut oder umstellt.

Die Rückenschilder für Ordner bzw. die Beschriftungsschilder für Hängemappen werden mit einer entsprechenden Software erstellt, die als Oberbegriffe nur die Suchbegriffe aus dem Wortschatz zuläßt und die Bezeichnungen dann gleich in einer Datenbank speichert.

Jeder Benutzer kann die Struktur wählen, die für ihn am besten geeignet ist – insofern ist das System sehr flexibel.

In die Datenbank können außerdem individuelle Ergänzungen, Standorte, Ablagetechnik, Notizen oder Wiedervorlagevermerke eingegeben werden.

Damit hat der Benutzer jederzeit am PC die komplette Übersicht über seinen Ablagebestand und kann, wenn er entsprechend berechtigt ist, auch in anderen Ablagen suchen.

Gezielte Recherchen durchführen

Beispielsweise könnten Sie eine Recherche durchführen, indem Sie alle Begriffe eingeben, die unser schon mehrfach genanntes Schreiben betreffen:

Prof. Dr. ..., Mitarbeitermotivation, Anreizsysteme, Verhaltensforschung, Symposium, Schriftverkehr.

Die Datenbank zeigt Ihnen dann, in welchem Schriftgutbehälter, in welchem Arbeitsraum und in welchem Schrank sich Dokumente befinden, auf die diese Auswahlkriterien zutreffen.

Dieses „Bausteinsystem" ist bewußt für Ablagen entwickelt worden, die sich noch in Papierform befinden und für die ein einheitliches Ordnungssystem benötigt wird. Es kann aber durchaus auch verwendet werden, um z. B. Dokumente zu kennzeichnen, die Sie selbst in Ihrer Textverarbeitung oder Ihrem Grafikprogramm erstellt haben. Damit haben Sie in Ihren elektronischen Dateien im Prinzip dieselbe Ordnung wie in Ihrem Aktenschrank.

Das hier kurz beschriebene System ist unter der Bezeichnung „Akten-James" bei Planolog, Niederzissen, erhältlich.

Wer ist für die Ablage verantwortlich?

Diese letzte Frage scheint schnell beantwortet: Im Chefsekretariat natürlich die Assistentin. Aber so selbstverständlich ist das in der Praxis gar nicht. Wie oft werden Sie als Assistentin verantwortlich gemacht, wenn etwas nicht sofort gefunden wird, auch wenn Sie vielleicht gar nichts dafür können? Was tun Sie, wenn Sie zwar offiziell verantwortlich sind, Ihr Chef aber, ohne Ihnen etwas zu sagen, ein Dokument aus einem Ordner nimmt und in seinen Stapeln verschwinden läßt?

Natürlich wird er das nicht tun, um Sie zu ärgern, sondern weil er das Dokument gerade brauchte und natürlich keine Zeit hatte, es wieder zurückzuordnen. Nur ist das im Ernstfall ein sehr schwacher Trost für Sie.

Verantwortung klar definieren

Deshalb sollten Sie gleich zu Beginn Ihrer Zusammenarbeit mit Ihrem Chef (oder spätestens, wenn es mal wieder nicht geklappt hat mit dem schnellen Finden) grundsätzliche Regeln aufstellen, an die sie beide sich strikt halten, z. B. könnten Sie vereinbaren,

- daß Ihr Chef grundsätzlich nichts selbst einordnet, sondern alles, was er tagsüber benötigt hat, Ihnen abends wieder zum Zurückordnen auf den Schreibtisch legt. Damit schalten Sie aus, daß er etwas falsch einordnet und daß sich bei ihm nach und nach Stapel ansammeln.
- daß Ihr Chef Ihnen bei fachlich schwierig zuzuordnenden Dokumenten einen entsprechenden Vermerk auf das Dokument schreibt – z. B. die Ordnernummer aus dem Aktenplan, zu der das Dokument seiner Meinung nach gehört. Damit lernen Sie schneller, „wie er denkt".

Dies sind nur zwei Beispiele dafür, wie sich Verantwortlichkeit regeln läßt.

Wichtig ist, daß sie offiziell und eindeutig geregelt wird, nicht nur zwischen Chef und Sekretärin, sondern auch zwischen Sekretärin und Kolleginnen bzw. Kollegen.

Professionelles Vorgehen sichert den Erfolg

Auch wenn es darum geht, die vorhandene Ablage zu reorganisieren, sollten Sie vor Beginn eindeutig mit Ihrem Chef vereinbaren, wer dabei welche Aufgaben hat. Um das entsprechende Problembewußtsein bei ihm oder ihr zu erzeugen, sollten Sie vorab in einer schriftlichen Kurzanalyse exakt – und möglichst mit Zahlen unterlegt – darstellen,

- worin das Problem besteht (z. B. „unnötiger Zeitaufwand von x Stunden pro Tag").
- wo die Ursachen hierfür liegen (z. B. Verwendung mehrdeutiger, individueller Stichworte, zu langes Nachdenken und Fehler bei der Zuordnung usw.).
- welche Konsequenzen zu erwarten sind, wenn sich nichts ändert (z. B. Kostenanstieg durch Zeitverschwendung, sinkende Effektivität und Qualität ...).
- wie der gewünschte Zielzustand aussieht (jeder findet jede gewünschte und vorhandene Information beim ersten Zugriff innerhalb von maximal 2 Minuten).
- welche Maßnahmen von wem durchzuführen sind, um den Zielzustand zu erreichen.
- was diese Maßnahmen kosten (Zeitaufwand, Kosten für neue Registraturmittel oder Software).
- worin das Risiko des Projektes besteht.
- warum Sie überzeugt sind, daß die Reorganisation durchgeführt werden muß, also welchen Nutzen sie bringt.

Wenn Sie so professionell vorgehen und von Ihrem Chef das „O.K." bekommen, steht Ihnen nichts mehr im Weg, um aus Ihrer Ablage einen jederzeit auskunftsbereiten, aktuellen Informationsspeicher zu machen.

Ich wünsche Ihnen dabei viel Erfolg!

Weiterführende Literatur

Gätjens-Reuter, Margit, Ablage – die Organisation der Information, Gabler Verlag, Wiesbaden 1993
Akten-James – Workbook und Software, Planolog GmbH, Niederzissen 1997

Arbeitsrecht

Die Autorin
Annegret Heesen ist Personalkauffrau und besitzt viel Führungserfahrung. Als selbständige Personalmanagement-Beraterin unterstützt sie kleine und mittlere Unternehmen in ihrer Personalarbeit. Seminare und Vorträge ergänzen ihre Tätigkeit. Die Palette ihrer Seminare umfaßt Managementthemen sowie Bewerber- und Karriereberatung. Annegret Heesen ist Gründungsmitglied des AK Individuelle Unternehmensbegleitung. Somit hat sie die Mög- lichkeit, mit vielen Spezialisten aus verschiedenen Fachgebieten zusammenzuarbeiten.

Spannend, vielseitig und interessant kann es für Sie sein, den/die Vorgesetzte/n in Personalangelegenheiten zu unterstützen. Und Unterstützung ist immer angebracht: denn Zeitdruck, mangelnde Präsenz und lückenhaftes Wissen der Führungskraft – gerade im Arbeitsrecht – bedingen häufig personelle Fehlentscheidungen, die Unternehmen oft teuer zu stehen kommen. Die Vielzahl von Arbeitsgerichtsprozessen sprechen hier eine deutliche Sprache!

Auf eine gute Grundlage stellen Sie Ihre Aktivitäten im Bereich Personalwesen, wenn Sie sich mit den Grundkenntnissen des Arbeitsrechts vertraut machen. Keine einfache Aufgabe, denn „Arbeitsrecht ist Richterrecht".

Neben den zahlreichen Gesetzestexten werden bei Gericht täglich neue Einzelentscheidungen gefällt. Es gibt keine einheitliche Gesetzesgrundlage, das Arbeitsrecht besteht aus vielen Einzelgesetzen!

Sie erhalten in diesem Kapitel eine Übersicht aus der Vielzahl an arbeitsrechtlichen Fakten, wobei nur die wichtigsten genannt werden können. Weiterführende Literatur finden Sie am Ende des Beitrags.

Die Themen des Beitrags sind:
1. Der Arbeitsvertrag – Begriff, Form, Inhalte
2. Kommunikation mit dem Betriebsrat
3. Abmahnung und Kündigung
4. Besondere Probleme
5. Fazit zum Thema Arbeitsrecht

Der Arbeitsvertrag

Begriff

Der Arbeitsvertrag ist der privatrechtliche Vertrag aufgrund der §§611–630 des BGB zwischen einem Arbeitnehmer (AN) und einem Arbeitgeber (AG) über die Leistung abhängiger Dienste durch den AN und der Zahlung vereinbarten Entgelts durch den AG als Gegenleistung.

Form

Zur Vermeidung von Beweisschwierigkeiten sollte der Arbeitsvertrag (AV) schriftlich festgelegt und von beiden Seiten unterschrieben werden. Im Gegensatz zu Berufsausbildungsverträgen (BAV) ist dies aber keine Bedingung. Der BAV dagegen muß schriftlich Ausbildungsinhalte und den Verlauf der Ausbildung deutlich machen.

Für einen AV mit einem ausländischen AN gelten besondere Vorschriften. Er benötigt vom Arbeitsamt eine Aufenthaltsbescheinigung und eine allgemeine Arbeitserlaubnis, Befristung 3 Jahre.

Die besondere Arbeitserlaubnis gilt unbefristet.

Rechtsmängel

Ein Arbeitsverhältnis kann unter bestimmten Voraussetzungen von beiden Seiten angefochten werden, z.B.:

- wegen arglistiger Täuschung bzw. bewußt falscher Angaben
- wegen Irrtum, wenn bestimmte Eigenschaften unklar, aber wichtig für das Arbeitsverhältnis waren
- bei Sittenwidrigkeit, d.h. bei Verstoß gegen die guten Sitten, bei übermäßiger Einschränkung und wirtschaftlichem Risiko, bei übermäßiger Bindung, bei Drohung

Ein angefochtenes Arbeitsverhältnis ist ein faktisches Arbeitsverhältnis. Die erworbenen Ansprüche bleiben bestehen (Entgelt, Urlaub), alle weiteren Ansprüche erlöschen. Ist das Arbeitsverhältnis jedoch noch nicht zustandegekommen, bestehen keine gegenseitigen Ansprüche.

Inhalte des Arbeitsvertrags

Wichtig: Die gesetzliche Grundlage des Arbeitsvertrags basiert auf einer hierarchischen Ordnung:

1. Staat
2. Tarifvertrag
3. Betriebsvereinbarung
4. Einzelvertrag
5. Die betriebliche Übung (wiederholtes Erbringen von Leistungen seitens des Arbeitgebers über einen längeren Zeitraum hinweg)
6. Direktionsrecht (Weisungsrecht Arbeitgeber)

Beispiel: Der gesetzliche Urlaubsanspruch von 24 Tagen kann laut Tarifvertrag 28 Tage betragen, die Betriebsvereinbarung sieht 30 Tage vor, im Einzelarbeitsvertrag aber können 31 Tage gelten. Als betriebliche Übung können z.B. bei Heirat 2 Tage Sonderurlaub gewährt werden. Wegen erhöhtem Arbeitsanfall kann der Arbeitgeber aufgrund seines Direktionsrechts Urlaubssperre verhängen.

Für alle Arbeitsverträge gilt:

- Vertrags-, Abschluß- und Gestaltungsfreiheit
- Eintrittstermin und Art der Tätigkeit sind Mindestvertragsbedingungen

Wesentliche Inhalte des Arbeitsvertrags

Beginn: Genauer Eintrittstermin – liegt der Eintrittstermin in weiterer Zukunft, empfiehlt sich für beide Seiten, einen Vorvertrag zu erstellen. Springt der Bewerber kurzfristig ab (was ärgerlich genug ist), muß er sich an den entstandenen Kosten beteiligen!

Zu verrichtende Tätigkeit: Berufsbezeichnung, Tätigkeitsbeschreibung – Sollten Sie relativ allgemein halten, da sonst das Direktionsrecht des AG eingeschränkt wird, daß der AN bei Bedarf auch andere Aufgaben wahrzunehmen hat. Um zumutbaren Änderungen freien Raum zu geben, eignet sich der ergänzende Satz „Die Aufgabe ergibt sich aus der jeweiligen Fassung der Stellenbeschreibung. Diese ist Bestandteil des Arbeitsvertrags."

Umsetzklausel – Beispiel: „Sie verpflichten sich im Bedarfsfall, auch andere zumutbare Aufgaben ohne Lohn- und Gehaltsminderung zu erledigen." (Anwendung meist bei gewerblichen AN)

Dauer: Zwei Arten von AV

- unbefristet
- befristet

Unbefristet sind alle AV ohne jegliche Beendigungsfrist (außer Rentenalter).

Der befristete AV gilt nur für eine bestimmte Dauer. Das Arbeitsverhältnis endet zu der vertraglich vereinbarten Zeit, ohne daß es einer Kündigung bedarf.

Wenn Sie sich aus Arbeitgebersicht auf das BeschFG (Beschäftigungsförderungsgesetz) § 1 berufen, sind Sie bei diesem Gesetz an folgende Richtlinien bis zum 31. 12. 2000 gebunden:

1. Sie haben kein Problem, wenn es sich um eine Neueinstellung handelt.
2. Befristung nur für die Dauer von 18 Monaten bzw. auf 24 Monate möglich, wenn der Arbeitgeber seine Erwerbstätigkeit innerhalb der letzten 6 Monate aufgenommen hat und nicht mehr als 20 Arbeitnehmer beschäftigt.
3. Der Arbeitnehmer war in den letzten 4 Monaten nicht bei dem Arbeitgeber beschäftigt.
4. Befristung ist vorübergehend möglich, wenn im unmittelbaren Anschluß an die Berufsausbildung zur Zeit kein freier, unbefristeter AV möglich ist.

Bezieht sich der Arbeitgeber nicht auf das BeschFG, kann ein Arbeitsverhältnis nur aus sachlichem Grund befristet werden, dann aber in unbeschränkter Anzahl (z.B. auf Wunsch des AN, bei erhöhtem, saisonbedingtem Arbeitsanfall, Vertretung bei Erkrankung oder Erziehungszeiten usw.).

Aus Beweisgründen sollten Sie das Vertragsende klar und eindeutig definieren, z.B. genaues Datum, „für gesamte Saison", „...bis Frau M. wieder gesund ..."!

Eine Umwandlung von einem befristeten in ein unbefristetes Arbeitsverhältnis ist jederzeit möglich.

Achtung: Die Befristung geht automatisch in ein unbefristetes Arbeitsverhältnis über, wenn der MA über die Befristung hinaus tätig bleibt und der AG dies duldet!

Im übrigen gelten alle Bestimmungen aus dem unbefristeten auch für das befristete Arbeitsverhältnis.

Probearbeitszeit: Nach BGB § 622 Abs. 3 ist die Höchstdauer auf 6 Monate beschränkt, kürzere Zeiten sind frei vereinbar oder im TV geregelt.

Entgelt: Das Entgelt setzt sich zusammen aus der Höhe und den eventuell anfallenden Zulagen, Prämien oder sonstigen Sonderzahlungen. Diese werden im

Tarifvertrag (TV) oder Bundesangestelltentarif (BAT) geregelt, freie Vereinbarungen nur schriftlich!

Sonderzahlungen sind „freiwillige Zahlungen, auf die jedoch kein Anspruch besteht“ (verhindert „betriebliche Übung“).

Überstundenregelung: Für den „normalen“ AV gelten der TV, die Betriebsvereinbarung (BV) und die Arbeitszeitordnung (AZO). Bei leitenden AN sind Überstunden „im Preis inbegriffen“!

Regelung im Krankheitsfall: Innerhalb von 3 Tagen (gerechnet ab dem ersten Krankheitstag!) muß ein ärztliches Attest vorliegen. Vom ersten Tag an besteht die Pflicht zur „unverzüglichen Krankmeldung“, gleichgültig, in welcher Form.

Ansonsten fehlt der AN unentschuldigt, und der Lohn kann einbehalten werden. Nach der Regel: „Ohne Arbeit keinen Lohn!“

Gleiches gilt, wenn der AN im Urlaub erkrankt. Krankheitstage werden nicht auf den Urlaub angerechnet.

Urlaubsanspruch: 24 Werktage sind gesetzlich geregelt, freie Vereinbarungen bzw. TV lassen günstigere Regelungen zu. Voller Urlaubsanspruch besteht nach Ablauf von 6 Monaten. Der Anspruch des Kalenderjahrs erlischt zum 31. 3. des folgenden Jahres.

Achtung: Auch bei Zeitverträgen gilt der betriebsübliche, anteilige Urlaubsanspruch.

Kündigungsfristen: Im BGB § 622 Abs. 3 gesetzlich geregelt. Es besteht „verkürzte“ Kündigungsfrist von 2 Wochen, sofern keine anderen Fristen im TV vorgesehen sind. Voraussetzung: Es muß ausdrücklich eine Probearbeitszeit vereinbart worden sein, ansonsten gilt die gesetzliche Mindestkündigungsfrist von 4 Wochen zum 15. oder zum Ende eines Monats.

Genehmigungspflicht nebenberuflicher Tätigkeit: Die Leistungsfähigkeit und Verfügbarkeit des AN darf nicht eingeschränkt sein.

Wettbewerbsklausel: Wichtig bei leitenden Angestellten. Bei Handelsvertretern und Außendienst gilt sie für höchstens 2 Jahre bei einer 50%igen Entschädigung der letzten Bezüge unter Anrechnung des nachfolgenden Erwerbs.

Schlußbestimmungen: Offenheit für Betriebsvereinbarungen: „Im übrigen gelten ergänzend zum Arbeitsvertrag und den gesetzlichen Bestimmungen die Tarif- und Betriebsvereinbarung.“ oder „Die allgemeinen Arbeitsbedingungen und Arbeitsvergütungen unterliegen den gesetzlichen Bestimmungen sowie den Betriebsvereinbarungen!“ Durch diese Formulierungen können unter Umständen auch ungünstigere Vereinbarungen ohne Änderungskündigung bestimmt werden! (siehe dort)

Im Arbeitsvertrag werden außerdem geregelt ...

- Trennungsentschädigungen, Umzugskosten
- Dienstfahrzeug, Dienstreisen, Auslandseinsätze
- AN-Erfindungen, Verbesserungsvorschläge

Tip: Den AV mit dem MA klar und ausführlich besprechen, um Mißverständnissen vorzubeugen!

Weitere Formen von Arbeitsverträgen können sein

- Dienstvertrag/Geschäftsführervertrag
- Werkvertrag
- Probearbeitsverhältnis
- Aushilfsarbeitsverhältnis
- Arbeitsverhältnis auf Lebenszeit
- Teilzeitarbeitsverhältnis

- Job-Sharing
- Abrufarbeitsverhältnis
- Nebentätigkeit

Immer stärker gewinnen Telearbeitsplätze an Bedeutung. Ob mobil, ausschließlich oder alternierend (Wechsel Telearbeit/ Anwesenheit im Firmenbüro):

Das Thema wird zwar aus rechtlichen wie führungstechnischen Gründen noch kontrovers diskutiert, gilt aber dennoch bei allen Beteiligten in vielerlei Hinsicht als attraktives Zukunftsmodell. (s. Literaturvorschlag)

Kommunikation mit dem Betriebsrat

Viele Probleme im internen Ablauf mit dem Betriebsrat sind „hausgemacht". Ob es um technische, personelle oder sonstige Veränderungen geht: Anstatt ihn bei Entscheidungen von Anfang an „mit ins Boot" zu holen, werden Gespräche mit dem Betriebsrat erstaunlicherweise gern umgangen.

Tip: Es hat sich in der Praxis als sinnvoll erwiesen, den Betriebsrat rechtzeitig und umfassend zu informieren, und nicht erst, wenn „die Sache gelaufen ist". Oft werden Entscheidungen vom Betriebsrat nicht aus sachlichen, sondern emotionalen Gründen blockiert.

Hier ist Ihr diplomatisches Geschick gefragt!

Wenn Sie

- den BR in Entscheidungen einbeziehen,
- Daten und Informationen weiterleiten und im BR den „Unternehmer" ansprechen,
- regelmäßige Gespräche über den Unternehmensverlauf und Personalprobleme führen,
- Vorurteile durch Gesprächsbereitschaft abbauen und im BR nicht den „Gegner" sehen,
- Vertrauen schaffen durch Kontinuität im o. g. Verhalten.

Das System der Mitwirkungsrechte des Betriebsrats

Informationsrechte
(Informationen über geplante Veränderungen)

Beratungsrechte,
z. B. §§ 92, 96, 106 BetrVG

Anhörungsrecht bei Kündigung
§ 102 BetrVG
(ein „Muß")

Zustimmungsrecht/Vetorecht
nach § 99 BetrVG bei
- Einstellung
- Versetzung
- Ein- und Umgruppierung

Echte Mitbestimmungsrechte nach
§§ 87, 94,95 Abs. 2 BetrVG
- Einigung zwischen Arbeitgeber und Betriebsrat

oder
- betriebliche Einigungsstelle entscheidet, § 76 BetrVG

(vgl. Schaub, Guter Rat im Arbeitsrecht)

So wird der BR eher auch unpopuläre Arbeitgeberentscheidungen mittragen helfen!

Bei geplanten Personaleinstellungen muß also der Betriebsrat über Art und Umfang informiert werden. Am besten in Anlehnung an folgende Checkliste:

Checkliste für die Information an den Betriebsrat

An den Betriebsrat, z. H. des Betriebsratsvorsitzenden

„Mitteilung über die geplante Einstellung von Arbeitern oder Angestellten“

I. Personaldaten
1. Name und Vorname, Adresse
2. geboren am ... in ..., Familienstand
3. bisherige Tätigkeit
4. bestehende Erwerbsbeschränkung (schwanger, schwerbehindert)

II. Einstellung und Einsatz
1. Vorgesehene Tätigkeit und Einsatzbereich
2. Vorgesehener Einstellungstermin
3. Vorgesehene Eingruppierung
4. Auswirkung der geplanten Einstellung

III. Weitere Bewerber
1. An Stelle 2
2. An Stelle 3

IV. Folgende Unterlagen sind beigefügt
1. Personalfragebogen
2. Bewerbungsschreiben
3. Lebenslauf
4. Zeugnisse
5. Unterlagen über die Auswirkungen der geplanten Maßnahme im Betrieb

V. Wir bitten um Zustimmung zur geplanten Einstellung und Eingruppierung/zur geplanten Versetzung.

(vgl. Schaub, Guter Rat im Arbeitsrecht)

Bevor eine Stelle also nach außen dargestellt wird, muß sie zunächst intern ausgeschrieben werden.

Zweck: Durch Aktivieren des „innerbetrieblichen Arbeitsmarktes“ soll der Betriebsfrieden gewahrt bleiben.

Die Abmahnung

Oft werden Kündigungen „aus dem Bauch“ ausgesprochen. Die Aktenberge bei den Arbeitsgerichten stapeln sich, in denen Arbeitnehmer wegen Formfehlern ihr Recht einklagen – und bekommen!

Hier können Sie bereits im Vorfeld die Führungskraft sinnvoll unterstützen, in dem Sie sachlich und unvoreingenommen reagieren.

Vor jeder Kündigung, außer bei der fristlosen Kündigung (wir kommen noch darauf), sollten Abmahnungen bereits ausgesprochen sein.

Eine Abmahnung hat „Warnfunktion mit Androhungscharakter“ und soll dem Arbeitnehmer signalisieren, daß sein Verhalten in Zukunft nicht mehr geduldet wird, mit der Kündigung als Konsequenz!

- Eine Abmahnung kann nur der direkte Vorgesetzte aussprechen. Sie kann schriftlich und mündlich ausgesprochen werden, muß aber klar als solche definiert sein. Um bei einer Kündigung Beweise zu haben, sollte die Abmahnung schriftlich ausgesprochen werden.
- Das Wort „Kündigung“ als Konsequenz muß enthalten sein. Der Arbeitnehmer muß sich der Folgen seines Verhaltens bewußt werden können.
- Keine pauschalen Vorwürfe, wie „immer haben Sie ...,“, „jedesmal ...“, „grundsätzlich ...“, usw., sondern möglichst genaue Zeiten, Datum, Ort und konkretes Fehlverhalten aufzeigen.
- Sie enthält die Aufforderung, Fehlverhalten zu unterlassen.
- Jede Abmahnung enthält nur ein Fehlverhalten.
- Abmahnung möglichst direkt nach dem Fehlverhalten, Gültigkeit innerhalb von 2 Wochen.

- Der Arbeitgeber muß auch hinreichend Zeit und Gelegenheit geben, die mißbilligten Verhaltensweisen zu verbessern.
- Der AN kann seine Abmahnung in der Personalakte einsehen und, falls sich herausstellt, daß sie ungerechtfertigt ist, auch ihre Entfernung aus seiner Personalakte verlangen.
- Nach ca. 2 Jahren ist die Abmahnung nicht mehr gültig und muß aus der Akte entfernt werden.

Tip: Prüfen Sie also vor einer angedachten Kündigung, ob und wie Abmahnungen bereits vorliegen. Erinnern Sie frühzeitig bzw. bei direktem Fehlverhalten, daß Abmahnungen im Hinblick auf Trennungsabsichten sinnvoll sind!

Tip: Bei ausländischen AN sollte auch eine Übersetzung in der Muttersprache beiliegen.

Die Kündigung

Tip vorab: Jede Kündigung sollte im Vorfeld nach dem „Ultima-Ratio-Prinzip", dem Grundsatz der Verhältnismäßigkeit, untersucht werden. Alternativen können die o.g. Abmahnung oder eine Versetzung bzw. Änderungskündigung sein.

Änderungskündigung
Hier geht es um das Angebot, das Arbeitsverhältnis zu einem bestimmten Zeitpunkt zu beenden und zu geänderten Bedingungen fortzusetzen.

Der AN kann diese Kündigung unter dem Vorbehalt annehmen, daß er sich nicht schlechter stellt.

Ist eine weitere Zusammenarbeit unmöglich geworden, so kann der Arbeitgeber nach dem Kündigungsschutzgesetz kündigen, vorausgesetzt, der AN ist seit 6 Monaten für den AG tätig, und im Betrieb arbeiten mehr als 5 AN!

Weiter ist die „Sozialauswahl" zu beachten, nach Lebensalter, Betriebszugehörigkeit und Unterhaltspflichten des AN! Die Schriftform ist aus Beweiszwecken zu empfehlen, bei Auszubildenden zwingend vorgeschrieben!

Verhaltensbedingte Kündigung
Es liegen Gründe „im Verhalten" des AN vor, z.B. Mobbing, sexuelle Belästigung, Alkoholmißbrauch, mangelnde Teamfähigkeit, Beleidigung.

Personenbedingte Kündigung
Hier sind die Gründe ausschließlich in der Person des AN zu suchen, z.B. Leistungsabfall, mangelnde Kenntnisse und Fähigkeiten (auch körperliche), um die bisherige Tätigkeit weiter ausführen zu können.

Außerordentliche/Fristlose Kündigung
Gründe liegen im Vertrauensmißbrauch wie Unterschlagung, Diebstahl, Weitergabe von internen Daten und Fakten an Dritte, tätliche Beleidigung.

Tip: Es empfiehlt sich, bei einer fristlosen Kündigung alternativ eine fristgerechte auszusprechen. Aus rechtlichen Gründen eine Vorsichtsmaßnahme!

Aufhebungsvertrag
Meist geht es hierbei um eine gemeinsame, „im gegenseitigen Einverständnis" ausgesprochene Kündigung. Die Gründe können vielfältig sein, aus den bereits o.g. Gründen entstehen. Der Vertrag endet mit sofortiger Wirkung, alle gegenseitigen Ansprüche erlöschen mit dem Datum des Aufhebungsvertrags.

Tip: Üblicherweise kommen AG und AN überein, „das Arbeitsverhältnis ab sofort aufzulösen, unter Fortzahlung der Bezüge bis zum Ende des laufenden Vertrags." Denn weder AN noch AG werden an einem Fortbestand des Arbeitsverhältnisses in der Regel interessiert sein.

Aus Arbeitnehmersicht
- keine Motivation mehr
- wenig/kein Interesse am Erfolg der Arbeit
- keine weiteren Entwicklungsmöglichkeiten

Aus Arbeitgebersicht
- AN wird häufig nach der Kündigung „krank"
- Gefahr, daß Daten „mißbraucht" werden können (Konkurrenz, nächster Arbeitgeber)
- keine/mangelnde „Arbeitseinstellung" des AN
- Konfliktpotential im Team, Verschlechterung des Betriebsklimas

Problematische Kündigungen

Ausbildungsvertrag: Während der Probezeit jederzeit und ohne Einhaltung von Fristen, danach gilt eine Kündigung nur aus wichtigem Grund!

Mutterschutz: Die Mitarbeiterin genießt während der Schwangerschaft und bis zum Ablauf von 4 Monaten nach der Geburt Mutterschutz. Sie ist nur bei einem bestehenden befristeten AV oder bei betriebsbedingten Gründen (Konkurs, Betriebsstillegung) kündbar.

Achtung: Die jeweilige oberste Landesbehörde für Arbeitsschutz muß der Kündigung zustimmen!

Erziehungsurlaub: Der AG darf ab 6 Wochen vor Antragstellung sowie während des Erziehungsurlaubs nicht kündigen, es sei denn, die o.g. Behörde stimmt (in besonderen Fällen) zu.

Schwerbehinderte: Ohne die Zustimmung der Hauptfürsorgestelle können Sie nicht kündigen! Dies gilt auch für Kleinbetriebe bis 5 AN.

Weiterhin genießen Betriebsratsmitglieder, Jugend- und Auszubildendenvertretungen ebenfalls einen besonderen Kündigungsschutz (Zustimmung öffentlicher Stellen)!

Beispiel Kündigungsschreiben:

„Hiermit kündigen wir das mit Ihnen seit ... bestehende Arbeitsverhältnis zum nächstmöglichen Termin, dem ... . Die Kündigung erfolgt aus folgenden Gründen: ... Der Betriebsrat wurde vor der Kündigung angehört. Die Stellungnahme des Betriebsrats ist beigefügt." (s. Literaturhinweis)

Besondere Probleme

Mobbing

Unter Mobbing am Arbeitsplatz versteht man schikanierenden Psychoterror, der sowohl vom AG als auch von Kollegen ausgehen kann.

Von Beleidigung, Beschimpfung bis hin zur Gewaltandrohung und Erpressung ist alles schon vorgekommen!

Hier sind Arbeitgeber wie Betriebsrat verpflichtet, dem „Beschwerderecht" des gemobbten Mitarbeiters (§§ 84, 85 BetrVG) nachzugehen und Abhilfe zu schaffen, ohne daß dem Mitarbeiter dadurch Nachteile entstehen. Ansonsten kann der von seinem „Leistungsverweigerungsrecht" Gebrauch machen.

Sexuelle Belästigung
Das 1994 geschaffene Beschäftigungsschutzgesetz schützt den AN vor sexueller Belästigung am Arbeitsplatz.

Als Belästigung gelten insbesondere Handlungen und Verhaltensweisen, die nach dem Strafgesetzbuch unter Strafe stehen, z.B. Vergewaltigung, Handlungen und Aufforderung z.B. durch bestimmte sexuelle Berührungen, anzügliche Bemerkungen, Zeigen und Anbringen pornographischer Darstellungen, die vom Betroffenen erkennbar abgelehnt werden.

Wie beim Mobbing müssen auch hier AG wie BR eingreifen, klären und entsprechende Maßnahmen anbieten. Zur Verfügung stehen ihnen Abmahnungen, Umsetzungen, Versetzungen und Kündigung.

Alkohol
Der Arbeitgeber kann bei alkoholbedingtem Fehlverhalten und/oder Verletzung arbeitsvertraglicher Pflichten abmahnen und „verhaltensbedingt" im Wiederholungsfall kündigen.

Bei Feiern o.ä. ist Alkohol am Arbeitsplatz nicht gänzlich zu untersagen. Zu beachten ist aber, daß bei anschließenden Unfällen die Unfallversicherung ihre Leistungen dem Arbeitgeber verweigern kann.

Ernsthafte Probleme entstehen bei Alkoholabhängigkeit, medizinisch als Krankheit anerkannt. Der Arbeitgeber muß dem Arbeitnehmer die Chance zur Therapie geben. Bei Verweigerung der Therapie seitens des AN oder anschließender Rückfälligkeit kann der Arbeitgeber „personenbedingt" kündigen.

Fehlzeiten
Auch lang andauernde Fehlzeiten (120–160 Tage im Jahr nach neuer Rechtsprechung) und ständige „Schübe" der Krankheit können eine verhaltensbedingte Kündigung rechtfertigen.

Rauchen
Im Rahmen des Direktionsrechts und der Fürsorgepflicht allen seinen Mitarbeitern gegenüber kann der AG Rauchverbote am Arbeitsplatz erlassen.

Bei Nichteinhaltung kann er abmahnen und im Wiederholungsfall verhaltensbedingt kündigen.

Fazit zum Thema Arbeitsrecht

Das Problem des Arbeitsrechts ist, daß es sehr komplex und ständig in der Veränderung begriffen ist und hier auch nur annähernd dargestellt werden kann. Immer neue Gesetzestexte und aktuelle Urteile bereiten dem Laien (und oft auch den Experten) schlaflose Nächte. Unkenntnis jedoch führt zu Fehlentscheidungen, zu schnellen Urteilen und damit oft vors Arbeitsgericht.

Besuchen Sie Seminare zum Thema Arbeitsrecht (z.B. bei der IHK), lesen Sie entsprechende Fachliteratur.

Vielleicht haben Sie auch Spaß an einer Ausbildung zur Personalfachkauffrau (berufsbegleitend u.a. bei der IHK, der Deutsche Angestellten Akademie möglich, sie dauert 1 Jahr und vermittelt praktisches, anwendbares Know-how zum Thema „Personal".

Ihre Adreßdatei sollte eine kompetente Rechtsberatung zum Thema Arbeitsrecht enthalten. Ein so umfangreiches Thema erfordert Spezialisten, ohne die Sie nur schwer auskommen werden.

Tip: Schildern Sie Ihren Fall in allen Einzelheiten, und lassen Sie sich mögliche Verfahrensweisen genau erklären. Scheuen Sie sich nicht nachzufragen, wenn etwas unklar ist!

Der Umgang mit Paragraphen macht so manchen zum „Fachchinesen"! Gut und kompetent heißt nach meiner Erfahrung: erreichbar und praktisch veranlagt!

Weiterführende Literatur

Beck-Arbeitsgesetztexte, dtv, München
Schaub, Günter, Arbeitsrecht von A–Z, Verlag C.H. Beck, München 1994
Handbuch der Personalpraxis, (jährliche Ausgabe) Luchterhand Verlag, Neuwied
ABC der Kündigung, Wilhelm Stollfuß Verlag 1993
Weyand, Joachim/Behning, Bettina, Arbeitsrecht für Frauen, Fischer Taschenbuch Verlag, Frankfurt 1993
Bundesministerium für Arbeit und Soziales, Schriften zu Teilzeitarbeit, Arbeitsförderungsgesetz, Recht der Arbeit sowie Broschüren zu Aushilfsarbeit, Teilzeit, Pauschalbeschäftigung 610,– DM, Tips und Informationen, erhältlich über die kommunalen Gleichstellungsbeauftragten
Bundesministerium für Arbeit und Soziales, Broschüre „Telearbeit – Chancen für neue Arbeitsformen"

Zeitschriften
Betrieb + Personal, stv Stollfuß Verlag, Bonn
Personal, Wirtschaftsverlag Bachem, Köln
Schnellbrief für Personalwirtschaft und Arbeitsrecht, Hunold, Verlag C.H. Beck, München

Personalwesen

Annegret Heesen

Personal suchen, einstellen, verwalten, entwickeln und – leider immer öfter – freisetzen: Keine Frage, Personalmanagement ist eine umfangreiche Aufgabe und kostenintensiv. Im Personalwesen wird viel gesprochen von „Human Resources, Human Capital". Salopp gesagt: das Mitarbeiterpotential als Anlage, als Kapital des Unternehmens!

Nur: Warum wird häufig so wenig aus den „Anlagen", aus dem „Kapital" gemacht?

Es liegt nicht immer am mangelnden guten Willen!

Probleme entstehen in erster Linie durch Zeit- und Kostendruck – wobei mich dieses Argument immer an den Mann mit der Säge erinnert, der mit stumpfem Sägeblatt hektisch versucht, Holz zu zerkleinern. Die Frage, ob er sich nicht die Zeit nehmen wolle, um sein Handwerkszeug zu schärfen, beantwortet er mit „Keine Zeit, ich muß sägen!"

Unwissenheit, ungenügende Vorbereitung und Unterschätzen psychologischer Faktoren aufgrund von Kommunikationsstörungen spielen ebenfalls eine Rolle. Bei schlechter Wartung können Maschinen repariert werden, verletzte Gefühle bei schlechter Führung nur sehr schwer!

Ein Lösungsweg liegt in der kompetenten Assistenz, wenn Sie sich aufmachen, die Führungskraft fachlich durch Übernehmen von Sachbearbeitungsaufgaben bei ihrer Führungsaufgabe zu unterstützen.

Die Themen:

1. Maßnahmen bis zur Einstellung neuer Mitarbeiter
- Unterstützung bei der Personalauswahl
- das Anforderungsprofil
- Personalbeschaffungswege
- rationelle Bearbeitung von Bewerbungen
- Beurteilungskriterien von Bewerberunterlagen
- der Bewerber am Telefon

2. Maßnahmen für den internen MA
- Vorbereitung zur Einführung und Einarbeitung neuer Mitarbeiter
- interne Kommunikation
- Fehlzeitenanalyse
- Personalentwicklung – geeignete Trainer finden
- charakteristische Personalkorrespondenz

3. Maßnahmen für ausscheidende MA
- Kündigungsschreiben und Ausgleichsquittung
- Zeugnisse

4. Fazit zum Thema Personalwesen

5. Am Schluß dieses Kapitels erhalten Sie weiterführende Literaturvorschläge zu den einzelnen Themen.

Maßnahmen bis zur Einstellung neuer Mitarbeiter

In vielen Firmen ist Personaleinstellung Chefsache, sprich: plötzlich, unerwartet, spontan, geheimnisvoll! Das Back-Office erfährt von der Suche nach neuen Mitarbeitern sehr spät, gar nicht, von der (wenn vorhanden) Personalabteilung oder durch den Vorgesetzten. Dann meist mit den Worten: „Wen könnten wir denn für die und die Position einstellen...“, „Kennen Sie jemanden...“, „Rufen Sie doch schnell mal einen Personalberater an, ich suche...“, oder „Wir suchen eine neue..., schalten Sie mal eine Anzeige.“

Unterstützung bei der Personalauswahl
Sie haben zwei Möglichkeiten:
1. Sie reimen sich die Fakten zusammen und/oder bescheiden sich mit den erhaltenen Vorgaben.
2. Sie werden gezielt tätig!

Personalplanung/Personalsuche: Bevor Sie damit beginnen, checken Sie vorab:
- Das Verhältnis von Personal zur Arbeitsmenge: Muß die Position tatsächlich nachbesetzt werden? Könnte vorhandenes Personal eventuell umgeschult oder befördert werden?
- Auf welche Kenntnisse und Fähigkeiten kommt es an? Welche werden im Hinblick auf mögliche Veränderungen benötigt?

Das Anforderungsprofil
70% des Erfolgs liegen in der Vorbereitung. So auch bei der Personalauswahl. Fehlbesetzungen und Fehlinvestitionen könnten vermieden werden, wenn man sich im Vorfeld konkrete Gedanken über Stelle und Stelleninhaber machen würde. Aber es mangelt oft an Zeit oder Einsicht.

Tip: Erstellen Sie ein Anforderungsprofil!
- Tun Sie es nicht, laufen Sie Gefahr, nicht über alle Aspekte Bescheid zu wissen, nicht allen Aspekten der Stelle gerecht zu werden, so daß der Bewerber nach subjektiven statt nach objektiven Faktoren beurteilt wird.
- Erstellen Sie aber ein Profil, gewinnen Sie Klarheit über die ausgeschriebene Stelle, über Gehaltsfindung, über Kompetenzen und Verantwortung.

Mit einiger Sicherheit wissen Sie, daß alle relevanten Fakten erfaßt wurden und daß „der richtige Mitarbeiter zur richtigen Zeit am richtigen Ort“ eingesetzt wird. Sie gewinnen damit ebenfalls eine gute Übersicht über Arbeitsweise und Qualifikation im Betrieb.

Das Anforderungsprofil dient Ihnen darüber hinaus als Grundlage für eine aussagefähige Stellenanzeige (CI in der Öffentlichkeit und für Bewerber), für eine gezielte Fragestellung bei Bewerbungsgesprächen, für Mitarbeitergespräche, Zielfindungsgespräche, Beurteilungen, Kündigungen sowie für zukünftigen Weiterbildungsbedarf in Ihrem Unternehmen.

Zudem muß die Stelle nur einmal neu definiert und dann in angemessenen Zeitabständen bzw. bei Bedarf erweitert und ergänzt werden.

Oft fällt bei genauerer Betrachtung auch auf, ob die Stelle überhaupt neu geschaffen oder vielleicht sogar mit einer anderen zusammengelegt werden kann.

Folgende Checkliste/Kriterienkatalog für ein Anforderungsprofil sollten Sie Ihrem Chef vorlegen:

Checkliste: Kriterienkatalog für ein Anforderungsprofil

1. Ziel und Zweck	Wie sieht das gewünschte Arbeitsergebnis aus? Welche Resultate werden erwartet? Wie wichtig ist diese Position innerhalb des Unternehmens? Welche Konsequenzen ergeben sich bei Nichterfüllung und/oder Inkompetenz?
2. Tatsächliche Aufgaben	Welche Hauptaufgaben gibt es? Welche sind Nebenaufgaben? Welche Entscheidungen verantwortet der AN?
3. Formale Kriterien	Wem ist der Mitarbeiter unter- bzw. überstellt, wem gegenüber verantwortlich? Welche Kontaktpersonen sind Ansprechpartner? Wie sind die allgemeinen Arbeitsbedingungen (Ort, Arbeitszeit, Sicherheitsbedingungen, Sozialleistungen usw.)?
4. Fachliche/soziale Kompetenz	Wie kontaktfreudig/teamorientiert muß der Mitarbeiter sein? (vom Arbeitsbereich abhängig) Ist detailgenaues Arbeiten oder konzeptionelles Denken wichtig? Welche spezifischen Anforderungen sind unverzichtbar? Welche Kenntnisse können angelernt werden? Wie wichtig ist ein gepflegtes Äußeres? Besteht Kundenkontakt? Wie sollte die persönliche Einstellung sowie der Charakter des Mitarbeiters sein? (abhängig z. T. von Hierarchieebene)
5. Physische/psychische Daten	Wie muß die körperliche/psychische Konstitution aufgrund der künftigen Belastungen sein? Könnte Körpergröße eine Rolle spielen?
6. Weitere Anforderungen	– berufliche Vorbildung, Ausbildung, Erfahrung – Führungserfahrung (ja/nein) – Spezialkenntnisse, z.B. EDV, Sprachen usw. – Auslandseinsatz – Alter, Geschlecht, Familienstand, Nationalität – Gesundheit (evtl. Einsatz von Schwerbehinderten?)

Fazit: Ein Anforderungsprofil wird keine 100%ige Garantie sein und ersetzt niemals den künftigen persönlichen Eindruck und die eigene Erfahrung. Aber es gibt Ihnen das gute Gefühl, viel für eine qualifizierte Personalauswahl getan zu haben!

Personalbeschaffungswege

Wenn Sie auf Personalsuche sind, müssen Sie zwei Fragen vorab beantworten können:

1. Wen will ich erreichen?
2. Wo will ich suchen?

Die Frage „Wen?“ haben Sie durch das Anforderungsprofil beantwortet, nun zu der Frage „Wo?“.

Anzeigenträger: Möchten Sie über eine Stellenanzeige in der regionalen Tageszeitung suchen, so sprechen Sie vorwiegend die untere bis mittlere Hierarchieebene an, die Bewerber sind meist nicht mobil.

Im Gegensatz dazu erreichen Sie in überregionalen Zeitungen und Wochenzeitungen die höhere bis obere Hierarchieebene, deren Bewerber eher mobil sind und nach besseren Karrierechancen ausschauen.

In Fachzeitschriften, Veröffentlichungen von der Handwerkskammer und der IHK erreichen Sie vornehmlich Arbeitskräfte mit Spezialkenntnissen. Die Anzeigen sind relativ kostengünstig, haben eine längere Wirkungsdauer und sprechen gezielt gesuchte Spezialisten an.

Anzeigenarten: Im allgemeinen werden Chiffreanzeigen negativ beurteilt. Gerade besser qualifizierte Bewerber erhalten zuwenig Informationen und können nicht sicher sein, daß sich nicht gerade ihre Firma dahinter versteckt.

Besser ist eine offene Stellenausschreibung, sie spricht gezielt an und ist darüber hinaus für Ihr Unternehmen eine gute Werbung. Oder:

Personalberater/Personalmanager: Um den internen Betriebsfrieden zu wahren (es wäre nicht sehr klug, wenn der derzeitige Stelleninhaber seine eigene Position ausgeschrieben sieht!), zur Entlastung, um neutrale Experten an der Suche zu beteiligen, Anonymität auf beiden Seiten zu gewährleisten – aus verschiedensten Gründen kann es sinnvoll sein, sich eines Personalberaters oder Personalmanagers zu bedienen.

Zudem bekommt der Auftraggeber oft wichtige Zusatzinformationen! Auch finanziell lohnt sich die gezielte Suche durch einen Berater. Bedenken Sie den gesamten Zeit- und Kostenapparat: Von der Stellenanzeige bis zur Absage kann schon mal ein halbes Jahresgehalt des Bewerbers „draufgehen“. Zudem gewährleistet die Stellenanzeige keinen Erfolg!

Sonstige Personalbeschaffungswege

- innerbetriebliche Stellenausschreibung
- Zeitarbeitsunternehmen (gut bei Engpässen)
- Arbeitsamt (Zuschüsse in einigen Fällen!)
- Vermittlung durch Mitarbeiter
- Aushang (im Betrieb, am Werkstor, Uni)
- Kontakt zu Bildungseinrichtungen, wie Fachhochschule, Uni, Kammern (z. B. durch Vorträge)

Ein noch neues Medium für die Personalsuche ist das Internet. Immer mehr Unternehmen wie Stellensuchende nutzen dieses Angebot. Zudem gibt es mittlerweile eine Reihe von Anbietern, auf deren Datenbanken Sie Zugriff haben und bei denen Sie relativ kostengünstig Anzeigen schalten und „anbieten“ können!

Die Stellenanzeige

Egal, wo und wie Sie inserieren: Bewährt hat sich, wenn Sie folgende Aussagen berücksichtigen (s. Abbildung rechts):

Checkliste: Stellenanzeige

Wir sind – Aussage über das Unternehmen	Name, Logo, Branche, Standort, Größe, MA-Anzahl, Führungsstil
Wir haben – Aussagen über die freie Stelle	Ausschreibungsgrund, Aufgabenbeschreibung, Verantwortungsumfang, Vertretungsmacht, Entwicklungschancen
Wir suchen – Aussagen über die Anforderungen	Berufsbezeichnung, Vorbildung, Ausbildung, Kenntnisse, Fähigkeiten, Berufserfahrung, persönliche Eigenschaften, Alter
Wir bieten – Aussagen über die Leistungen	Hinweis auf Tarife/Gehalt, Umzugshilfe, eventuell Zuschüsse, Sozialleistungen, gleitende Arbeitszeit
Wir bitten um – Bewerbungsunterlagen	Anschreiben, Lebenslauf, Zeugnisse, Lichtbild, Gehaltsvorstellung, persönliche Erwartung
Wir sind – Aussagen über Anschrift	Ansprechpartner, Telefonnummer oder „nur schriftlich", Adresse

Rationelle Bearbeitung von Bewerbungen

Es gibt mittlerweile einige Anbieter für Personalinformationssysteme, die Ihnen die Personal- und Bewerberverwaltung erheblich erleichtern können. Allerdings gibt es große Preisunterschiede. Sie sollten Aufwand, Kosten und Nutzen in Relation zum tatsächlichen Bedarf sehen.

Fragen Sie nach einzelnen Modulen, nach Erweiterungsmöglichkeiten zu einem späteren Zeitpunkt, Kompatibilität zu vorhandenen Geräten, zukünftigen Entwicklungen.

Tip: U.a. in der Zeitschrift „Personalwirtschaft", Verlag Luchterhand, finden Sie einige dieser Anbieter.

Eine gut geführte Bewerberdatenbank kann bares Geld wert sein. Statt zum Beispiel neue Anzeigen zu schalten, könne Sie sich auf frühere Bewerbungen beziehen. Sie erkennen auch, ob sich der Bewerber schon früher einmal bei Ihnen beworben hat (+/–).

Beurteilungskriterien von Bewerbungsunterlagen

Haben Sie nichts anderes vereinbart, sollten Bewerbungsunterlagen vollständig sein, also Anschreiben, Lichtbild, Lebenslauf, Schul- und Wehrdienstzeugnisse, Ausbildungs- und Arbeitszeugnisse sowie Fort- und Weiterbildungsunterlagen enthalten. Kreative Berufe (Werbung, Journalismus usw.) fügen Arbeitsproben bei. Schauen Sie genau hin (s. Abbildung folgende Seite).

Checkliste: Stellenanzeige	
Umschlag und Mappe	Billig oder teuer? Kreativ oder 08/15? Klebt noch das Preisschild auf der Rückseite? Sind alle Papiere in Hüllen, zwecks „Wiederverwertung"?
Das Anschreiben	Soll Vorstellungen, Ausdruck, Persönlichkeit des Bewerbers vermitteln. Negativ, wenn der Eindruck einer „Postwurfsendung" durch „allgemeine" Formulierungen entsteht, unklare und schwammige Zielvorstellung, geht nicht auf Ihr Anforderungsprofil der Stellenanzeige ein, ungenügende Darstellung der eigenen (Fach-)Kenntnisse
Der Lebenslauf	Er sollte lückenlos Werdegang und Tätigkeiten beschreiben, ein „roter Faden" sollte erkennbar sein. Negativ: Kurze Arbeitsverhältnisse, unter Umständen mehrfach hintereinander (nachhaken!), abgebrochenes Studium/Lehre, Fehlzeiten
Das Lichtbild	Das Bild gibt Auskunft über Aufwand und „Wertschätzung" seitens des Bewerbers. Ein erster Eindruck, ob der/die Bewerber/in ins Team und zum Unternehmen „paßt". Vorsicht: Es kann täuschen!
Ausbildung/Zeugnisse	Sollten in chronologischer Reihenfolge aufsteigend sortiert sein. (Weiteres siehe unter „Zeugnisbeurteilung")
Referenzen	In Zweifelsfällen lohnt es sich manchmal, Auskunft bei früherem Arbeitgeber/Ausbildern einzuholen, um den persönlichen Eindruck zu verstärken. Aber auch hier, wie bei den Zeugnissen, kann es zu einer besonders negativen oder besonders positiven Aussage kommen, die Ihnen unter Umständen wenig weiterhilft.

Die Zeugnisbeurteilung
Ausbildungen verraten Ihnen etwas über Motivation, Ambition, Kenntnisse und Fähigkeiten des Bewerbers.

In Zeugnissen werden neben den fachlichen Attributen Durchhaltevermögen, Belastbarkeit, soziale Kompetenzen, Teamfähigkeit, eventuell Führungseigenschaften und Loyalität beschrieben.

Probleme: Vielfach werden Zeugnisse mittlerweile selbst entworfen und dann dem AG zur Unterschrift vorgelegt. Oft ist schwer zu sagen, ob der Mitarbeiter nicht vielleicht „weggelobt" wurde, andererseits kennen sich nicht alle Unternehmen mit der Zeugnissprache aus. Zeugnisse haben also nur bedingte Aussagekraft, sie werden häufig vom Leser überschätzt.

Was Sie als negativ bewerten können: Ein Zeugnis lebt vom Weglassen bei negativer und Hinzufügen bei positiver Beurteilung. Beispiel: „...war Ansprechpartner für unsere Kunden ..." oder „... jederzeit ein geschätzter und anerkannter Ansprechpartner unserer Kunden ...".

Aussagen entweder nur über persönliches oder dienstliches Verhalten, das Fehlen von branchenbezogenen Fähigkeiten (z. B. Kassierer: Gewissenhaftigkeit, Zuverlässigkeit, Ehrlichkeit), keine Aussagen über das Verhalten zu Vorgesetzten und Kollegen, das Fehlen einer Schlußformel, wie z. B. Bedauern über Ausscheiden, keine guten Wünsche für die berufliche Weiterentwicklung, erkennbar schlechte Beurteilung, kein Dank für die geleistete Arbeit – alles mögliche Kriterien für eine negative, differenzierte Beurteilung! (siehe auch „Personalkorrespondenz")

Der Bewerber am Telefon

Durch die Telefonnummer in Ihrer Stellenanzeige ermuntern Sie den Bewerber, sich vorab bei Ihnen weitere Informationen einzuholen. Für Sie ein gutes Hilfsmittel, um Zeit und Kosten zu sparen und ungeeignete Bewerber im Vorfeld auszuschließen! Voraussetzung ist eine gut vorbereitete Checkliste mit den wichtigsten Auswahlkriterien aus dem Anforderungsprofil.

Ihre Vorgehensweise:

- Überprüfen Sie bei den Fragen des Bewerbers, ob diese durch die Stellenanzeige nicht beantwortet wurden. Es spricht für seine Genauigkeit!
- Stellen Sie ebenfalls gezielte Fragen. Achten Sie auf die Antworten: Sprache, Selbstsicherheit, klare Zielvorstellung, Erwartungshaltung.
- Setzen Sie sich ein Zeitlimit.
- Fragen Sie bei einer Initiativbewerbung, woher der Bewerber Ihr Unternehmen kennt (Referenz, Öffentlichkeitsarbeit usw.). So können Sie unter Umständen etwas über Ihren „Marktwert" erfahren.

Maßnahmen für den internen Mitarbeiter

Vorbereitung zur Einführung und Einarbeitung neuer Mitarbeiter

Nachdem der oder die „Neue" mit viel Mühe und Kosten gesucht und auch gefunden wurde, scheinen manche Unternehmen es darauf anzulegen, den Mitarbeiter gleich am ersten Tag zu demotivieren. Der Pförtner oder die Kollegen wissen von nichts, der Vorgesetzte ist gerade in Urlaub, der Arbeitsplatz noch nicht eingerichtet – alles schon dagewesen!

Eine klassische Situation, in der Sie beweisen können, was eine gute Organisation wert sein kann!

Ein neuer Mitarbeiter will ...

- die neue Umwelt rasch und gründlich kennenlernen, will Sachinformationen erhalten, die seine Arbeit und die Zusammenarbeit mit anderen betreffen,
- Beziehungen und Kontakte mit anderen aufbauen (Kollegen, Vorgesetzten, evtl. Betriebsrat) und seine anfängliche Unsicherheit abbauen,
- dazugehören, in die Gruppe aufgenommen und gut eingearbeitet werden, möchte anerkannt werden,
- nichts falsch machen, sondern recht bald arbeiten und nützlich sein, dabei aber weder über- noch unterfordert werden.

Maßnahmen zur Einführung neuer Mitarbeiter

Das Unternehmen und Sie müssen sich selbst und die Arbeitsumgebung auf die Ankunft des Mitarbeiters vorbereiten.

a. Einsatz planen:

- Arbeiten in ihrer Reihenfolge festlegen und abgrenzen, der MA kann und soll nicht alles auf einmal können wollen/müssen.

- Befugnisse und Zuständigkeiten in Abgrenzung zu anderen Mitarbeitern festlegen.

b. Arbeitsplatz vorbereiten:
- Zuordnung von Maschinen und Werkzeug.
- Arbeitsplatz festlegen (Schreibtisch, Schränke, Spind, Schlüssel usw.).
- Waschgelegenheit, Ruhezone.

c. Kollegen vorbereiten:
- Kollegen informieren über Befugnisse und Aufgaben des neuen Mitarbeiters, evtl. Veränderungen bekanntgeben, Form der Zusammenarbeit abklären. Gezielte Information sichert die Kooperationsbereitschaft, verhindert Zusammenschluß der „Alten" gegenüber den „Neuen".
- Meister/Vorgesetzten informieren.

d. Sich selber Zeit nehmen:
- Zeit für die Einführung, notfalls bei unaufschiebbaren Terminen vorher delegieren.
- Vertreter vorbereiten, den Termin aber unbedingt nachholen sowie persönliche Begrüßung.

Das Einführungsgespräch
- dient dem persönlichen Bekanntwerden, Zeitdruck unbedingt vermeiden. Der Zeitaufwand lohnt, weil es zukünftige Schwierigkeiten vermeiden hilft.
- Information, was den neuen Mitarbeiter in den nächsten Tagen und Wochen erwartet. Nicht nur selbst reden, auch fragen lassen, da vieles für Insider schon zu selbstverständlich ist.
- Keine persönlichen Vorurteile und Meinungen einfließen lassen, möglichst Objektivität wahren.
- Information über Betrieb und Arbeit, Stellung und Aufgabe des Arbeitsplatzes im gesamtbetrieblichen Ablauf, der Betrieb als Ganzes muß dem neuen MA klar werden. Gespräch mit kurzem Rundgang verbinden.
- Arbeitszeit- und Pausenregelung, Kantine, sanitäre Anlagen, Sicherheitsbestimmungen, Erste Hilfe, Feuerlöscher usw.
- Unfall- und Gesundheitsschutz, Sozialversicherung, Krankenkasse, sonstige Bescheinigungen und notwendige Papiere, betriebliche Spezialleistungen (Informationen keinesfalls dem Zufall oder den Kollegen überlassen!).

Tip: Diese Punkte sollten in einer kurzen Einführungsschrift, in einer gedruckten Arbeitsordnung, zusätzlich festgehalten werden. Sie ersetzt jedoch nie die mündliche Information!

Einführung am Arbeitsplatz
Wichtig ist die rasche Einfügung in den Arbeitsprozeß und in die Gruppe.
- Jeder (engere) künftige Mitarbeiter sollte persönlich vorgestellt werden.
- Einzelheiten des Arbeitsplatzes besprechen (Werkzeug-/Materialausgabe, Gütebestimmungen, Gemeinschaftsräume, Spind, Schlüssel, eigener Arbeitsplatz usw.).
- Überprüfen vor Ort, wieviel Anlernung und Einweisung notwendig ist.
- Unklarheiten durch Fragen beseitigen.
- Unter Umständen einen „Betriebspaten" (Ansprechpartner für die ersten Monate) zur Seite stellen, noch besser aber die kollegiale Zusammenarbeit fördern.

Probezeit nutzen
Es klingt so selbstverständlich – doch hier werden die kostenträchtigen Fehler begangen. Statt durch regelmäßige Ge-

spräche, Vorgaben und Kontrolle zu prüfen, ob die Zusammenarbeit klappt, geht die Probezeit in der allgemeinen Hektik unbeachtet vorüber.

Daß die ganze Zusammenarbeit nicht klappt, merkt man häufig erst, wenn der Kündigungsschutz greift (nach Ablauf von 6 Monaten!) Dann wird's teuer! Einige Unternehmen sagen, ihre Personalauswahl sei so gut, daß die Probezeit schon fast zur Farce verkommt. Nun denn: Irren ist menschlich!

Im Sinn aller Beteiligten sollten Sie immer wieder unterstützend auf die notwendigen Schritte während der Probezeit hinweisen – oder diese besser gleich selbst übernehmen.

- Aufmunterung und Anerkennung ist wichtig, gehen Sie sparsam mit negativer Kritik um. Betonen Sie mehr das bereits Erreichte.
- Der oder die Neue wird schrittweise sicherer und leistungsfähiger, fragen Sie nach Erfahrungen, geben Sie weitere Informationen, und lernen Sie gegebenenfalls an.
- Achten Sie darauf, ob Kollegen dem/der Neuen helfen.
- Ein Nachfassen nach 3 Tagen, 1 Woche, 4 Wochen, 3 Monaten ist unerläßlich, Termin für Beurteilungsgespräch festlegen.

Interne Kommunikation

Mitarbeitergespräche

Hier haben Sie eine gute Möglichkeit, die Führungskraft zu entlasten. Zwar sollte jede Führungskraft regelmäßig und kontinuierlich solche Gespräche führen – die Praxis sieht aber oft anders aus.

In den wenigsten Unternehmen existieren kontinuierliche Beurteilungs- bzw. Zielfindungsgespräche. Dabei bieten sie die Möglichkeit, Fragen, Wünsche, Motivation und Leistungswillen des Mitarbeiters besser einzuschätzen. Sie können hier viel Pionierarbeit leisten – es lohnt sich!

Tip: Der Mitarbeiter sollte die Gesprächsprotokolle im Einverständnis unterschreiben. Die Beurteilung wird der Personalakte beigefügt.

Gesprächsformen

- Einführungsgespräch dient zur Kontaktaufnahme.
- Beurteilungsgespräch dient zur Darlegung wichtiger Beurteilungsergebnisse (Ende der Probezeit, Leistungszulagen oder Entgeltanpassung, Personalplanung (Entwicklungspotential, Aufgaben, Zielsetzung), Aus- und Fortbildungsmaßnahmen, Zeugniserstellung).

Bewährt haben sich Gespräche in einem regelmäßigen Turnus. Die zu bewertenden Beurteilungskriterien sollten sich bei geringer qualifizierten Mitarbeitern mehr nach Leistungsmerkmalen und bei höher qualifizierten Mitarbeitern mehr nach Persönlichkeitsmerkmalen ausrichten.

- Abgangsgespräch dient zur Information über Gründe von Fluktuation.
- Mitarbeitergespräch zur Vorbereitung von Veränderungen dient als Mittel, Ängste abzubauen und zum Mitmachen zu motivieren und zusätzliche Leistungen zu verlangen.
- Regelmäßige Gespräche dienen dazu, sich gegenseitig abzustimmen und über Arbeitsabläufe zu informieren, auch persönliche Gespräche können bei Bedarf Gegenstand sein.
- Zielsetzungsgespräch sichert die koordinierte Erfüllung von Aufgaben im Sinn der Betriebszielsetzung.

Fehlzeitenanalyse

Kosten- und Leistungsdruck, schlechtes Betriebsklima, Mobbing, Führungsschwäche, „innere“ Kündigung: Die Auswirkungen häufiger Fehlzeiten im Unternehmen sind belastend und immer ein Indiz dafür, daß etwas nicht stimmt!

Viele Betriebe haben inzwischen erkannt, daß der Krankenstand etwas mit Zufriedenheit am Arbeitsplatz zu tun hat, physisch wie psychisch. Vorbeugung ist ein probates Mittel, um schwerwiegenden und damit kostenintensiven Folgen zu entgehen. Bis zu 5% Fehlzeitenrate ist „akzeptabel“, weniger wäre besser.

Was ist zu tun?

- Auch hier bietet sich eine gute, d. h. regelmäßige Gesprächskultur als beste Vorbeugung an. Information, Anerkennung und Lob, zu wissen, wo der einzelne als Mitarbeiter steht, beugt Demotivation vor. Lassen Sie nicht nach, Ihren Vorgesetzten daran zu erinnern. Bieten Sie an, die Gespräche im Bedarfsfall selbst zu führen.
- Kommt es zu einem krankheitsbedingten Ausfall – Rückkehrgespräche führen. Diese Gespräche erfordern allerdings eine gute Vorbereitung und viel Fingerspitzengefühl!

Tip: Manchmal kommen bei diesen Gesprächen konstruktive Verbesserungsvorschläge, z. B. hinsichtlich der Arbeitsplatzgestaltung, heraus!

- Die Mitarbeiterkarte monatlich im Hinblick auf Fehlzeiten überprüfen. Hier wird oft nachlässig gearbeitet, kündigungsrelevante Fakten nicht rechtzeitig erkannt.

Tip: Sollte die Personalabteilung die Mitarbeiterkarte führen – legen Sie sich selbst eine an. So sind Sie immer auf dem aktuellen Stand und können sofort Ihren Vorgesetzten auf Veränderungen aufmerksam machen.

Personalentwicklung – geeignete Trainer finden

Kontinuierliche Weiterbildung ist heute ein „Muß“. Doch fällt sie in Unternehmen immer mehr dem Rotstift zum Opfer. Die berechtigte Frage nach dem Kosten-Nutzen-Verhältnis drängt sich auf, ganz ohne Personalentwicklungsmaßnahmen aber sollte es nicht gehen!

Zwar werden Sie mit Sicherheit „bombardiert“ von Seminaranbietern, von Beratern und solchen, die sich dafür halten. Durch das quantitative, nicht immer qualitative Angebot fühlen sich die meisten Unternehmen überfordert und wählen aufgrund der Vielzahl den erstbesten. Mißerfolge sind vorprogrammiert, Frust über verlorenes Geld kommt auf.

Wie trennen Sie nun „die Spreu vom Weizen“?

- „Gütesiegel“ sagen noch nichts darüber aus, ob Sie auch wirklich für sich und Ihren Bedarf den Richtigen haben! Fragen Sie nach Ausbildung, Erfahrungen, Methodik, Referenzen.
- Vertrauen Sie nicht auf Hochglanzbroschüren – weniger ist oft mehr.
- Bietet er ein kostenloses Vorgespräch an?
- Fragt der Seminaranbieter nach oder redet er viel von sich und seinem Angebot? Ein guter Trainer und Berater wird interessiert sein zu erfahren, wo Sie der Schuh tatsächlich drückt.
- Begreift der Trainer/Berater Ihr Problem, denkt er in Lösungen oder bestätigt er nur Ihre Probleme? Bietet er gleich ein ganzes Paket an Maßnahmen an oder auch Bausteine, Teillösungen?

- Bauchladen oder Spezialist – steckt hinter dem Trainer/Berater ein Netzwerk an Kooperationspartnern, die Ihnen im Zweifelsfall bei anderen Problemfällen helfen können?

Nicht zuletzt ist es eine Frage der „Wellenlänge". Vielleicht könnte man auch sagen: Jeder bekommt den Berater/Trainer, den er verdient.

Tip: Kosten sparen für die Zukunft. Ein externer Berater coacht einen internen MA und bildet diesen zum Trainer für interne Maßnahmen aus (z. B. EDV, Moderations- und Präsentationstechniken usw.).

Charakteristische Personalkorrespondenz

Jedes Dokument nach außen ist die Visitenkarte Ihrer Person und die Ihres Unternehmens; intern trägt kontinuierliche und informative Korrespondenz ganz erheblich zu einem positiven Betriebsklima bei. Gerade hier können Sie mit viel Eigenständigkeit und Kreativität die Führungskraft entlasten.

Zwischenbescheid/Absage

Zwischenbescheide sollten immer innerhalb kürzester Zeit nach Eingang der Unterlagen geschrieben werden. Das hebt das Ansehen des Unternehmens! Bei der Vielzahl der eingehenden Unterlagen hat der Bewerber Verständnis für Verzögerungen, nicht aber für monatelanges „Schweigen".

Beispiel: „... durch die große Resonanz auf ...", „... bitte haben Sie noch etwas Geduld ...".

Gute Literaturvorschläge zu Absagen habe ich noch nicht gefunden, dafür aber passable Textbausteine bei der einen oder anderen Sekretärin im PC!

Nicht fehlen sollte es am Dank für das Interesse des Bewerbers, stellen Sie die gute Qualifikation heraus.

Beispiel: „... ist uns nicht leicht gefallen ...", „für Mitbewerber/in entschieden ...", „... sicher, daß aufgrund Ihrer Qualifikation ...".

Die guten Wünsche am Schluß für den weiteren Berufsweg sollten ebenfalls nicht fehlen.

Tip: Alternativ zur Absage und kostengünstig: der Aufbau eines „eigenen" Bewerber-Pools. Fragen Sie qualifizierte Kandidaten, ob Sie die Unterlagen behalten und für einen späteren Bedarf nutzen dürfen!

Krankheit oder Unfall

Ein kurzer Brief mit guten Wünschen vom Vorgesetzten und den Kollegen, verbunden mit einer kleinen Aufmerksamkeit – der Mitarbeiter fühlt sich ernst genommen, weiß aber auch, daß man auf ihn wartet und ihn braucht!

Sie zeigt die konkrete Kenntnisnahme durch den Arbeitgeber.

Gehaltserhöhung

Die Schriftform dient hier nicht nur als Beweis. Nett und anerkennend geschrieben, sowie die Erwähnung der Gründe, die zur Gehaltserhöhung geführt haben, wirken sich diese förderlich für die weitere Motivation und Leistungssteigerung des Mitarbeiters aus. Allerdings ersetzt der Brief nie das persönliche Gespräch.

Die Abmahnung

Siehe Kapitel „Arbeitsrecht".

Maßnahmen für ausscheidende Mitarbeiter

Kündigungsschreiben und Ausgleichsquittung

Das Kündigungsschreiben sollte nicht per Einschreiben mit Rückschein, sondern vom Vorgesetzten persönlich überreicht und der Erhalt vom Arbeitnehmer unterschrieben werden.

Wichtig ist auch die Ausgleichsquittung. Sie bestätigt die Übergabe der Arbeitspapiere und deren Erhalt sowie den Verzicht jeglicher gegenseitiger und zukünftiger Ansprüche beider Parteien.

Der Arbeitnehmer ist zwar verpflichtet, die Übergabe der Papiere zu bestätigen, nicht aber etwaige Abfindungsvereinbarungen!

Outplacement/Abfindung

Bei Mitarbeitern, für die man nach einer Kündigung etwas mehr tun möchte, als „nur“ eine Abfindung zu zahlen, bietet

Checkliste: Qualifiziertes Arbeitszeugnis

Das qualifizierte Arbeitszeugnis enthält:

Daten zur Person	Name, Geburtsdatum, Beschäftigungszeit, Tätigkeit/Funktion
Arbeitsplatz	Aufgaben und Tätigkeiten während der Betriebszugehörigkeit, Werdegang im Betrieb
Beurteilung der Leistung	Einsatz am Arbeitsplatz und für den Betrieb, Arbeitsweise, Auffassungsgabe, Verantwortungsbereitschaft, Selbständigkeit
Verantwortung	Verantwortungsfreudigkeit, Zuverlässigkeit, Gewissenhaftigkeit, Loyalität, Diskretion
Soziales Verhalten	Hilfsbereitschaft, Umgänglichkeit mit Vorgesetzten, Kollegen, mit Dritten (Lieferanten, Kunden usw.), sachliche Zusammenarbeit
Führungseigenschaften	Gerechtigkeitsempfinden, Delegationsfähigkeit, Durchsetzungsvermögen, Informationsweitergabe, Motivationsfähigkeit, Arbeitsklima, Förderung der Mitarbeiter
Weiterbildung	Besuch externer Fachkurse, innerbetriebliche Fortbildung, eigene Ausbildungs- und Vortragstätigkeit
Kündigungsgründe	Auf eigenen Wunsch, im gegenseitigen Einvernehmen, wegen organisatorischer Änderungen, aus betrieblichen Gründen
Dank und Wünsche	Gute Wünsche für den weiteren Berufsweg; Dank für gute Zusammenarbeit; Hinweis, daß der Mitarbeiter gern erneut eingestellt würde

sich eine Outplacement-Beratung an. Viele MA haben sich vor langer Zeit einmal beworben und sind im unklaren, welche Anforderungen heute an Bewerber gestellt werden.

Diese Form der Beratung ist für manche eine wertvolle Alternative, um sich wieder neu am Arbeitsmarkt zu orientieren. Die Kosten übernimmt der AG.

Zeugnisse

Zeugnisse werden in der Regel höchst ungern geschrieben. „Was war da noch ..., was hat er/sie gemacht ..., wie schreibt man das am besten ...?" – so oder so ähnlich sind die Kommentare, wenn am Ende die Zeit drängt.

Existieren allerdings regelmäßige Beurteilungsgespräche und Aufzeichnungen, so können Zeugnisse nicht nur inhaltlich, sondern auch formal leichter geschrieben werden.

Zwischenzeugnisse werden immer in der „Ist-Form" geschrieben, am Schluß den Willen (falls vorhanden) zur weiteren Zusammenarbeit betonen.

Ein einfaches Zeugnis enthält die persönlichen Daten, Ein- und Austrittstermin sowie in kurzer Form die Art der Tätigkeit, aber keine Beurteilung. Es wird in der Regel für gewerbliche Mitarbeiter und für kurzfristige Arbeitseinsätze geschrieben.

Fazit zum Thema Personalwesen

Jede Führungskraft benötigt eine kompetente Ansprechpartnerin, die sie in Führungsaufgaben entlasten und unterstützen kann.

Allein: Die Bereitschaft, „Macht", „Führung" abzugeben, ist nicht jedem gegeben!

Tip: Fallen Sie nicht gleich „mit der Tür ins Haus"! Veränderungen Ihres Aufgabengebietes und Ihrer Person sind zunächst ungewohnt und können zu Ablehnung führen. Lassen Sie sich nicht entmutigen!

Bieten Sie alternative Vorschläge zu der bisherigen firmeninternen Vorgehensweise. Fangen Sie mit einer Veränderung an. Am besten: wenig verbal im voraus, konzeptionell und schriftlich vorbereitet. Sonst stolpern Sie über eine Führungsdevise, die da lautet: „Kommen Sie mir nicht mit Problemen, kommen Sie mir mit Lösungen!"

Weiterführende Literatur

Kador, Fritz/Diergarten, Dagmar, Instrumente der Personalarbeit, Praktische Arbeitshilfen für Klein- und Mittelbetriebe, Wirtschaftsverlag Bachem, Köln 1996 (Hier haben Sie ausgezeichnete Vorlagen und Checklisten!)

Küchle, Erwin/Bopp, Peter, Zeugnismuster für die betriebliche Praxis, Verlag Boorberg, Stuttgart 1997

Olfert, Klaus/Steinbach, Pitter, Personalwirtschaft, Kompendium der praktischen Betriebswirtschaft, Kiehl Verlag, Ludwigshafen 1995

Taschenbuch Mensch und Arbeit, Verlag Mensch und Arbeit München (jährliche Neuausgabe)

Zeitschriften

Personalführung, DGFP Deutsche Gesellschaft für Personalführung mbH, Düsseldorf

Personalwirtschaft, Luchterhand Verlag, Neuwied

Marketing

Der Autor

Gerhard Conzelmann ist Dipl. Volkswirt. Er verfügt über eine mehrjährige Erfahrung im Management, Marketing und Verkauf. Als Organisator von Großveranstaltungen im Bereich Event-Marketing machte er sich einen Namen. In seiner Verantwortung lagen die Vermarktung der Österreichischen Bundestheater und der Wiener Sängerknaben. Neben seiner Funktion als geschäftsführender Gesellschafter der C & P Gruppe bietet er im Rahmen seiner Berater- und Trainingstätigkeit praxisorientierte Seminare an, die es ermöglichen, mit Transferhilfen die trainierten Inhalte sofort umzusetzen.

Markt und Marketing

Um die Frage zu beantworten „Was ist Marketing?", stellt sich zunächst einmal die Frage: „Was ist überhaupt ein Markt?"

Der Markt

In wie vielen Ausprägungen es dieses Wort auch gibt – vom Wochenmarkt über den Arbeitsmarkt zum Aktienmarkt – die Bedeutung ist im Grund überall dieselbe: Es geht um das Zusammentreffen von Angebot und Nachfrage. Der Markt ist also der Ort, an dem sich Anbieter und Nachfrager zum Zwecke des Güter- und Geldaustausches treffen.

Marketing als Denkweise

Was ist nun Marketing? Wie allein schon das Wort deutlich macht, das vom Begriff Markt ausgeht, so geht auch seine Bedeutung vom Markt aus: Marketing ist die vom Markt ausgehende, am Markt orientierte Denkweise, das Führen des Unternehmens vom Markt her, das Ausrichten der unternehmerischen Entscheidungen an den Marktbedingungen.

Das Marketing bezeichnet also weniger einzelne Aktivitäten als eine ganze Denkhaltung. Unter diesem Begriff nur reine Werbe- und Verkaufsmaßnahmen verstehen zu wollen wäre viel zu wenig, weshalb auch vor der häufig zu kurz gedachten Gleichsetzung von Marketing und Werbung gewarnt sein soll.

Marketing ist mehr: Jeder Bereich des Unternehmens kann unter Marketingaspekten gesehen werden. Ob Forschung oder Finanzen, Produktion oder Personal, Technik oder Logistik – jeder dieser Bereiche muß sich an den Bedürfnissen des Marktes orientieren, wenn das Unternehmen sich optimal auf diesem Markt bewegen will. Entsprechend steht im strategischen Managementmodell das Marketing-, Verkaufs- und Kundenbindungssystem zentral in der Mitte und ist vernetzt mit den ebenfalls untereinander in Beziehung stehenden Systemen der Führung/Organisation, Information/Kommunikation sowie der Personalentwicklung.

Märkte und Kundenorientierung

„Bedürfnisse des Marktes" heißt in der heutigen Wettbewerbssituation nichts anderes als „Bedürfnisse des Kunden".

Totale Kundenorientierung ist die Erfolgskonzeption des Marketing der 90er Jahre. Hierzu gehören die Aspekte Produkt, Service und Reklamationen genauso wie z. B. Mitarbeiter, Information und Kommunikation.

Die Unternehmenspolitik muß im ganzen kundenorientiert ausgerichtet, d. h. aus einem Guß sein. Denn auch die internen Abläufe unterliegen u. a. den gleichen Anforderungen und Zielsetzungen wie die nach außen gerichteten.

Verkäufer- und Käufermarkt:

Was macht die totale Kundenorientierung nun so zwingend notwendig? Wir befinden uns heute allgemein in einer Situation des Überflusses, die durch einen Angebotsüberhang gekennzeichnet ist, d. h., generell übersteigt das Angebot die Nachfrage.

Wir haben also einen Käufermarkt, denn letztlich bestimmt der Käufer durch seine Auswahl aus dem Gesamtangebot, was und wieviel produziert wird.

Der Gegensatz dazu wäre ein Verkäufermarkt, in dem die Nachfrage das Angebot übersteigt und der Anbieter sicher sein kann, daß die von ihm produzierten Mengen vom Markt aufgenommen werden. Von diesen Marktbedingungen waren z. B. die 50er Jahre gekennzeichnet.

In unserem Käufermarkt muß der Anbieter dem Käufer einen besonderen Anlaß schaffen, gerade sein Produkt auszuwählen und zu kaufen.

Produktmarkt:

Handelt es sich um ein Produkt im engeren Sinn, einen Gegenstand – hier spricht man von einem Produktmarkt –, stehen dem Anbieter zwei Wege offen:

Entweder er versucht, die mit der Massenproduktion verbundene Kostendegression auszunutzen, und produziert Billigprodukte in großer Menge, nach denen der Abnehmer aufgrund des günstigen Preises greift, oder er geht über die individuelle Schiene und produziert Einzelstücke, die aufgrund ihrer Besonderheit zu höheren Preisen abgesetzt werden können.

Problemlösungsmarkt:

Ist der Grundbedarf gedeckt, kommt man zum Problemlösungsmarkt. Die Befriedigung von Bedürfnissen löst automatisch immer neue, speziellere Wünsche aus; diese werden als Marktlücken(-nischen) bezeichnet. In einem solchen Markt muß der Anbieter derartige Lücken suchen, sie durchstoßen und zu einem eigenen Markt machen.

Partnermarkt:

Eine dritte Marktart läßt sich durch den Begriff Outsourcing kennzeichnen. Es handelt sich um Dienstleistungen, die ausgegliedert und dem jeweiligen Fachmann überlassen werden. So entwickelt sich ein Partnermarkt, auf dem Teilnehmer zu Partnern werden.

Diese Betrachtung der Märkte zeigt, daß der Anbieter sich absolut an der Nachfrage, dem Kunden, orientieren muß, um auf seinem Markt zu bestehen. Deutlich gesagt heißt das: Wenn der Kunde das Produkt nicht will, verliert das Unternehmen seine Existenzgrundlage.

Marketingstrategie

Um die Marketingaktivitäten eines Unternehmens erfolgreich zu gestalten, bedarf es einer sorgfältigen, langfristigen und zielgerichteten Planung des Einsatzes der verschiedenen Instrumente, kurz: Es bedarf einer Strategie.

Die Säulen der Marketingstrategie

Die Grundfragen, die hierfür zunächst zu klären sind, lauten:

1. Was will ich verkaufen?
   (→ Produktschwerpunkte)
2. An wen will ich verkaufen?
   (→ Kundenschwerpunkte)
3. Worin will ich mich profilieren?
   (→ Profilierungsschwerpunkte)

Diese Schwerpunkte bilden die drei Säulen der Marketingstrategie.

Arten von Marketingstrategien

Nun müssen die beiden Seiten des Angebots und der Nachfrage näher analysiert werden, um festzustellen, welcher Weg im Marketing einzuschlagen ist. Zu diesem Zweck werden auf der einen Seite die Produkte bzw. Leistungen, auf der anderen Seite die Märkte in bestehende sowie neue eingeteilt. Hierdurch ergeben sich vier Grundstrategien:

Marktdurchdringung: Hier geht es darum, einen bestehenden Marktauftritt zu intensivieren. Dies kann z. B. erreicht werden durch Produktdifferenzierung, Preisermäßigungen, Verbesserung des Kundenservices und der Großkundenbetreuung (Key Accounting) sowie auch durch verstärkten Einsatz des Kommunikations-Mix.

Markterschließung: Dies bedeutet, entweder auf bisher außerhalb gelegenen Märkten aufzutreten oder – nach innen gerichtet – Teilmärkte zu erschließen. Entsprechend den neuen Märkten ist die Werbekonzeption anzupassen.

Produktentwicklung: Hier wird, ausgehend vom bestehenden Produkt, dieses entweder weiterentwickelt (differenziert oder variiert), es werden Nachfolgeprodukte

Märkte / Produkte/ Leistungen	bestehende	neue
bestehende	**Marktdurchdringung** → Marktbesetzung → Verdrängung	**Markterschließung** → Internationalisierung → Marktsegmentierung
neue	**Produktentwicklung** → Produktinnovation → Produktdifferenzierung	**Diversifikation** → vertikale/horizontale → laterale

Marketingstrategien

entwickelt oder Serviceleistungen, die das bestehende Produktprogramm ergänzen.

Diversifikation: Im Bereich neuer Produkte und neuer Märkte heißt es für ein Unternehmen, auch in anderen als den angestammten Bereichen tätig zu werden, eigenständig oder z. B. in Kooperation mit anderen Unternehmen. Stehen die neuen Produkte dabei in Verbindung mit dem bisherigen Produktionsprogramm, spricht man von horizontaler Diversifikation, betreffen sie eine vor- oder nachgelagerte Fertigungsstufe, von vertikaler Diversifikation, und haben sie nichts mit dem bestehenden Produktionsprogramm zu tun, von lateraler Diversifikation.

Je nach Situation und angestrebtem Ziel können also die verfolgten Strategien ganz unterschiedliche Ausrichtungen haben.

Entsprechend ergibt die konkrete Ausgestaltung des Marketing mit Instrumenten der vier Hauptbereiche *Product, Place, Promotion, Price* (4 P's) ein strategisch ausgerichtetes, leistungsfähiges Marketing-Mix.

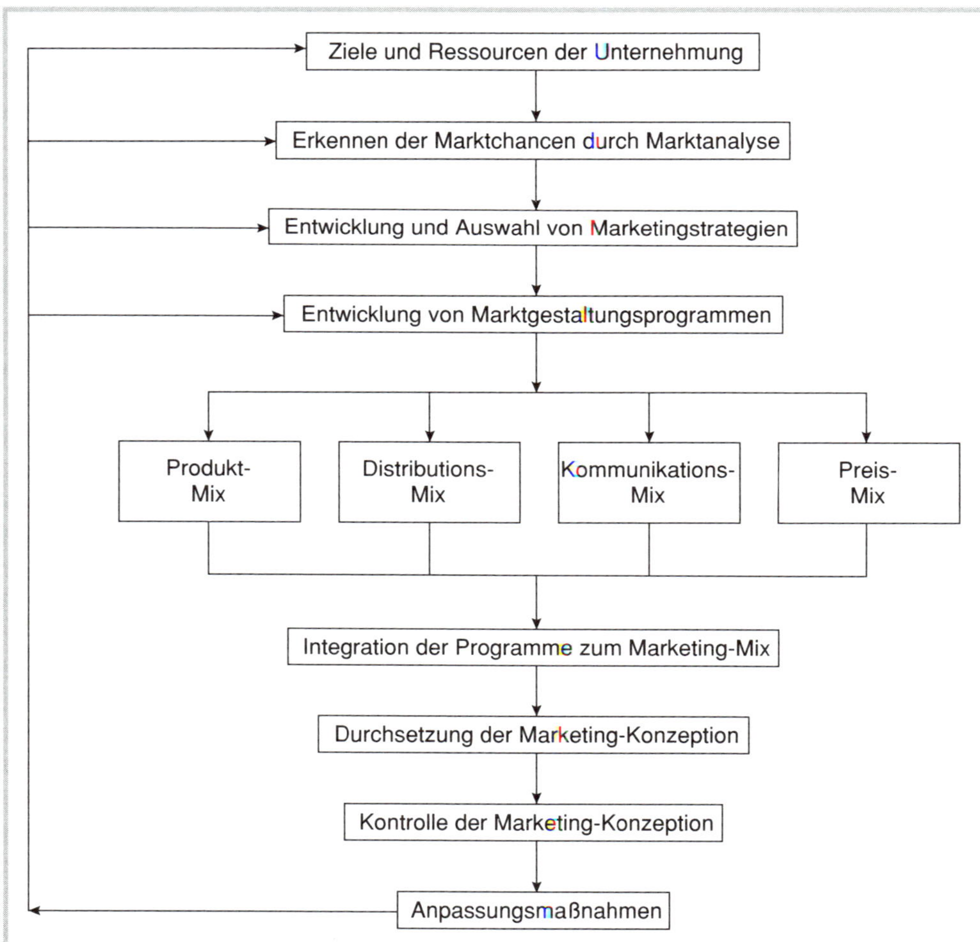

Marketingsystem

Marktgestaltung und Marketingsystem

Das Marketing dient dazu, den unübersichtlichen Gesamtmarkt im Hinblick auf das Unternehmen und seine Ziele zu strukturieren und die Strategien und Aktivitäten des Unternehmens entsprechend zu gestalten und auszurichten, so daß das Unternehmen im Markt eine optimale Stellung einnehmen bzw. einen optimalen Weg beschreiten kann. Dies ist ein dynamischer Prozeß, der laufend nicht nur Entwicklungen einbezieht, sondern sie ggf. sogar auslösen kann, und der deshalb permanent gestaltet, kontrolliert und angepaßt werden muß.

Die Marktgestaltung vollzieht sich durch den Einsatz von Gestaltungsinstrumenten, die zusammen das *Marketing-Mix* ergeben. Diese Instrumente sind: Produktpolitik, Distributionspolitik, Kommunikationspolitik und Preispolitik. Jedes dieser Instrumente besteht aus vielen Einzelmaßnahmen, ist also selbst ein Mix.

Produkt-Mix

Im Produkt-Mix finden sich alle das konkrete Produkt betreffenden Maßnahmen. Diese beziehen sich nicht nur auf die Hauptbestandteile des Produktes (Ausstattung, Eigenschaften, Qualität), sondern in einer Situation der gesättigten Märkte und des steigenden Wettbewerbs besonders auf Zusatzbestandteile des Produktes (Serviceleistungen, Rückgabemöglichkeiten, individuelle Ausstattungen) und auf den psychologischen Zusatznutzen (besonderer Erlebniswert, z.B. emotionale Eindrücke wie Freiheit, Bewunderung, aktives Leben), den der Käufer erfährt.

Bei starkem Wettbewerb unterscheiden sich die Produkte in den Hauptbestandteilen kaum noch voneinander, so daß man versuchen muß, eine Unterscheidung in den Zusatzbestandteilen herbeizuführen. Gelingt auch das nicht mehr, so kann für eine Produktunterscheidung nur noch der psychologische Zusatznutzen herangezogen werden. In Form eines besonderen Erlebniswertes können die Kunden besonders gut an das Unternehmen gebunden werden, da hierbei emotionale Aspekte eine große Rolle spielen.

Wie die Produktstrategie letztlich ausfällt, ist auch abhängig vom Produktlebenszyklus des einzelnen Produktes und von der Sortimentsplanung des Unternehmens (s. a. die Abbildung auf der nächsten Seite).

Ein Unternehmen braucht zur Erwirtschaftung von Gewinn immer Produkte, die sich in der Wachstums-, Reife- oder Sättigungsphase befinden.

Es muß schnell genug auf Marktveränderungen reagiert, oder diese müssen sogar antizipiert werden, um permanent Nachfolgeprodukte parat zu haben, z.B. durch Innovation, Variation oder Differenzierung von Produkten.

Pakete statt einzelner Produkte: Auch die Kombination von Produkten ist wichtig. Der Markt verlangt immer stärker Hilfe bei der Lösung von Gesamtbedürfnissen anstatt von Teilbedürfnissen. Aus diesem Grund müssen vermehrt ganze Leistungspakete angeboten werden, die aus verschiedenen Einzelleistungen bestehen (z.B. Reise-Komplettangebote: Flug, Mietwagen, Hotel).

Virtuelle Produkte: Was in der multimedialen Welt verstärkt an Bedeutung gewinnen wird, sind virtuelle Produkte. Diese dienen u. a. der Simulation, d. h., die Benutzer können sich in einer nachgestellten Realität bewegen (z.B. 3-D-Modelle von Gebäuden oder Räumlichkeiten, an-

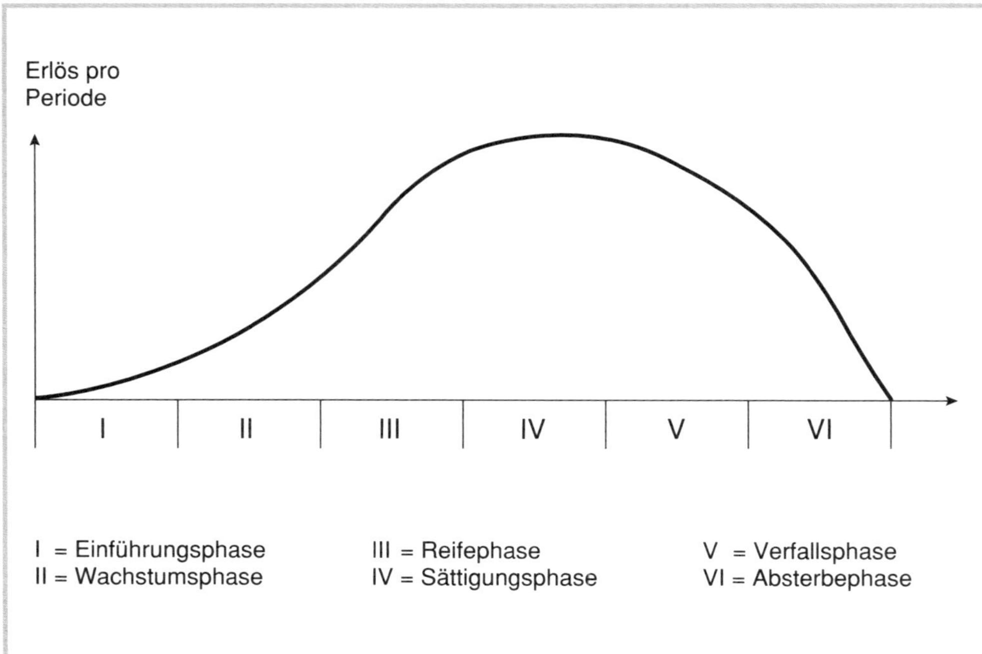

Produktlebenszyklus

hand derer die künftigen Nutzer noch in der Gestaltungsphase Aufteilung und Einrichtung bestimmen können).

In diesem vielfältigen Bereich ist die Informationstechnologie zur Erfassung individueller Kundenanforderungen konsequent zu nutzen.

Distributions-Mix

Im Distributions-Mix finden sich alle auf die Verteilung der Produkte – und zwar auf den tatsächlichen Vorgang der Distribution – bezogenen Maßnahmen, d. h. alle die Aktivitäten, die dazu dienen, das Produkt bzw. die Leistung vom Ort der Entstehung zum Nachfrager zu bringen. Hierunter fallen alle Entscheidungen über die Absatzwege, die Absatzmittler/Verkaufsweisen und die Absatzlogistik.

Verkaufswege: Die für den Endverbraucher gängigsten Formen des Vertriebs sind der Handel sowie der direkte Vertrieb über Verkaufsniederlassungen, Vertreter oder Werksverkauf. Hinzu kommt der „Wohnzimmerverkauf“ über diverse Medien (z. B. Kataloge), der – die technische Entwicklung ausnutzend – in Zukunft immer stärker an Bedeutung gewinnen wird.

Das typisch amerikanische Phänomen des Cocooning (englisch = sich einspinnen) tritt verstärkt auch in unserer Gesellschaft auf. Die Menschen bleiben lieber in ihren eigenen vier Wänden, sei es aus Angst vor den Gefahren der Straße oder aus Bequemlichkeit. Die Nutzung von Medien im privaten Raum nimmt – durch die Verlagerung von EDV-Arbeitsplätzen vom Büro nach Hause, insbesondere aber auch durch den Siegeszug der interaktiven Medien – erheblich zu. Diese Art des Vertriebs, das Heim des Menschen zum Markt zu machen, ist in einer sehr starken Entwicklung begriffen (z. B. Telefon-Banking) und wird im Marketing zunehmend zu berücksichtigen sein.

Retrodistribution: Ein weiterer Bereich, den erst die gesellschaftliche Entwicklung bedeutsam für das Marketing und hierin für die Distributionspolitik hat werden lassen, ist die Retrodistribution.

Dieser Begriff aus dem ökologischen Marketing steht für die Erweiterung der Distributionssysteme des Herstellers um geeignete Rückführungskanäle. In die geschaffenen Kreisläufe können sowohl Verpackungsmaterialien als auch verbrauchte Produkte geschleust werden.

Voraussetzung für die Implementierung der Retrodistribution ist ein kooperatives Vorgehen von Hersteller und Handel. Dieses Instrument des Nachkaufservices kann einen nachhaltigen Wettbewerbsvorteil sichern, wenn es jenseits gesetzlicher Zwänge als Zusatzleistung zum Kernprodukt angeboten wird.

Konsequenterweise sollte die Retrodistribution der Produkte und das anschließende Recycling bereits bei der Entwicklung neuer Produkte mitbedacht werden.

Preis-Mix

Hierunter fallen alle Maßnahmen der Preisgestaltung, (z. B. Preisfestsetzung, Rabatte, Zahlungsbedingungen, Kreditbedingungen). Die Preisgestaltung ist ihrerseits abhängig von verschiedenen Faktoren, z. B. dem Produkt selbst, der Zielsetzung des Unternehmens, dem Wettbewerb oder der Zielgruppe.

Preis als Kaufanreiz: Auf einem Massenmarkt, dessen Produkte nahezu austauschbar sind, findet der Kunde an den Produkten selbst kaum Kaufanreize, so daß hier oft der Preis zur Kaufentscheidung führt. (Beispiele sind die Märkte für Unterhaltungselektronik oder für Haushaltsgeräte.)

Kann ein Unternehmen also kein Alleinstellungsmerkmal erreichen, wird es möglicherweise einem bedrohlichen Preiskampf ausgesetzt.

Image contra Niedrigpreis: Nur wenn es gelingt, ein besonderes Image aufzubauen und zu erhalten, kann ein relativ hoher Preis langfristig durchgesetzt werden.

Ein hohes Image ist zweifach begründet: Zum einen durch eine hohe Qualität des Produktes und zum anderen durch erfolgreiche Aktionen der Vermarktung. So erhält der Kunde eine besondere Vorstellung vom Produkt, die für ihn mehr bedeuten kann als das Merkmal Preis.

Kommunikations-Mix

Kommunikation bedeutet Übermittlung (einseitig) oder Austausch (wechselseitig) von Informationen. Zum Kommunikations-Mix gehören daher alle die Aktivitäten seitens des Unternehmens, die mit der Übertragung von Informationen befaßt sind.

Diese sind hauptsächlich auf den Absatzmarkt gerichtet, beziehen sich z. T. aber auch auf die übrige Unternehmensumwelt oder können auch nach innen gerichtet sein (interne Kommunikation). Hauptthema der Kommunikation sind die Produkte und das Unternehmen selbst, denn der Grund, weswegen Kommunikation überhaupt betrieben wird, ist der, die Produkte und den Namen des Unternehmens bekanntzumachen und bei den Marktpartnern eine Bedeutung zu erlangen.

Maßnahmen der Kommunikation

Werbung

Werbung ist definierbar als die Vermittlung von Botschaften durch Werbemittel, die gegen Entgelt auf Werbeträgern plaziert werden.

Werbeträger sind in der Regel die Medien, über welche die Zielpersonen erreicht werden, das sind hauptsächlich Printmedien (z. B. Zeitungen, Zeitschriften, Telefon- und Adreßbücher), elektronische Medien (z. B. Fernsehen, Rundfunk, EDV) sowie Medien der Außenwerbung (z. B. Plakatwände, Verkehrsmittel).

Werbemittel enthalten die Werbebotschaften. Sie stehen in enger Beziehung sowohl zu diesen als auch zu den Werbeträgern, denn bestimmte Träger lassen nur bestimmte Mittel zu, so z. B.:

- elektronische/audiovisuelle Träger: Rundfunkspots, Fernsehspots, CD-ROM-Werbung, Kinowerbung
- Printmedien: Anzeigen, Beilagen
- Außenwerbeträger: Plakate, Beschriftungen, Leuchtreklamen

Mittels dieser Möglichkeiten sollen die Botschaften zu den Menschen transportiert werden.

Kennzeichnend für alle diese Alternativen ist die Anonymität der Adressaten. In der Regel richtet sich Werbung an eine möglichst große Zahl zwar potentiell kaufbereiter, aber individuell unbekannter Menschen, wobei die Streuverluste je nach Planungsgenauigkeit unterschiedlich hoch sind.

Copy Strategy: Die Werbekonzeption für ein Produkt – auch Copy Strategy genannt – legt die wesentlichen Daten fest: die Zielgruppe, die Botschaft, die vermittelt werden soll, die Art der Argumentation, den gewünschten Eindruck beim Verbraucher sowie den Zeitansatz und den Stil der Werbung.

An dieser Vorgabe kann später das tatsächlich Erreichte gemessen werden.

Stile von Werbebotschaften: Welcher Stil für eine Werbung eingesetzt wird, ist abhängig von Produkt und Zielgruppe. Häufig werden die Botschaften jedoch in folgende Themen eingebettet:

- Lebensausschnitt, aktuelle Problemlösung
- Lebensstil, Image, Stimmung
- Märchen, Fiktion
- technische Expertise, wissenschaftliche Beweisführung
- persönliche Empfehlung

Individualisierung und Emotionalisierung: In unserer informationsüberfluteten Gesellschaft stößt die klassische Werbung jedoch mehr und mehr an ihre Grenzen. Über 90% der Menschen empfinden eine Informationsüberlastung und versuchen, der anonymen Berieselung mit ihren oft austauschbaren Botschaften zu entgehen.

Viel stärker als bisher wird daher in Zukunft die zielgerichtete, persönliche und situative Information an Bedeutung gewinnen, durch die der Empfänger sich nicht behämmert, sondern angeregt fühlt.

Dies wird zum einen dadurch erreicht, daß – während das Produkt selbst in den Hintergrund tritt – verstärkt der individuelle Nutzen betont wird. Zum anderen wird durch eine stärkere Emotionalisierung der Botschaften der Zugang zum Adressaten erleichtert.

Emotional vermittelte Botschaften werden nicht nur schneller geglaubt und bleiben länger im Gedächtnis, sondern wecken auch verstärkt Energien, bis hin zum Gefühl der Verpflichtung. Unter den Maßnahmen der Kommunikation wird in Zukunft der persönliche Kontakt den anonymen Kontakt verdrängen und eine führende Rolle spielen.

Public Relations

Public Relations ist der Oberbegriff für die Pflege der Beziehungen des Unternehmens. Ziel ist es, in der Öffentlichkeit dem Unternehmen gegenüber eine positive Haltung zu erzeugen, Vertrauen und Verständnis zu schaffen und zu pflegen. Gegenstand sind weniger einzelne Produkte als das Unternehmen selbst in seiner Gesamtheit:

Zum einen geht es um konkrete, greifbare Themen wie Organisation und Geschäftstätigkeit des Unternehmens, zum anderen um abstrakte, aber ebensowichtige Themen wie die Unternehmensphilosophie, die Haltung zu gesellschaftlichen Fragen und allgemein das Unternehmensimage.

Im Gegensatz zur Werbung, die absatzpolitische Ziele verfolgt und marktorientiert arbeitet, befaßt sich die Öffentlichkeitsarbeit mit dem gesamten Unternehmen im Hinblick auf die gesamte Öffentlichkeit. Natürlich auch mittels spezifisch gestalteter Maßnahmen, die aber immer gesamtunternehmerischen, übergreifenden Zielen dienen.

Beispiele für PR-Maßnahmen sind

- Dokumentationen über das Unternehmen (z. B. Broschüren, Filme)
- Geschäftsberichte, Pressemitteilungen, Pressekonferenzen
- Haus-, Kunden-, Mitarbeiterzeitungen
- Interviews, Vorträge, Artikel
- Tagungen, Kongresse, Symposien, Seminare
- Eröffnungsfeiern, Jubiläumsveranstaltungen, Betriebsbesichtigungen
- Tag der offenen Tür
- PR-Anzeigen
- Stiftungen, Geschenke, Preise

Verkaufsförderung

Unter Verkaufsförderung versteht man allgemein gezielt eingesetzte, kurzfristig wirkende Maßnahmen zur direkten Steigerung von Verkaufszahlen und Umsatz.

Hierbei sind drei Zielgruppen zu unterscheiden: Mitarbeiter, Verbraucher und Handel.

Mitarbeiterorientierte Verkaufsförderungsmaßnahmen:

- Wettbewerbe
  - zur Leistungssteigerung während einer bestimmten Periode,
  - bezogen auf verschiedene Größen, z. B. Verkaufszahlen, Umsatz
- Prämien
  - umsatzgebundene Prämien,
  - Akquisitionsprämien
- Meetings
  - Vorstellung von Produkt, Zielen, Maßnahmen,
  - Training

Kundenorientierte Verkaufsförderungsmaßnahmen:

- Vorführungen, Demonstrationen
- aktionsspezifische Werbung (z. B. Displaymaterial, Dekoration, Hostessen, Lautsprecherwerbung)
- Rabatt-, Bonussysteme
- Preisausschreiben (Loswettbewerbe, Leistungswettbewerbe)
- Gutscheine
- Werbegeschenkartikel
- Veranstaltungen

Händlerorientierte Verkaufsförderungsmaßnahmen

- Händlerwettbewerbe zum Erreichen besonderer Zielanstrengungen über eine bestimmte Periode hinweg – Wettbewerbe unter Händlern, Anreize für Händlerpersonal

- aktionsspezifische Händlerberatung und Händlerschulung
  - Information und Beratung der Händler, Training (Ausbildung und Schulung) bezüglich Aktionen und Neueinführungen
- Rabatte
  - Kauf-, Wiederkauf- oder Umschlagsnachlaß

Sponsoring

Beim Sponsoring stellt der Sponsor dem Gesponserten Geld, Sachzuwendungen oder Dienstleistungen zur Verfügung und erhält – im Gegensatz zum Mäzenatentum – dafür eine Gegenleistung. Diese kann z. B. darin bestehen, daß bei Auftritten des Gesponserten der Name des Sponsors öffentlich genannt wird oder zu sehen ist (z. B. Trikotwerbung).

Hauptziel des Sponsoring ist es, einen Imagetransfer zu erreichen, indem der Name des Sponsors mit bestimmten Anlässen oder Personen in Verbindung gebracht wird. So nutzt der Sponsor deren Imagedimensionen für das eigene Unternehmen bzw. Produkt.

Man unterscheidet die drei Bereiche des Sport-Sponsoring, Kultur-Sponsoring und Social-Sponsoring mit ihren jeweiligen Imagedimensionen.

Sponsoring kann zu verschiedenen Zwecken genutzt werden, z. B. zur Profilierung des Unternehmens, bei der Einführung neuer Produkte (Innovationsstrategie) oder zur Bearbeitung unterschiedlicher Marktsegmente (Segmentierungsstrategie).

Sponsoringaktivitäten sind jedoch sehr genau und mit Vorsicht zu planen und einzusetzen, da man sich mit diesen Instrumenten vom Verhalten anderer (der Gesponserten) abhängig macht.

Hier kann – unbeeinflußbar vom Sponsor – leicht ein Schaden eintreten, der, da es sich um Imagedimensionen handelt, nur schwer wiedergutzumachen ist.

Sponsoringbereiche

Sport	Kultur	Soziales
Dynamik	Ästhetik	Anspruch
Ausdauer	Harmonie	Verantwortung
Modernität	Anspruch	Modernität
Fairneß	Atmosphäre	Prestige
Ästhetik	Originalität	Solidarität
Prestige	Prestige	Großzügigkeit
Technik		

Direct Marketing und Direktwerbung

Unter *Direct Marketing* (Response Marketing) versteht man alle marktgerichteten Aktivitäten, die einen direkten Kontakt zu Zielpersonen anstreben mit dem Zweck, eine direkte Antwort hervorzurufen. Die eingesetzten Mittel können mit anderen Marketinginstrumenten übereinstimmen (z. B. Werbeanzeige), wobei das Direct Marketing aber durch die Antwortmöglichkeit gekennzeichnet ist (z. B. Antwortcoupons bei Anzeigen, Telefonnummern in der Funkwerbung, Überweisungsformulare bei Spendenbriefen). Einsatzmöglichkeiten sind z. B.: Adressenproduktion (Gewinnung von Interessentenanschriften), Direktverkauf, Einleitung von Außendienstbesuchen, Informationsvermittlung oder Imagepflege.

Direktwerbung ist die individuelle Ansprache ausgewählter Zielpersonen zum Zweck der Herstellung eines direkten Kontaktes, d. h. gezielte, schriftliche, vervielfältigte, adressierte, durch die Post zugestellte Werbung.

Einsatzmöglichkeiten für die Direktwerbung sind z. B.: Verkaufsförderung, Vor- und Nachbereitung von Außendienstbesuchen, Kundenbetreuung, Einladungen, Informationsvermittlung oder Marktforschung.

Kundenorientierung und Kundenbindung

Die ganze große Menge an Marktgestaltungsinstrumenten nun nur vom Unternehmen und seiner Strategie ausgehend einzusetzen wäre, da ausschließlich anbieterorientiert, höchst einseitig und wenig erfolgreich. Da Anbieter und Nachfrager auf einem Markt zusammentreffen, ist mindestens ebensowichtig wie die Situation des Anbieters diejenige des Nachfragers sowie die des Marktes, die Marktbedingungen.

Trends und Entwicklungen im Markt

Märkte sind heute einem schnelleren, kontinuierlicheren Wandel unterworfen als noch vor einigen Jahren. Dieser Wandel ist grundlegender, weitreichender Art und bezieht sich sowohl auf die Struktur der Märkte (Altersstruktur, Zahl der Haushalte, Doppelverdiener) als auch auf die herrschenden Werte (z. B. Einstellungen, Lebensziele). Insgesamt führen diese Umstände zu einer deutlichen Änderung des Verbraucherverhaltens.

Anhand von *Megatrends* sind solche Entwicklungen, die einen Wertewandel anzeigen, erkennbar. Dies sind langfristige, selbst aus vielen Einzelelementen bestehende Strukturen, z. B. Individualitätsstreben, neue Romantik, Sinnfragen, High Tech oder Polaritätsdenken und -handeln.

Eine Veränderung dieser Strukturen konkretisiert sich in Form einer Veränderung von Einstellungen: Alten soziokulturellen Trends wie Konformismus, Autoritätsglauben und Materialismus stehen vermehrt solche wie Individualität, Kreativität, Kommunikation oder Emotionalität gegenüber. Die Arbeit rückt aus dem Lebensmittelpunkt und läßt die Freizeit zum eigentlichen Motor des Wertewandels werden. Erlebnisorientierung und Genuß werden wichtiger als Leistung und Besitz. Lebensfreude wird durch Erlebnis gesucht.

Was bedeuten diese Entwicklungen nun für die Nachfrage, das Konsumverhalten?

Es entsteht der neue Konsumententyp des *multidimensionalen Konsumenten*, dessen Kaufverhalten durch Sprunghaftigkeit gekennzeichnet ist. Eine klare Trennung in relativ homogene Konsumentengruppen wird zunehmend schwieriger.

Die Kunden sind kritischer, informierter und erleben bewußter. Unternehmen, Angebote und Marken werden viel stärker be- und auch verurteilt. Die Erlebnisorientierung erhält zentrale Bedeutung.

Kundenorientierung

Wenn man sich nun vor Augen hält, wie sehr die Märkte und das Käuferverhalten in Veränderung begriffen sind, wird klar, daß eine einseitig unternehmens-, d. h. anbieterorientierte Sicht- und Handlungsweise auf die Dauer nicht zum Erfolg führen kann. Je komplexer der Markt, je härter der Wettbewerb, je stärker die Position des Kunden wird, desto flexibler muß das Unternehmen auf diese Bedingungen reagieren.

Dabei ist von grundlegender Bedeutung, daß die Rolle des Kunden klar erkannt und definiert wird. Entsprechend der oben genannten „Outside-Inside-Betrachtung“ ist der Kunde der Ausgangspunkt der Überlegungen. Er ist die wichtigste Person im Unternehmen, da er durch sein Verhalten über Erfolg oder Mißerfolg entscheidet. Er ist nicht das notwendige Übel, als das er häufig behandelt wird, sondern Sinn und Zweck des unternehmerischen Geschehens.

Wichtigstes Ziel muß daher sein, den Kunden zufriedenzustellen, und das ist nur erreichbar, wenn man sich an den Bedürfnissen des Kunden orientiert.

	Bearbeitung	Beratung	Betreuung	Beziehung	Bindung
Kunden-beziehung	Kunde ist anonym	Kunde erfährt standar-disierte Unterstützung	Kunde erhält individuelle Unterstützung	Kunde wird zum Partner	Langfristige Partnerschaft
Abwicklung	Kunden-wunsch wird abgearbeitet	Kunde erfährt standar-disierte Beratung	Kunde erhält individuelle Betreuung	Persönliche Beziehungen entstehen	Gewinner-Gewinner-Spiel
Kunden-nutzen	Nicht zu erkennen	Durchschnitt-liche Leistung	Mehrwert wird erkenn-bar	Nutzen ist konkret gegeben	Best-möglicher Nutzen
Mitarbeiter-qualifikation	Niedrig	Durchschnitt-lich	Überdurch-schnittliches Beratungs-profil	Hohe fach-liche und persönliche Qualifikation	Höchste fachliche und persönliche Qualifikation
Austritts-barrieren	Nicht vorhanden	Sehr niedrige Austritts-schwelle	Austritt nicht ohne Überlegung	Relativ hohe Austritts-barriere	Sehr hohe Austritts-barriere

Entwicklungsphasen in der Kundenorientierung

Daher ist es wichtig, die Entwicklungen im Marktverhalten zu beobachten, möglichst zu antizipieren (in manchen Fällen gar zu beeinflussen), damit dem Kunden eine optimale Bedürfnisbefriedigung geboten werden kann.

Nur, wenn das Unternehmen sich „outside-inside" definiert, d.h., wenn es seine Identität ausgehend von den Marktbedingungen begreift, kann es das leisten, was dem Kunden den größten Nutzen bringt, und eine unverwechselbare Marktposition erreichen.

Kundenorientierung bedeutet auch, eine Beziehung zwischen Kunden und Unternehmen entstehen zu lassen. Ziel darf nicht nur sein, Kunden zu gewinnen, sondern – gerade in einer Situation starken Wettbewerbs – sie auch zu *behalten*.

Durch Orientierung an seinen individuellen Bedürfnissen soll der Kunde im sich über mehrere Phasen erstreckenden Prozeß der Kundenorientierung langfristig an das Unternehmen gebunden werden. So wird denn auch die letzte, stärkste Phase der Kundenorientierung als *Kundenbindung* bezeichnet.

Eine zentrale Bedeutung in diesem Prozeß hat das Mitarbeiterverhalten, insbesondere in den Bereichen, die den Kontakt mit den Kunden beinhalten (z. B. Sekretariat, Verkauf, Service). Hier spürt der Kunde im persönlichen Kontakt direkt die Haltung des Unternehmens. Erfährt er hier eine unfreundliche oder inkompetente Behandlung, fühlt er sich nicht angenommen, und eine Bindung kann nicht erreicht werden.

Kundenbindung

Aufgrund der Marktgegebenheiten und der Wettbewerbsentwicklung kann die Kundenbindung als zentrale Marketingherausforderung der 90er Jahre bezeichnet werden.

Die Anstrengungen (und damit auch die Kosten) bezüglich der Kundengewinnung steigen immer stärker, und es ist von größter Wichtigkeit für die Wettbewerbsposition des Unternehmens, daß die gewonnenen Kunden auch erhalten bleiben. Das bedeutet, sie müssen sich bestens behandelt und zufriedengestellt fühlen, damit sie dem Unternehmen, dem Produkt, der Marke so verbunden sind, daß sie das nächste Mal wiederkommen.

Um dies zu erreichen, bedarf es der Entwicklung und des Einsatzes von *Kundenbindungsprogrammen*, die in die Gesamtkonzeption der Marketingstrategie integriert werden. Sie setzen bei über die eigentliche Leistung hinausgehenden Nutzenaspekten an (z. B. besondere Betreuung, Clubleistungen, Gewinnchancen, Veranstaltungen, Geburtstagswünsche, Einladungen, Treueprämien) und dienen so dem langfristigen Halten bestimmter Zielgruppen.

Im Verkaufsprozeß unterscheidet man drei Phasen:

1. Die *Verkaufs-Entwicklung* – sie umfaßt alle Bemühungen, Kunden zu gewinnen.
2. Die *Verkaufs-Abwicklung* – sie umfaßt alle Bemühungen, Aufträge vertrags- und erwartungsgemäß zu erfüllen.
3. Die *Verkaufs-Zukunftssicherung* – sie umfaßt alle Bemühungen, mit Kunden auch in Zukunft Geschäfte zu machen bzw. auch Empfehlungen zu bekommen.

Der Einsatz von Kundenbindungsprogrammen findet nach dem Ende der zweiten Phase statt, d. h., nachdem der Kauf abgewickelt wurde, und dient der Verkaufs-Zukunftssicherung. Durch Zusatzleistungen, die dem Kunden Unerwartetes und Erlebnisbetontes bringen, werden emotionale Bindungen geschaffen, die durch nichts zu ersetzen sind.

Event-Marketing

Ein Instrument, das besonders geeignet ist, Aufmerksamkeit zu erregen und den Kunden auf emotionale und erlebnisorientierte Weise anzusprechen, ist das Event-Marketing. Hier geht es um das zielgerichtete Gestalten von Ereignissen (Events) im Rahmen der Unternehmens- bzw. Marketingstrategie.

Event-Marketing ist kein eigenständiger Marketing-Mix-Faktor wie z. B. Preis-Mix und Produkt-Mix, sondern ein Instrument der verschiedenen Disziplinen. Beim Event-Marketing finden sich Elemente aus dem gesamten Marketing-Mix, die in einer bestimmten Form eingesetzt werden.

Wirkungsweise des Event-Marketing

Das Event-Marketing berücksichtigt verstärkt Entwicklungen in der Situation und im Verhalten des Kunden. Hier ist die Lage durch folgende Aspekte gekennzeichnet:

- Im multimedialen Zeitalter ist der Mensch einer ständig steigenden Flut von Informationen und Reizen ausgesetzt.
- Die Umwelt wird als immer turbulenter und verwirrender empfunden.
- Soll der Konsument auf traditionelle Weise angesprochen werden, geschieht dies auf immer aggressivere Weise, um ihn überhaupt noch zu erreichen.
- Der Mensch fühlt sich überfordert und unter Druck gesetzt und blockt das Zuviel der auf ihn eindringenden Reize ab, wird gleichgültig oder gar ablehnend, was wiederum die Bemühungen des traditionellen Marketing erschwert.
- Dazu steht der Konsument noch einem immer größer und unübersichtlicher werdenden Waren- und Dienstleistungsangebot gegenüber, in dem sich die einzelnen Produkte und Leistungen durch Sachargumente kaum mehr voneinander unterscheiden.
- Eine technische, rationale Umwelt schafft das Bedürfnis nach einem Gegengewicht: Emotionalität, Individualität und Genuß. Das Event-Marketing will den Konsumenten nun nicht mit Druck bearbeiten, sondern, indem es Möglichkeiten zu Aktion, Erlebnis, Teilnahme schafft, einen *Sog* erzeugen.

Der einzelne selbst kann teilnehmen und aktiv werden, er findet etwas, das ihm Vergnügen verschafft – diese emotionale Art der Ansprache ergibt eine völlig andere und sehr fruchtbare Basis für die Vermittlung von Botschaften und zum Erreichen von Aufmerksamkeit, Erinnerung und Bindung.

Event-Typologie

Events sind in einer Vielzahl von Gestaltungsformen möglich. Sie richten sich – je nach Einsatzbereich – an verschiedene Zielgruppen und haben entsprechend unterschiedliche Schwerpunkte (s. Abbildung nächste Seite).

Die notwendigen Hilfsmittel

Marktforschung

Um Maßnahmen der Marktbearbeitung überhaupt in zielgerichteter und effizienter Weise durchführen zu können, ist es notwendig, vorher möglichst genaue und sichere Informationen über den Markt und die Marktteilnehmer (z. B. über Kunden, ihre Verhaltensweisen, Motive, Gewohnheiten, Entscheidungswege, über Konkurrenten, Händler oder Lieferanten) zu sammeln und zu verarbeiten. Diesem Zweck dienen die *Marktforschung* (systematisch betriebene Marktuntersuchung) und die *Markterkundung* (unsystematisch betriebene Marktuntersuchung). Sie liefern die notwendigen Daten, die verarbeitet werden müssen, damit dann die Marktprognosen erstellt werden können.

So werden schließlich Absatzerwartungen für die Zukunft formuliert, Absatzpläne erstellt, und diese bilden die Grundlage für alle weiteren Planungen im Unternehmen (z. B. Produktionsplanung, Investitionsplanung, Personaleinsatzplanung).

Inhalt / Zielgruppen	Weiterbildung	Informationsvermittlung	Produkt	Unternehmen als ganzes	Gemeinschaftserlebnis
Mitarbeiter	Seminare Schulungen	Informationsveranstaltungen, Meetings	Mitarbeiterbeteiligung (Konferenzen, Meetings)	Media-Präsentationen Jubiläen Sponsoring-Veranstaltungen spezielle Präsentations-Events	Incentives Außendienst-Konferenz Aktions-Veranstaltungen
Kunden (bekannt)	Seminare Schulungen	siehe *Produkt* und *Unternehmen als ganzes*	Produktpräsentation Messen Media-Präsentationen	Jubiläen Festakte, Galas Tage der Offenen Tür Messen spezielle Präsentations-Events	Kunden-Clubs Kunden-Cards Erlebnis-Reisen
Kunden (anonym)		siehe *Produkt* und *Unternehmen als ganzes*	Messen	Jubiläen Tage der Offenen Tür Messen Sponsoring-Veranstaltungen - Unterhaltung - Sport - Kultur Shows, Road-Shows spezielle Präsentations-Events	Erlebnis-Reisen Aktions-Veranstaltungen
Händler	Seminare Schulungen	Seminare	Produktpräsentation Messen	Jubiläen Tage der Offenen Tür Messen	Verkäufer-Clubs Aktions-Veranstaltungen
Presse		Pressekonferenzen	Produktpräsentation Pressekonferenzen	Jubiläen Festakte, Galas Tage der Offenen Tür Sponsoring-Veranstaltungen Messen Pressekonferenzen	
Sonstige	Kongresse Symposien	Aktionärsversammlungen			

Event-Typologie

Hier sieht man sehr deutlich die bestimmende Funktion, die der Kunde mit seiner Nachfrage ausübt: Er entscheidet, wieviel abgesetzt wird, wieviel also produziert werden muß, entsprechend auch, wie viele materiellen und immateriellen Produktionsmittel einzusetzen sind.

Die Bedeutung der Marktforschung ist zentral: Werden die falschen Daten erhoben oder werden fehlerhafte Marktforschungsmethoden eingesetzt, führt dies zu einer Fehlausrichtung des Unternehmens hinsichtlich des Marktes und damit zu einem Mißerfolg mit weitreichenden Konsequenzen. Zum einen schlägt sich fehlerhaftes Marktverhalten direkt in sinkenden Umsätzen nieder, zum anderen verliert das Unternehmen/das Produkt an Publikumsinteresse, was für den weiteren Wettbewerb fatale Folgen hat.

In der Marktforschung unterscheidet man die Möglichkeiten der Primär- und Sekundärforschung.

Bei der *Primärforschung* werden zweckbezogen neue, originäre Daten erhoben (z. B. durch Umfragen, Beobachtungen oder Marktexperimente).

Die *Sekundärforschung* dagegen greift auf bereits vorhandenes Datenmaterial zurück, wobei man zwischen betriebsinternen und betriebsexternen Quellen unterscheidet.

Betriebsinterne Quellen sind z. B. Absatz- und Umsatzstatistiken, Produktdaten oder Preisdaten, betriebsexterne Quellen sind z. B. amtliche Statistiken, Informationen von Wirtschaftsverbänden, aus Firmenveröffentlichungen, Zeitungen.

Kundeninformationssystem

Unternehmen werden sich mehr und mehr als Informationsspezialisten verstehen müssen, die genau wissen, was, wie, wann und wo für ihre Kunden zu produzieren ist, wodurch die Kunden den größten Nutzen erhalten und wie die Beziehungen zum einzelnen Kunden zu gestalten sind.

Notwendige Bedingung hierfür ist, daß das Unternehmen seine Kunden kennt. Das bedeutet, daß die wichtigsten Daten über die Kunden systematisch erfaßt, gespeichert und ausgewertet werden müssen. Dies geschieht in einem Kundeninformationssystem.

Die Daten sollen möglichst umfassend sein und Rückschlüsse gerade auch auf über den direkten Produktnutzen hinausgehende Bedürfnisse erlauben (z. B. Alter [Geburtsdatum], Beruf, Hobbys, [Konsum-]Gewohnheiten, Vorlieben, Lebensstil). Auch Daten über die Geschäftsbeziehungen zu diesen Kunden gehören ins Kundeninformationssystem, beispielsweise durchgeführte Verkaufs- bzw. Betreuungsaktivitäten oder Reklamationen.

Bei der Positionierung im Wettbewerb wird in Zukunft die Macht durch Information eine Hauptrolle spielen. Informationsvorteile sind mit Geld nicht aufzuwiegen!

Marketing-Controlling

Wie bei allen unternehmerischen Planungen, die durch zielgerichteten Mitteleinsatz realisiert werden sollen, so sind auch im Bereich des Marketing eine Kontrolle und permanente Anpassung des Konzeptes erforderlich.

Hierbei geht es zum einen darum zu prüfen, ob und wieweit bestimmte vorgegebene Ziele durch die getroffenen Maßnahmen erreicht wurden, d. h., wie sich z. B. der Absatz oder der Marktanteil entwickelt haben. Ziel dieser *Kontrolle* ist die Feststellung von Soll-Ist-Abweichungen, von Abweichungen der tatsächlichen von den geplanten Werten.

Bei dieser reinen Kontrolle darf es jedoch nicht bleiben: Notwendige Folge der Ergebnisüberprüfung ist die *Steuerung* des weiteren Vorgehens anhand von Lernprozessen. Werden Soll-Ist-Abweichungen festgestellt, muß der Grund hierfür gesucht werden, um an entsprechender Stelle eingreifen und den Fehler beheben zu können.

Darüber hinaus muß jedoch auch permanent überprüft werden, ob das Konzept und seine Elemente überhaupt noch im Einklang mit der Unternehmensumwelt stehen, die ja laufend in Veränderung begriffen ist.

Das bedeutet ständiges Ausschauhalten nach Signalen, die Entwicklungen ankündigen und damit Anpassungserfordernisse hervorrufen könnten.

Ein Unternehmen ist ein *lernendes* System – der Teilbereich des Marketing zeigt dies in besonderer Weise.

Zeitgemäße Unternehmensführung

Die Autorin

Renate Kulpe ist Leiterin des Steinbeis-Transferzentrums „Büromanagement" und des Weiterbildungsinstituts „Die Kulpe" Seminare und Beratungen. Ihre Tätigkeit umfaßt Seminare, Workshops, Referate und Vorträge für Führungskräfte und Mitarbeiter/innen (intern wie extern). Dabei setzt sie einen Schwerpunkt auf das Thema „Effektives und effizientes Miteinander der ‚Arbeitsgemeinschaft' Vorgesetzte/Sekretärin/Mitarbeiterin". Ebenfalls zu ihrem Tätigkeitsbereich zählen firmeninterne Schulungen (Bereiche: effizientere Arbeitsabläufe, Organisations- und Sekretariatsberatung u.v.m.).

Strukturwandel, zunehmende Aufgabenvielfalt und veränderte Führungsmechanismen stellen die Vorgesetzten täglich vor neue Herausforderungen. Das Zauberwort Strukturwandel macht auch vor den Chefetagen nicht halt. Veränderte Ansprüche an soziale und fachliche Kompetenz der Vorgesetzten können eine strukturelle Verschiebung am Arbeitsplatz der Mitarbeiterin hin zur Büro- oder Office-Managerin bedingen.

Neue Unternehmensphilosophien und Veränderungen in den Unternehmen zu „lernenden Organisationen" erfordern „neue Mitarbeiterinnen". Aus „reinen" Mitarbeiterinnen sollen Mitdenkerinnen und Mitgestalterinnen werden, also auch „visionäre" Zuarbeiterinnen.

Überdenken des Althergebrachten, Wertewandel, verflachte Hierarchien, neue, teilweise unbekannte und ungewohnte Anforderungen an Führungsmethoden und -qualitäten, neue Organisationskonzepte sind Faktoren, die die „Führungskräfte 2000" zwingen, ihre Aufgaben, Führungspositionen, ihren geistigen „Platz" im Unternehmen zu überdenken.

Die „alte" Sekretärin, die dienende Seele, wird mehr und mehr verdrängt. Wunschsekretärin nach Aussage des Fraunhofer-Instituts für Arbeitswirtschaft und Organisation ist die Mitdenkerin.

Der Wandel für Sie als Mitarbeiterin – Herausforderung und Chance

Die beruflichen Möglichkeiten sind in ihrer Vielfalt für die, die sich trauen und kontinuierlich qualifizieren, noch nicht absehbar. Diese Chancen nutzen heißt, auch nach dem Jahr 2001 ein Sekretariat zu managen, den Vorgesetzten assistieren

gestern		heute
Funktionale Aufgabenzersplitterung (redundante Tätigkeiten), wenig prozessuales Denken (unzureichendes Verständnis für vor- und nachgelagerte Prozesse)	**Neue Organisationsstrukturen** **Neue Qualifikationsanforderungen**	Aufhebung der tayloristischen Arbeitsteilung, konsequente Prozeßorientierung
Koordinations- und Abstimmungsbürokratie (lange Bearbeitungs-, Rüst- und Durchlaufzeiten)		Kurze Entscheidungs- und Kommunikationswege (zügige Umsetzung von Zielen)
Intransparente Verantwortungs- und Kompetenzstrukturen (lange Entscheidungswege, fragmentierte Verantwortlichkeiten)	**Wille zur sofortigen Fehlerbeseitigung und sofortigen Qualitätskontrolle**	Durchgängige Steuerung eines Geschäftsvorgangs von einer Person oder einem Team
Viele Anlaufstellen für Kunden		Umfassende Betreuung von Kunden
Hohe fixe Kosten	**Prozeßorientierte Laufbahnplanung**	Geringere Kosten
Unzufriedene Mitarbeiter/innen		Höhere Motivation der Mitarbeiter/innen aufgrund durchgängiger Bearbeitung

Büro gestern und heute

zu können, egal welche Berufsbezeichnung die Mitarbeiterin dann haben wird. Weiterbildung wird zum Muß. Damit ist nicht die traditionelle Weiterbildung gemeint, sondern das lebenslange Lernen, privat und beruflich. Je qualifizierter die Handlungskompetenz, desto interessanter die Aufgaben (und das Gehalt) und desto sicherer der Arbeitsplatz.

Die auf alte Weise nicht mehr zu bewältigende Informationsflut muß qualifiziert, kompetent gefiltert und aufbereitet werden. Denken und Sehen über den Tellerrand hinaus qualifiziert die Mitarbeiterin nicht nur, dies macht sie auch zur kompetenten, emanzipierten und akzeptierten Mitstreiterin im partnerschaftlichen Miteinander, das das Team „Vorgesetzte und Mitarbeiter/innen" auszeichnet.

Die Mitarbeiterin kann sich dieser drei Instrumente als Ausgangsbasis bedienen:

- Total Quality Management
- Change Management
- Vor- und Nachteile der Globalisierung

TQM – Total Quality Management – im Sekretariat

Unternehmen, die mehr und mehr auf Qualität statt Quantität Wert legen – dies nicht nur in der Produktion, sondern vor allem in der Dienstleistung, weil da sehr viel schwieriger meßbar –, suchen sich natürlich auch Lieferanten, die den firmeneigenen Vorstellungen von Qualität entsprechen.

Den Unternehmen, die ein Qualitätsmanagementsystem nach DIN ISO 9000 ff. einführen oder eingeführt haben, sind die Anforderungen an die neue Qualität längst bekannt (s. Abbildung folgende Seite).

Wer ist Kunde?
- Intern: alle Betriebsangehörigen (Vorgesetzte, Kolleginnen/Kollegen, Mitarbeiter/innen, Auszubildende usw.)
- Extern: alle, denen Ihr Unternehmen ein Produkt oder eine Dienstleistung liefert

Was versteckt sich hinter TQM?
Total Quality Control (TQC) ist die japanische „Mutter" von TQM und bedeutet:
- Absolute Verpflichtung zur Qualität als Philosophie.
- Der amerikanische „Vater" ist Dr. Edward Deming, dessen Ideen jedoch die Amerikaner nach dem Zweiten Weltkrieg noch nicht verstanden. Erst der etwa 25 Jahre dauernde Umweg über Japan brachte den Durchbruch.
- Der japanische „Vater" ist Dr. Ishikawa. Er nennt TQC „ ... die mentale Revolution des Managements":
- Totale Zufriedenheit des Kunden.
  - Qualität im Management ist gleich Qualität der Firma.
  - Alle Mitarbeiter werden einbezogen.
  - Qualität muß von allen gelebt werden.
  - 100% muß für den Kunden erreicht werden.

Für die Mitarbeiterin bedeutet das u. a. Garantie für Qualitätsstandards z. B. bei:
- Texterstellung und -gestaltung
- Informations- und Dokumentenlogistik
- Aufbau und Pflege von Datenbanken
- Kenntnisse der elektronischen Kommunikation usw.

Was ist Qualität?

Hierzu einige Definitionen:
- **Deutsche Industrie-Norm (DIN) 55350: „Qualität ist die Beschaffenheit einer Einheit bezüglich ihrer Eignung, festgelegte und vorausgesetzte Anforderungen zu erfüllen ..." (Vielleicht weiß deshalb keiner so richtig, was Qualität ist.)**
- **„Qualität ist die Übereinstimmung der Prozeßergebnisse mit den vereinbarten Anforderungen des Kunden." (Crosby)**
- **„Qualität beginnt damit, die Zufriedenheit des Kunden in das Zentrum des Denkens zu stellen." (John F. Akers, IBM)**
- **„Qualität ist niemals Ergebnis eines Zufalls, Qualität ist immer das Ergebnis intelligenter Anstrengungen." (John Ruskin)**
- **„Qualität ist der Job aller!" (A.V. Feigenbaum).**
- **„Qualität ist das Anständige." (Theodor Heuss)**

Das Sekretariat ist keine Insel. Voraussetzung ist, daß die Qualitätsphilosophie auch im restlichen Unternehmen praktiziert wird.

Wie mit dem Diagramm von Dr. Ishikawa die Qualität erheblich verbessert werden kann (d. h. Fehler vermieden werden) zeigt die Abbildung auf der übernächsten Seite.

Warum muß die neue Qualität auch im Sekretariat fester Bestandteil werden?
Will das Unternehmen (weiterhin) erfolgreich sein, muß es in Erfahrung bringen, was der Kunde unter Qualität versteht, und genau diese Qualität liefern. Es muß die Erwartungen kennen!

DIN ISO 9000, Teil 1 und 2
Leitfaden zur Auswahl und zur Anwendung der Normen zum Qualitätsmanagement und der Qualitätsnachweisstufen

DIN ISO 9000-3
Software (Entstehungsgang)

DIN ISO 9000-4
Zuverlässigkeits-management

Qualitätsnachweisstufen

DIN ISO 9001
- Entwicklung
- Produktion
- Montage
- Service von Produkten

DIN ISO 9002
- Produktion
- Montage (Service)

DIN ISO 9003
- Endprüfung

Qualitätsmanagement und Qualitätssicherungselemente Leitfaden DIN ISO 9004

DIN ISO 9004-1
Allgemeiner Leitfaden

DIN ISO 9004-2
Leitfaden für Dienstleistungen

DIN ISO 9004-3
Leitfaden für verfahrens-technische Produkte

DIN ISO 9004-4
Leitfaden für Qualitäts-verbesserungen

DIN ISO 9004-4
Forderungen an die Qualitätssicherung für Meßmittel

Leitfaden für das Audit von Qualitätssicherungs-systemen

DIN ISO 10011-1
Auditdurchführung

DIN ISO 10011-2
Qualifikationskriterien für Qualitätssicherungs-Auditoren

DIN ISO 10011-3
Management von Auditprogrammen

Der Aufbau der DIN ISO 9000-Normenreihe

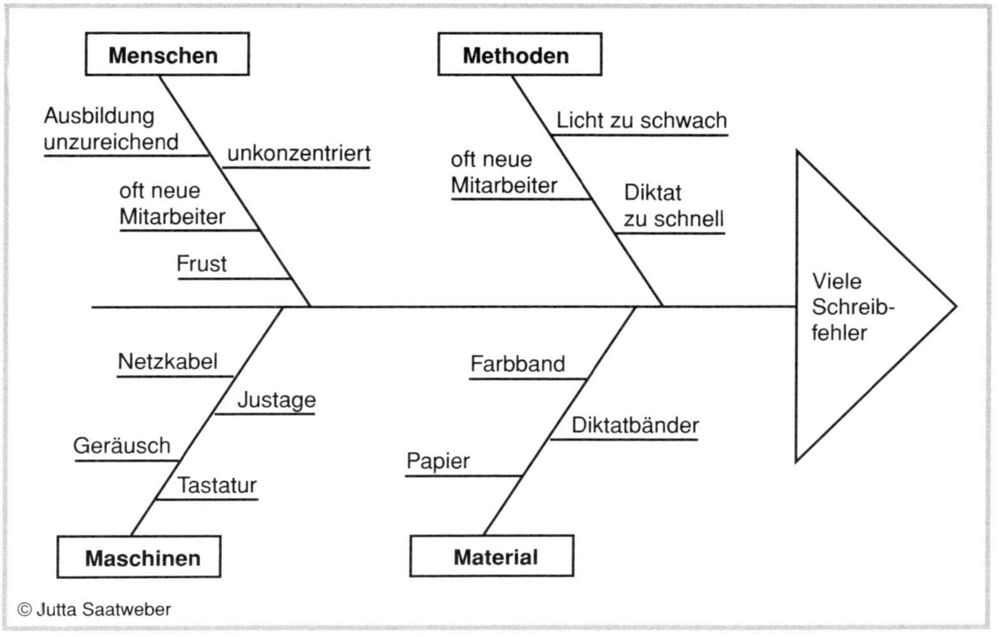

Ishikawa-Diagramm: Wie entstehen viele Schreibfehler?

In verkleinertem Maßstab gilt das für die Mitarbeiterin, ihren Arbeitsplatz und ihre Sach- und Fachaufgaben.

Ihr Arbeitsplatz liegt im Spannungsfeld zwischen internen und externen Kunden.

Erfüllt die Mitarbeiterin die gewünschten Qualitätsmerkmale nicht oder nur zum Teil, kann sie ihre Vorgesetzten weder qualifiziert entlasten noch ihnen qualifiziert assistieren. Genau das sind jedoch die künftigen Aufgaben!

Lieferantinnen – firmenintern – für Qualität sind vor allem auch die Mitarbeiterinnen.

Jede/r ist im Unternehmen für Qualität verantwortlich, also auch Sie!

Das Ziel vom TQM im Sekretariat: 100 % Qualität = Null-Fehler-Philosophie.

Anforderungsprofil

Firmeninterne Anwendung durch die Mitarbeiterin:

- Wer sind meine Kunden?
- Woran messen sie mich?
- Wie sind ihre Erwartungen?
- Wie konkret erfülle ich diese Erwartungen?
- Wie sehen meine eigenen Qualitätsstandards aus?
- Was muß ich tun, um meine Qualität zu verbessern?
- Bin ich eine gute Lieferantin?

Kernkompetenzen sind neben der Unternehmenskultur und -strategie die soziale, methodische und fachliche Kompetenz von Mitarbeiterinnen. TQM im Sekretariat führt u. a. zur Unterstützung bei Corporate Identity, Corporate Design und Corporate Wording und Corporate Behavior.

Mitarbeiter/innen	Qualifizierung

• verstärkte Kundenorientierung bzw. neues Kundenverständnis
• generalisierte, umfassende Aufgaben- und Verantwortungskomplexe
• Selbstkontrolle statt externe Kontrolle
• unternehmerisches Denken und Handeln
• Teamarbeit für die Prozeßbearbeitung
	• fachliche Fort- und Weiterbildung
	• Methoden- und Sozialkompetenzen
	  • Aneignung strategischer Kenntnisse
	  • Einüben systemischen, ganzheitlichen und globalen Denkens
	  • Entwicklung von Flexibilität
	  • Internalisierung angemessener Philosophien zur stetigen Verbesserung (z.B. Kaizen)

© Fraunhofer-Institut für Arbeitswirtschaft und Organisation (IAO), Stuttgart

Neue Anforderungsprofile an Mitarbeiter/innen und Qualifizierung

Die Qualitätsfalle …

- „Andere sind auch nicht besser“
- keine klar definierten Qualitätsstandards
- interesselose Führungskräfte bzw. interesseloses Management
- kein Bewußtsein für „worst case“
- unzureichende Kommunikation bzw. Information
- fehlendes Bewußtsein für Qualität
- mangelhafte Ausbildung
- Abschottung statt Teamgeist
- keine Motivation, Qualität zu leben

… und ihre Auswirkungen

Hinter jedem reklamierenden Kunden stehen 26 weitere, die schweigen (und nicht wiederkommen).

Ein unzufriedener Kunde spricht mit 8 bis 16 Personen über seine schlechten Erfahrungen.

Die Kosten zum Gewinn eines Neukunden sind fünfmal höher als die zur Pflege eines Altkunden.

Was ärgert mich (z.B. in anderen Firmen oder in meiner eigenen)?

Was will ich verbessern:

bei mir selbst	bei meinem Vorgesetzten	meiner Abteilung	meiner Firma
....	....	....	....
....	....	....	....
....	....	....	....
....	....	....	....
....	....	....	....

Was will ich erreicht haben bis: ....

....

„In Zukunft wird es zwei Arten von Unternehmen geben: Unternehmen, die Total Quality implementiert haben, und solche, die nicht mehr im Geschäft sind.“ (Robert Millar)

Mein (künftiges) TQM-Profil

Was bedeutet das für meine Arbeit/für meine Firma?

	ja	nein
Muß ständig verbessert werden	❑	❑
Muß nicht ständig beachtet werden	❑	❑
Ist in großen und in kleinen Dingen wichtig	❑	❑
Wird von Kunden wenig beachtet	❑	❑
Muß firmenintern definiert sein	❑	❑
Ist Vermeidung von (fahrlässigen) Fehlern	❑	❑
Ist, was der Kunde will	❑	❑
Muß mir von den Vorgesetzten vorgegeben werden	❑	❑
Erfordert Engagement, Motivation und Mut	❑	❑
Ist nur im Beruf wichtig	❑	❑
Ist Vorbeugung, um Fehler zu vermeiden	❑	❑
Ist Fehler- und Konfliktkultur	❑	❑
Ist Verständnis für andere	❑	❑
Ist Fachkompetenz	❑	❑
Punkte	....	....

Über 7 Punkte bei ja: Top! Darunter: Wir können alle besser werden!

Wie gehe ich mit der Wertvorstellung Qualität um?

Change Management

Inzwischen wissen wir, daß ständige Veränderungen, kontinuierliche Veränderungsprozesse notwendig sind, damit die Unternehmen auch in Zukunft am Markt agieren und Gewinne erzielen können. Change Management wird ein unternehmerisches Kernkonzept:

- Change-Management-Teams (Veränderungsbeauftragte) werden ernannt, um verkrustete Hierarchien, Strukturen, Informationswege und Kommunikationsnetze für neue Abläufe zu öffnen.
- Die Veränderungskultur im Unternehmen wird eingeschätzt und gestaltet.
- Reorganisation, auf jeden Fall aber Erneuerung der Organisation muß sein (ISO 9000 ff.).
- Pfründe, „Eigentumsverhältnisse“, Generationswechsel werden dem Wandel unterworfen.
- Veränderungsbereitschaft und -fähigkeit bei allen Firmenangehörigen werden eingeschätzt.
- Mitarbeiter/innen werden motiviert oder Motivation wird erhalten und bewahrt, der neue Zustand wird stabilisiert.

Die Mitarbeiterin könnte hier in ihrem eigenen Bereich damit anfangen, die „Mauern in ihrer Hierarchie einzureißen" und mit ihren Kolleginnen in Qualitätszirkeln das Veränderungsmanagement von unten nach oben aufrollen.

Vor- und Nachteile der Globalisierung

Der weltweite Wettbewerb fordert dem gesamten Unternehmen ungeheures Engagement ab. Es erntet dafür aber weitere, internationale Standbeine, noch nicht abgegraste Märkte, neue Kunden, künftige Gewinnmöglichkeiten und -zonen.

Hier kann die Mitarbeiterin gemeinsam mit ihren/m Vorgesetzten filtern, wie in der eigenen Firma dem „Protektionismus" (dem Gegenteil der Globalisierung) entgegengewirkt werden kann.

„Am Mißerfolg von Firmen sind die eigenen Manager schuld"

„Am Mißerfolg deutscher Unternehmen sind die Firmen selbst schuld." Auf diesen Nenner läßt sich das Ergebnis einer Studie bringen, die der Lehrstuhl für Unternehmensführung, Organisation und Personalwesen der Universität Hohenheim gemacht hat.

Die Studie analysiert die Gründe:

- fehlendes Wissensmanagement
- Hemmschwellen gegenüber neuen Technologien
- falsche Unternehmensstrategien

Was bedeutet das für die Mitarbeiterin?

Fehlendes Wissensmanagement
Die Mitarbeiterin muß zur Mitdenkerin, zur Sekretariatsmanagerin und nicht zuletzt zur Managerin des Chefs werden. In der „Führung von unten" hat sie mehr und mehr auch Lösungsansätze und Lösungen zu erarbeiten. Sie muß sich des ständig wandelnden Rahmens ihrer Handlungskompetenz bewußt sein. Diese Handlungskompetenz setzt sich aus den Komponenten zusammen:

1. *Allgemeinbildung* – je breiter, desto besser.
2. *Methodische Kompetenz*:
   - Kreativität
   - (Wieder) Lernen lernen
   - Informationslogistik (Information ist noch lange kein Wissen)
   - Managementtechniken
   - Projektmanagementkenntnisse
   - Kenntnisse einer methodisch-systematischen Arbeitsweise (der alte, reine Taylorismus reicht schon lange nicht mehr aus)
   - Datenschutz – die Datenschutzbeauftragten der Bundesländer informieren gern und umfassend über die Datenschutzgesetze; die Mitarbeiterin muß sich diese Informationen beschaffen.
   - Datensicherung – es gibt nur zwei Arten von Daten: die gesichert wurden und die, die noch nicht verloren sind. Durch menschliches Versagen (Überschreiben, Löschen usw.) gehen 67% der Daten verloren, durch Viren nur 15%! „Der Anwender ist zu regelmäßiger Datensicherung verpflichtet", so lautet ein Gerichtsurteil (LG Kleve, 23.03.1990; 3 0 365/89).
3. *Soziale Kompetenz*:
   - Kommunikationsfähigkeit
   - Kooperationsfähigkeit
   - Bereitschaft zur Übernahme einer ganzheitlichen Verantwortung für Arbeiten und Aufgaben – das setzt allerdings voraus, daß Vorgesetzte ganzheitlich delegieren können und wollen

und vor allem dazu bereit sind, Verantwortung abzugeben.

- Führungstechniken und -methoden kennen und teilweise beherrschen
- engagierter Gestaltungswille bei Arbeitsabläufen
- Bereitschaft zur Einflußnahme, Zivilcourage bei eigenen Fehlern, vor allem jedoch bei Fehlern und Betriebsblindheit, die bei Vorgesetzten festgestellt werden.

Die Basis für alle Punkte: gesundes Selbstbewußtsein.

4. *Fachliche Kompetenz* – State of the art – alle Kenntnisse und Erfahrungen, die die Mitarbeiterin für die Arbeit braucht, die sie gerade tut.

5. *Emotionale Intelligenz* – Entscheidungen „aus dem Bauch", gepaart mit dem Verstand – integriert die folgenden Schlüsselqualifikationen:

Schlüsselqualifikationen

- Bereitschaft, sich ständig weiterzubilden (die Halbwertzeit des Wissens wird immer kürzer)
- Bereitschaft, mehr (Eigen-)Verantwortung zu übernehmen
- Arbeiten in und mit einem Team oder in mehreren Teams, Teamziele akzeptieren und vor eigene Ziele stellen
- Fähigkeit und Bereitschaft zur Kommunikation, dies schließt transparente und fehlerlose Infoweitergabe, Sozialkompetenz und Informationslogistik ein.
- Führen von unten – Vorgesetzte steuern durch gut vorbereitete und gut ausgearbeitete Vorschläge
- Probleme selbst definieren
- Lösungen (Ansätze dazu) selbst finden
- positiv denken – Neuem offen gegenüber stehen, aber sich auch kritisch damit auseinandersetzen
- selbst die Initiative ergreifen, nicht warten, bis man Anweisungen bekommt, selbst Vorschläge machen
- Kaizen oder KVP (kontinuierlicher Verbesserungsprozeß) oder AD (andauernde Verbesserung)

Die ständige, nie endende Verbesserung dessen, was wir tun. Immer etwas mehr tun, als von mir verlangt wird. Nicht warten, bis andere etwas für mich tun, selbst etwas tun. Nicht warten, bis andere mir sagen, was zu tun ist, selbst initiativ werden, selbst Vorschläge machen. Nicht „Wir sollten mal", sondern: Wer macht was mit wem bis wann wo und wie?

Mitarbeiter/innen-Zirkel, basierend auf der Idee der Qualitätszirkel, helfen bei der andauernden Verbesserung auf allen Ebenen.

Hemmschwellen bei neuen Technologien überwinden

Benchmarking: Bei den Mitbewerbern und deren Mitarbeiter/innen schauen, was sie besser machen, und deren Stärken und Ideen modifiziert für das eigene Unternehmen, den eigenen Arbeitsplatz, die eigene Arbeit übernehmen.

Benchmarking hilft, Hemmschwellen bei neuen Technologien zu überwinden, weil die bereits Besseren beweisen, daß mit neuen Technologien vieles einfacher, schneller, rationeller, effektiver und effizienter bewältigt werden kann.

Die Mitarbeiterin in ihrer Eigenschaft als Büromanagerin und Informationslogistikerin sollte sich also (wenn noch nicht vorhanden) z. B. über folgendes informieren:

Datex-J – flächendeckendes und dialogorientiertes Datennetz mit lokalen Einwählknoten, in deutschen Großstädten mit High-Speed-Zugängen.

E-Mail als interessante Ergänzung zum althergebrachten Postversand.

Weitere Stichworte: Internet, Btx-Dienste mit Telesoftware Marken-Public-Domain- oder Share-ware-Programmen, Homebanking, Auskünfte, Bestellungen, Buchungen für Bahn, Fluggesellschaften usw., (Euro-)ISDN.

PC mit Spracherkennung, Dokumentenverwaltung (Ablage) über DV.

Intranet – Netzwerk im eigenen Unternehmen (bis zum firmeninternen Terminkalender), Videokonferenzen, Konferenzschaltungen per Telefon usw.

„Kleinere Technologien" – auch damit sollte man sich beschäftigen, z. B. mit USV (unterbrechungsfreie Stromversorgung, verhindert Netzausfall) oder mit einem Konferenzsystem, das Wort für Wort protokolliert oder mit Präsentationsmedien.

Worst-case: Natürlich weiß die Mitarbeiterin auch, was hier zu tun ist; wenn z. B. der PC „sich aufhängt". Solche Schäden sind zu befürchten bei Defekten der Festplattenelektronik, der Kontakte der Steckkarten oder der Videokarte sowie bei defektem Disketten- oder Festplattencontroller, Stromausfall oder Viren.

Ein Prinzip des TQM

Ein Prinzip des Total Quality Managements und eine Empfehlung von Dr. Ishikawa ist:

- **Argumentiere mit Daten!**
- **Reduziere Probleme auf Daten!**
- **Löse Probleme mit Daten!**
- **Triff Entscheidungen aufgrund von Daten!**

Diese Vorgehensweise kommt den meisten „linkshirnigen", pragmatischen Vorgesetzten sehr entgegen, macht Dinge transparenter.

Kaizen mit neuen Technologien

Die Mitarbeiterin drängt auf Information über neue Technologien. Wer informiert ist, hat keine Hemmschwellen. Sie regt Informationsveranstaltungen im eigenen Unternehmen und extern an, ebenso Besuch von Messen. Sie kümmert sich um geeignete CDs, Videofilme usw. und läßt sich Angebote und Kostenvoranschläge ausarbeiten.

VDI-Richtlinien unterstützen Sie

Um die Hemmschwellen gegenüber neuen Technologien abzubauen, sind die VDI-Richtlinien für den anwendungsgerechten Einsatz moderner Bürotechnik sehr nützlich (Bezugsquelle: VDI Verein Deutscher Ingenieure, Düsseldorf, gegen Gebühr). Da gibt es z. B.:

VDI 5001 E: Management der Bürokommunikation – gibt Einblick in die aktuellen Nutzungsmöglichkeiten moderner Technik und die weitere Entwicklung. Es werden wirtschaftliche, organisatorische, personelle und arbeitsplatzrelevante Fragen besprochen. Eine Checkliste mit 17 Punkten hilft bei der Ermittlung des Handlungsbedarfs.

VDI 5003 E: Methoden zur Analyse und Gestaltung von Arbeitssystemen – zeigt mit 19 spezifischen Methoden für Analyse, Planung und Realisierung, wie sich bei den komplexen Strukturen und Prozessen der Bürokommunikation praktikable Lösungen finden lassen.

VDI 5008 E: Technikauswahl für Bürokommunikation – bietet Richtlinien für die Technik- und Technologieauswahl an und hilft bei der Erstellung eines Pflichtenhefts.

VDI 5015 E: Technik- und Technologiebewertung der Bürokommunikation – mehrstufige Betrachtung der Wirtschaftlichkeit und Technikfolgenabschätzung. Hilfe bei nutzwertorientierten Arbeitssystemwert-Konzepten.

Unsicherheiten abbbauen: Auch die EG-Richtlinie für Bildschirmarbeitsplätze könnte beim „Überwinden" helfen. Die Vorgaben, welche Technologien und Techniken hilfreich sind, untermauert durch die Deutschen Industrienormen DIN, die VDI-Richtlinien, die ISO-Normen, steuern Unsicherheiten bei Neuanschaffungen entgegen.

Falsche Unternehmensstrategien abbauen helfen

Auch hier kann die Mitarbeiterin in der „Führung von unten" vieles bei ihren Vorgesetzten bewirken. Sie konzentriert sich in ihrer Assistenzfunktion auf die neuen Strategien, damit die fundamentalen Gedanken aus dem TQM endlich zum Wohl des Unternehmens, dessen Mitarbeiter/innen und vor allem der Kunden umgesetzt werden können.

Die Mitarbeiterin unterstützt ihren Vorgesetzten beim Verlassen alter Unternehmensstrategien, die nicht mehr weiterhelfen. Sie unterstützt beim Umdenken, verschafft sich Kenntnisse für andere Managementsysteme z. B. *MUDA. Vermeiden jeglicher Verschwendung* bei den vier M's: Menschen, Material, Methoden, Maschinen.

Konfliktmanagement

Ebenfalls umdenken müssen Vorgesetzte und Mitarbeiter/innen beim Umgang mit Konflikten. Konflikte hat es immer gegeben und wird es immer geben. Es kommt nur darauf an, wie wir damit umgehen. Konflikte sind Chancen für Neues, für Qualitätsveränderungen, wenn wir ein sinnvolles Konfliktmanagement betreiben.

Es gilt nicht mehr: „Wer hat den Fehler gemacht?" (der wird bestraft), sondern die Frage muß lauten: „Weshalb ist der Fehler entstanden?" Die Lösung ergibt sich durch kontinuierliches Nachfragen (KNF) nach der Ursache des Problems mit all der Energie, die früher zum Sündenbock suchen verwendet wurde.

Es gibt sicherlich keinen Beruf, der auf die Zusammenarbeit (Kooperation) mit anderen Menschen verzichten kann.

Kooperation ist Umgang mit Menschen auf einer besonders schwierigen Ebene. Kollegen/Kolleginnen und Vorgesetzte kann man sich in den seltensten Fällen aussuchen. Im Beruf besteht der Zwang zur Kooperation, und Zwänge sind meist unbeliebt. Dies führt oft zu einer Abneigung. Hier muß die Mitarbeiterin bei sich und ihren Vorgesetzten gegensteuern, denn:

- Ohne Kooperation „läuft nichts".
- Wer nicht kooperativ ist, isoliert sich selbst.
- Richtige Kooperation bringt positive Kontakte, erleichtert die Arbeit und die Akzeptanz.

Kooperation läuft selten konfliktfrei. Ein Konflikt kann sich zum „Krieg" ausweiten, er kann aber auch zu kreativen Problemlösungen führen, wenn Sie mit Konflikten umgehen können.

„Der Mensch ist zu einem Zehntel Kopf und zu neun Zehnteln Bauch, d. h. gefühls- und trieborientiert", sagen die Psychologen. Und zu Recht fragt man dann, warum sich dieses Verhalten ändern sollte, wenn der Mensch morgens durch die Büroflure oder Werkstore geht? Diese Erkenntnis sollten Sie bei Konfliktlösungen immer berücksichtigen.

Lösungswege bei Konflikten

1. **Sage klar und deutlich, was Du willst und was nicht (Power-Talking).**
2. **Lerne qualifiziert und sympathisch Nein sagen.**
3. **Setze Grenzen für die Erwartung anderer.**
4. **Lasse nicht zu, daß Du Dein Gesicht verlierst. Gib auch anderen eine Chance.**
5. **Toleriere Unterschiede! Es ist in Ordnung, daß andere anders sind.**
6. **Wenn Du Dich ärgern und verletzen läßt, Dich auf „180“ bringen läßt, denke daran: Es ist Deine Entscheidung!**
7. **Sprich positiv, Sprache kann Konflikte verstärken oder abschwächen.**

Auch das hilft:

- **Akzeptieren Sie, daß es jeden Tag Konflikte gibt.**
- **Akzeptieren Sie, daß jeder Mensch jeden Tag Fehler macht.**
- **Sehen Sie Konflikte konstruktiv, auch wenn es schwerfällt!**
- **Es gibt immer eine Lösung!**
- **Lösen Sie die Sache von der Person.**

Bei Konfliktlösungen gehen wir nicht (mehr) nach dem nicht funktionierenden Prinzip Sieger und Besiegte vor, sondern nach der „Zwei-Gewinner-Strategie“: *Bewahre Deine Konfliktpartner davor, ihr Gesicht zu verlieren! Erwarte von ihnen ebenfalls diese Strategie!*

Erfolgsstrategien heute

Vorgesetzte/Führungskräfte und Mitarbeiter/innen gehen teamorientiert, kooperativer und sozial kompetenter miteinander um. Der innovative, Verantwortung delegierende Führungsstil hat den traditionellen Führungsstil abgelöst, d. h., Mitarbeiter/innen werden u. a. bei Zielsetzung und Lösungswegen beteiligt, sie bringen ihre Ideen und Vorschläge ein, müssen aber andererseits auch die gesamte Verantwortung in ihren Arbeits- und Aufgabenbereichen tragen.

Die Art der „vorgelebten Unternehmenskultur“ müssen viele in einem Unternehmen (wieder) lernen. Spielregeln des gegenseitigen Respekts und der Akzeptanz können zwar erarbeitet werden, um ein Fundament zu haben. Es funktioniert aber nur, wenn in einer „lernenden Organisation“ auch danach (vor-)gelebt wird. Hier kann die Mitarbeiterin mit ihrer Stärke der sozialen Kompetenz ihre Vorgesetzten „führen“ und helfen, Verhaltensänderungen im Rahmen des Wertesystems zu realisieren. Dafür braucht sie u. a. die bereits erwähnte Selbstsicherheit, Lebens- und Berufserfahrung.

Erfolgreiche Unternehmen und ihre Unternehmenskultur

- Der Mensch steht im Mittelpunkt.
- Das direkte Gespräch wird von Führungskräften zu den Mitarbeiter/innen und umgekehrt (ohne Berührungsängste) gesucht. Konstruktive Kritik ist erwünscht.
- Entscheidungen werden von den Verantwortlichen vorbereitet, gemeinsam getroffen und das demokratische Ergebnis von allen Beteiligten getragen und ausgeführt.
- Die gemeinsam festgelegten Ziele sind klar. Die Mitarbeiter/innen haben das Vertrauen ihrer Führungskräfte und können in diesem Rahmen und Arbeitsgebiet selbständig handeln und eigenver-

antwortlich Entscheidungen treffen. Niemand blockiert Arbeitsabläufe.

- Alle sind bereit, dazuzulernen, Fehler qualifiziert zu eliminieren und unbekannte Aufgaben zu übernehmen. Die dringend notwendige „lernende Organisation" entsteht von selbst.
- Jede/r im Unternehmen richtet sein/ihr Verhalten am Kundennutzen aus.
- Kunden sind alle: intern und extern. Auch Vorgesetzte/Führungskräfte sind zugleich Kunden und Dienstleister.
- Alle Informationen stehen allen zur Verfügung; beschaffen muß sich jede/r, was er/sie braucht.
- Die Kommunikation ist transparent und vielfältig. Es gibt Kommunikationszentren und Gelegenheit für Gespräche aller Art.
- Alle wissen, daß ihre Arbeitsplätze Profitcenter sein müssen. Ihr Monatsgehalt muß sich mit den Arbeiten, die sie erledigen, in der Wertschöpfung amortisieren.
- Alle sind motiviert, qualitätsorientiert, arbeiten mit einem gesunden Menschenverstand und – das ist das Fazit dieses Beitrags:

Alle arbeiten, denken und handeln wie Unternehmer/innen, die gesunde, kunden-, mitarbeiter- und zielorientierte Firmen in das 21. Jahrhundert führen.

Weiterführende Literatur

Bone, Diane/Griggs, Rick, Qualität am Arbeitsplatz, Ueberreuter Verlag, Wien 1993
Saatweber, Jutta, Qualitätsmanagement im Sekretariat, Bad Homburg o.J.
Block, Karl H., Das Büro, WRS Verlag, Planegg o.J.
Pieske, Reinhard, Benchmarking, verlag moderne industrie, Landsberg 1995
Siegbert, Werner, Wie führe ich meinen Vorgesetzten?, expert Verlag, Renningen 1995
Mackenzie, Alec, Die doppelte Zeitfalle – Zeitmanagement für Frauen, Sauer Verlag, Heidelberg 1992
Fraunhofer-Institut für Arbeitswirtschaft und Organisation, Studie „Sekretariat 2000", Stuttgart 1994
Dowe, Reinhard, MUDA – Grundlage für ein anderes Managementkonzept, Ueberreuter Verlag, Wien 1995
Bläsing, Jürgen, Das qualitätsbewußte Unternehmen, Ulm
Heller, Robert, The Quality Makers, Orell Füssli Verlag, Zürich 1993
Leibfried, Kathleen/McNair, Carol, Benchmarking, Droemer Knaur, München 1995
Linneweh, Klaus, Bevor es mich zerreißt, Econ Verlag, Düsseldorf
Löhn, Johann, LöhnMethode, coda-Verlag, Waldkirch
Software:
Voice Type Simply Speaking, Spracherkennungssoftware von IBM
Der Konverter zur neuen deutschen Rechtschreibung, Duden Verlag

Veranstaltungsmanagement

Die Autorin

Christa Bruhn-Jade ist als Herausgeberin und Autorin verschiedener Loseblattwerke und Fachbücher bekannt. Sie leitet in Wiesbaden das Sekretärinnen-Kolleg, eine anerkannte Ausbildungsstätte des bSb Bundesverband Sekretariat und Büromanagement e.V. Bevor sie sich selbständig machte, war sie 13 Jahre als Direktionssekretärin/-assistentin in einem großen Industrieunternehmen tätig. Drei staatliche Fachlehrerprüfungen legte sie ab und studierte außerdem einige Semester Wirtschaftspädagogik an der Universität Mainz Sie ist bundesweit als Trainerin tätig.

Veranstaltungen spielen im Geschäftsleben eine sehr große Rolle. Nach Untersuchungen verbringen Manager mehr als die Hälfte ihrer Arbeitszeit in Besprechungen und Konferenzen.

Die Kosten dieser Kommunikation werden ständig höher. Eine Konferenzstunde kostet das Unternehmen heute schon weit mehr als 1000 DM. Aus diesem Grund ist es sehr wichtig, daß derartige Veranstaltungen ziel- und ergebnisorientiert verlaufen. Eine ketzerische Behauptung sagt: „Es gibt Konferenzen, bei denen nicht mehr herauskommt als diejenigen, die hineingegangen sind." Damit das nicht zutrifft, werden an alle Beteiligten hohe Anforderungen gestellt.

Der Begriff Veranstaltungen umfaßt im Geschäftsleben:

- Besprechungen und Verhandlungen des Chefs mit Mitarbeitern, Kollegen, Vorgesetzten, Besuchern, Geschäftspartnern, Vertretern von Behörden, Wirtschaftsprüfern, Außendienstmitarbeitern und anderen
- Meetings
- Fachsitzungen – Konferenzen
- Betriebsversammlungen
- Präsentationsveranstaltungen
- Gesellschafter-, Aufsichtsratssitzungen
- Hauptversammlungen
- Betriebsbesichtigungen
- Pressekonferenzen
- mehrtägige Konferenzen mit Fachvorträgen
- Kongresse
- Vorträge, Schulungen, Vorführungen, Workshops

- Feiern zu besonderen Anlässen (Firmenjubiläum, Weihnachten, für Pensionäre, Betriebsausflüge)

Die Abgrenzung einzelner Begriffe ist in der Literatur nicht eindeutig geklärt. Es würde den Rahmen dieses Beitrags sprengen, alle hier aufgeführten Veranstaltungen im einzelnen zu behandeln.

Mein Ziel ist, die wichtigsten Punkte aufzuzeigen, die zu einem guten Management jeder Veranstaltung gehören, und Hilfen für die vom Sekretariat zu übernehmenden Aufgaben zu geben. Dabei wird das Schwergewicht auf Konferenzen und Kongresse gelegt.

Veranstaltungsvorbereitung

Der Erfolg einer Veranstaltung wird von der richtigen Vorbereitung bestimmt. Dabei kommt es darauf an, daß die Sekretärin planvoll arbeitet. Der Chef ist meistens mit den fachlichen Aufgaben so stark beschäftigt, daß er sich nicht um organisatorische Dinge kümmern kann. Er muß sich also vollkommen auf seine Sekretärin verlassen können. Von ihr werden neben einer guten Organisation vor allem Flexibilität, Anpassungsfähigkeit und Improvisation gefordert. Je häufiger sie eine solche Aufgabe übernimmt, desto mehr Erfahrung und Kompetenz wird sie gewinnen. Dabei muß sie auch Fehler von vornherein einkalkulieren und ihren Blick für mögliche Fehlerquellen schärfen. Sie sollte sich nicht auf unbestätigte Aussagen anderer verlassen, sondern sogar Selbstverständlichkeiten kontrollieren. Nur wer die Fehlerquellen kennt, kann auftretende Pannen beheben.

Jede Tagung ist ein Teil der Kommunikation des Unternehmens und der Public Relations. Die Art und Weise, wie ein Unternehmen sich nach innen und außen darstellt, ist ein entscheidender Faktor der Corporate Identity. Daher sollten alle Details, an denen man das Profil erkennt, beachtet werden, denn danach werden die Firma und die für die Veranstaltung Verantwortlichen beurteilt.

Betrachten Sie daher jede Veranstaltung als die wichtigste, die Sie je organisieren mußten!

Besprechungen und Konferenzen haben vorwiegend den Zweck,

- Informationen zu sammeln,
- Meinungen auszutauschen,
- die Teilnehmer über Produkte, Dienstleistungen, Ziele besser zu informieren,
- Projekte und Entscheidungsfindungen vorzustellen,
- Probleme gemeinsam zu lösen,
- Interessen auszutauschen,
- Kontakte zu fördern,
- Verträge abzuschließen.

Da Konferenzen sehr viel kosten, ist es wichtig zu überlegen, ob die geplante Veranstaltung auch produktiv sein wird. Das ist nicht der Fall, wenn

- Einzelgespräche oder Telefonate eine schnellere und bessere Lösung bringen,
- die nötige Vorbereitungszeit fehlt,
- wichtige Entscheidungsträger fehlen,
- der falsche Zeitpunkt gewählt wird,
- die Veranstaltung unter Zeitdruck steht,
- Aufwand und Ziele nicht konform gehen,
- die Ziele nicht die zu erwartenden Ergebnisse zulassen.

Vor jeder Organisation ist daher neu zu definieren:

- Welchen Nutzen soll die Tagung dem Unternehmen bringen?
- Welches Ziel soll erreicht werden?
- Welcher Ablauf eignet sich am besten?
- Welche Mittel müssen oder sollen dazu aufgewendet werden?

Das Veranstaltungsmanagement besteht aus folgenden Phasen:

- Zieldefinition
- Planung
- Organisation
- Durchführung
- Nachbereitung
- Erfolgskontrolle

Die ersten beiden Komplexe müssen mit dem Konferenzleiter und der Sekretärin/Assistentin bzw. einem Veranstaltungsteam besprochen werden, bevor die Organisation beginnen kann.

Wird die Organisation einem Team von Mitarbeiterinnen und Mitarbeitern übertragen, dann ist es ganz wichtig, daß die persönliche Zuständigkeit der Teammitglieder durch eine Liste der Aufgaben mit Erledigungsterminen festgelegt wird.

Zieldefinition

Eine klare Definition der Ziele, die mit der Veranstaltung erreicht werden sollen, erleichtert das weitere Vorgehen und die Festsetzung des erforderlichen Budgets. Dabei ist es sinnvoll, die Ziele nach Prioritäten zu gliedern. Sie als Sekretärin/Assistentin können eine entsprechende Liste vorbereiten, in der alle Aufgaben und die entsprechenden Ziele aufgeführt sind:

Jede Konferenz muß ein Teilschritt zur Zielerreichung sein. Es empfiehlt sich daher, keine Tagesordnungspunkte aufzustellen, sondern die Ziele vorzugeben. Bei dieser Aufgabe können Sie Ihren Chef mit Anregungen und Informationen unterstützen. Nach Möglichkeit wird ein optimales und ein minimales Ziel festgelegt. Dabei muß geprüft werden, ob die Ziele realistisch gesetzt und auch erreicht werden können und bis zu welchem Termin das geschehen kann.

Planung

Nachdem die Ziele festgelegt wurden, müssen nun weitere Fragen geklärt werden, und zwar:

1. In welcher Form soll die Veranstaltung stattfinden (Veranstaltungsart und Thema)?
2. Wer soll daran teilnehmen (Teilnehmerkreis)?
3. Wann soll die Veranstaltung stattfinden (Zeitpunkt)?
4. Wie lange soll sie dauern (Dauer)?
5. Wo soll die Veranstaltung stattfinden (Tagungsort)?
6. Welche technischen Hilfsmittel werden benötigt (Zubehör)?

Aufgabe	**Ziel**
Umsatzsteigerung	Motivation der Mitarbeiter zu erhöhtem Engagement
Verabschiedung des neuen Umsatzplans	Bessere Information des Kundendienstes
Marketingkonzept 98	Ideen sammeln, Strategien besprechen

Zieldefinition – Vorbereitung durch die Sekretärin/Assistentin

Zu 1: Veranstaltungsart und Thema

Art und Rahmen der Veranstaltung spielen für den Erfolg eine wesentliche Rolle.

Das Geschäftsmeeting gilt als eine Zusammenkunft von Mitarbeitern, in deren Mittelpunkt ein gemeinsames Nahziel steht. Hier stehen Meinungsbildung, Problemlösung und Entscheidungsfindung im Vordergrund.

Der Schlüssel zum Erfolg sind hier eine wirkungsvolle Kommunikation und die Teamfähigkeit der Teilnehmer. Wenn es gelingt, bei den Ideen und Zielprojektionen auf einen gemeinsamen Nenner zu kommen, dann wird das Meeting zu einem wertvollen Instrument des Managements. Für ein effizientes Meeting sollten nicht mehr als 30 Personen daran teilnehmen.

In *einer Konferenz* treffen ebenfalls Gruppen von Menschen zusammen, die ihre eigenen Meinungen, Verhaltensweisen und Arbeitsstile einbringen wollen. Dabei kann es zu einer guten Kommunikation, aber auch zu Auseinandersetzungen auf der Sach- und/oder der Beziehungsebene kommen.

Vom Geschick und der Verhandlungsführung des Konferenzleiters hängt es hier ab, wieweit die angestrebten Ziele erreicht werden.

Eine große Fachtagung eignet sich dazu, bestimmte Bereiche des Unternehmens, z. B. den Außendienst, zusammenkommen zu lassen, um über neue Produkte, Entwicklungen, Ziele, Planungen, Veränderungen oder ähnliches zu informieren. Sie kann auch neuen Mitarbeitern, Kunden, Mitgliedern, Geschäftspartnern, Repräsentanten der Wirtschaft und Verwaltung, der Presse und anderen Einblick in bestimmte Geschäftsabläufe oder Aktivitäten geben.

Dabei können externe Referenten und Experten hinzugezogen werden, um die Bedeutung des zu behandelnden Themas zu unterstreichen und den Teilnehmern eine besondere Wertschätzung zu geben.

Seminare, Vorträge und Präsentationsveranstaltungen eignen sich für die Weiterbildung.

Die Tagungsart sollte dem Teilnehmerkreis angepaßt sein. Es ist z. B. schlecht, ein Seminar, das hauptsächlich von gewerblichen Mitarbeitern besucht wird, in einem erstklassigen Hotel durchzuführen, in dem die Getränke äußerst teuer sind und es vielleicht noch nicht einmal Bier gibt. Dieser Teilnehmerkreis würde sich in dem Tagungszimmer eines guten Restaurants sicher wohler fühlen. Auf der anderen Seite sollte für eine Veranstaltung, an der die Öffentlichkeit Anteil nimmt, ein eigener oder ein in einem renommierten Hotel oder einer Institution gelegener Sitzungsraum ausgewählt werden.

Das Thema muß jedem Teilnehmer verständlich sein. Es muß die Art der Veranstaltung erkennen lassen, insbesondere, ob es sich um eine Informations- oder Entscheidungskonferenz handelt. Wenn eine Diskussion vorgesehen ist, dann darf es weder zu eng noch zu weit gefaßt sein, da sonst Anträge der Teilnehmer zur Beendigung oder Ausweitung der Diskussion aufgrund der Tagesordnung gestellt werden könnten.

Außerdem soll das Thema wertneutral formuliert sein, d. h., aus dem Titel darf die Stellung des Konferenzleiters zum Thema nicht ersichtlich sein. Durch falsche Formulierungen kann eine Diskussion schon im voraus beeinflußt werden:

Das Konferenzthema wird in die Tagesordnung eingegliedert. Sie muß den Eingeladenen rechtzeitig zugestellt werden. Bei der Tagesordnung sollte auf entsprechende Pausen geachtet werden. Außerdem muß gewährleistet sein, daß bei allen

Tagesordnungspunkten die hierfür zuständigen oder davon betroffenen Personen bzw. kompetenten Vertreter anwesend sind. Manchmal ist es ratsam, die wichtigsten Punkte an das Ende der Tagesordnung zu setzen, um die Aufmerksamkeit und Anwesenheit bis zum Schluß der Veranstaltung zu sichern.

Zu 2. Teilnehmerkreis

Den Teilnehmerkreis wird der Chef auswählen. Er sollte darauf achten, daß alle wichtigen und kompetenten Zielgruppen angesprochen werden. Sie können dabei mitwirken, daß alle Mitarbeiter, die sich mit dem zu behandelnden Thema befassen, auch eingeladen werden.

Sollen auswärtige Referenten hinzugezogen werden, müssen sie sehr frühzeitig verpflichtet werden, da die Termine teilweise schon ein Jahr im voraus vergeben werden.

Der Teilnehmerkreis kann sich beispielsweise zusammensetzen aus:

- Veranstaltungsleitern
- Referenten
- Mitarbeitern und Vorgesetzten des Hauses
- Auswärtigen Mitarbeitern der Firma
- Geschäftsfreunden, Kunden, Mitgliedern
- Vertretern von Behörden, anderen Firmen und Institutionen
- Journalisten
- Ehrengästen

Sehr wichtig ist, daß die Zielgruppe der Teilnehmer richtig zusammengestellt wird, d. h., daß die Teilnehmer nach Niveau, Funktionen und anderen sachbezogenen Überlegungen zusammengefaßt werden. Unter Umständen empfiehlt sich die Durchführung einer Parallelveranstaltung. Bei Entscheidungskonferenzen muß sichergestellt sein, daß alle notwendigen Fachgebiete vertreten sind. Eventuell kann sich der vorgesehene Konferenzteilnehmer durch eine andere kompetente Person vertreten lassen. Dieser Vertreter muß die gleichen Rechte und Pflichten in der Konferenz haben wie der Vertretene.

Alle Gäste müssen in der ihnen gebührenden Weise beachtet und versorgt werden. Das ist nicht immer einfach. Das fängt bei der Begrüßung, der Vorstellung und Betreuung an und hört bei der richtigen Sitzordnung und Bewirtung auf.

Ihnen werden dabei häufig besondere Funktionen übertragen, bei denen es auf gute Umgangsformen und taktvolles Verhalten ankommt.

Zu 3. Zeitpunkt

Werden mehrere Personen zu einem gemeinsamen Gespräch geladen, so wird es immer schwer sein, den für alle besten Zeitpunkt zu finden. Es ist daher unmöglich, auf Wünsche aller Teilnehmer Rücksicht zu nehmen.

In erster Linie muß der Termin dem Veranstaltungsleiter und den Referenten zusagen. Bei größeren Veranstaltungen mit auswärtigen Gästen sollte der Veranstaltungskalender der ausgewählten Stadt berücksichtigt werden, da es sonst Schwierigkeiten mit der Hotelreservierung geben könnte.

Außerdem ist an allgemeine Urlaubszeiten, Ferienzeiten in den Bundesländern, Saisonzeiten, regionale, nationale oder konfessionelle Feiertage und Fastnacht zu denken. Die Tage unmittelbar vor oder nach Feiertagen sind ungünstig.

Konferenzen in Betrieben sollten erst eine halbe oder eine Stunde nach Beginn der Kernarbeitszeit angesetzt werden.

Bei auswärtigen Teilnehmern sollten für den Beginn einer Tagung die Entfernung und Anreisezeit berücksichtigt werden. Hierbei gilt folgende Faustregel:

Anreise	*Beginn der Tagung*
bis 50 km	9.00 Uhr
bis 300 km	10.00 Uhr
über 300 km	14.00 Uhr

Idealerweise sollten die Teilnehmer mit einer weiten Anreise aber bereits am Vortag eintreffen können, so daß die Tagung doch schon gegen neun Uhr beginnen kann.

Das Ende sollte so gelegt werden, daß die Aufnahmefähigkeit nicht überstrapaziert wird. Arbeitsmedizinische Erkenntnisse belegen, daß nach sechs Stunden die Aufnahmefähigkeit nachläßt.

Zu 4. Dauer

Die Dauer hängt von der Themenstellung und dem Anlaß ab. Ob die Veranstaltung einen Tag oder mehrere Tage dauern soll, kann im voraus genau bestimmt werden.

Dagegen ist es, besonders bei eintägigen öffentlichen Veranstaltungen, häufig ungewiß, die benötigten Stunden vorauszusagen. Durch Reden und Diskussionen vorher nicht bekannter Personen kann es teilweise zu erheblichen Verzögerungen kommen. Man denke hierbei nur an Hauptversammlungen von Aktiengesellschaften, bei denen Vertreter der Kleinaktionäre das Wort ergreifen.

Handelt es sich um Sitzungen mit festgelegter Tagesordnung, sollte man den Referenten genaue Redezeiten vorgeben. Der Erfolg der Sitzung wird oft gefördert, wenn von vornherein festgelegt ist, wie lange jeder zu einem bestimmten Thema Stellung nehmen kann. Es werden ein präziser Vortrag und bei mehreren Rednern eine gerechte Verteilung der Zeit gewährleistet.

Gleichzeitig sollte bei der Festlegung der Tagesordnung aber auch darauf geachtet werden, daß möglichst nach eineinhalb bis zwei Stunden eine Pause eingelegt wird. Länger als zwei Stunden wird kaum eine gute Aufmerksamkeit erzielt, denn Fachuntersuchungen haben ergeben, daß die Aufnahmefähigkeit bereits nach 45 Minuten sehr abnimmt.

Da im Sitzungsraum heute normalerweise nicht mehr geraucht wird, ist es in den meisten Fällen wünschenswert, noch häufiger eine Zigarettenpause einzulegen.

Wirken Sie bei der Zusammenstellung der Tagesordnung beratend mit.

In der Pause sorgen Sie für entsprechende Durchlüftung des Raumes, da die Teilnehmer meistens nicht daran denken.

Zu 5. Tagungsort

Der Tagungsort wird von der Zielsetzung der Veranstaltung abhängen. Es kann das Sitzungszimmer des Veranstalters sein, ein Tagungsraum in einem Hotel der gleichen Stadt oder in einem auswärtigen Hotel oder bei sehr großen Kongressen auch ein öffentlicher Kongreßraum.

Bei mehrtägigen Veranstaltungen wird gern ein auswärtiges Hotel gewählt, in dem alle Teilnehmer wohnen können, um den gemeinsamen Kontakt durch ein Gespräch außerhalb des Programms zu fördern.

Immer beliebter werden auch Flughäfen als Tagungsorte, denn das Tagen am Airport spart viel Zeit und Wege. International tätige Firmen aus Industrie und Handel, Verbände, Unternehmensberatungen nutzen diese Möglichkeit.

Die Conference Center der Flughäfen sind mit modernster Technik ausgestattet und verfügen in der Regel sogar über Internetanschluß, teilweise über Videokonferenzeinrichtungen. Die Flughafen Frankfurt/Main AG z. B. konnte im Jahr 1996 über 70 000 Tagungsteilnehmer aus dem In- und Ausland zählen.

Der Sitzungsraum sollte vor der Versendung der Einladungen bereits reserviert sein. Manchmal kann das aber Schwierigkeiten bereiten, wenn die Größe des Raumes erst durch die Anzahl der gemeldeten Teilnehmer bestimmt und ausgewählt werden kann. In diesen Fällen ist eine sehr frühzeitige Vorinformation zur Erfassung der voraussichtlichen Interessenten sehr wichtig.

Bei der Wahl des Raumes sollte darauf geachtet werden, daß er von äußeren Störungen (Bau- und Straßenlärm) geschützt liegt.

Der Erfolg der Veranstaltung hängt viel von der gegebenen Atmosphäre ab. Ein schön gelegener, angenehm gestalteter und richtig temperierter Raum wird die Aufnahme- und Konzentrationsfähigkeit der Teilnehmer steigern.

Bei mehrtägigen Sitzungen mit entsprechenden Freizeiten wird es als angenehm empfunden, wenn das Hotel über Hallenschwimmbad, Tennisplatz, Kegelbahn und ähnliches verfügt und in einer schönen Gegend mit Wandermöglichkeiten liegt.

Eine entscheidende Rolle bei der Auswahl des Ortes spielen heutzutage die Lage, die Anfahrtsmöglichkeiten vom Bahnhof, Flughafen, mit dem Auto (insbesondere im Winter und zu Zeiten des Berufsverkehrs) sowie die Parkmöglichkeiten. Viele Veranstaltungen in den Innenstädten können nicht pünktlich beginnen, weil die Teilnehmer keine Abstellmöglichkeit für ihren Wagen finden. Treffen Sie mit einem Parkhaus oder einem bewachten Parkplatz Absprachen, sofern nicht genügend Parkmöglichkeiten vorhanden sind, und machen Sie die Teilnehmer in der Einladung darauf aufmerksam.

Entscheidet man sich für ein auswärtiges Hotel, so schauen Sie sich die Räumlichkeiten auf alle Fälle vorher an, und prüfen Sie, ob nicht durch Baumaßnahmen, starken Straßenlärm oder andere zur gleichen Zeit stattfindende Veranstaltungen Störungen auftreten können.

Besonders im Hochsommer ist eine gut funktionierende Klimaanlage im Hotel wichtig. Sonst wird es in der Regel als angenehmer empfunden, wenn der Tagungsraum Tageslicht hat und die Fenster in den Pausen geöffnet werden können. Empfehlenswert ist außerdem ein Testessen.

Viele Hotels bieten ihre Dienste als *Tagungshotel* an. Dabei gibt es eine Reihe Hotels mit viel Erfahrung in der Durchführung von Tagungsveranstaltungen, andere etablieren sich erst neu auf dem Markt und bieten daher günstige Pauschalpreise an. Dafür muß unter Umständen auch noch „Lehrgeld" an das Hotel gezahlt werden.

Erfahrene Hotels können Sie bei der Gestaltung des Rahmenprogramms beraten und unterstützen. Gleiches gilt für die Verkehrsämter vieler Städte, die teilweise eigene Tagungsabteilungen unterhalten.

Sollen bei der Veranstaltung auch Gruppengespräche oder Workshops durchgeführt werden, so muß das Hotel über genügend Zusatzzimmer mit entsprechender Konferenztechnik außerhalb des Konferenzraumes verfügen.

Zu 6. Zubehör

Neben den fachlichen Unterlagen für den Veranstaltungsleiter, die Referenten und teilweise auch für die Teilnehmer können noch eine Reihe von technischen Hilfsmitteln eingesetzt werden.

Sorgen Sie dafür, daß alles, was nur irgendwie gebraucht werden könnte, zur Verfügung steht. Wird in einem Hotel oder Kongreßzentrum getagt, dann werden in der Regel die technischen Geräte wie

Overhead-Projektor, Flip-chart, Metaplan-Wände von dort zur Verfügung gestellt. Hier gibt es allerdings erhebliche Preisunterschiede für die Nutzung. Verhandeln Sie entsprechend vorher mit dem Hotel, und lassen Sie sich die Geräte zeigen bzw. prüfen Sie die Funktionsfähigkeit. Es müßten auch Ersatzgeräte zur Verfügung stehen, falls z. B. eine Projektionsbirne ausfällt.

Nehmen Vertreter der Medien an der Veranstaltung teil, so müssen für sie „Waschzettel" oder Pressemappen zusammengestellt werden.

Organisation

Von der guten Organisation hängt der Gesamtverlauf der Konferenz ab. Dazu gehören zum Beispiel:

- Umsetzung des beschlossenen Veranstaltungskonzepts
- Schreiben der Einladungen
- Absprachen mit Hotels, Parkhäusern
- Auswahl und Engagement der Referenten
- Festlegung und Organisation der Nebenveranstaltungen
- Ausstattung des Sitzungszimmers
- Bewirtung
- Reservierung der Hotelunterkünfte

Je nach Veranstaltungsdauer und -art können sehr umfangreiche Vorbereitungen auf Sie als Sekretärin/Assistentin zukommen, die Sie neben Ihrer normalen täglichen Arbeit zu bewältigen haben.

Wichtig ist bei allen Vorbereitungen, daß Sie sich vieles notieren und so arbeiten, daß Sie im Notfall auch mittendrin von einer anderen Dame ersetzt werden könnten.

Eine Checkliste, auf der Sie die erledigten Dinge abhaken können, ist dafür unerläßlich. Eine Erleichterung verschaffen Sie sich, wenn Sie sich den Ablauf der Veranstaltung bildlich vorstellen. Dadurch werden Sie so leicht nichts vergessen.

Wenn Sie durch gezielte, planvolle Vorbereitung den guten Verlauf der Tagung und die allgemeine Zufriedenheit der Teilnehmer erreichen, so werden Sie zusammen mit dem Chef ein schönes Erfolgserlebnis haben und in vielen Fällen auch mit einem Lob oder Dank rechnen können.

Sie können die gesamte Organisation der Veranstaltung selbst übernehmen und sich nach Bedarf noch weitere Mitarbeiterinnen zur Unterstützung holen, Sie können aber auch bei sehr großen Kongressen ein professionelles Kongreßbüro einschalten oder Teilaufgaben an externe Veranstalter übertragen.

Zusammenarbeit mit PCO

Professional Congress Organizer (PCO) hat sich als Berufsbezeichnung für Einzelpersonen, aber auch als Bezeichnung eines ganzen PCO-Büros etabliert, das mehrere Mitarbeiter hat.

Professionelle Veranstaltungsorganisationen sind Spezialisten, die im Hintergrund die organisatorischen Fäden in der Hand halten, eine gezielte Vorplanung erstellen und für einen reibungslosen Ablauf der Veranstaltung sorgen und Ihnen somit viel Arbeit abnehmen und Zeit sparen können. Vielfach haben sie auch sehr gute Beziehungen zu Hotels und können dadurch meistens bessere Konditionen für Sie erreichen.

Die Organisation von Veranstaltungen ist Vertrauenssache und damit oft, neben der fachlichen Kompetenz, Sache der Erfahrung und des Rufs, eine Frage von persönlichen, zwischenmenschlichen Beziehungen, von Sympathie und Antipathie.

Es ist daher wichtig, daß Sie den PCO sehr sorgfältig auswählen und vorher ein intensives persönliches Gespräch führen. Lassen Sie sich Referenzen nennen, erkundigen Sie sich dort nach den Ergebnissen.

Bei dem Kongreßbüro sollte möglichst nur eine Person für die Kontakte zu Ihnen bis zum Ende der Veranstaltung verantwortlich sein.

Sie können mit dem PCO eine professionelle Beratung, diverse Einzelleistungen (Namensschilder, Hotelbuchung, Hostess-Service, Rahmenprogramm usw.) oder einen Full Service vereinbaren.

Organisation der Veranstaltung in Eigenregie

Übernehmen Sie die Organisation selbst, dann können Sie vieles über Ihren PC erledigen.

Sie können sich zu diesem Zweck eine eigene Datenbank anlegen, in die Sie z. B. Personen-Stammdaten, Hotels, Seminarräume, Referenten usw. speichern und von Fall zu Fall abrufen.

Außerdem werden Ihnen elektronische Hotelführer, Straßenkarten, Bahnverbindungen, Flugpläne gute Dienste leisten, die Sie als Diskette oder CD-ROM in jeweils aktueller Version erhalten.

Darüber hinaus gibt es auch besondere Software-Programme für die Kongreßorganisation, mit deren Hilfe Teilnehmerlisten, Tischkarten, Kostenzusammenstellungen und vieles mehr angefertigt werden können.

Wenn Sie Zugang zum Internet haben, werden Sie hier die aktuellsten Angebote von Hotels, Fluggesellschaften und sonstigen Anbietern finden.

Einladungen

In den meisten Fällen werden schon zu größeren mehrstündigen Sitzungen schriftliche Einladungen verschickt. Um einen effizienten Ablauf zu gewährleisten und das gesetzte Ziel zu erreichen, ist es wichtig, daß folgende Angaben darin enthalten sind:

- Datum der Besprechung
- Beginn
- Dauer
- Ort
- Thema und Tagesordnung
- Name des Sitzungsleiters
- Namen aller Teilnehmer (sofern möglich)
- Angaben über mitzubringende Unterlagen oder zu erledigende Vorarbeiten
- Bitte um Bestätigung der Teilnahme oder Ernennung eines Ersatzmannes
- Hinweise über die zur Verfügung stehende Redezeit

Für größere und mehrtägige Veranstaltungen wird es oft erforderlich, vor der eigentlichen Einladung eine Vorankündigung an den in Frage kommenden Teilnehmerkreis zu senden. Das kann nicht früh genug geschehen, damit sich möglichst alle den Termin freihalten.

Bei bestimmten Veranstaltungen, wie Hauptversammlungen, ist die Einladungsfrist gesetzlich vorgeschrieben, die unbedingt eingehalten werden muß.

In der Regel sollten Einladungen mindestens sechs Wochen vor dem Termin, bei ausländischen Gästen noch wesentlich früher, bei prominenten Persönlichkeiten und Referenten mindestens bis sechs Monate vorher, abgesandt werden.

In dem Einladungsschreiben muß alles stehen, was für den Teilnehmer wichtig ist:

- Veranstaltungsart
- Veranstaltungsziel
- Veranstaltungsort
- Veranstaltungszeit
- Veranstaltungsdauer
- Referenten

- Zielgruppe der Teilnehmer
- genaue Besprechungspunkte oder Seminarpunkte
- mitzubringende Unterlagen
- Teilnehmergebühren
- weitere voraussichtliche Kosten
- Übernachtungsmöglichkeiten
- Parkmöglichkeiten
- Nebenveranstaltungen
- Garderobe
- Möglichkeit von Begleitpersonen (eventuell Damenprogramm)
- Bewirtung
- Hinweise über An- und Abreise (Zubringerdienst vom Flughafen oder von der Bahn)
- Zufahrtsskizze
- Hotelbeschreibung
- Termin für Bestätigung der Teilnahme

Antwortkarten: Versenden Sie möglichst mit der Einladung vorgedruckte Antwortkarten, und geben Sie einen frühzeitigen Termin an, bis zu dem die Teilnahme bestätigt sein muß.

Wenn Sie für Quartiere von auswärtigen Gästen sorgen, bereiten Sie die Antwortkarten so vor, daß der Teilnehmer die gewünschte Unterkunftsart nur anzukreuzen braucht, und/oder legen Sie ein Hotelverzeichnis mit entsprechenden Reservierungskarten bei.

Außerdem können den Einladungen noch der Veranstaltungskalender der Stadt sowie Prospekte beigefügt werden.

Da es in der Praxis immer wieder vorkommt, daß Antwortkarten ohne Absender zurückgesandt werden, bereiten Sie diese ebenfalls vor. Entweder drucken Sie den Absender ein oder numerieren Sie die Karten und legen sich gleichzeitig eine Nummernliste mit den dazugehörigen Namen an. Dadurch ersparen Sie sich die Nachforschungen.

Sobald die ersten Rückläufe eingehen, müssen sie erfaßt und ausgewertet werden. Das kann in herkömmlicher Form auf einer Liste, einer Karteikarte oder professioneller im PC geschehen.

Wichtig ist aber, daß alle Sonderwünsche der Teilnehmer auch beachtet werden. Dabei darf der Erledigungsvermerk nicht fehlen für den Fall einer Reklamation oder bei Ihrer plötzlichen Vertretung.

Bei einem kleineren Teilnehmerkreis werden Sie die Einladungen als Serienbriefe ausdrucken.

Bei offiziellen Anlässen, größeren Veranstaltungen, Vorträgen, Seminaren und dergleichen wird es häufig erforderlich, die Einladungsschreiben und Programme zu drucken. In diesem Fall sprechen Sie rechtzeitig mit der Druckerei, und vereinbaren Sie einen frühzeitigen Termin für die Fertigstellung.

Absprachen mit Hotels – Bewirtung

Wird die Veranstaltung in einem Hotel durchgeführt, so sollten Sie rechtzeitig Kontakt mit dem Hotel aufnehmen.

Lassen Sie sich eine schriftliche Offerte geben. Bestehen Sie auf schriftlicher Fixierung aller gewünschten und besprochenen Punkte. An der Bestätigung und Ausführung Ihrer Anfrage können Sie feststellen, wie genau man es mit Details in einem Hotel nimmt.

Wie gut Hotels organisiert sind, sehen Sie an der Zeitspanne, die zwischen Ihrer Anfrage und der Offerte liegt.

Lassen Sie sich vom Hotel die Person nennen, die für Ihre Tagung zuständig ist. Ideal ist es, wenn Sie nur eine einzige Kontaktperson haben, mit der Sie alle Punkte vor und während der Tagung durchsprechen können.

Ganz wichtig ist es, mit dem Hotel klar abzusprechen, wer was bezahlt. Auch die

Teilnehmer müssen wissen, welche Leistungen der Veranstalter übernimmt und was sie selbst zu zahlen haben.

Wenn Übernachtungen der Teilnehmer im selben Hotel gebucht werden sollen, verhandeln Sie über einen Sonderpreis, und lassen Sie sich dafür eine Option bis zu einem möglichst langfristigen Termin geben.

Erfahrene Tagungshotels werden Ihnen eine Checkliste geben und Sie bitten, darin alle Wünsche anzukreuzen.

Für die Gestaltung des Konferenzraumes wird in der Regel das Hotel verantwortlich sein. Besondere Leistungen, wie Tischdecken, Blumenschmuck, Kerzen, Menükarten, Tischkarten usw., müssen Sie aber meistens gesondert zahlen.

Ebenso werden vielfach die technischen Geräte gesondert berechnet. Es bedarf dann der Absprache, ob Sie Geräte stellen oder die des Hotels nutzen.

In den meisten Fällen bieten Konferenzhotels heute Tagungspauschalen oder Konferenzpakete an. Darin enthalten sind die Raumnutzung (teilweise mit, teilweise ohne Geräte), Kaffee und Kaltgetränke zum Frühstück und am Nachmittag sowie ein Mittag- oder Abendessen.

Auch hier gibt es große Unterschiede in der Bewirtung. Die Teilnehmer freuen sich, wenn sie neben Kaffee und Tee auch noch Joghurt, Obst, Müsli und Gebäck angeboten bekommen.

Für das Mittagessen wird heute meistens ein Buffet gewählt, da es schneller geht und jeder nach seinem Wunsch wählen kann. Wird ein Menü ausgesucht, dann sollte es eine leichte und gesunde Kost sein, damit die Teilnehmer anschließend noch leistungsfähig sind.

Am Abend kann dann ein anspruchsvolles Menü eventuell mit einem Unterhaltungsprogramm geboten werden.

Auswahl und Engagement der Referenten

Die Auswahl der Referenten hängt von dem Thema und der Zielsetzung ab. Wie bereits erwähnt, sollten sie sehr frühzeitig engagiert werden.

Wichtig ist dabei, neben dem Honorar auch klar zu vereinbaren, welche sonstigen Kosten vom Veranstalter übernommen werden. Außerdem bedarf es der Absprache, wer die Teilnehmerunterlagen erstellt und welche Geräte für den Vortrag benötigt werden.

Bei mehreren Referenten sind manchmal auch eine genaue Themenabgrenzung und eine vorherige Verständigung der Referenten untereinander notwendig, um Überschneidungen zu vermeiden.

Festlegung und Organisation der Nebenveranstaltungen

Bei mehrtägigen Tagungen werden meistens ein Zusatzprogramm für die Teilnehmer in der Freizeit und ein Programm für die Begleitpersonen während der Veranstaltung angeboten.

Hier können Sie sich kreativ betätigen und gute Vorschläge einbringen. Die Organisation wird dann ebenfalls in Ihren Händen liegen. Hotels oder Verkehrsbüros werden Ihnen dabei behilflich sein.

Legen Sie sich schon frühzeitig eine Datenbank an, in der Sie Empfehlungen von Künstlern oder Veranstaltungsmöglichkeiten speichern.

Ausstattung des Sitzungszimmers

Die Lage des Konferenzraumes sollte möglichst ruhig und störungsfrei sein. Der Raum muß in der Größe der Teilnehmerzahl angepaßt sein, damit sich die Konferenzgruppe weder in dem Saal „verliert“ noch zu eingeengt vorkommt. Da meistens Unterlagen ausgegeben werden und die Teilnehmer schreiben müssen, sollte nach Möglichkeit nicht auf Tische verzichtet werden.

Außerdem sind Lüftung, Heizung und Klimaanlage zu prüfen, insbesondere auch die Lichtverhältnisse (Verdunkelungsmöglichkeit bei Projektion).

Die Bestuhlung des Raumes hängt von der Anzahl der Konferenzteilnehmer ab.

Bei einer kleineren Gruppe eignen sich am besten der runde Tisch oder in ähnlicher Form zusammengestellte kleine Tische (Rechteck, Trapez, Dreieck). Dadurch kann jeder Teilnehmer den anderen sehen und sich mit ihm unterhalten, was bei einem langen Tisch schlecht möglich ist. Die Kommunikation wird durch das Zusammensitzen in einer Runde erleichtert.

Bei einem größeren Personenkreis wird man die T-Form, U-Form, Carré-Form, Parlamentarische Form oder sogar Stuhlreihen wählen müssen.

Eine feste Sitzordnung wird vielfach bei Sitzungen gewünscht. In diesem Fall müssen gut sichtbare Tischkarten auf jedem Platz stehen.

Sie sollten in jedem Fall von beiden Seiten beschriftet werden, denn häufig unterhält man sich mit dem gegenüber sitzenden Gast mehr als mit seinem Nachbarn. Das gilt auch für Vorträge, damit sowohl der Referent als auch die Teilnehmer alle Namen lesen können.

Bei einer größeren Teilnehmerzahl gehört zu den Tischkarten ein Sitzplan, der an gut sichtbarer Stelle des Raumes (Innenseite der Eingangstür) angebracht wird, damit jeder vor Eintritt in den Raum sehen kann, wo er seinen Platz findet.

Handelt es sich um einen sehr großen Teilnehmerkreis, der an Einzeltischen (eventuell numerierten Tischen) sitzt, dann empfiehlt es sich, darüber hinaus noch ein alphabetisches Namensverzeichnis mit dazugehöriger Tischnummer aufzuhängen.

Werden keine festen Plätze zugewiesen, sondern nur Tischkarten vorbereitet, so stellt man sie am besten am Eingang auf einen Sondertisch, damit sich jeder Gast seine Tischkarte zu dem von ihm gewählten Sitzplatz mitnehmen kann. Sie können sie auch jedem Teilnehmer in seine Kongreßmappe legen.

Namensschilder: Wenn der Teilnehmerkreis sich nicht untereinander kennt, sind zusätzliche Namensschilder zum Anstecken zweckmäßig. Dadurch können sich die einzelnen Gäste in Pausen und am Mittagstisch mit Namen ansprechen, was den Kontakt fördert.

Wichtig ist, daß der Name möglichst groß gedruckt, geschrieben oder geprägt wird. Es genügt der Familienname ohne den Zusatz Herr oder Frau. Verbindlicher ist allerdings, auch den Vornamen ausgeschrieben davor zu setzen.

Durch Farbpunkte können die Teilnehmer in ihren Funktionen besonders gekennzeichnet werden (Gäste, Vorstand, Mitglieder oder ähnliches).

Denken Sie bitte daran, daß Damen oft keine Ansteckmöglichkeiten haben oder auch nicht bereit sind, die Nadel durch ihr Seidenkleid zu stecken. Halten Sie dafür kleine Ketten bereit, an denen die Namensschilder befestigt werden.

Die Namensschilder werden am zweckmäßigsten erst am Tagungsort ausgegeben oder dem Teilnehmer angesteckt, wenn er sich in die Teilnehmerliste einträgt bzw. sein Name auf vorgeschriebener Liste abgehakt wird.

Die Tische müssen dem Zweck der Veranstaltung entsprechend ausgerichtet sein. Wenn viel geschrieben werden muß, sollten keine Tischdecken aufgelegt und kein größerer Blumenschmuck darauf gestellt werden. Die Atmosphäre kann durch ein hübsches Blumenarrangement, eine wirkungsvoll gefüllte Bodenvase oder eine Grünpflanze an gut sichtbarer Stelle des Raumes gehoben werden.

Auf die Sitzungstische werden vielfach noch Schreibmaterial, Arbeitsunterlagen, die Tagesordnung sowie alkoholfreie Getränke und Gläser gestellt.

Auf alle Fälle muß der Referent immer eine Flasche kohlensäurearmes Mineralwasser neben sich stehen haben.

In einen komplett ausgestatteten Konferenzraum gehört eine Vielzahl von Geräten und Techniken. Je nach Veranstaltungsart kann auf das eine oder andere natürlich verzichtet werden.

- Tageslichtprojektor mit entsprechendem Zubehör
- Flipcharts (vielfach auch als Magnetfeld verwendbar oder mit Kopiereinrichtung)
- Metaplan-Wände mit entsprechendem Moderationsmaterial
- Dia- oder Filmprojektor mit entsprechendem Zubehör
- Leinwand
- Tafel, Schwamm, Kreide
- Videorecorder, Monitor
- Videokamera und Zubehör
- PC mit LCD, Beamer oder Projektor
- Tonbandgerät oder Kassettenrecorder mit Zubehör
- Rednerpult
- Lautsprecher, Mikrofon
- Tischkarten
- Schreibmaterial
- Getränke und Gläser
- Kopiergerät, eventuell Telefaxgerät (eventuell im separaten Raum)
- Telefon
- Uhr
- Pressetisch und Informationstisch
- Tisch für Protokollführer

Werden Gruppengespräche während der Veranstaltung geführt, so müssen dafür entsprechende Nebenräume zur Verfügung stehen.

Die Garderobe sollte möglichst nicht im Sitzungsraum, sondern an einem hierfür eingerichteten Ort aufbewahrt werden.

Reservierung der Hotelunterkünfte

Für alle Übernachtungen, die der Veranstalter bezahlt, werden Sie die Zimmer reservieren und anschließend mit dem Hotel die Gesamtkosten abrechnen.

Übernehmen Sie auch die Reservierung für die selbstzahlenden Teilnehmer, dann lassen Sie sich eine Bestätigung des Hotels geben, und senden Sie diese vor der Veranstaltung an den Gast. Wurden Sonderkonditionen vereinbart, achten Sie auf die Einhaltung.

Sonstiges

Handelt es sich um eine wichtige Tagung, bei der Protokoll geführt werden soll oder muß, dann klären Sie rechtzeitig, wer diese Aufgabe übernimmt. Aus Sicherheitsgründen können Sie darüber hinaus noch ein Tonbandgerät einsetzen.

Sie haben an alles Wichtige gedacht und den Ablauf bestens organisiert. Nun gibt es noch einige zusätzliche Dinge, die Sie für Sonderwünsche und Fragen der Teilnehmer bereitlegen könnten, das sind:

- Tageszeitung
- Veranstaltungskalender des Ortes
- Stadtplan
- Kursbuch (wenn Sie es nicht im PC haben)
- Flugplan
- Nähzeug
- Fleckenwasser
- Kleiderbürste
- Kleine „Büro-Apotheke“
- Schere, Klebeband

Durchführung

Die beste Veranstaltungsorganisation ist nur ein Teil der Erfolgsvorbereitung – ebensowichtig ist eine perfekte Tagungsdurchführung.

Während der Veranstaltung werden Sie anwesend sein, entweder im Sitzungsraum (eventuell als Protokollführerin) oder in unmittelbarer Nähe.

Inspizieren Sie noch einmal vor Beginn den Konferenzraum, damit nichts vergessen wurde, die Luft angenehm und die Beleuchtung zweckmäßig ist.

Die Anwesenheit der Gäste muß in der Regel kontrolliert werden. Entweder wird eine Liste herumgereicht, in die sich jeder einträgt, oder die Registrierung erfolgt an einem Sondertisch vor Beginn. Damit können gleichzeitig die Teilnehmerunterlagen, die Namensschilder und eventuelles Informationsmaterial ausgehändigt werden.

Bei sehr großen Veranstaltungen werden für die Betreuung der Gäste mehrere Helfer benötigt.

Sie müssen auch bei Diskussionen im Raum sein, um schriftliche Diskussionsbeiträge einzusammeln und zum Podium zu bringen und Diskussionsteilnehmer mit Mikrofonen zu versorgen. Dazu werden häufig Hostessen eingesetzt, die – manchmal auch in einheitlicher Kleidung – Mitarbeiterinnen des Veranstalters oder professioneller Kongreßorganisationen sind und für diese Aufgaben besonders geschult wurden.

Zum guten Gelingen der Veranstaltung …

… gehören noch folgende weitere Aufgaben, auf die hier nicht im einzelnen mehr eingegangen werden soll:

- Abholung der Gäste am Flughafen, an der Bahn
- Begrüßungsschreiben und eventuell -geschenk im Hotelzimmer des Gastes
- Zubringer zum Tagungslokal
- Übernahme der Parkgebühren
- Übernahme der Garderobengebühren
- Versorgung der Chauffeure
- Empfang der Gäste
- Betreuung der Gäste
- Betreuung der Presse
- Betreuung der Referenten und Künstler
- Garderobe einrichten und betreuen
- sanitäre Anlagen überprüfen
- Hinweistafel im Hotel (hier auf richtige Angabe des Veranstalters achten!)
- erste Reihen im Konferenzraum für VIPs reservieren
- eventuell Änderungen der Referenten in die Tagungsmappe übernehmen
- Tagesordnungen nochmals auf jeden Platz legen
- Schilder „Nicht stören" an Konferenztür anbringen
- Türkontrolle regeln
- Fotograf bestellen
- Sicherheitsvorkehrungen für gefährdete Gäste treffen
- Gastgeschenke
- Nebenveranstaltungen/Damenprogramm betreuen
- Botendienst organisieren
- Telefonzentrale informieren
- Memotafel für ankommende Nachrichten an Teilnehmer
- Erstellen aller nötigen Unterlagen, Schaubilder und Presseinformationen
- Bewertungsbogen ausgeben und einsammeln
- Informationstisch und Informationsmaterial organisieren und betreuen

Nachbereitung

Ist das Tagungsprogramm beendet, wurden die Gäste mit freundlichen Worten und manchmal mit einem Gastgeschenk verabschiedet, so beginnt für Sie die Nachbereitung. Dazu zählen:

- Konferenzraum räumen
- entliehene Geräte und Arbeitsmittel zurückgeben
- Unterlagen sortieren und aufbewahren
- Protokoll schreiben, versenden und auswerten
- Notizen auswerten, eventuell speichern und weiterleiten
- Beschlüsse und Ergebnisaktivitäten überwachen
- Presseberichte sammeln, auswerten und weiterleiten
- Ehrengästen, Referenten und eventuell Teilnehmern Fotos zusenden
- Dankschreiben an Referenten und eventuell Teilnehmer senden
- Handkasse abrechnen
- Honorare und Reisekosten abrechnen
- Hotelrechnung(en) bezahlen
- eintreffende Rechnungen überprüfen und zur Zahlung anweisen
- Gesamtkosten erfassen, mit den Voranschlägen vergleichen und Konsequenzen für zukünftige Veranstaltungen daraus ziehen
- eventuell Korrespondenz erledigen
- Adreßänderungen eintragen und speichern
- Kongreßmappe vervollständigen
- Checkliste im PC ergänzen oder korrigieren

Erfolgskontrolle

Möglichst direkt nach der Tagung oder spätestens einen Tag später sollte mit allen an der Vorbereitung und Durchführung beteiligten Personen eine Ergebnisanalyse durchgeführt werden.

Was lief gut, was könnte bei zukünftigen Veranstaltungen verbessert werden? Erfolgsfaktoren, Fehler und Versäumnisse sollten möglichst kritisch betrachtet werden, um Lehren für die Zukunft zu ziehen.

Wurden von den Teilnehmern Bewertungsbogen ausgefüllt, so werden diese ausgewertet und entsprechende Konsequenzen daraus gezogen.

Alle Kosten werden zusammengestellt, analysiert und in Relation zum Ergebnis gebracht.

Hotels, Referenten und Künstler, die zum Erfolg beitrugen, können in der Datenbank erfaßt und bei Bedarf ein weiteres Mal eingesetzt oder an andere Geschäftspartner empfohlen werden.

Mit angenehmen Journalisten wird der Kontakt aufrechterhalten und möglichst noch vertieft.

Bei einer erfolgreichen Veranstaltung werden sich die dafür Verantwortlichen über ein Lob und einen Dank freuen.

Geben Sie das Ihrem Chef zu verstehen, und nehmen auch Sie seinen Dank gern an.

Speichern Sie sich nun alle diese Teil-Checklisten in Ihren PC ein, ergänzen Sie diese Angaben um Aktivitäten, die hier nicht berücksichtigt, für Sie aber wichtig sind, und drucken Sie sich für jede Veranstaltung, die Sie organisieren, eine Spezialliste aus.

Da nichts so beständig ist wie der Wandel, wird es auch hier immer heißen, die Checkliste von Zeit zu Zeit auf Aktualität zu überprüfen und um neue Techniken und Ideen zu erweitern.

Viel Erfolg bei Ihrem Veranstaltungsmanagement!

Weiterführende Literatur

Bruhn-Jade, Christa, Handbuch für Sekretariat und Büromanagement, Loseblattwerk mit vierteljährlichen Aktualisierungen, Weka-Verlag, Kissing 1997

Goosens, Franz, Konferenz und Verhandlungstechniken Ratgeber, Karriere, Heyne Verlag, München 1993

United Hotelkooperation, Handbuch der Tagungsorganisation, Frankfurt

III.
Methodenkompetenz

Gedächtnis- und Konzentrationsschulung

Der Autor

Günther Beyer ist Begründer des Instituts für Creatives Lernen. Der Autor zahlreicher Fachpublikationen wurde auch einem breiteren Publikum durch verschiedene TV-Auftritte als Moderator eigener Themen bekannt. Als Verfasser von Rundfunksendungen sowie Trainingsprogrammen beweist er ständig seine Kompetenz. Training, Moderation und Coaching gehören zu seinem täglichen Aufgabenbereich. Er ist Mit-Initiator der Akademie 2000 GmbH (Zielgruppe sind Bund, Länder, Kommunen, sowie öffentliche Einrichtungen) und der Sales-Team GmbH (Verkaufstrainings).

Von Mitarbeiterinnen und Mitarbeitern im Sekretariat wird erwartet, daß sie trotz Hektik und ständiger Unterbrechung Termine konsequent einhalten, daß sie wissen, wo welcher Vorgang abgelegt ist oder um was es in der letzten Besprechung ging. Kurzum, sie sollen immer und überall das zweite Gedächtnis des Chefs sein.

Keine leichte Sache, vor allem dann, wenn es „heute mal wieder rund ging"!

In diesem Kapitel sollen Ihnen Hilfsmittel an die Hand gegeben werden, wie Sie Ihr Gedächtnis und Ihre Konzentration spürbar verbessern können.

Die Gedächtnisarten

Zunächst einmal ein kleines bißchen Theorie. Jeder Mensch besitzt vier Arten von Gedächtnis:

1. Das akustische Gedächtnis – hier speichern Sie all das, was Sie hören.
2. Das visuelle Gedächtnis – hier speichern Sie alle die Dinge, die Sie sehen.
3. Das emotionale Gedächtnis – hier speichern Sie Emotionen, wie Geschmack, Geruch, Temperatur, Schmerz, Trauer, Freude usw.
4. Das motorische Gedächtnis – dieses Gedächtnis haben Sie als Kind genutzt, um laufen zu lernen, später um Rollschuh-, Schlittschuh- oder Fahrradfahren zu lernen, heutzutage, um Skifahren zu lernen, Tennis zu spielen usw.

Das visuelle Gedächtnis

Ihr ganzes Leben lang benutzten Sie in einem ganz individuellen Verhältnis diese vier Arten Ihres Gedächtnisses, speichern hier von Minute zu Minute immer mehr Informationen ab.

Die Frage stellt sich nun: Sind diese vier Bereiche Ihres Gedächtnisses in gleicher Weise effektiv oder gibt es hier das bessere und das schlechtere Gedächtnis?

Die Frage ist schnell beantwortet: Das visuelle Gedächtnis ist mit deutlichem Abstand das stärkste, den zweiten Platz teilen sich das emotionale Gedächtnis und das motorische.

Verlierer, und zwar mit großem Abstand, ist das akustische Gedächtnis. Dieses tut sich außerordentlich schwer, Informationen aufzuspeichern und über längere Zeit abrufbereit zu halten.

Da das visuelle Gedächtnis – mit ganz wenigen Ausnahmen – das stärkere ist, soll es in diesem Abschnitt trainiert werden.

Bitte schauen Sie sich einmal die folgende Übung 1 an.

Nagel	–	Daumen
Plakat	–	Kleister
Baum	–	Affe
Tisch	–	Beil
Papier	–	Regen

Übung 1 – 10 Wörter

Diese 10 Begriffe sollen Sie sich merken, und zwar so, daß Sie wissen: Bei Nagel steht Daumen, bei Plakat Kleister, bei Baum Affe usw.

Aber auch umgekehrt sollen Sie wissen: Bei Daumen steht Nagel, bei Kleister Plakat, bei Affe Baum usw.

Sich Bilder vorstellen

Ich möchte Sie nun bitten, sich zu diesen Begriffen Bilder vorzustellen.

Bitte stellen Sie sich einmal vor, wie Sie sich Ihren Daumen an einem Nagel verletzen. Schließen Sie am besten dabei für einige Sekunden die Augen, und stellen Sie sich das Bild vor Ihrem geistigen Auge vor. Dabei spielt es keine Rolle, ob Sie dieses Bild lediglich ganz blaß schwarzweiß sehen oder möglicherweise sehr farbig.

Wichtig ist lediglich folgende Regel: Ein Bild, das Sie sich bewegt vorstellen – wenn Sie also sehen, wie Sie Ihren Daumen bewegen, sich dabei am Nagel verletzen und der Daumen zurückzuckt –, prägt sich in Ihrem Gedächtnis besser ein, als wenn es nur ein starres Dia ist.

Bitte stellen Sie sich nun als nächstes vor, wie Sie Kleister auf einen Hintergrund streichen und ein Plakat auf diesem Kleister befestigen.

Stellen Sie sich als nächstes vor, wie ein Affe mit großer Geschwindigkeit einen Baum hochklettert.

Stellen Sie sich nun vor, wie Sie mit einem Beil einen alten Tisch zerschlagen.

Zum Schluß möchte ich Sie bitten, sich vorzustellen, wie Regen auf ein Stück Papier fällt und dieses Papier aufweicht.

Wenn Sie sich jedes Bild vor dem geistigen Auge vorgestellt haben – etwa drei bis fünf Sekunden pro Bild –, dann werden Sie feststellen, daß diese Informationen in Ihrem Gedächtnis tief verankert sind.

Die Probe machen

Machen Sie bitte einmal die Probe, und decken Sie mit Ihrer Hand die rechte Hälfte dieser Übung zu, so daß Sie nur noch die Begriffe Nagel, Plakat, Baum, Tisch, Papier sehen.

Fragen Sie sich jetzt ab: Was stand bei

Nagel, was stand bei Plakat, was stand bei Baum usw.? Sie werden feststellen, daß aufgrund Ihrer Bilder die Informationen im Gedächtnis verankert sind.

Decken Sie jetzt die linke Hälfte Ihrer Übung zu, und fragen Sie sich genau andersherum ab: Was stand bei Daumen, was bei Kleister, was bei Affe usw.?

Fazit
Wenn Sie sich Bilder vorstellen, vor allen Dingen dann, wenn Sie sich bewegte Bilder vorstellen, werden Informationen gut und tief in Ihr Gedächtnis eingegraben. Wenn Sie statt dessen nur an diese Informationen denken – was am Anfang vielleicht bequemer ist –, dann unterstützen Sie Ihr Gedächtnis kaum.

Bilder haben eine außerordentlich hohe Langzeitwirkung in Ihrem Gedächtnis. Ich möchte Sie bitten, sich das selber einmal zu beweisen.

Bitte rufen Sie diese Übung am nächsten Tag noch einmal ab. Sie werden feststellen: Wenn Sie gute Bilder vor dem geistigen Auge aufgebaut haben, dann bleiben diese Begriffe lange im Gedächtnis.

Übung 2 – 40 Wörter

Sie sollen nun an dieser Stelle erleben, wie außerordentlich groß die Kapazität Ihres Gedächtnisses ist, wenn Sie gute Bilder aufbauen.

Bitte schauen Sie sich die Übung 2 an. Hier finden Sie 40 Wörter, die Sie sich ebenfalls merken sollen. Auch hier möchte ich Sie bitten, sich wieder Bilder vorzustellen, so z. B. einen Briefträger, der über den Zaun klettert, um zu Ihnen zu gelangen, oder einen Pullover, der mit Kugelschreiber beschmiert ist, oder ein Taschentuch, mit dem Sie sich vor der Sonne schützen usw. Bitte bauen Sie diese Bilder bis einschließlich Halstuch – Riese auf. Z. B. ein Riese, der sich ein Halstuch umbindet. Decken Sie anschließend wieder die rechte Hälfte dieser Übung zu und fragen sich ab: Was war bei Zaun, was bei Pullover usw.? Anschließend decken Sie dann die linke Hälfte dieser Übung zu und fragen umgekehrt ab: Was war bei Briefträger, bei Kugelschreiber usw.?

Zaun	–	Briefträger
Pullover	–	Kugelschreiber
Sonne	–	Taschentuch
Schallplatte	–	Glas
Radio	–	Butterbrot
Kind	–	Pistole
Feuerzeug	–	Zeitung
Butter	–	Schuh
Frau	–	Grab
Lupe	–	Buch
Pferd	–	Rasen
Salz	–	Kuchen
Sturm	–	Strand
Bürgersteig	–	Geldbörse
Fahne	–	Bruder
Polizist	–	Kopf
Eimer	–	Teppich
Tasche	–	Staub
Haken	–	Säule
Halstuch	–	Riese

Ich bin sicher, daß Sie sich auch diese 40 Begriffe gut über Bilder merken konnten.

An dieser Stelle möchte ich Ihnen die wichtigsten Regeln für ein gutes Gedächtnis geben:

Fahren Sie zweigleisig
Bilder sind immer die Basis für ein gutes Gedächtnis. Allerdings läßt sich das Gedächtnis noch weiter verbessern, wenn Sie außer Ihrem bildhaften Gedächtnis auch das emotionale Gedächtnis nutzen. Denn das emotionale Gedächtnis ist, wie ich anfangs erwähnte, ebenfalls stark.

Wenn Sie also sowohl Bilder sehen als auch Emotionen empfinden, dann haben Sie ebenfalls Ihrem emotionalen Gedächtnis Informationen geliefert. Dazu noch einmal das erste Beispiel: Nagel – Daumen.

Wenn Sie sich vorstellen, wie Sie sich den Daumen an einem Nagel verletzen und dabei den Schmerz innerlich empfinden, dann fahren Sie „zweigleisig“. Sowohl das visuelle als auch das emotionale Gedächtnis nehmen diese Informationen auf.

Bitte schauen Sie sich dazu noch einmal Ihre Übung 2 an, von Zaun – Briefträger bis Halstuch – Riese, und überlegen Sie bitte, an welcher Stelle Sie bereits Emotionen mit in Ihre Bilder hineingenommen haben.

Vielleicht bei Sonne und Taschentuch, so etwa, daß Sie die Sonne als sehr heiß empfunden und sich deshalb mit dem Taschentuch geschützt haben und nun die Kühle dabei angenehmen empfinden.

Oder eine Frau steht am Grab und empfindet Trauer usw.

Bilder und Emotionen

Bilder also, die zusätzlich mit Emotionen verbunden sind, bleiben noch länger und noch intensiver in Ihrem Gedächtnis haften. Das bedeutet aber nicht, daß Sie jedes Bild mit einer Emotion verknüpfen, denn das wäre viel zu aufwendig.

Bei gut 80% Ihrer Informationen genügt das einfache Bild, um eine gute Langzeitwirkung zu erzielen.

20% Ihrer Informationen sind schwieriger aufzunehmen und sollten deshalb mit Emotionen unterstützt werden.

Entscheiden Sie einfach nach Ihrem Gefühl, wann Sie Emotionen mit hineinnehmen und wann nicht. So arbeiten Sie sehr effizient und treiben auch nicht zuviel Aufwand.

Generalprobe

Die Wortpaare, die Sie zur Zeit in Bilder umsetzen, sind gewissermaßen die Vorübung, um das bildhafte Speichern für die Praxis zu trainieren. Denn es lassen sich mit Bildern ebenso Inhalte von Fachzeitschriften, von Rundschreiben, der Briefkorrespondenz, von Besprechungen, Telefonaten, Konferenzen usw. speichern, ebenso wie die Namen und das Aussehen von Personen oder Fachbegriffe und Vokabeln.

Bevor wir zu Namen und Gesichtern kommen und ebenfalls zu dem Bereich Inhalte von Besprechungen, Konferenzen, Telefonaten, Fachartikeln, Rundschreiben usw., möchte ich Sie bitten, sich einer Generalprobe zu unterziehen, indem Sie 80 Begriffe gewissermaßen „in einem Rutsch“ in Ihr Gedächtnis einprägen.

Bitte stellen Sie sich nun zu der folgenden Übung 3 entsprechend Ihre Bilder vor, und decken Sie anschließend zur Probe zuerst die rechte Hälfte und danach die linke Hälfte zu.

Ich wünsche Ihnen für Ihre Generalprobe viel Erfolg. Drei bis vier Fehler in einer solchen Übung sind auf jeden Fall normal, was aber umgekehrt heißt, daß Sie sich 76 oder 77 Begriffe merken konnten, und das bedeutet ein phänomenales Gedächtnis.

Übung 3 – 80 Wörter

Messer	–	Blume
Winter	–	Muskel
Kaffee	–	Videofilm
Eile	–	Überweisung
Schublade	–	Schlauch
Illustrierte	–	Diktiergerät
Wiese	–	Pferd
Blutdruck	–	Jogging
Reise	–	Geld
Erkältung	–	Behörde
Stempel	–	Buch
Erfolg	–	Dankbarkeit
Brücke	–	Seil
Weg	–	Igel
Sprechstundenhilfe	–	Schere
Sekt	–	Büro
Brille	–	Schal
Rätsel	–	Schreibblock
Angst	–	Spritze
Hund	–	Flasche
Schmerz	–	Knie
Bauchweh	–	Gemüse
Sofa	–	Transport
Schmuck	–	Allergie
Teppich	–	Biene
Apotheke	–	Eimer
Kirche	–	Auto
Murmel	–	Junge
Arzt	–	Tafel
Personalcomputer	–	Schreibtisch
Rundschreiben	–	Büroklammer
Besprechung	–	Kaffee
Freude	–	Empfehlung
Bleistift	–	Lexikon
Telefon	–	Lärm
Streß	–	Kunde
Fenster	–	Handtasche
Fachbuch	–	Diktiergerät
Taschenrechner	–	Kamm
Fotokopierer	–	Locher

Ich bin sicher, auch diese Übung war ein Erfolg. Begriffe aus dem Sekretariat in dieser Übung lassen sich ebensogut bildhaft abspeichern wie Begriffe anderer Art. Wenn Sie an der einen oder anderen Stelle einen Begriff vergessen haben, dann liegt das lediglich daran, daß Sie entweder keine Idee zu einem Bild hatten oder aber das Bild nur mit Mühe zustande kam.

Immer wenn Sie das Gefühl haben, daß Sie nicht hinter einem Bild stehen, daß Sie dieses Bild gewissermaßen „nur verkrampft" aufgebaut haben, werden Sie es auch hinterher schnell wieder vergessen.

Bilder, die Sie bejahen können, die auch sehr spontan aus Ihnen herauskommen, sind immer die besten.

Aber: Sie müssen sich selbstverständlich das vorstellen, was in einem Wortpaar steht, und nicht irgend etwas anderes. Denn Ihr Gedächtnis kann nur das reproduzieren, was Sie sich auch vorher vorgestellt haben.

Übung 4 – Inhalte von …

… Fachartikeln, Rundschreiben, Briefkorrespondenz, Konferenzen, Telefonaten usw.

Wenn ich Sie jetzt überzeugt habe, daß das bildhafte Gedächtnis Informationen fast wie ein Computer abspeichern kann, dann haben Sie die besten Voraussetzungen für die tägliche Arbeit im Sekretariat geschaffen.

Denn auch Inhalte von Konferenzen, Telefonaten, Rundschreiben, Artikeln in Zeitschriften usw. können Sie über Bilder aufnehmen. Hier speichern Sie natürlich nicht jedes Wort über ein Bild, sondern ganze Sinnabschnitte.

Bitte nehmen Sie sich einmal einen beliebigen Text vor, z. B. einen Artikel aus einer Sekretärinnenzeitschrift oder ein Rundschreiben oder die Zusammenfassung einer Konferenz, einer Besprechung, eines Telefonats.

Wenn Sie sich den Inhalt eines solchen Textes einprägen möchten, dann müssen Sie sich pro Sinnabschnitt ein repräsentatives Bild vorstellen. Ein Sinnabschnitt kann einen Satz lang sein, er kann aber auch zwei, drei oder vier Sätze oder sogar eine halbe Seite lang sein. Das hängt davon ab, wie dicht Informationen in diesem Text zusammengefaßt sind.

Ist es ein Text mit geringer Informationsdichte, so genügt vielleicht ein Bild pro halbe Seite.

Ist es eher eine telegrammstilartige hohe Dichte an Informationen, dann müssen Sie sich im Extremfall pro Satz ein Bild vorstellen.

In der Auswahl Ihrer Bilder verhalten Sie sich ganz einfach so, als wenn Sie mit diesem Text einen Diavortrag halten wollten. Während Sie diesen Text lesen (in Ihrem Diavortrag würden Sie ihn laut vorlesen), werfen Sie gleichzeitig „Schlüsselbilder" als Dias an die Wand.

Erinnern werden sich hinterher Ihre Zuhörer an die Dias und von dort aus an den Text, den Sie vorgelesen haben. Nur daß das Ganze in Ihrem Fall vor Ihrem geistigen Auge in Ihrem Kopf passiert.

Schlüssel-Stichwörter mit Bild

Anders ausgedrückt: Wenn Sie mit dem Inhalt dieses Textes einen Vortrag halten wollten, ohne diesen Text abzulesen, dann würden Sie sich entsprechende Schlüssel-Stichwörter niederschreiben, z. B. für eine Seite Text fünf Schlüssel-Stichwörter.

Diese Stichwörter genügen, um Sie wieder an den Text zu erinnern, so daß Sie dann frei vortragen können.

Da aber Bilder wesentlich besser funktionieren als Wörter, würden Sie sich diese Stichwörter als Bild vor dem geistigen Auge vorstellen und hätten damit auch den Inhalt des Textes im Kopf.

Und diese Bilder stellen Sie sich vor, während Sie einen Text lesen und auch in einem Gespräch, in einer Verhandlung, in einem Telefonat bereits während dieses Gesprächs.

Bitte versuchen Sie es einmal, Sie werden sehen, auch hier unterstützen Ihre Bilder Ihr Gedächtnis.

Übung 5 – Namen und Gesichter

Das Bilder-Verfahren funktioniert auch bei Namen und Gesichtern, also bei Kunden und Besuchern Ihres Sekretariats gut.

In dem Moment, in dem Sie es schaffen, sowohl den Namen eines Besuchers als auch sein Aussehen – in der Regel sein Gesicht – in einem Bild unterzubringen, werden Sie den Namen für lange Zeit im Gedächtnis haben.

Hier ist allerdings Ihre Phantasie noch etwas stärker gefordert als bei Wortpaaren oder bei Texten, denn nicht jeder Name läßt sich 1:1 in ein Bild übertragen. Aber Sie werden sehen: Ihre Phantasie und Ihre Vorstellungskraft werden auch diese Hürde leicht schaffen.

Hier jetzt einige Beispiele: Bitte schauen Sie sich einmal die sechs nebenstehenden Personen an.

Herr Pfeffer

Bitte schauen Sie sich Herrn Pfeffer an. Wenn Sie seinen Namen mit seinem Gesicht in ein Bild bringen wollen, dann müssen Sie sich zuerst einmal sein Gesicht genau anschauen.

Herr Pfeffer hat eine Narbe an der Wange. Sie brauchen sich jetzt lediglich so zu verhalten, als hätten Sie vor sich das Wortpaar Narbe – Pfeffer, und Sie wollten hierzu ein Bild aufbauen. Bitte stellen Sie sich einmal vor, wie Sie Pfeffer in die Narbe streuen und Herr Pfeffer zuckt zusammen, weil es brennt. Stellen Sie sich dieses Bild für drei bis fünf Sekunden vor, genauso wie bei unseren Wortpaaren.

Herr Pfeffer

Frau Segel

Herr Zahl

Herr Kellermeister

Herr Quacker

Herr Mathai

Übung 5(a)

Damit sind Namen und Gesichter nichts anderes als die Weiterentwicklung von Wortpaaren.

Frau Segel

Wenn Sie sich Frau Segel anschauen, dann fallen Ihnen sicher die Wangen auf, die gewissermaßen wie Segel aufgebläht sind. Bitte stellen Sie sich auch dieses Bild vor, nämlich „die aufgeblähten Segel" im Gesicht von Frau Segel.

Herr Zahl

Bei Herrn Zahl könnten Sie sich sehr gut die große Zahl der Falten im Gesicht vorstellen.

Herr Kellermeister

Bauen Sie bei Herrn Kellermeister bitte folgende Assoziation auf: Herr Kellermeister sieht so aus, als wenn er der Meister im Keller ist, der dort einen guten Schoppen trinkt und schon lange nicht mehr das Licht gesehen hat.

Herr Quacker

Können Sie sich bei Herrn Quacker einen strengen Quäker vorstellen? Sein Typus, so finde ich, ist einem Quäker recht ähnlich. Aus Quäker wird dann sehr schnell Quacker.

Herr Mathai

Bei Herrn Mathai stelle ich mir immer einen Mathelehrer vor, geprägt durch die hohe Stirn und durch die Brille. Aus Mathe wird dann sehr schnell Mathai.

Auf Nummer Sicher gehen

Bitte gehen Sie auf Nummer Sicher, und vergewissern Sie sich, daß Sie die Bilder dieser sechs Personen auch tatsächlich vor dem geistigen Auge gesehen haben. Schreiben Sie anschließend auf der nächsten Seite diese sechs Namen unter die entsprechenden Gesichter.
Sie finden die Gesichter auf der gegenüberliegenden Seite in vertauschter Reihenfolge wieder. Viel Erfolg.

Konzentrationsübungen im Sekretariat

Die folgenden Konzentrationsübungen sind gewissermaßen ein Gehirnjogging im Sekretariat.

Diese Übungen helfen Ihnen, Stück für Stück Ihre Konzentration für die tägliche Arbeit im Sekretariat zu verbessern. Meine Empfehlung:

Halten Sie sich diese Konzentrationsübung immer an Ihrem Schreibtisch parat, so daß Sie jeden Tag eine Übung durchüben können.

Beginnen Sie mit der Übung 6 am ersten Tag, machen Sie dann Übung 7 am zweiten Tag, Übung 8 am dritten Tag bis Übung 11 am sechsten Tag, und beginnen Sie dann in der nächsten Woche wieder von vorne mit Übung 6.

So vermeiden Sie, daß sich die Übungen zu schnell in Ihr Gedächtnis einprägen.

Von Woche zu Woche wird dann allmählich Ihre Konzentration für die tägliche Arbeit im Sekretariat steigen.

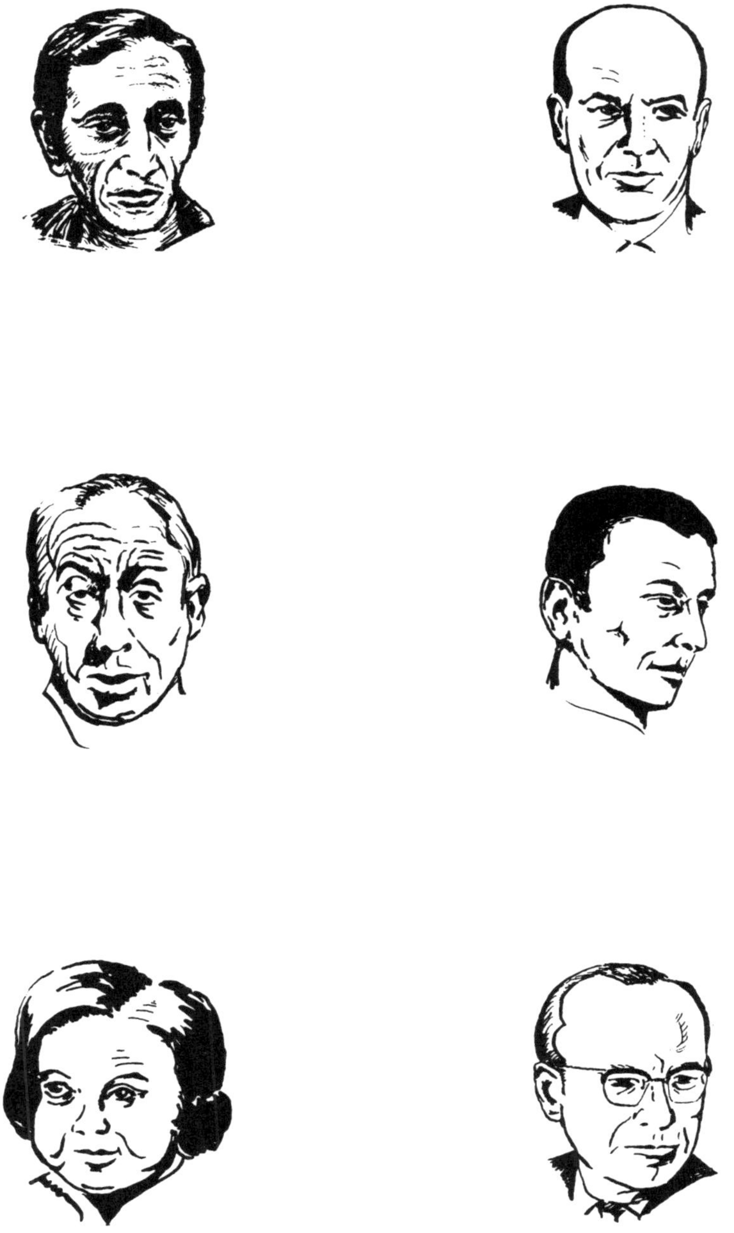

Übung 5 (b)

Übung 6

Übung 6 und 7 – Verbessern Sie Ihre Konzentration für das tägliche Lesen

Bitte zählen Sie in der Übung 6 die Zahlen von 1–30 in numerischer Reihenfolge durch, also 1, 2, 3, 4, 5 usw., und finden Sie dabei die entsprechende Zahl.

Sie können dabei mit dem Finger auf die Zahlen tippen oder aber die Zahlen nur mit dem Auge suchen.

Bitte kreuzen Sie nichts an, damit Sie diese Übung immer wieder machen können. Wenn Sie als letzte Zahl die Zahl 30 gefunden haben, dann suchen Sie von dort aus sofort rückwärts in der Reihenfolge 30, 29, 28 bis 1.

Wenn Sie die Zahlen von 1–30 und wieder zurück alle in der numerischen Reihenfolge gefunden haben – ohne anzukreuzen oder anzustreichen –, dann ist diese Übung einmal geübt.

Genau das gleiche gilt für Übung Nummer 7.

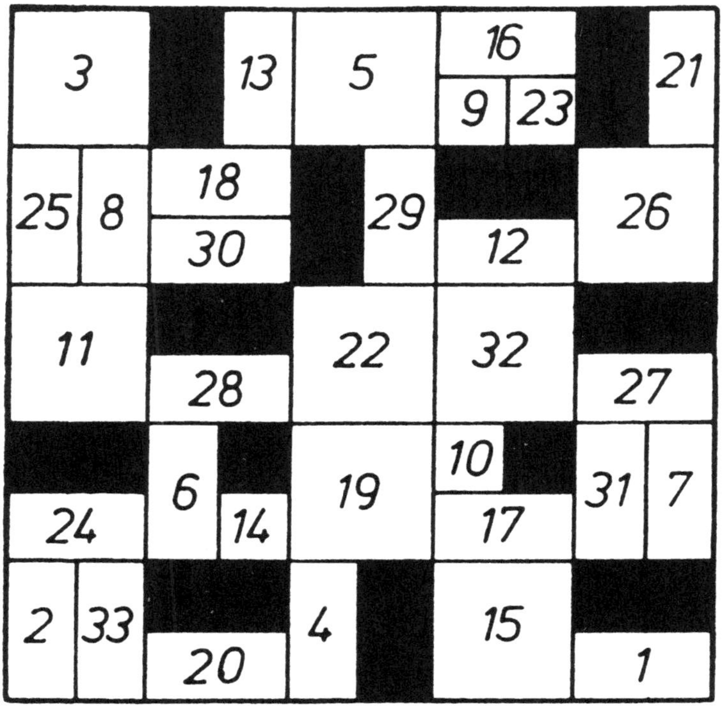
3
13
5
16
9
23
21
25
8
18
30
29
12
26
11
28
22
32
27
24
6
14
19
10
17
31
7
2
33
20
4
15
1

Übung 7

Übung 8 und 9 – Bessere Konzentration trotz Unterbrechungen

In der Übung 8 möchte ich Sie bitten, die Schlangenlinien von den Zahlen hinüber zu den Buchstaben zu verfolgen, diesmal aber nur mit den Augen und nicht mit Hilfe eines Bleistiftes oder eines Fingers.

Die Übung ist einmal geübt, wenn Sie sämtliche neun Linien bis zu dem entsprechenden Buchstaben mit den Augen verfolgt haben. Sollten Sie einmal falsch ankommen, dann müssen Sie diese Linien noch einmal verfolgen, bis das Ergebnis stimmt. Erst dann dürfen Sie die nächste Linie verfolgen.

Bei der Übung 9 (s. Abbildung folgende Seite) möchte ich Sie bitten, die Zickzacklinien von A nach E und gleich wieder zurück von E nach A zu verfolgen, ebenfalls wieder nur mit den Augen und nicht mit Hilfe eines Bleistiftes oder eines Fingers.

Die kleinen Kreise, Quadrate oder Dreiecke dienen nur zur optischen Ablenkung.

Verhalten Sie sich so, als gäbe es diese Kreise, Quadrate und Dreiecke überhaupt nicht.

Diese Aufgabe ist einmal geübt, wenn Sie diese Zickzacklinien insgesamt 10mal hin und zurück mit den Augen verfolgt haben.

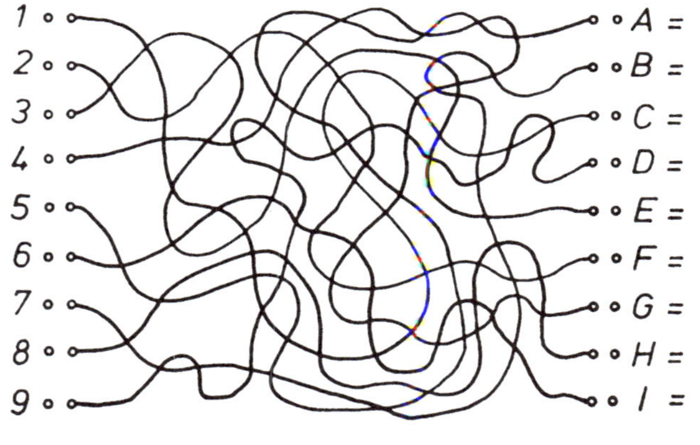

Übung 8

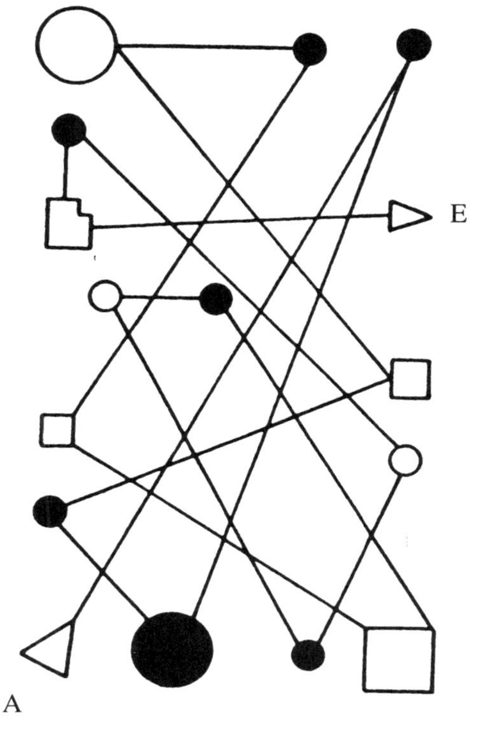

Übung 9

Übung 10 und 11 – Schneller umschalten

Schalten Sie mit Ihrer Konzentration schneller und leichter auf neue Sachgebiete um.

Bitte schauen Sie sich Übung 10, unseren Würfel (s. Abbildung oben), eine Weile an. Sie werden bemerken, daß sich dieser Würfel bewegt, und zwar in der Perspektive „kippt“.

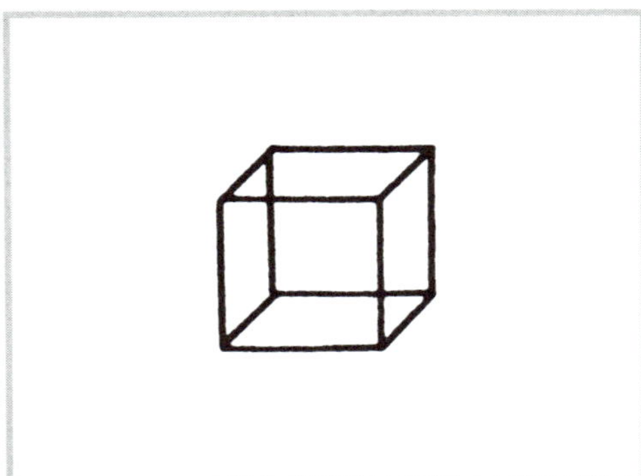

Übung 10

Ihre Übung besteht darin, diesen Würfel ganz gezielt in der Perspektive hin und her kippen zu lassen. Aber nicht etwa dadurch, daß Sie mit den Augen blinzeln, sondern dadurch, daß Sie sich vor dem geistigen Auge vorstellen: Jetzt steht der Würfel linksherum – dann wird er auch linksherum kippen –, jetzt steht der Würfel rechtsherum – dann wird er auch rechtsherum kippen!

Sie haben die Übung einmal durchgeübt, wenn Sie den Würfel insgesamt zehnmal hin und her gekippt haben.

Sollte er deshalb kippen, weil Sie mit den Augen blinzeln, dann zählen Sie dieses Kippen bitte nicht mit.

Das gleiche gilt für den Quader in der Übung 11. Auch diesen Quader können Sie wechselnd aus zwei Perspektiven sehen.

Aber: Sie trainieren immer nur dann die Konzentration, wenn das Kippen dadurch erfolgt, daß Sie sich vor dem geistigen Auge die jeweilige Perspektive vorweg vorstellen, in die diese Figur dann anschließend kippen soll. Alle anderen Hilfsmittel wie Blinzeln oder mit dem einen oder anderen Auge schauen oder das Blatt hin und her bewegen gelten hierbei nicht.

Soweit also ein kleiner Einstieg in das Gedächtnis- und Konzentrationstraining zur Unterstützung Ihrer täglichen Arbeit im Sekretariat.

Ich wünsche Ihnen viel Erfolg!

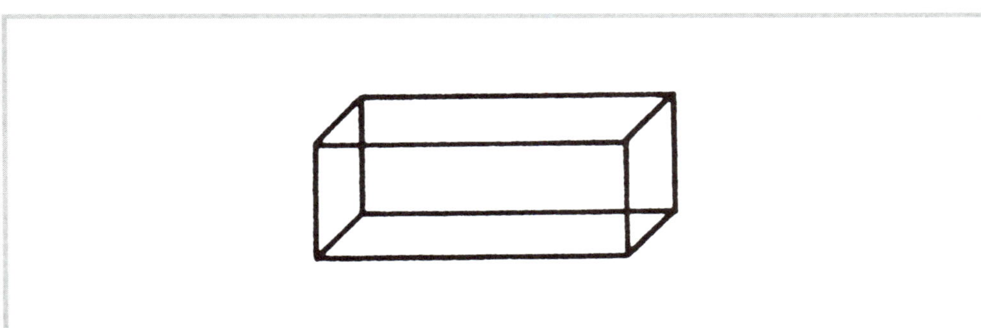

Übung 11

Problemlösungs- und Entscheidungstechniken

Die Autorin

Ursula Mahler, BDVT, Sozialpädagogin und Psychologin. Seit 1981 ist sie selbständige Managementtrainerin mit eigenem Unternehmen. Sie betreut Unternehmen aller Branchen. Außerdem arbeitet sie für namhafte Institute und Akademien. Seit 1989 hat sie ein eigenes Unternehmen. Sie bietet folgende Arbeitsschwerpunkte an: Konfliktmanagement, Führungsverhalten, Kommunikation, Persönlichkeitsentwicklung, Telefonkommunikation, Arbeit mit Sekretärinnen, Teamentwicklung, Streßbewältigung und Zeitmanagement.

Was passiert, wenn Sie nicht problemlösungs- und entscheidungsorientiert denken und handeln?

Kennen Sie das auch? Da haben Sie den ganzen Tag wie verrückt gearbeitet, sich um alles gekümmert, es jedem recht gemacht, telefoniert, organisiert, überwacht, vorgeschlagen und geprüft – und am Abend eines langen, langen Arbeitstages sitzen Sie dann in Ihrem Sekretariat und fragen sich resigniert:

„Was um Gottes willen habe ich denn heute überhaupt getan – was bringt das alles jetzt?"

Offensichtlich haben Sie zwar viel, aber nicht (nur) das Richtige gearbeitet.

Freiherr von Moltke pflegte seine Soldaten in vier verschiedene Kategorien einzuteilen:

1. die Dummen und Faulen
2. die Dummen und Fleißigen
3. die Klugen und Fleißigen
4. die Klugen und Faulen

Seien Sie intelligent – und „faul"!

Ihr Sekretariat ist ein Unternehmen im kleinen

Sie sollen und wollen mit möglichst wenig Aufwand möglichst viel erreichen. Deshalb ist es für Sie wichtig, gezielt vorzugehen, das Richtige – und nicht nur viel – zu tun.

Sie werden an vielen Stellen dieses Handbuchs hilfreiche Tips und Ideen finden, wie Sie es anpacken müssen, um zu den „Klugen und Faulen" zu gehören.

In meinem Beitrag werden wir uns ganz gezielt mit Problemlösungs- und Entscheidungstechniken für Ihre tägliche Sekretariatsarbeit beschäftigen.

Sie wissen ja: Ziel ist es, Ihnen praktizierbare und umsetzbare Ideen zu liefern, die Sie noch besser machen, Ihnen neue Möglichkeiten eröffnen, Ihren Spaß an der Arbeit erhöhen und Ihre berufliche Kompetenz stärken.

Lernen ist wie Schwimmen
gegen den Strom: Sobald man
aufhört, treibt man zurück!

Von einer qualifizierten Sekretärin wird heute viel mehr als nur Leistung und Einsatzbereitschaft gefordert.

Sie ist – ebenso wie ihr Chef bzw. ihre Chefin – Managerin ihres kleinen „Unternehmens Sekretariat". Maneggiare stammt aus dem Italienischen und heißt handhaben (von lateinisch manus, die Hand), bewerkstelligen, d. h., Sie sollten jederzeit mit den richtigen Hilfsmitteln für anstehende Probleme möglichst effiziente Lösungen finden. Dazu gehören Umsicht und Übersicht, innere Ruhe und Ausgeglichenheit, ein

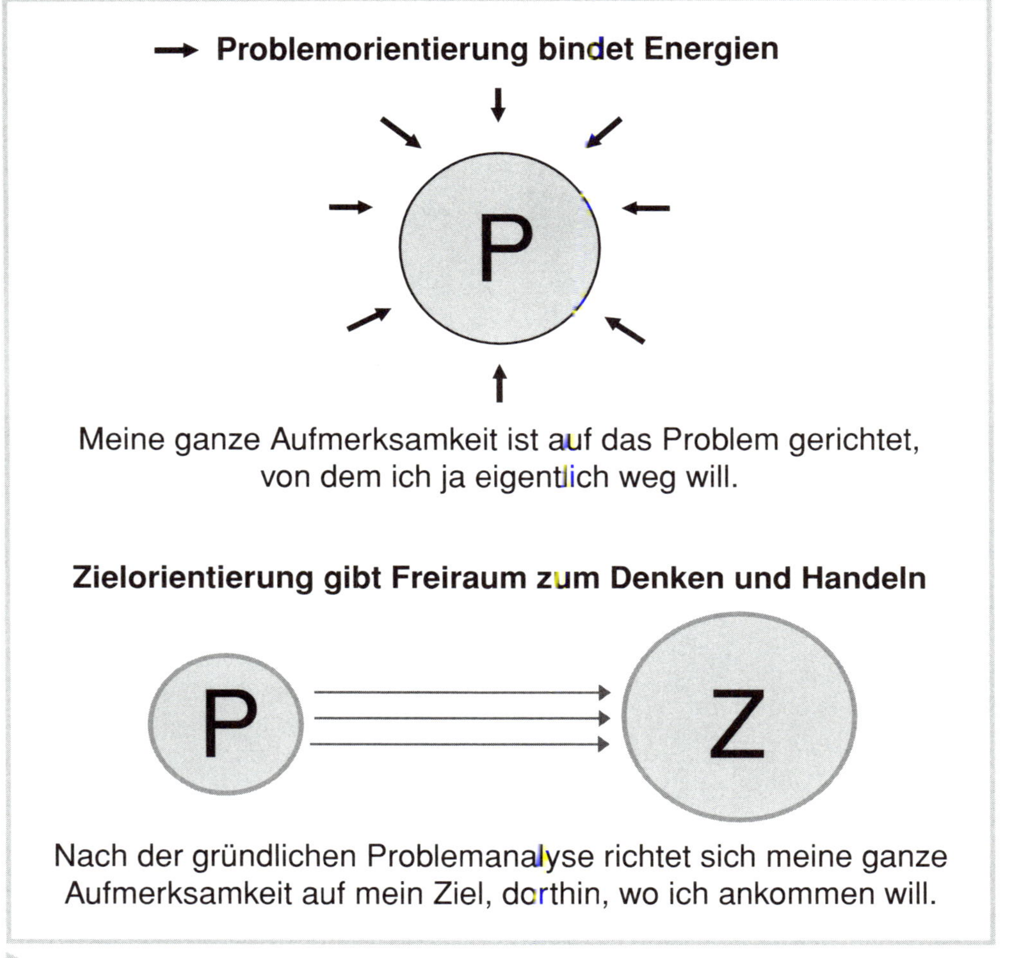

Problemorientiertes und zielorientiertes Handeln

gutes Selbstmanagement und zielgerichteter Einsatz aller zur Verfügung stehenden Hilfsmittel ebenso wie gute Kommunikationsfähigkeit und „Konfliktresistenz". Ihre wichtigsten Helfer im Problemlösungs- und Entscheidungsvorbereitungsprozeß sind:

- Planung und Übersicht
- Zeitplanung und Zeitmanagement
- Ordnung
- Kenntnis und effektiver Einsatz aller technischen Hilfsmittel
- der effiziente persönliche Arbeitsstil
- ein gutes Selbstmanagement

Wichtigste Voraussetzungen für Ihre Tätigkeit:
1. Vertrauen
2. Information
3. Kommunikation

Seit es Menschen gibt, gibt es Probleme!

Das ist erst einmal etwas Selbstverständliches. Wie Sie damit umgehen, ist entscheidend. Sie alle kennen den Spruch: „Probleme sind da, um gelöst zu werden."

Schauen wir also gemeinsam, welche Hilfen und Möglichkeiten es für Sie und Ihr Sekretariat gibt. Wichtigster Ansatzpunkt ist Ihre Sichtweise.

Betrachten Sie die Dinge problemorientiert oder zielorientiert (siehe Abb. S. 196)?

Zielorientierung bringt Klarheit und Ideen.
Problemorientierung läßt Sie im Problem verharren.
Nach einer gründlichen Problemanalyse schaue ich nur noch auf mein Ziel!

Prüfen Sie sich kritisch: Werden Sie ab sofort zielorientierter denken und handeln? Problemlösung heißt: sich vom Problem lösen.

Waren Ihre Gedanken und Ihre Einstellung bisher eher problemorientiert?

Zu einer professionellen Problemlösung gehört immer eine gründliche Analyse. Diese Abfolge hilft Ihnen in Ihrer täglichen Arbeit bei der Problembewältigung.

1. Problemdefinition (was ist das Problem, welche(n) Auslöser hat es?)

Merke: Ihre Grundeinstellung ist ausschlaggebend!

2. Wer ist beteiligt (Personen)?
3. Ideenfindung (zielorientiert denken, Lösungsansätze suchen)
4. Realisation (konsequente Umsetzung und Kontrolle)

Fragen Sie sich:
Denke ich wie ein Gewinner – oder denke ich wie ein Verlierer?

Halten Sie sich systematisch an diese 4 Punkte – wenden Sie sie konsequent an! Probleme lösen heißt, mit anderen sprechen, heißt, Informationen einholen, sich schlau machen. Betreiben Sie systematisch Informationsmanagement.

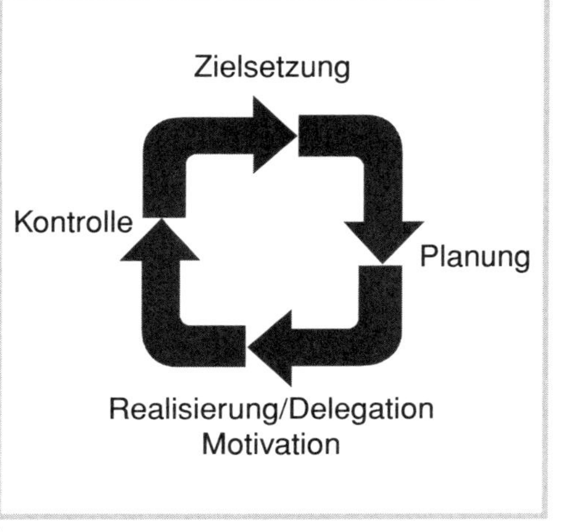

Arbeiten Sie nach dem Regelkreis, wenn Sie Entscheidungen vorbereiten und zuarbeiten

5 Phasen bei der Problemlösung

1. **Problemerkennung**
2. **Ideenfindung**
3. **Bewertung**
4. **Realisation**
5. **Kontrolle**

Informationen sind Holschulden

Also – machen Sie sich „auf den Weg" und holen Sie Informationen

- per Telefon
- über die ein- und ausgehende Post
- durch Kolleginnen/Kollegen
- die 5-Minuten-Morgenbesprechung mit Ihrem Chef
- den morgendlichen „Gegencheck" im Terminkalender
- durch Fragen, Fragen, Fragen, Fragen …

Fragen Sie viel mit offenen Fragen

- Was ist …?
- Wann ist …? (Bis wann …?)
- Wo wird …?
- Wer macht …?
- Welche Termine …?
- Wie sieht … aus …?

Offene Fragen (W-Fragen) bringen Ihnen immer viel Information!

Notieren Sie
Bei welchen Aufgaben könn(t)en Sie als Sekretärin/Assistentin Ihren Chef bzw. Ihre Chefin entlasten?

……………………………………………

……………………………………………

……………………………………………

……………………………………………

……………………………………………

Voraussetzungen für qualifizierte Entscheidungsvorbereitungen …

… und professionelle Problemlösungen sind:

- Eigenverantwortung
- Selbständigkeit
- fachliches Basiswissen
- betriebswirtschaftliche Kenntnisse
- Fremdsprache(n)
- Know-how moderner Kommunikationstechniken
- soziale Kompetenz
- emotionale Intelligenz
- Bereitschaft zu permanenter Weiterbildung

Richtig und gezielt zuarbeiten

Wie Sie vorgehen, wenn Sie Ihrem Chef/Ihrer Chefin gezielt zuarbeiten wollen: Nehmen Sie eine Standortbestimmung vor (Ist-Situation):

- Wie und wo entlaste ich heute?
- Wie und wo arbeite ich heute zu?

Was tut Ihr/e Chef/Chefin konkret?	Anteil der Führungsaufgaben	Meine Zuarbeit

Techniken für Problemlösung und Entscheidungsvorbereitung

1. Mit Hilfe der Alpenmethode

Prüfen Sie ...

A = Aufgaben zusammenstellen
L = Länge der Tätigkeiten schätzen
P = Pufferzeiten für Unvorhergesehenes reservieren
E = Entscheidungen über Prioritäten treffen
N = Notizen machen (schriftlich festhalten)

2. Mit Hilfe der ABC-Analyse (Eisenhower-Tableau)

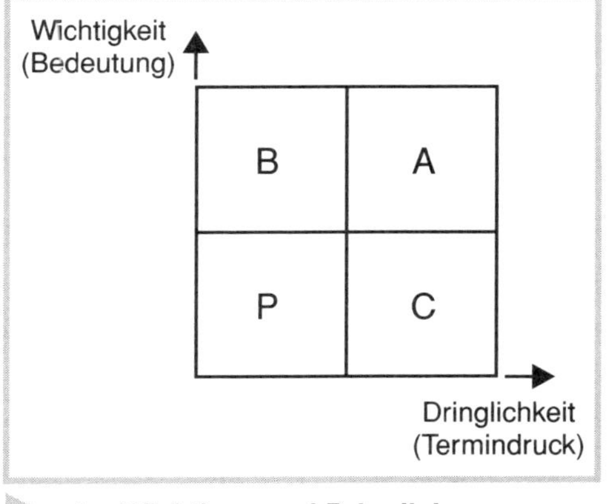

A = Wichtiges und Dringliches (sofort angehen)

B = nicht Dringliches, aber Wichtiges (muß nicht sofort erledigt werden, Priorität B)

C = Dringliche, aber nicht so wichtige Aufgaben (sollten möglichst delegiert werden, sind Zeitfresser, auf jeden Fall erst einmal weglegen und nicht bearbeiten)

P = Ablage oder Papierkorb (Arbeiten, die Sie nur „tyrannisieren", sagen Sie konsequent „nein" dazu)

Wenn Sie Ihre Arbeit konsequent nach diesem Schema kategorisieren, werden Sie Ihre Leistungsfähigkeit erheblich steigern!

Eine weitere Hilfe bei der Entscheidung, ob eine Aufgabe A, B, C oder P-Priorität für Sie hat, sind folgende Fragen:

- Welche ganz konkreten Auswirkungen hat die Einstufung in A, B, C oder P?
- Verliert das Unternehmen bares Geld, wenn ich diese Sache heute nicht erledige?
- Bekomme ich Schwierigkeiten mit dem/der Vorgesetzten, wenn ich diese Sache heute nicht erledige?
- Wen tangiert es, wer wird „behindert", wer kann nicht weiterarbeiten, wenn ich diese Sache heute liegenlasse?

Wichtig: Wenn Sie Ihre Entscheidung getroffen haben, halten Sie sich strikt daran. Begründen Sie bei Rückfrage (des/der Vorgesetzten) sehr klar mit Satzanfängen wie

- Ich habe mir überlegt, daß ...
- Das ist wichtig, weil ...
- Das ist nötig, damit ...
- Dadurch erhalte/n, erreiche/n, ermögliche/n ich/wir ...
- Dadurch habe/n ich/wir ...
- Dadurch erreiche/n ich/wir, daß ...
- Das erleichtert, verkürzt, vereinfacht ...

3. Mit Hilfe der Fadenkreuzmethode

Ein weiteres Hilfsmittel im Sekretariat, das Sie sehr schnell an Ihr Ziel – Ideen zu Problemlösungen zu finden – bringt (s. Abbildung folgende Seite).

Sammeln Sie von erstens bis viertens zu jeder Rubrik Stichworte – Sie werden rasch erleben, wieviel Ihnen einfällt.

Die Fadenkreuzmethode hilft Ihnen vor allen Dingen bei der Begründung und Argumentation.

1. Kurze Ist-Beschreibung des Themas (der Situation)	2. Realistische Sollvorstellung (Wunschvorstellungen)
◆ ◆ ◆ ◆ ◆ ◆ ◆	◆ ◆ ◆ ◆ ◆ ◆ ◆
3. Lösungsideen	**4. Warum geht es (noch) nicht?**
◆ ◆ ◆ ◆ ◆ ◆ ◆	◆ ◆ ◆ ◆ ◆ ◆ ◆

Fadenkreuzmethode

4. Kennen Sie das Pareto-Prinzip? (die 80:20-Regel)

Mit 20% Ihrer Zeit erwirtschaften Sie 80% Ihrer Ergebnisse!

Bleibt die berechtigte Frage: Was machen wir mit den restlichen 80%, wie effizient gehen wir mit unserer Zeit um?

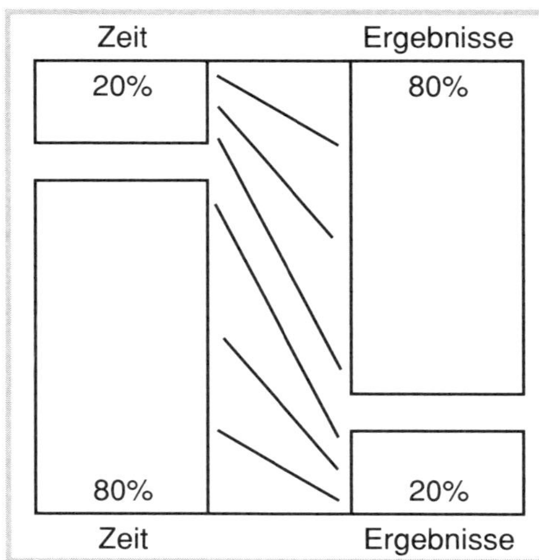

Das Pareto-Prinzip

Praktische Hilfen und konkrete Erleichterungen ...

... wenn es um Ablaufoptimierung in Ihrem Sekretariat geht:

1. To-Do-Liste (schriftlich und täglich neu!)
2. 5-Minuten-Morgenbesprechung mit dem Chef bzw. der Chefin
3. „persönliche" Postmappe anlegen (zum Vorsortieren der Eingangspost) nach Schwerpunkten bzw. Rubriken oder ...
4. „persönliche Sammelmappe" für Tagesaktuelles (auch: was kopiert werden soll, was ich dem Chef im Lauf des Tages geben oder zeigen will; alles, was sonst „lose" auf meinem Schreibtisch herumliegt, kommt in diese Tagesmappe)
5. dreierlei farbige Hüllen für verschiedene Prioritäten:
   rot = sehr wichtig/dringlich
   blau = wichtig/dringlich
   grün = eilt nicht
6. bei telefonischer Vereinbarung immer exakten Zeitpunkt benennen bzw. erfragen (nicht: „Ich melde mich dann wieder" oder: „Versuchen Sie's morgen noch mal.")
7. unangenehme Dinge sofort erledigen, dranbleiben, nicht verschieben
8. selbst aktiv werden, mit dem Chef kommunizieren, wenn A-Prioritäten sich verschieben und nicht (alle) erledigt werden können
9. jede Aktivität schriftlich planen, Tagesplan führen mit Rubriken

Neue Ideen, Problemlösung und Kreativität brauchen ...

... einen guten Nährboden, um wachsen zu können. Hier einige Tips und Ideen für den kreativen Problemlösungsansatz:

1. Persönliche Analyse – woran hakt's und was kann ich dagegen tun?

- Angst vor Versagen = bewußt dosiertes Risiko eingehen.
- Negative Einstellung = bewußt(er) positiv denken.
- Bequem, keine Ausdauer = beginnen Sie mit einem kleinen ersten Schritt und genießen Sie den Erfolg.
- Perfektionismus = Mut zur Lücke, erlauben Sie sich, nicht nur und immer perfekt zu sein.

2. Suchen Sie Ihre ganz persönlichen Ideeninseln! „Kurzurlaube" auf der Ideeninsel wirken Wunder. Wann und wo haben Sie die besten Ideen? Beim Joggen, unter der Dusche, Spazierengehen, im Gespräch mit anderen?

„Besuchen" Sie Ihre persönliche Ideeninsel ganz bewußt und noch viel häufiger!

Bedenken Sie immer ...

... nicht nur, was Sie vorschlagen (Inhalte und Vorgehensweise), sondern auch wie Sie es vorschlagen, hat große Wirkung.

Deshalb gewöhnen Sie sich an, Ihre Problemlösungsideen und Entscheidungen psychologisch richtig an den Mann bzw. an die Frau zu bringen, d. h. formulieren Sie „Sie-orientiert" wie z. B.:

- Das erleichtert Ihnen ...
- Dadurch können Sie ...
- Das hilft Ihnen ...
- Für Sie bringt das ...
- Das bedeutet für Sie ...

Gewöhnen Sie sich eine klare, konkrete Sprache ...

... ohne „Weichspüler" und „Infragesteller" an.

Statt: „Ich habe gedacht, vielleicht machen wir das mal so, das könnte ganz hilfreich sein, glaub' ich jedenfalls."

Besser: „Ich habe mir überlegt, welches für uns die beste (passende, richtige, angemessene) Lösung ist, und schlage … vor."

Statt: „Vielleicht können wir es so machen, daß …"

Besser: „Mein Vorschlag ist …"

oder „Ich halte … für die richtige Vorgehensweise, weil …"

oder „Am besten ist sicher, … zu machen (zu tun)."

oder „Ich finde … am besten, weil …"

Lassen Sie Wörter wie vielleicht, eigentlich, hätte, könnte, dürfte, wäre, möglicherweise, eventuell, unbedingt weg!

Stellen Sie niemals in Frage, was Sie eben selbst vorgeschlagen haben.

Treten Sie auf wie jemand, der Wichtiges mitzuteilen hat:

- mit Blickkontakt zum Gesprächspartner
- mit aufrechter Haltung
- mit klarer Stimme (nicht zu laut, nicht zu leise)
- als wichtige Gesprächspartnerin Ihres Chefs bzw. Ihrer Chefin

Beginnen Sie niemals Sätze mit:

„Ich hätte da mal was dazu zu sagen …"
„Ich hätte da mal 'ne dumme Frage …"
„Vielleicht hätte ich ja 'ne Idee zu …"

So, liebe Leserin …

nun haben Sie viele Ideen, Anregungen und praktische Möglichkeiten zu Problemlösungs- und Entscheidungstechniken erhalten.

Jetzt ist es wichtig, zu HANDELN!

Sagen Sie bitte nicht „geht nicht", „ist nicht machbar bei mir im Sekretariat" usw., sondern – packen Sie's an!

Sie wissen ja, es gibt nichts Gutes, außer man tut es. Und Oscar Wilde hat es einmal so formuliert:

Hör' niemals auf anzufangen.
Fang' niemals an aufzuhören.

Ich wünsche Ihnen viel Erfolg, Spaß und Mut bei der Umsetzung!

1. Wenn Du ja gesagt hast,	—	erledige es!
2. Wenn Du es versprochen hast,	—	halte es ein!
3. Wenn Du Träume hast,	—	verwirkliche sie!
4. Wenn Du kein Ziel hast,	—	suche Dir eines!
5. Wenn Du Freunde hast,	—	pflege dieses Glück!
6. Wenn Du arbeitest,	—	tue es mit aller Energie!
7. Wenn Du Dich freust,	—	stecke andere an!
8. Wenn Du Unternehmerin sein willst,	—	unternimm etwas!
9. Wenn Du gekränkt bist,	—	gib noch mehr Zuwendung!
10. Wenn gesungen wird,	—	singe mit!
11. Wenn jemand zu Dir spricht,	—	höre hin!
12. Wenn Du etwas liebst,	—	so tue es ganz!

12 Leit(d)-sätze für die Sekretärin

Weiterführende Literatur

Adriani, B./Cornelius, R.,/Lasko, W.,/ Wetz, W. und R., Hurra, ein Problem!, Gabler Verlag, Wiesbaden 1995

Debono, Die positive Revolution, Econ Verlag, Düsseldorf 1994

Ehrhardt, U., Mit Ihrem Chef effizient zusammenarbeiten (Seminarskript)

Müller-Großer, Dr. B., Durch Zeitmanagement Streß im Sekretariat vermeiden (Seminarskript)

Ramet, G., Bei Abwesenheit des Chefs richtig handeln (Seminarskript)

Rischar, Dr. Klaus, Den Chef optimal entlasten (Seminarskript)

Sawizki, E., Erfolgreiche Kommunikation und Konfliktlösung, Junger Verlag, Offenbach 1995

Seiwert, L. J., Mehr Zeit für das Wesentliche, verlag moderne industrie, Landsberg 1997

Zeit- und Selbstmanagement

Die Autorin

Theres Schichta-Langhals, Studienrätin und Managementtrainerin, trainiert seit 1984 das Top-Management und die Arbeitsteams in internationalen Unternehmen. Ihre Schwerpunkte sind die Themen der Persönlichen Arbeitstechnik, besonders Zeit- und Selbstmanagement sowie Präsentations- und Moderationspraxis. Ihr Erfolg beruht auf lebendigen und funktionierenden Tips und Tricks, die in der Praxis leicht umsetzbar sind und so zu einer erheblichen Effektivitätssteigerung des einzelnen führen.

Die Situation

Silvia S. aus Hamburg, Chef-Assistentin eines Bereichsleiters, fährt abends mit Kopfschmerzen nach Hause. Wieder einmal hat sie das Gefühl, den ganzen Tag geschuftet zu haben. Aber was hat sie wirklich erreicht? Tausend Dinge fallen ihr spontan ein, die sie eigentlich heute noch hätte erledigen müssen.

Dabei denkt sie manchmal, daß alles bei ihrer Ausbildung kein Problem wäre, wenn sie nicht ewig gestört würde: von ihrem Chef, von ihren Kolleginnen und Kollegen, dem Telefon, der Post, den Besuchern. Scheinbar gibt es keine Möglichkeit für sie, die Berge von Arbeit besser in den Griff zu bekommen. Kommt Ihnen das bekannt vor?

In diesem Beitrag habe ich für Sie ein paar Tips und Tricks aus der Praxis zusammengestellt, die Ihnen helfen sollen, den Arbeitsalltag besser zu bewältigen.

In meinen Seminaren höre ich von den Chefs und den Chef-Assistentinnen häufig, ihr eigenes Zeitmanagement sei im großen und ganzen in Ordnung.

Untersuchungen nach unseren Trainings belegen aber immer wieder, daß enorme Verbesserungen möglich sind, meist sogar schon durch relativ kleine Maßnahmen.

Das Gefühl, mehr Zeit zu haben

Zeit- und Selbstmanagement bedeuten, Arbeiten effektiver zu erledigen. Es entsteht das Gefühl, plötzlich mehr Zeit zu haben. Mit den Werkzeugen des Zeitmanagements haben Sie Ihr operatives (tägliches) und strategisches (langfristig-ganzheitliches) Zeitmanagement besser im Griff.

Welchen Arbeitsstil haben Sie?

Warten Sie darauf, daß Ihr Chef Ihnen Dinge vorlegt, die zu tun sind? Oder sind

Zwei Arbeitsstile

re-agieren | **agieren**

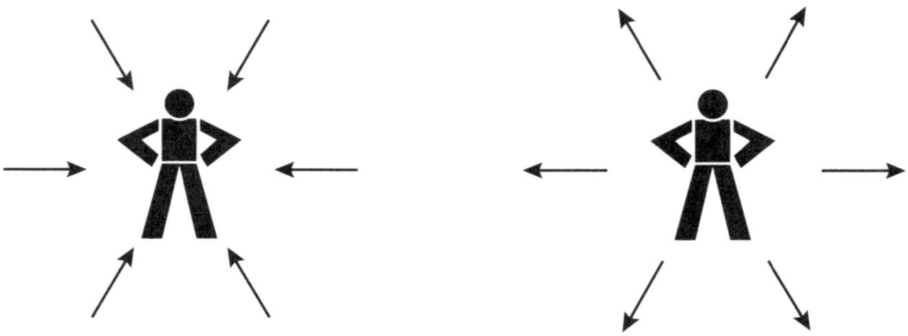

re-agieren

- plant höchstens kurze Perioden
- weiß morgens nicht, was der Tag bringt
- bekommt Arbeit von anderen
- arbeitet fremdbestimmt

agieren

- plant langfristig
- weiß morgens, was der Tag bringt
- verteilt Arbeit
- arbeitet selbstbestimmt

Was tun Sie vorwiegend? Reagieren oder agieren Sie?

Sie ihm meist einen Schritt voraus und legen ihm Ausarbeitungen vor, bevor er danach fragt? Grundsätzlich kann man diese beiden Arbeitsstile unterscheiden: reagieren oder agieren.

Arbeiten Sie oder werden Sie gearbeitet? Selbstverständlich beinhalten die Aufgaben einer Chef-Assistentin mehr Aspekte des Reagierens als die Aufgaben eines Chefs. Wenn Sie allerdings (fast) ausschließlich darauf warten, daß andere Ihnen sagen, was wann wichtig und dringend und zu tun ist, betreiben Sie kein effektives Selbstmanagement mehr, was zur Folge hat, daß Sie gearbeitet werden, statt zu arbeiten, und das ist sehr viel anstrengender und erfolgloser. Mit Zeitmanagement gestalten Sie Ihre Zeit selbstbestimmter.

Welche Aufgaben von hoher Wichtigkeit werden in der nächsten Zeit auf Sie zukommen? Können Sie heute schon etwas tun, um selbst aktiv zu werden? Oder fehlt die Zeit? Mit dem Zeittest (s. Abbildung auf S. 207) können Sie feststellen, wie gut Sie im Moment mit Ihrer Zeit umgehen.

Fallbeispiel

Kommen wir noch einmal auf Silvia S. zurück. Sie ist die Assistentin von Herrn Geuer, dem Leiter der Personalentwicklung eines international tätigen Konzerns. Silvia selbst ist darüber hinaus zuständig für die Ausbildung der Kaufleute für Bürokommunikation.

Silvia fühlt sich mit ihrer Aufgabe als Chef-Assistentin häufig überfordert. Obwohl sie oft Überstunden macht, schafft sie trotzdem lange nicht alles. Die Dinge, die liegenbleiben, bereiten ihr Kopfschmerzen und führen immer häufiger zu einer angespannten Situation zwischen ihr und ihren

	ja, immer	manch-mal	nie
1. Ich versuche häufig, möglichst viele Arbeiten auf einmal zu erledigen. Durch den vielen Kleinkram kann ich mich kaum auf die wichtigsten Aufgaben konzentrieren. Oft fehlt mir eine klare Übersicht über meine Prioritäten und die meines Chefs.	☐	☐	☐
2. Unterbrechungen durch das Telefon, interne und externe Besucher oder durch meinen Chef gibt es bei mir andauernd.	☐	☐	☐
3. Ich schiebe große, zeitintensive und unangenehme Arbeiten oft vor mir her, da ich nie in Ruhe dazu komme. (Aufschieberitis)	☐	☐	☐
4. Bei mir kommt soviel Unvorhergesehenes dazwischen, daß ich häufig Termine und Fristen nur unter Zeitdruck einhalten kann.	☐	☐	☐
5. Ich habe sehr viel Papierkram zu bearbeiten, deshalb ist die Übersicht auf meinem Schreibtisch nicht gerade vorbildlich. Die Korrespondenz ist sehr umfangreich und braucht viel Zeit. Ich habe gern vor Augen, was ich nicht vergessen darf.	☐	☐	☐
6. Hin und wieder nehme ich mir Dinge vor, die ich selbst nicht einhalten kann, weil mir manchmal die nötige Selbstdisziplin fehlt.	☐	☐	☐

Ist-Analyse: Wie gut können Sie mit Ihrer Zeit umgehen?

Auswertung: Ist-Analyse

Wo liegen Ihre Kreuze überwiegend ?

In der 1. Spalte
Leiden Sie oder Ihre Kollegen und Ihr Chef unter der Situation? Dann beginnt ein schöneres und mit Zeit- und Selbstmanagement ein neues, erfolgreiches Leben für Sie.

In der 2. Spalte
Dann ist Ihr Zeit- und Selbstmanagement ganz gut. Sie versuchen zumindest, Ihre Zeit in den Griff zu bekommen. Sie können aber besser werden.

In der 3. Spalte
Dann haben Sie ein tolles Zeit- und Selbstmanagement.
Super! Gratulation! Sie sind ein Vorbild für jeden, der seine Zeit und sich selbst besser im Griff haben möchte. Lassen Sie andere an Ihrer Erfahrung teilhaben.

Kolleginnen und Kollegen. Und auch ihr Chef ist nicht immer begeistert. In einem Beratungsgespräch analysierten wir zuerst einen für sie typischen Arbeitstag.

Keine 5 Minuten ohne Telefon
Pünktlich um 8.00 Uhr kommt sie ins Büro. Sie hängt nur kurz ihre Jacke weg und kocht eine Kanne Kaffee. Um 8.05 Uhr sitzt sie schon an ihrem Schreibtisch. Sie überfliegt die Arbeiten, die gestern liegengeblieben sind, und startet sofort mit der Fertigstellung der Seminarkonzeption. Sie hat kaum 5 Minuten gearbeitet, da klingelt das Telefon.

Frau Menz, eine Kollegin, bittet dringend um ein Protokoll der letzten Bereichsleitertagung. Da Frau Menz immer so hilfsbereit ist, sucht Silvia schnell das Original, geht selbst zum Kopierer (das Protokoll ist kurz, mit Anlagen kommt es aber auch schon auf 18 Seiten) und bringt das Protokoll sofort zu Frau Menz. Die sitzt glücklicherweise im gleichen Gebäude, nur in einem anderen Stockwerk. Es folgt ein kurzes Privatgespräch (ca. 5 Minuten), da Frau Menz gerade aus dem Urlaub zurückgekommen ist.

Jeder will den Chef sprechen
Wieder an ihrem Schreibtisch, arbeitet sie 15 Minuten ungestört an der Seminarkonzeption, da kommt ihr Chef herein. Es folgt ein kurzes Gespräch über das Abrechnungsverfahren in einem bestimmten Fall. In den nächsten 20 Minuten wird sie drei weitere Male unterbrochen, einmal durch einen Mitarbeiter, der den Chef sprechen will, und zweimal durch externe Trainer, mit denen das Unternehmen zusammenarbeitet.

Gerade noch geschafft
Mittlerweile ist es 9.30 Uhr geworden. In einer halben Stunde fängt eine Besprechung an, zu der Herr Geuer drei interne Kunden geladen hat.

Sie muß die Bewirtung noch aus der Küche holen und den Besprechungsraum überprüfen, der für die gesamte Firma zur Verfügung steht.

Wie sie schon befürchtet hat, fehlt dort Flipchartpapier, und auch die Stifte schreiben nicht mehr gut. Also geht sie schnell selbst zu Herrn Treff, der die Büro- und Seminarmittel verwaltet, und holt die Dinge, die sie braucht.

Sie schafft es gerade noch, um 9.59 Uhr verläßt sie den fertig vorbereiteten Raum.

Post oder Pause?
Als sie wieder in ihrem Büro sitzt, genehmigt sie sich erst einmal selbst eine Tasse Kaffee. Eine kurze Pause wird ihr guttun.

Dabei kann sie ja schon einmal die interne Post durchgehen, die bis jetzt angekommen ist. Die Post ist recht umfangreich. Sie fängt mit dem Sortieren an.

In ihrem Eingangskorb liegt die Arbeit, die ihr Chef ihr bereits heute morgen hingelegt hat: zwei Schreiben, die sie nach Stichworten fertigstellen soll, die Bitte um einige Recherchen zu dem Seminarprogramm, das in sechs Wochen rausgehen soll, einen Termin nachfassen, eine Besprechung vereinbaren und ein Seminarprotokoll schreiben.

Beinahe vergessen!

Da fällt ihr ein, daß sie um 10.30 Uhr einen Termin mit ihrer Kollegin Susanne hat. Sie hat einen ähnlichen Aufgabenbereich, und sie wollten sich zusammen noch einmal das neue Grafikprogramm ansehen, mit dem die Charts ab sofort erstellt werden sollen. Sie legt ihrem Chef nur einen Zettel hin, läßt alles stehen und liegen und macht sich gleich auf den Weg zu Susannes Büro. In der Hektik hat sie leider ihre Chartvorlagen vergessen. Susanne und sie sitzen ungefähr eine Stunde zusammen. Nach der Besprechung ist man auch nicht viel schlauer als davor. Kurz vor zwölf beschließen beide, gemeinsam zu Mittag zu gehen.

Wohin mit der Praktikantin?

Um 12.45 Uhr ist Silvia S. wieder an ihrem Schreibtisch. Voller Energie will sie den zweiten Teil des Tages angehen. Sie startet sofort wieder mit der Seminarkonzeption vom Vormittag, da steht die Praktikantin vor ihr. Silvia hatte zugesagt, sie heute mit den Abläufen in der Abteilung bekanntzumachen und sie dann auch schon einmal eine Statistik nacharbeiten zu lassen. Aber die Arbeit auf ihrem Schreibtisch türmt sich.

Die Abläufe und die Statistik erläutert sie nur ganz kurz, die Praktikantin soll einfach einmal starten, denn sie muß schnell die Konzeption fertigstellen.

Um 14.00 Uhr hat ihr Chef einen Termin mit einem Mitarbeiter in seinem Büro, das kann gut eineinhalb Stunden dauern. Davor wollte sie ihm eigentlich die Konzeption geben, aber sie schafft es nicht. Und auch die anderen Dinge sind nicht erledigt. In ihrer Voice-Box sind vier Anrufe eingegangen, die muß sie heute unbedingt noch erledigen.

Was tun gegen die Berge von Arbeit?

Nun ist es 17.00 Uhr. Silvia ist deprimiert. Zwar ist die Konzeption gerade noch fertig geworden, aber zufrieden ist sie mit der Qualität ihrer Arbeit nicht, und sie befürchtet, ihr Chef auch nicht.

Sie hat Kopfschmerzen. Sie fühlt sich wie erschlagen, den ganzen Tag hat sie sich gedreht und gewendet, die meisten Dinge haben ja noch geklappt. Aber der Haufen, der dort liegt, wird und wird nicht kleiner. Was könnte sie jetzt noch tun? Ihr fallen sofort 1000 Dinge ein. Ach, für heute hat sie genug. Vor dem morgigen Tag graut ihr jetzt schon. Im Auto fallen ihr all die Dinge ein, die sie morgen erledigen muß. Es ist eine endlose Liste, und dann bleibt auch noch alles zu erledigen, was heute liegengeblieben ist.

Wie ein Hamster in der Tretmühle

Insgesamt hatte Silvia immer öfter das Gefühl, in Arbeit zu ersticken. Sie fühlte sich sehr gestreßt. Die Situation mußte schnell verbessert werden, denn 70% aller Krankheiten sind direkt oder indirekt Streßfolgen.

Wir erarbeiteten mit Silvia die grundlegenden Faktoren des Zeitmanagements, das ABC des Zeitmanagements. Sie mußte vor allem Tagespläne erstellen!

Die folgenden drei Stufen halfen nicht nur Silvia, sondern vielen anderen Chef-Assistentinnen und ihren Chefs, ein effektiveres Selbstmanagement zu betreiben.

Das systematische Vorgehen sieht so aus

1. Stufe: Planen Sie schriftlich.
2. Stufe: Gehen Sie nach den richtigen Prioritäten vor.
3. Stufe: Organisieren Sie sich eine Stille-Halbe-Stunde.

1. Stufe: Planen Sie schriftlich

Die schriftliche Planung ist das Arbeitsprinzip Nr. 1 für ein effektives, operatives und strategisches Selbstmanagement. Das Gedächtnis wird entlastet, und Streß wird abgebaut. Eine schriftliche Planung ist darüber hinaus für uns selbst viel verbindlicher als eine Planung nur in Gedanken. Durch Planung reduzieren Sie außerdem den Zeitaufwand, den Sie für die Durchführung der Arbeit benötigen.

Mit der Alpen-Methode schaffen Sie Berge von Arbeit

Planen Sie also schriftlich, und zwar den Tag, jeden Tag! Denn wenn Sie den einzelnen Tag im Griff haben, sind Sie schon ein schönes Stück weiter.

Nutzen Sie für Ihre schriftliche Tagesplanung die Alpenmethode. Sie eignet sich besonders gut für die Tagesplanung, da diese in 5 bis 10 Minuten täglich erledigt ist. Und Sie sparen ca. 1 bis 2 Stunden Zeit pro Tag ein. Das ist doch eine Zeit-Rendite, die sich lohnt.

Ein realistischer Tagesplan sollte grundsätzlich nur das enthalten, was Sie an diesem Tag erledigen wollen bzw. müssen – und auch können! Denn je mehr Sie die gesetzten Ziele für erreichbar halten, desto mehr konzentrieren und mobilisieren Sie auch Ihre Kräfte darauf, die Ziele zu erreichen.

Die Alpenmethode ist eine mnemotechnische Methode. Jeder Buchstabe kennzeichnet einen bestimmten Schritt.

A = Alle Aufgaben auflisten

Alle Aufgaben sind dabei wichtig, also auch Routinetätigkeiten, immer wiederkehrende Aufgaben, alle Telefonate, alle Briefe und Faxe, alle Besprechungen und Treffen ..., also wirklich alles!

Das Ergebnis dieses Schrittes ist eine To-Do-Liste. Fast jeder kennt sie oder hat sie. Hören Sie aber bitte nicht hier schon mit dem Zeit- und Selbstmanagement auf.

To-Do-Listen funktionieren nicht, wenn Sie die Aufgaben nicht miteinander und zur verfügbaren Zeit in Beziehung setzen.

Die nächsten Schritte der Alpen-Methode sind deshalb unerläßlich. Das Ergebnis ist eine „erweiterte“ To-Do-Liste.

L = Länge der Aufgaben schätzen

Hier kann es kniffelig werden. Denn weiß man die Zeitdauer immer, die man für die Fertigstellung einer Aufgabe braucht? Meistens verschätzt man sich doch, oder? Ja, aber mit mehr Übung und Erfahrung werden die eigenen Schätzungen immer realistischer. Und man unterliegt weniger dem „Parkinson-Effekt“, der besagt, daß man zur Fertigstellung einer Sache so lange Zeit braucht, wie zur Verfügung steht. Eine Besprechung, die auf 2 Stunden angesetzt ist, wird auch 2 Stunden brauchen, um die Ergebnisse zu erzielen (oder etwas länger). Eine Ausarbeitung, die bis zum Ende des Monats fertig sein muß, wird auch erst zu diesem Termin fertig sein (oder etwas später) usw.

Wenn Sie die Länge der Aufgabe schätzen, setzen Sie sich selbst einen Endtermin.

Das ist dann so ähnlich wie die letzten Tage vor dem Urlaub. Es ist schier unglaublich, was sich da noch alles erledigen läßt.

Setzen Sie sich also selbst etwas unter Druck, zugunsten Ihrer Effektivität.

P = Pufferzeiten setzen

Und die sind ausgesprochen wichtig. Wer 8 Stunden seines Tages verplant, hat sich totgeplant. Er ist nicht mehr flexibel, kann auf Unvorhergesehenes nicht reagieren, ist immer unter Druck und in Panik.

Für das Sekretariat gibt es eine Daumenregel, die heißt 40:60. Von einem Acht-Stunden-Tag sollten also nur ca. 40 % (also höchstens drei Stunden) verplant werden, die restlichen 60 % sind Pufferzeiten. Pufferzeiten sind keine Pausenzeiten, sondern Zeiten für unvorhergesehene Aufgaben, für Zusätzliches, Neues, für Soziales, für Gespräche, für Spontanes.

E = Entscheidungen treffen

Bei diesem Schritt werden alle Entscheidungen über Prioritäten, Delegations- und Rationalisierungsmöglichkeiten, Streichungen oder Verschiebungen getroffen. (Näheres dazu bei der 2. Stufe des Zeit- und Selbstmanagements.)

N = Nachkontrolle

Das ist ein kontinuierlicher Prozeß, denn Ihr Plan liegt den ganzen Tag vor Ihnen. So können Sie jederzeit verfolgen, ob alles so klappt wie geplant.

Am Abend, wenn Sie Ihren Tagesplan für den nächsten Tag aufstellen, übertragen Sie alles, was heute nicht erledigt werden konnte.

2. Stufe: Gehen Sie nach den richtigen Prioritäten vor!

Warum Prioritäten? Schauen Sie sich Ihre erweiterte To-Do-Liste an, und bewerten Sie die Aufgaben nach ihrer Bedeutung für die Ziel-Erreichung. Mit nur relativ wenig Aufgaben tragen Sie schon wesentlich zum Erreichen der Ziele Ihrer Funktion/Stelle bei. Diese wenigen Aufgaben sind die allerwichtigsten Aufgaben Ihrer Tätigkeit.

Ein Beispiel: Morgen haben Sie 10 Aufgaben zu erledigen. Wenn Sie die zwei wichtigsten tun, haben Sie schon 80 % Ihres Tagewerks geschafft.

Sie können auch 8 Aufgaben erledigen.

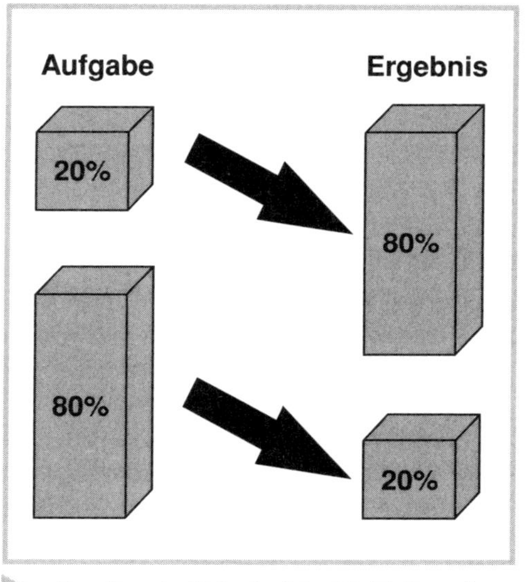

Das Pareto-Prinzip (die 80:20-Regel) – Konzentrieren Sie sich auf die wenigen, wirklich wichtigen Aufgaben

Wenn es die falschen sind, haben Sie sehr viel gearbeitet, aber nur 20 % Ihres Tagewerks erledigt.

Wichtiges kommt zuerst: Was ist das Allerwichtigste heute? Diese Aufgabe bekommt *Vorrang*.

Sie wird gleich morgens erledigt. Warum gleich morgens? Dazu mehr bei den Themen Tagesleistungskurve und Tagesstörkurve.

Wie setzt man Prioritäten?

Es gibt viele komplizierte Prioritätensysteme. Das ABC-System (sehr wichtig, wichtig, weniger wichtig) kennt fast jeder, und viele leiden darunter, daß nach kurzer Zeit alle Aufgaben A-Aufgaben sind.

Jeder betreibt übrigens Prioritätenmanagement. Schon mit der Muttermilch scheint uns folgendes Auswahlsystem eingeimpft worden zu sein:

1. das Einfache vor dem Schwierigen
2. das Bekannte vor dem Neuen
3. das, was schnell geht, vor dem, was lange braucht
4. das, was Spaß bringt, vor dem, was anstrengend ist

Kennen Sie dieses Prioritätensystem? Welche Aufgaben erledigen Sie zuerst? Grenzen Sie das „Muttermilch-Prioritäten-System" immer mehr ein.

Der 25 000-$-Tip

Betreiben Sie effektives Zeit- und Selbstmanagement, z. B. mit der Schwabschen Regel. Der Präsident von Bethlehem Steel, Mr. Schwab, fragte seinen Freund und Top-Unternehmensberater, Ivy Lee, nach einem Tip zum Zeitsparen. Schwab wollte sich selbst besser organisieren und in der gleichen Zeit mehr schaffen. Er erwartete einen richtigen Erfolgstip und bekam diesen Vorschlag:

1. alle Aufgaben auflisten
2. in eine Reihenfolge bringen, der Bedeutung nach ordnen
3. überprüfen, ob die Reihenfolge stimmt
4. mit Nr. 1 beginnen und so lange daran arbeiten, bis Nr. 1 fertig ist
5. überprüfen, ob die Reihenfolge noch stimmt, eventuell neu ordnen
6. mit Nr. 2 beginnen und so lange daran arbeiten, bis Nr. 2 fertig ist usw.

Lee sagte, daß man zwar auch nicht mehr schaffen würde als vorher, aber immerhin das Wichtigste. Und auch wenn man nur eine Sache pro Tag geschafft hat, ist man am Ende doch sicher, wenigstens das Wichtigste getan zu haben.

Schwab war mißtrauisch, aber er erklärte sich bereit, diesen Tip einen Monat aus-

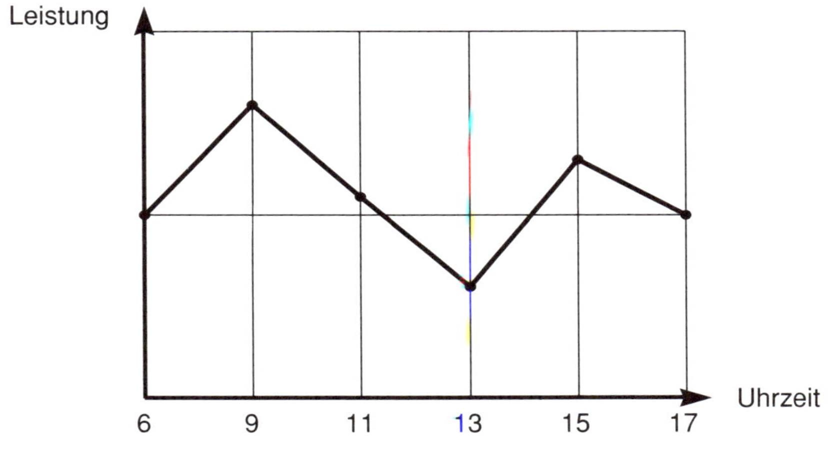

Tagesleistungskurve – am Vormittag sind Sie noch fit und besonders leistungsfähig

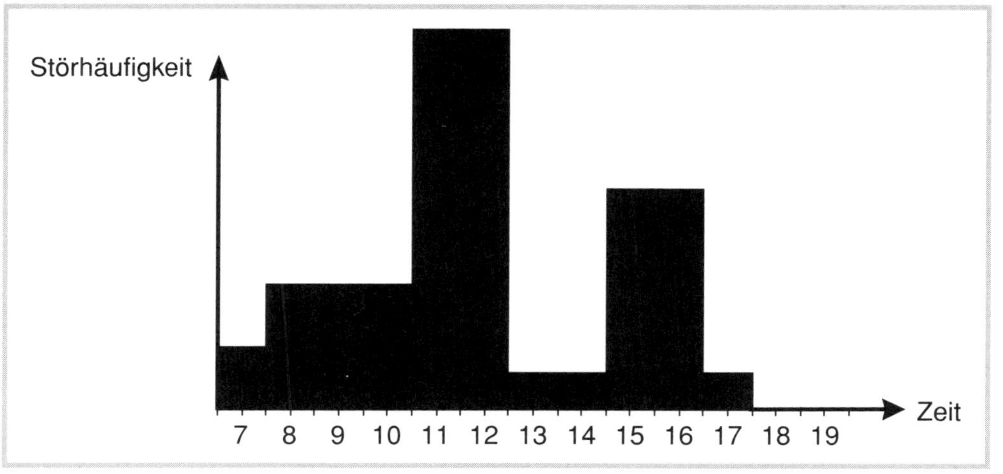

Tagesstörkurve – wenig Störungen gibt es meistens am Morgen – vor 10.00 Uhr – und am Nachmittag – nach 16.00 Uhr. Nutzen Sie diese Zeiten für Ihre wichtigen Aufgaben!

zuprobieren und dann das Honorar zu zahlen, das ihm dieser Tip wert war. Schwab probierte – und zahlte 25 000 Dollar!

Er trainierte seine Mitarbeiter, und Bethlehem Steel gehörte innerhalb von nur 3 Jahren zu den größten Stahlproduzenten der Welt.

Früher Vogel fängt den Wurm

Nachdem Sie also festgestellt haben, welche Aufgabe besonders wichtig (vorrangig) ist, fangen Sie gleich morgens damit an. Die Leistungskurve macht den durchschnittlichen Leistungshöhepunkt am Vormittag deutlich (s. Abbildung vorige Seite).

Sie schaffen mehr ohne Mehraufwand. Die beste Zeit für Routinetätigkeiten und Kleinkram ist nach dem Mittagessen.

Ein weiterer Grund dafür, gleich morgens mit dem Wichtigsten zu starten, ist die Tagesstörkurve (s. Abbildung oben).

Können Sie diese Tagesstörkurve bestätigen?

Wenn Sie sich also erst mit Kleinigkeiten und Routine in Arbeitsstimmung bringen, vergeuden Sie Ihren Leistungshöhepunkt für Nebensächliches und machen sich die Arbeit an Schwierigem durch den Sägeblatt-Effekt doppelt schwer (s. Abbildung folgende Seite).

3. Stufe: Organisieren Sie sich eine Stille-Halbe-Stunde

Das ist der Goldene Tip des Zeit- und Selbstmanagements.

Die Schlußfolgerung aus der Tagesleistungs-, Tagesstörkurve und des Sägeblatteffekts liegt auf der Hand: Die beste Zeit für wichtige Aufgaben ist gleich am Anfang des Tages. Hier sollten Sie sich eine störarme Zeit von etwa einer halben Stunde organisieren. Auch wenn Ihnen das im ersten Moment nicht machbar erscheint, hat sich dieser Tip in der Praxis tatsächlich bewährt.

Doch was ist gegen die ständigen Unterbrechungen und Störungen zu tun? Die Aufgabe einer Chef-Assistentin ist es ja gerade, Ansprechpartnerin zu sein. Niemand ist aber ständig erreichbar. Betreiben Sie ein Management der „geplanten Unerreichbarkeit".

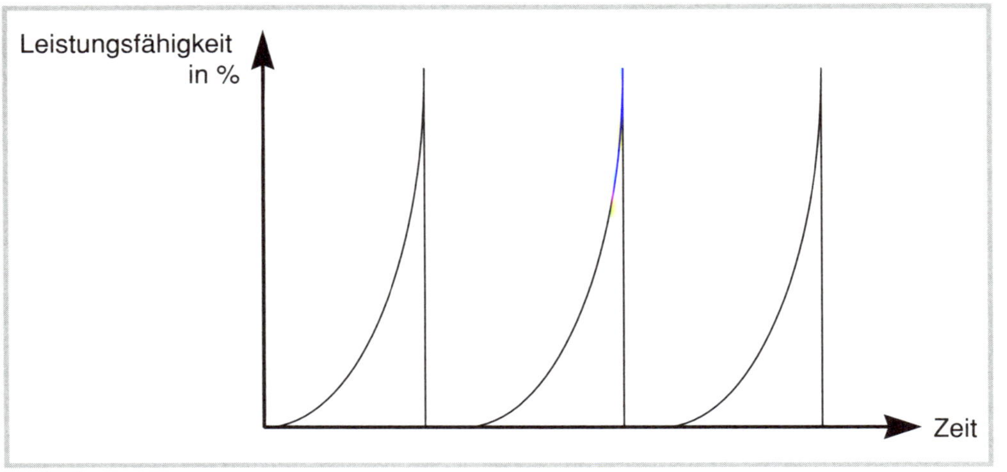

Sägeblatt-Effekt – Sie vergeuden bis zu dreimal so viel Zeit, wie die Störung gedauert hat, um den roten Faden für die Weiterarbeit fest in Händen zu halten

Diese halbe Stunde konzentrierter Arbeit ohne Störungen an Ihrer wichtigsten Aufgabe wird Sie in Ihrem strategischen Selbstmanagement einen deutlichen Schritt voranbringen.

Den Effekt können Sie noch deutlich erhöhen, wenn Sie sich mit einer Kollegin zusammentun und jede jeweils für etwa eine halbe Stunde alle Telefonate entgegennimmt. Später können Sie dann die Rückrufe erledigen.

Betreiben Sie „Management der Stillen-Halben-Stunde“. Sie haben eine Besprechung (mit sich selbst)!

Welche Hilfsmittel sind geeignet?

Einen Tagesplan können Sie mit unterschiedlichen Hilfsmitteln erstellen, mit Listen, mit Kalendern, Zeitplanbüchern oder geeigneter Software. Entscheiden Sie sich für ein Hilfsmittel, das Ihnen gefällt, und bleiben Sie etwa 30 Tage bei einem System, bevor Sie es eventuell verwerfen. Wenn Ihnen die Ausgaben zu hoch sind, arbeiten Sie in diesen 30 Tagen z. B. mit Kopien oder Programmen von Kollegen. Fast jedes Hilfsmittel ist geeignet, vorausgesetzt, Sie benutzen es auch.

Wann den Tagesplan erstellen?

Den Tagesplan erstellen Sie am besten am Abend vorher. Hier haben Sie den schnellsten Überblick über alles, was noch liegengeblieben ist. Sie können den aktuellen Tag gut abschließen. Der Plan, der am Vorabend erstellt wurde, kann in Ihr Unterbewußtsein sinken, und dort entwickeln sich quasi über Nacht schon die ersten Lösungswege. Ihr Unterbewußtsein mobilisiert deutlich Kräfte, um das Realität werden zu lassen, was Sie sich vorstellen. Die Hauptaufgabe vor Augen, geht es morgens, ohne Ablenkung, gleich richtig los.

Anschließend folgen noch einige Tips für die Tagesorganisation. Wenn Sie die auch noch in Ihr operatives Zeit- und Selbstmanagement einsetzen, kann nun wirklich nichts mehr schief gehen.

Organisationstips zum Tagesablauf

Morgens
- mit guter Laune in den Tag
- gutes Frühstück
- pünktlicher Tagesbeginn
- Tagesplan überprüfen
- Tagesplan mit Chef abstimmen
- komplizierte und wichtige Dinge am Morgen

Im Tagesverlauf
- Stille-Halbe-Stunde einplanen
- Dinge nicht vergeblich in die Hand nehmen, sondern sofort entscheiden. Beachten Sie folgendes:
  - kein Telefonat länger als eine Minute
  - kein Brief/Fax länger als eine Seite
  - keine Besprechung länger als eine Stunde
  - keine Entscheidung länger als ein Tag (japanische 4 x 1-Regel)
- gute Arbeitsvorbereitung
- jede Arbeit nach Delegationsmöglichkeiten an Mitarbeiter und Servicestellen überprüfen
- jede Arbeit nach Rationalisierungsmöglichkeiten und -vereinfachungen überprüfen
- Pausen einlegen
- impulsive Aktivitäten vermeiden
- angefangene Dinge zu Ende bringen!
- angemessenes Arbeitstempo
- kleine Aufgaben wie Telefonate, Briefe, Faxe usw. im Block erledigen

Abends
- Unerledigtes abschließen
- Ergebnis- und Selbstkontrolle
- Zeitplan für den nächsten Tag
- mit positiver Stimmung nach Hause
- jedem Tag auch nach der Arbeit noch einen Höhepunkt geben

Nachdem Sie jetzt einen Einblick ins ABC des Zeitmanagements erhalten haben, können Sie nun kontinuierlich Ihre eigene Effektivität erhöhen. Jeden Tag am Abend schriftlich vorplanen, sich genügend Puffer lassen und mit dem Wichtigsten starten, mehr gehört nicht dazu. Ihre beste Zeit gleich am Morgen sollten Sie tatsächlich nur für das Allerwichtigste nutzen, für Ihre A-Aufgaben, für langfristige Projekte, für strategische Überlegungen.

Sie wissen jetzt, wo der Handlungsbedarf für Sie liegt, um den einzelnen Tag immer besser in den Griff zu bekommen. Der Tag ist die kleinste sinnvolle Planungseinheit des operativen Zeitmanagements. Und Zeitmanagement ist zum größten Teil Selbstmanagement. Sie selbst haben Ihren Tag in den Händen. Sie selbst bestimmen Ihren Erfolg!

Formulieren Sie deshalb jetzt gleich die wichtigste Maßnahme, die Sie ab morgen in Ihre eigene Praxis umsetzen wollen:

Meine Maßnahmen zur Verbesserung meines Zeit- und Selbstmanagements

....

....

....

....

....

Wie kann man Aufschieberitis heilen?

Eigentlich sind Sie auf dem besten Weg, denn Selbsterkenntnis ist der erste Schritt zur Besserung. Erstellen Sie unbedingt eine erweiterte To-Do-Liste. Bestimmen Sie die Prioritäten, und starten Sie morgens mit dem Wichtigsten.

Fassen Sie Ihre Zeitdiebe!

Werden Sie diese Maßnahmen wirklich in Ihre eigene Praxis integrieren? Oder gehören Sie auch zu denen, die sich zwar vieles vornehmen, aber am Ende doch reichlich wenig davon umsetzen?

Wenn auch Sie darunter leiden, Arbeiten und gute Vorsätze auf die lange Bank zu schieben, kann Ihnen der folgende Test dabei helfen, sich auf die Schliche zu kommen und Abhilfe zu schaffen.

	ja, immer	manch-mal	nie
1. Ich brauche Druck, um schwierige Aufgaben in Angriff zu nehmen.	☐	☐	☐
2. Ich vermeide klare Antworten, wenn ich Unangenehmes entscheiden soll.	☐	☐	☐
3. Ich muß erst alles vom Tisch wegarbeiten, um mit einer wichtigen Aufgabe zu starten.	☐	☐	☐
4. Ich bin meist zu müde, um große und wichtige Tätigkeiten anzupacken.	☐	☐	☐
5. Ich vermeide es, mir Endtermine zu setzen.	☐	☐	☐
6. Ich habe immer eine Menge Gründe und Entschuldigungen, um schwierige Aufgaben aufzuschieben.	☐	☐	☐

Leiden Sie an Aufschieberitis?

Auswertung: Aufschieberitis

Fassen Sie Ihre Zeitdiebe!

Wo liegen Ihre Kreuze überwiegend?

In der 1. Spalte
Dann leiden Sie häufig und intensiv an Aufschieberitis. Sie sollten Ihrer Genesung Priorität einräumen.

In der 2. Spalte
Dann haben Sie ein Aufschieberitis-Problem, aber es belastet Sie nicht ernsthaft.

In der 3. Spalte
Dann haben Sie im allgemeinen keine Aufschieberitis-Probleme.

Bei großen und daher sehr zeitintensiven Arbeiten können Sie „scheibchenweise" vorgehen (Salami-Taktik). Oder Sie teilen die Arbeit in viele 15-Minuten-Teilaufgaben. Arbeiten Sie wirklich nur 15 Minuten an der Sache. Beginnen Sie mit einer Teilaufgabe, die Ihnen Spaß macht. Sie werden sich wundern, wie schnell die gesamte Arbeit erledigt ist (Schweizer-Käse-Taktik).

Heilung durch Belohnung
Die wohl wichtigste Heilungsmaßnahme gegen Aufschieberitis ist die Belohnung. Sie muß allerdings angemessen sein.

Zwei Beispiele: Anne wollte den Tagesplan für den nächsten Tag am Abend erstellen, aber jeden Tag kam etwas dazwischen. Sie schob ihre guten Vorsätze auf. Als sie den Montag wirklich mit dem Erstellen des Tagesplans für Dienstag abschloß, belohnte sie sich dafür mit einem Saunabesuch.

Sabine hatte Angst vor dem Aufstellen des Ausbildungsplans für die Praktikanten in ihrer Abteilung. Sie hatte diese umfangreiche Aufgabe zuvor noch nie erledigt und schob die Ausarbeitung mit unterschiedlichen Begründungen von einem Tag auf den nächsten. Dann ging sie nach der Schweizer-Käse-Taktik vor. Als der Ausbildungsplan rechtzeitig fertig war, belohnte sie sich dafür mit einem Einkaufsbummel.

Gönnen Sie sich die Belohnung auf jeden Fall, wenn Sie die Arbeit erledigen wie vorgenommen, und in keinem Fall, wenn Sie wieder etwas aufschieben.

Strategisches Zeit- und Selbstmanagement: der Schlüssel zum Erfolg

Nun haben Sie tatsächlich jeden Tag im Griff. Ihr operatives Zeitmanagement stimmt. Wie sieht aber nun Ihr strategisches, langfristig-ganzheitliches Zeit- und Selbstmanagement aus? Bestimmen Sie dazu Ihre derzeitige Ist-Situation. Dabei kann Ihnen das „Quadrat des Lebens" von Dr. Peseschkian gute Dienste leisten.

Dr. Peseschkian weist darauf hin, daß es im Leben jedes Menschen vier Bereiche gibt, die in Balance zueinander stehen müssen, damit kein Streß entsteht: Beruf, Familie, Gesundheit, Sinn (Religion, Kultur).

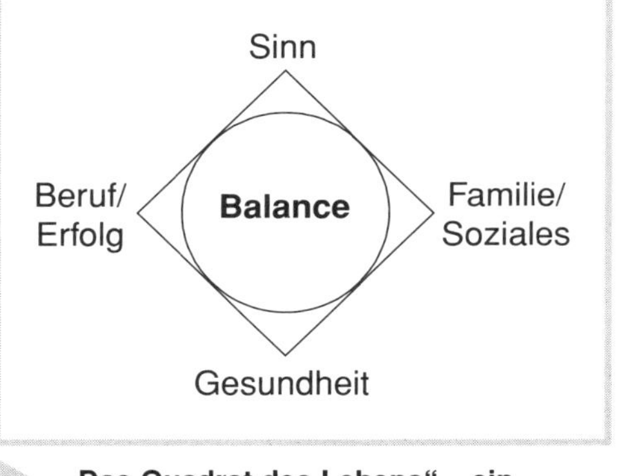

„Das Quadrat des Lebens" – ein Leben in Balance verhindert Streß

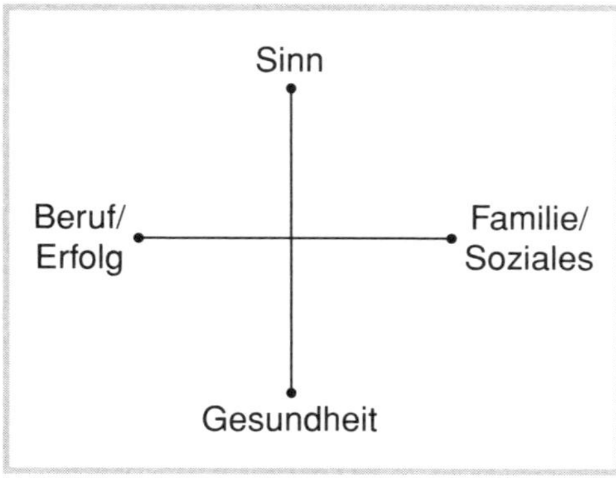

Wie sieht Ihr „Quadrat des Lebens“ vom letzten Jahr aus?

Sinn	**Familie/ Soziales**
• • • • • •	• • • • •
Gesundheit	**Erfolg/Beruf**
• • • • • •	• • • • • •

Meine Ziele im nächsten Jahr

Vervollständigen Sie nun Ihr „Quadrat des Lebens“ (oben). Wieviel Energie haben Sie im letzten Jahr in die einzelnen Ecken gesteckt, wie zufrieden sind Sie mit der Situation in jedem Teilbereich?

Wichtig dabei ist nur Ihre momentane Einschätzung. Objektive Richtlinien dazu, was genau 50 % Zufriedenheit mit dem Sinn des Lebens bedeuten, sind hier nicht maßgeblich.

Rhombenformen (unten) sind weit verbreitet. Vernachlässigte Ecken können zu Streß führen.

Sie sollten kurz- bis mittelfristig etwas für die vernachlässigten Ecken Ihres Lebens tun, damit es nicht zu Streß kommt. Wer z. B. lange nicht in seine Gesundheit investiert, muß sich nicht wundern, wenn ein kleiner Schnupfen zu einer Bronchitis wird und die Betroffene dadurch ans Bett fesselt. Endlich bekommt der Aspekt Gesundheit die Aufmerksamkeit, die ihm lange vorenthalten wurde.

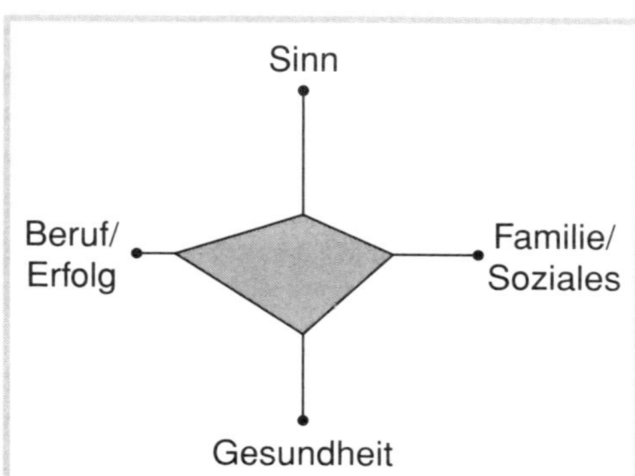

Vielleicht sieht Ihr „Quadrat des Lebens“ so aus?

Mit dem „Quadrat des Lebens“ können Sie Ziele für Ihr strategisches Zeit- und Selbstmanagement setzen (siehe „Meine Ziele im nächsten Jahr).

Auch Heiterkeit gehört dazu

Ein Mensch ist nur wirklich und langfristig erfolgreich, wenn er ein Leben in Balance führt, wenn alle Bereiche seines Lebens funktionieren. „Der Tag ist ganz und gar verfehlt, an dem wir nicht ein einziges Mal gelacht haben.“ (Chamfort)

Steigern Sie die Effektivität Ihres Chefs!

Die zweite Herausforderung einer Chef-Assistentin ist, die Effektivität ihres Chef zu steigern. In Managerkreisen hört man immer wieder: „Eine gute Chef-Assistentin kann man nicht in Gold aufwiegen.“ Aber was ist dazu alles zu tun?

Neben den klassischen Sekretariatstätigkeiten gibt es für Chef-Assistentinnen mit funktionierendem persönlichem Zeitmanagement noch eine Menge an Möglichkeiten, nachfolgend ein paar Vorschläge:

Verstehen Sie folgende Liste bitte als Ideenbank.

- Vereinbaren Sie mit Ihrem Chef, daß Sie beide ihren Tag am Vorabend planen und morgens in einem 2-Minuten-Steh-Meeting den Fahrplan absprechen.
- Informieren Sie ihn unbedingt über Ihre wichtigste Aufgabe.
- Informieren Sie sich über seine wichtigste Tagesaufgabe.
- Erledigen Sie Ihre Schwerpunktaufgabe gleich morgens.
- Planen Sie langfristig. Seien Sie immer einen Schritt voraus.
- Informieren Sie sich über seine Ziele, Aufgaben und Prioritäten. So können Sie jederzeit Auskunft geben, wenn jemand Informationen aus Ihrem Bereich braucht.
- Führen Sie seinen Terminkalender, und schirmen Sie ihn vor zufälligen Besuchern und Anrufen ab. So hat er ungestört Zeit für wichtige Arbeiten (Sägeblatt-Effekt eingrenzen).
- Reduzieren Sie seine Lesezeit, indem Sie Wichtiges anstreichen, die Post überprüfen und gleich weiterleiten und Unwichtiges sofort wegwerfen.
- Legen Sie ihm Standardfälle vor, in denen Sie allein entscheiden können.
- Nehmen Sie ihm Teilbereiche seiner Arbeit ab, die Sie eigenverantwortlich weiterbearbeiten (z. B. Budgetkontrolle, Projekt-Termin-Kontrollen usw.).
- Erledigen Sie den alltäglichen Schriftverkehr und die Routine-Aufgaben selbständig (anhand von Modellen). So hat Ihr Chef Zeit für nichtalltägliche, einmalige Arbeiten.
- Setzen Sie seine Ordnungsprinzipien um. Legen Sie ihm z. B. die A-Aufgabe morgens mitten auf den Tisch.
- Vereinbaren Sie einen Jour fixe mit ihm, eine regelmäßige Besprechung (z. B. jede Woche 30 Minuten oder jeden Monat eine Stunde). Sprechen Sie dann die Prioritäten und Vorgehensweisen für den kommenden Zeitraum ab. Betreiben Sie „Manöverkritik“ für den abgelaufenen Zeitraum.
- Steuern Sie Ideen für Problemlösungen und Entscheidungsfindungen bei. Beschaffen Sie sich die dazu notwendigen Informationen, und bringen Sie sie in eine sofort nutzbare Form.
- Seien Sie seine Botschafterin des guten Willens. Machen Sie ihn auf Geburtstage und Jubiläen von Mitarbeitern und Kunden aufmerksam. Sorgen Sie für Weihnachtsgrüße.
- Stellen Sie Listen aller wiederkehrenden Arbeiten auf. So weiß Ihre Vertretung bei Urlaub, Krankheit oder Dienstreisen immer sofort, was zu tun ist, und der Laden läuft.
- Unterschätzen Sie niemals Ihre Möglichkeiten. Sie gehören zu den wichtigsten Mitarbeitern seines Teams.
- Bilden Sie sich in Managementfragen weiter (z. B. Prioritätenmanagement, Moderation, Präsentationen usw.).

Was tun mit „liebenswerten Chaoten“?

Wenn der Chef selbst ein effektiver Zeit- und Selbstmanager ist, kann man sich wunderbar ergänzen. Er wird es zu schätzen wissen, und der Synergie-Effekt wird Sie reichlich belohnen.

Aber was ist mit den vielen „liebenswerten Chaoten“, die wichtige Schriftstücke haufenweise in ihren Schreibtischen horten und vergessen, die Zusagen nicht weitergeben, die Termine nicht kommunizieren, die jetzt die Arbeit X verlangen und im nächsten Augenblick Arbeit Y wollen, die …

Meinen auch Sie, man könnte die Liste endlos ergänzen?

So eine Desorganisation läßt sich auch erkennen an dem Ihnen sicher bekannten Zitat aus der Praxis „Wo habe ich denn das liegen?“

Gehen Sie mit gutem Beispiel voran. Erwarten Sie keine Veränderung von ihm, die Sie nicht selbst zuerst bringen. „Willst Du die Welt verändern, fange bei Dir selbst an.“ (Solschenizyn)

So ein Chef bietet Ihnen erhebliche Chancen zu persönlichem Wachstum

Die folgende Checkliste enthält einige Maßnahmen, die in der Praxis wirklich erfolgreich waren. Wählen Sie aus, welcher erste Schritt in Ihrer Situation mit Ihrem Chef sinnvoll ist.

Sie werden sich bei dem einen oder anderen Tip vielleicht fragen: „Kann ich das wirklich machen?“ Ja! Das höre ich in meinen Managementkursen von den Chefs immer wieder. Es werden die Mitarbeiterinnen geschätzt, die Initiative übernehmen, statt zu jammern oder zu leiden. Lediglich zwei Voraussetzungen müssen erfüllt sein:

1. Die Eigenorganisation der Sekretärin muß stimmen. Kehren Sie also zuerst vor Ihrer eigenen Tür.
2. Die Art und Weise der Kommunikation muß stimmen. Wählen Sie die „Ich-bin -o.k.-Du-bist-o.k.“-Ebene.

Ideenbank für den Umgang mit „liebenswerten Chaoten“

- Führen Sie Listen mit eingehender wichtiger Post, dann wissen Sie, was noch fehlt.
- „Durchsuchen“ Sie seinen Stapel mit unerledigten Arbeiten immer wieder, und legen Sie ihm die wichtigen Schriftstücke wieder vor.
- Informieren Sie ihn über Ihre erweiterte To-Do-Liste für die Woche. Fragen Sie ihn nach seinen Haupttätigkeiten für die Woche, damit Sie Ihre Aufgaben davon ableiten können.
- Ordnen Sie Ihre Aufgaben nach Prioritäten, und sprechen Sie die Reihenfolge mit ihm ab.
- Vereinbaren Sie eine feste Besprechung, einen Jour fixe, mit ihm.
- Vereinbaren Sie jeden Morgen eine 10-Minuten-Besprechung, wenn er im Büro ist.
- Suchen Sie immer wieder das Gespräch mit ihm.
- Verstehen Sie Informationen immer mehr als Holschuld statt als Bringschuld. Fragen Sie ihn nach Meetings, welche der dort ausgetauschten Informationen für Sie von Bedeutung sind, welche Prioritäten aufgestellt wurden, welche Zusagen für Arbeiten und Dienstleistungen er übernommen hat.
- Schließen Sie seine Ausgangstür. Wenn er an Ihnen vorbei muß, um das Büro zu verlassen, wissen Sie wenigstens, ob er da ist.

Lernen Sie das Neinsagen, ohne zu verletzen …

… indem Sie
1. sofort nein sagen
2. eine Begründung liefern
3. eine Alternative anbieten

Hört sich das so an, als wenn Sie sich das nicht erlauben könnten?

Dann hier ein Praxisbeispiel: Sie arbeiten gerade an einem umfangreichen Protokoll, das Ihnen Ihr Chef vor kurzem auf den Tisch gelegt hat. Er braucht die Unterlagen am besten gestern schon. Eine Stunde später kommt er herein und bittet Sie, sofort eine Besprechung mit drei weiteren Abteilungsleitern zu vereinbaren. Was tun Sie? Richtig: nein sagen, und zwar so: „Tut mir leid, Herr Müller, aber ich kann die Besprechung im Moment nicht vereinbaren (1. sofort nein sagen), weil ich gerade noch das Protokoll fertigstelle (2. eine Begründung liefern). Um halb drei dürfte das aber fertig sein, kann ich mich dann um die Besprechung kümmern? (3. eine Alternative anbieten) Nennen Sie hier einen realistischen Zeitpunkt, schauen Sie auf Ihren Tagesplan.

Sie sehen schon, daß die Voraussetzung für richtiges Neinsagen neben Höflichkeit vor allem ein funktionierendes eigenes Zeit- und Selbstmanagement ist.

In meinen Managementseminaren sind sich alle Chefs darin einig, daß sie mit so einem Nein umgehen können.

Versuchen Sie es auch einmal. Es klappt bestimmt. So erziehen Sie Ihren Chef zu einem besseren Zeit- und Selbstmanagement.

Nobody is perfect, nur die Chef-Assistentin?

Einer unbekannten Quelle zufolge sollte eine Chef-Assistentin folgende Eigenschaften haben:

„Das Taktgefühl eines Diplomaten, die Genügsamkeit eines Maultiers, die Anpassungsfähigkeit eines Chamäleons, die Begeisterung eines Verkäufers, die Pünktlichkeit der Sonne, die Geschwindigkeit des Lichtes, die Loyalität einer Schwester, die Haut eines Nashorns, das Gehirn Einsteins, das Verständnis einer Mutter und die Geduld Hiobs."

Hört sich doch toll an. Eine richtige Herausforderung. Verzweifeln Sie nicht. Mit effektivem Zeit- und Selbstmanagement ist alles möglich – Schritt für Schritt, und vergessen Sie nicht: Niemand muß perfekt sein, nur gut.

Dabei wünsche ich Ihnen viel Erfolg!

Zusammenfassung

Chef-Assistentinnen haben hohe Anforderungen zu erfüllen. Ihr Job ist oft hart. Aber mit den richtigen Werkzeugen des effektiven Zeit- und Selbstmanagements ist es möglich, alle Anforderungen glänzend zu erfüllen. Streß ist kein Thema mehr.

Am Beispiel von Sylvia S., Chef-Assistentin des Leiters der Personalentwicklung eines internationalen Konzerns und selbst zuständig für die Ausbildung der Kaufleute für Bürokommunikation, lernten Sie das ABC des Zeitmanagements kennen.

1. Stufe: Planen Sie schriftlich. Erstellen Sie mit der Alpenmethode jeden Abend einen Tagesplan für den nächsten Tag.

2. Stufe: Gehen Sie nach den richtigen Prioritäten. Bestimmen Sie mit Hilfe des Pareto-Prinzips und der Schwabschen Regel die wichtigste Aufgabe aus Ihrer erweiterten To-Do-Liste, und erledigen Sie diese gleich morgens als erstes.

3. Stufe: Organisieren Sie sich eine Stille-Halbe-Stunde. Sie können mehr leisten, ohne mehr zu arbeiten, indem Sie sich eine Zeit ohne Störungen organisieren, die Stille-Halbe-Stunde. Sie sollte möglichst am Morgen liegen.

Damit läuft alles rund. Effektives Zeitmanagement ist ein gutes operatives Selbstmanagement. Aber richtig rund wird es erst durch die strategische und ganzheitliche Betrachtung des Lebens. Alle

Bereiche des Lebens, neben dem Beruf auch die Familie, die Gesundheit und der Sinn des Lebens, müssen in Balance sein. Nur so wird Streß vermindert und Kraft und Lebensfreude geschöpft.

Managen Sie Ihren Chef. Gerade im Bereich des Zeitmanagements hat eine Chef-Assistentin viel mehr Möglichkeiten als die klassische Sekretärin, um die Effektivität ihres Chefs zu erhöhen.

Sie kann ihm auf vielfältige Weise Zeit sparen (verschaffen), die er nutzen kann, um an einmaligen wichtigen Aufgaben zu arbeiten, z. B. indem sie ihm Teilaufgaben seiner Tätigkeit eigenverantwortlich abnimmt.

Und mit etwas kleineren Schritten ist es sogar möglich, die „liebenswerten Chef-Chaoten" zu einem effektiven gemeinsamen Zeitmanagement zu bringen.

Weiterführende Literatur

Blanchard, Kenneth/Johnson, Spencer, Der Minuten Manager, Rowohlt Verlag, Reinbek 1983

Gätjens-Reuter, Margit, Effizient arbeiten – Zeitmanagement für die Sekretärin, Gabler Verlag, Wiesbaden 1993

Haynes, Marion E., Persönliches Zeitmanagement, Ueberreuter Verlag, Wien 1991

Knoblauch, Jörg, 22 Zeitspartips, tempus, Giengen 1996

Küstenmacher, Werner, Tiki contra Chaos, tempus, Giengen 1995

LeBoeuf, Michael, Mehr leisten – weniger arbeiten, mvg-verlag, Landsberg 1993

Hobbeling, Rolf-Günther (Hrsg.), Langsamkeit entdecken – Turbulenzen meistern, Gabler Verlag, Wiesbaden 1992

Scott, Martin, Zeitgewinn durch Selbstmanagement, Campus Verlag, Frankfurt 1993

Seiwert, Lothar J., Das neue 1 x 1 des Zeitmanagements, Gabal, Offenbach 1996

Seiwert, Lothar J., Lean Training-Programm, Zeitmanagement-Profil, Time Mastery, DISG-Training Giengen, Gabal/Jünger, Offenbach 1996

Roth, Werner/Seiwert, Lothar, u. a., Zeitmanagement Methoden auf dem Prüfstand, Gabal, Bremen 1994

Simon, Walter, Rede nicht, handle!, Gabal, Offenbach 1996

Projektmanagement

Die Autoren

Sabine N. Ritterbusch (siehe Beitrag „Führung – eine Assistenzaufgabe?“)

Olaf Friedhoff ist geschäftsführender Gesellschafter der Unternehmensberatung Skill Networks. In einem Team von 28 Systemberatern werden von Skill Networks ganzheitliche Lösungen für Firmen und öffentliche Einrichtungen erarbeitet und umfangreiche Trainings- und Qualifizierungsmaßnahmen durchgeführt. Das von Friedhoff geprägte Erfolgskonzept ist einfach: „Die praktische Erfahrung erfolgreich abgeschlossener Projekte, gepaart mit unserer internen Fortbildung, garantiert optimale Leistungen.“

In diesem Kapitel werden Sie zunächst erfahren, was ein Projekt ist. Dadurch können Sie einschätzen, in welchen Situationen die Werkzeuge und Methoden des Projektmanagements nützlich sind und Ihre Arbeit erleichtern.

Zu den wesentlichen Phasen eines Projekts gehören die Projektplanung, die Projektdurchführung und die Projektsteuerung. Hierzu erhalten Sie Hintergrundwissen sowie eine Übersicht über entsprechende softwaregestützte Hilfsmittel.

An einem Projekt arbeiten mehrere Mitarbeiter in einem Team. Daher ist ein weiterer wesentlicher Bestandteil des Projektmanagements die Steuerung des Informationsflusses zwischen den einzelnen Mitarbeitern. Nur dadurch kann die erfolgreiche Durchführung eines Projekts gesichert werden.

Was ist ein Projekt?

Warum soll man sich diese Frage stellen? Formuliert man die Frage etwas anders und betrachtet man extreme Beispiele, fällt die Antwort leicht: Wann soll ich einen Vorgang oder ein Ereignis als Projekt behandeln?

Wenn Sie ein Haus bauen, ohne jegliche Projektplanung durchzuführen, kann der Zement angeliefert werden, bevor der Keller ausgehoben wurde. Die Folge sind Kostenerhöhung und Zeitverzögerung.

Andererseits bedeutet die Durchführung und Planung eines Vorgangs als Projekt auch immer einen zusätzlichen Zeit- und damit Kostenaufwand. Routineaufgaben, wie z. B. der wöchentliche Lebensmitteleinkauf oder Dankschreiben an Kunden erstellen, sollte man daher nie als Projekt behandeln.

Durch die Behandlung eines Ereignisses oder eines Vorgangs als Projekt sollte also eine Zeit- bzw. Kostenersparnis erreicht werden, wobei die zusätzliche Projektarbeit berücksichtigt werden muß.

Eigenschaften eines Projekts

In Anlehnung an die DIN 69901 zeichnet sich ein Projekt durch folgende Eigenschaften aus:

- Einmaligkeit
- eindeutige Zielvorgaben
- zeitliche, finanzielle, personelle Begrenzungen
- eine projektspezifische Organisation

Ein Fallbeispiel: Das Messeprojekt

Das Projektbeispiel: die erste Teilnahme Ihres Unternehmens an einer Messe.

Die Einmaligkeit des Projekts ist dadurch gegeben, daß Ihr Unternehmen das erste Mal an einer Messe teilnimmt. Einmaligkeit beruht also auch auf einer subjektiven Einschätzung, die von Ihren eigenen Erfahrungen abhängt.

Ziel der Veranstaltung ist es, Ihr Unternehmen und dessen Leistungen am Markt bekannt zu machen, Kontakte zu anderen Unternehmen zu knüpfen und eventuell konkrete Verträge abzuschließen.

Der betroffene Personenkreis begrenzt sich auf die Mitarbeiter, die den Messestand aufbauen, die kompetenten Gesprächspartner in Ihrem Unternehmen für die Messe, Designer für den Entwurf des Messestands und andere Personen, die eindeutige Aufgaben für das Projekt durchführen. Selbstverständlich gehören auch Sie als ProjektleiterIn/-assistentIn zu diesem Personenkreis, da Sie verantwortlich für das Gelingen der Veranstaltung sind.

Die Zeitbegrenzung ergibt sich aus dem Beginn der Vorbereitungen für die Messe und den Nacharbeiten nach der Messe.

Die finanzielle Begrenzung ergibt sich aus der betriebswirtschaftlichen Kosten-Nutzen-Rechnung.

Zu der projektspezifischen Organisation gehören z. B. ein externes Transportunternehmen und die verschiedenen Gesprächspartner Ihrer unterschiedlichen Unternehmensbereiche auf der Messe.

Die Liste der Beispiele ließe sich durch typische Projekte wie Umzug des Büros, Betriebsausflug oder Durchführung einer Präsentationsveranstaltung eines neuen Softwareprodukts beliebig erweitern.

Selbstverständlich gibt es auch Projekte, die nur einen Teil der Eigenschaften eines idealen Projekts haben. Wird z. B. nach erfolgreicher Durchführung der ersten Messeveranstaltung ein Jahr später wieder eine Messe durchgeführt, so ist die Einmaligkeit nicht mehr gegeben. Alle anderen typischen Merkmale bleiben jedoch bestehen, so daß man weiterhin von einem Projekt sprechen kann.

Projektphasen

Am Anfang eines Projekts steht die Planung. Sie macht zugleich auch den größten Teil des Projektmanagements aus.

Für die Planung muß das Projekt zunächst überschaubar gegliedert werden. Sodann ist die logische Abfolge der Projektteile zu bestimmen. Abschließend werden die Termine bestimmt.

Im nächsten Arbeitsgang sollte geprüft werden, welche Ressourcen (z. B. Mitarbeiter oder Sitzungsräume) notwendig sind.

Weiterhin ist es sinnvoll sicherzustellen, daß die Kosten in einem vertretbaren Rahmen bleiben und die finanziellen Mittel auch zur Verfügung stehen.

Nach einer gut durchdachten Planung wird sich die Durchführung und Kontrolle des Projekts als relativ einfach herausstellen. Wesentliche Aufgabe des/der Projektleiter(s)In/-assistentIn(en) ist die Überwachung der termin-, kosten- und sachgerechten Durchführung der einzelnen Abschnitte des Projekts. Bei auftretenden Abweichungen muß entsprechend gegengesteuert werden.

Sowohl während der Planungsphase als auch in der Durchführungsphase ist ein kontrollierter Informationsfluß notwendig. Hierzu gehört das Erstellen von Berichten für den Vorgesetzten und die Bekanntgabe von Terminen an die Mitarbeiter, die aktiv am Projekt beteiligt sind.

Projektplanung

Ziel der Planung ist es, ein Projekt kontrolliert, sach-, termin- und kostengerecht durchzuführen. Hierfür ist es zweckmäßig, die Projektplanung folgendermaßen zu unterteilen:

- Strukturplanung
- Ablaufplanung und Terminplanung
- Kapazitätsplan
- Kostenplan
- Budget und Finanzplan

Im folgenden werden die einzelnen Phasen detailliert erläutert.

Projektstrukturplan

Um ein Projekt termin- und kostengerecht durchführen zu können, ist eine Gliederung des Projekts in sogenannte Arbeitspakete oder Vorgänge notwendig.

Ein Arbeitspaket bzw. Vorgang zeichnet sich dadurch aus, daß man diesem eindeutig folgendes zuordnen kann:

- Ressourcen (Mitarbeiter oder Material)
- Dauer
- Kosten

Die gesamte Dauer und die gesamten Kosten für das Projekt ergeben sich dann aus der Dauer und den Kosten für die einzelnen Arbeitspakete.

Betrachten Sie als Beispiel noch einmal die Teilnahme an einer Messe. Ohne Informationen über die Dauer und die Kosten der einzelnen Vorgänge wie z. B. den

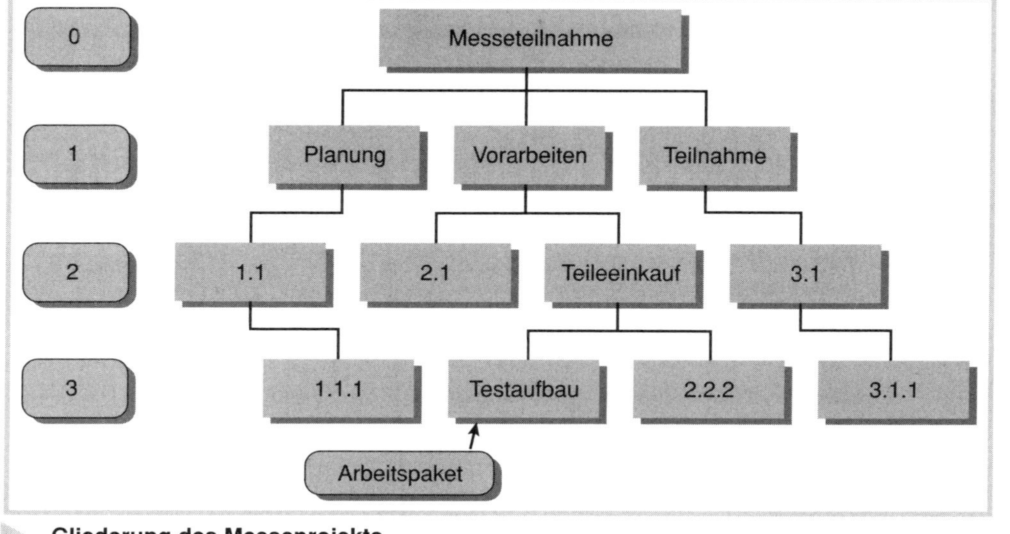

Gliederung des Messeprojekts

Transport der Messeausrüstung zu dem Messegelände können Sie keine Aussage über die Gesamtdauer/-kosten für das Projekt machen.

In der Abbildung (s. vorherige Seite) ist die Gliederung des Projekts am Beispiel der Messeteilnahme schematisch dargestellt. Man spricht hier von einem Projektstrukturplan (PSP).

Die in den Kästchen dargestellten Nummern sind die PSP-Nummern. Unter der PSP-Nummer 3 ist exemplarisch die Aufgliederung bis zum Arbeitspaket „Testaufbau“ dargestellt.

Diesem Arbeitspaket kann man eine Dauer (z. B. 8 Stunden), Ressourcen (zwei Mitarbeiter) und Kosten (Lohnkosten) zuordnen.

Die tatsächliche Gliederung Ihres Projekts hängt in der Praxis von weiteren Faktoren ab.

Sind Sie in der Situation, daß Ihr Projekt genehmigt werden muß, entweder von einem Kunden oder intern in Ihrem Unternehmen, brauchen Sie zunächst eine grobe Planung. Man spricht in diesem Zusammenhang auch von der PSP-Entwicklungspyramide (s. Abbildung unten). Je nach Anforderung kann sich eine Projektierung zunächst auf die beiden oberen Stufen der Pyramide beschränken. Hiermit können bereits grobe Abschätzungen für die Dauer und die Termine des Projekts bestimmt werden.

Die Gliederung in Arbeitspakete erfolgt dann erst nach der Genehmigung.

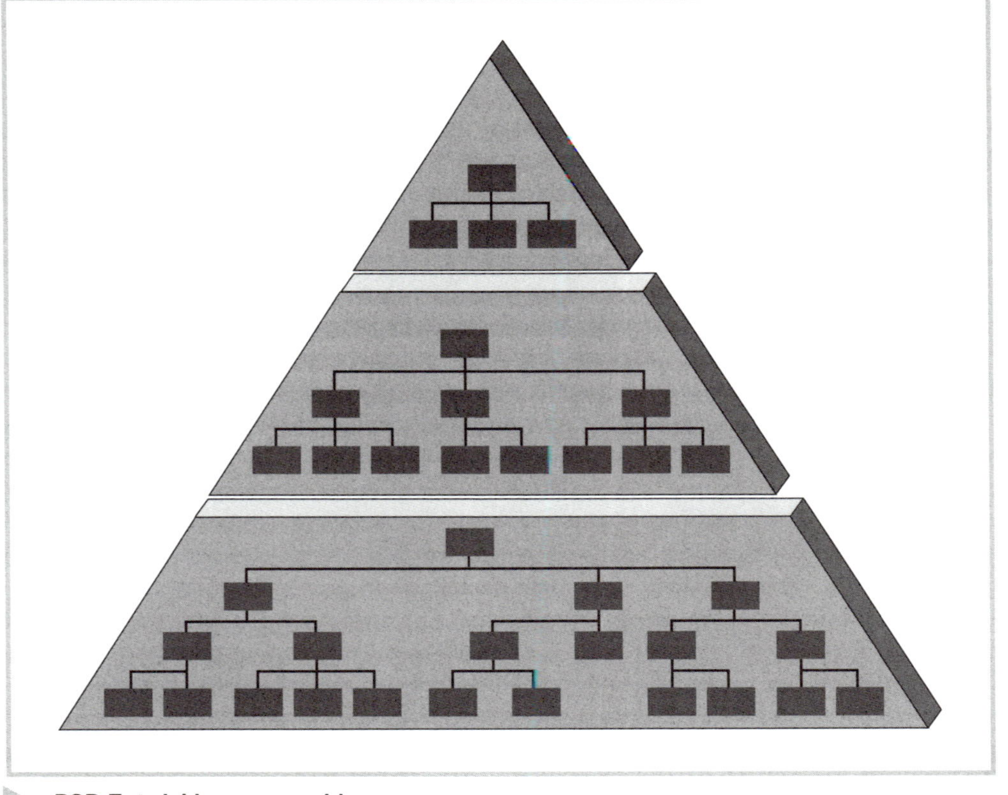

PSP-Entwicklungspyramide

Ein weiterer Grund, das Projekt nur bis zu einer gröberen Stufe zu gliedern, kann darin liegen, daß eine Projektplanung und -überwachung nur für größere Teile des Projekts durchgeführt werden soll.

Ein Grund kann auch sein, daß Sie einen Teil des Projekts an einen zuverlässigen Partner geben, so daß Sie an den einzelnen Vorgängen nicht interessiert sein müssen.

Merke:
Auch hier gilt wieder: Führen Sie die Projektierung nur so weit durch, wie sie tatsächlich Zeit und Kosten spart. Je detaillierter Sie planen, desto mehr Zeit brauchen Sie und desto höher sind die Projektierungskosten.

Ablaufplan
Der Ablaufplan enthält die Dauer der Arbeitspakete sowie deren logische Verknüpfung.

Die Dauer von Arbeitspaketen festzulegen gehört zu den schwierigsten Aufgaben. Richtwerte gibt es hierfür nur in seltenen Fällen. Meist sind es Erfahrungswerte, die aus früheren Projekten stammen, in denen ähnliche Arbeitspakete vorkamen. Eine weitere Quelle für die Bestimmung einer Vorgangsdauer sind die Erfahrungen der Kollegen.

Die logische Verknüpfung der Arbeispakete beschreibt im einfachsten Fall, welches Arbeitspaket erledigt sein muß, bevor ein anderes beginnt. Z. B. müssen die Messestandteile angeliefert werden, bevor der Messestand aufgebaut werden kann.

Stellen Sie die Verknüpfung aller Arbeitspakete des Projekts auf diese Art und Weise her, ist die Projektdauer einfach die Summe der Einzeldauer der Arbeitspakete. Bei fast allen Projekten ist jedoch eine möglichst kurze Projektdauer erforderlich. Daher muß man sich Gedanken machen, welche Arbeitspakete zeitlich parallel bzw. teilweise parallel ablaufen können.

Andererseits können auch Wartezeiten auftreten. Wenn Sie von externen Unternehmen Angebote für den Transport der Messestandteile anfordern, müssen Sie eine Woche für die Rückantwort einplanen.

Sie werden sich sicherlich an dieser Stelle fragen, wie Sie schon bei einem kleinen Projekt, welches Sie z. B. in 50 Arbeitspakete gegliedert haben, den Überblick über deren Abhängigkeiten behalten sollen.

Hierfür gibt es nützliche Softwareprodukte, mit denen Sie die Gliederung Ihres Projekts sowie die Dauer und den logischen Ablauf der einzelnen Arbeitspakete graphisch darstellen können.

In den folgenden beiden Abbildungen sind zwei typische Darstellungsmöglichkeiten gezeigt, wie sie prinzipiell von verschiedenen Projektmanagement-Software-Produkten angeboten werden, hier am Beispiel von Microsoft Project.

In der Abbildung „Gantt- bzw. Balkendiagramm“ (s. folgende Seite) ist das Messeprojekt, zwecks Übersichtlichkeit sehr vereinfacht, in der Form eines Balkendiagramms dargestellt. Diese Darstellung wird nach ihrem Erfinder auch Gantt-Chart genannt. Im linken Teil sind die einzelnen Vorgänge aufgelistet, wobei nach rechts eingerückt die Arbeitspakete und uneingerückt die entsprechenden Vorgänge der nächsthöheren Ebene stehen. Rechts sehen Sie den graphischen Kalenderteil, in dem Arbeitspakete als Balken dargestellt sind. Die Länge der Balken entspricht der Dauer der Vorgänge. Hierbei wurde berücksichtigt, daß am Wochenende und an Feiertagen nicht gearbeitet wird. Der Ablaufplan wird durch die Pfeile zwischen den Balken wiedergegeben. Der Pfeil zeigt immer zu dem Nachfolger eines Vorgangs.

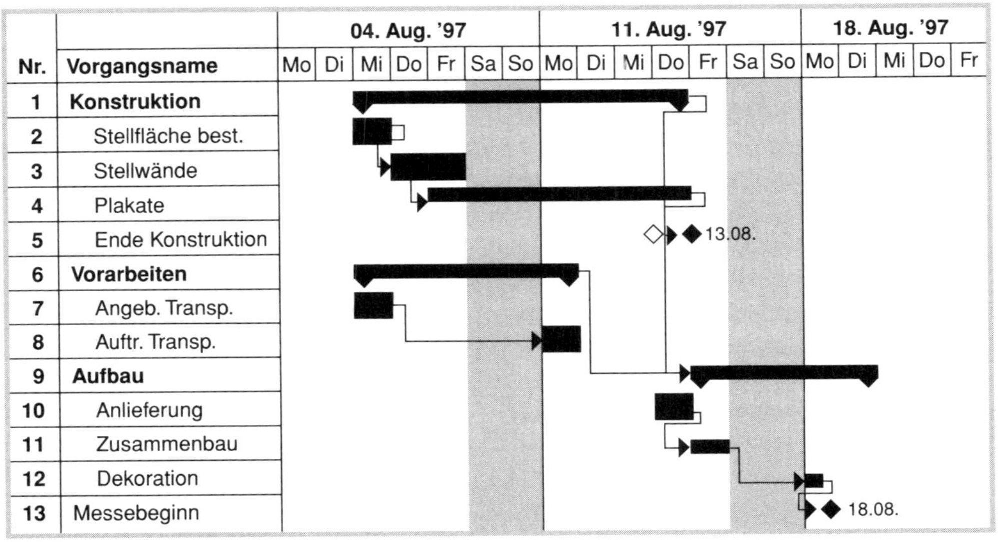

Gantt- bzw. Balkendiagramm des Messeprojekts

Der Projektplan weist so die direkten Nachfolgerbeziehungen aus (ein Vorgang beginnt, nachdem der andere endet). Darüber hinaus sind die folgenden Besonderheiten in dem Projektplan enthalten:

Zeitgleichheit: Die Vorarbeiten (Vorgang Nr. 6) können gleichzeitig mit der Konstruktion (Vorgang Nr. 1) beginnen, da die entsprechenden Vorgänge unabhängig voneinander sind.

Partielle Zeitgleichheit: Der Entwurf der Plakate (Vorgang Nr. 4) beginnt, bevor die Stellwände (Vorgang Nr. 3) fertig konstruiert sind, da man annehmen kann, daß dann die für die Werbeplakate zur Verfügung stehende Fläche bekannt ist.

Wartezeiten: Die Verteilung der Transportaufträge (Vorgang Nr. 8) findet nach der Anforderung der Angebote statt, wobei eine Wartezeit von zwei Werktagen eingeplant wurde.

Ein Netzplan ist eine weitere mögliche und verbreitete Darstellung eines Projektplans (s. Abbildung nächste Seite). Es handelt sich hier um ein Netzplandiagramm, auch Pert-Chart genannt. Auch diese Darstellungsmöglichkeit ist sehr verbreitet. Sie hat jedoch gegenüber dem Balkendiagramm den deutlichen Nachteil, daß die Dauer und damit auch die Starttermine der Vorgänge nicht graphisch dargestellt werden. Weiterhin benötigt diese Art der Darstellung mehr Platz. Im folgenden wird für die graphische Darstellung der einzelnen Aspekte des Projektmanagements daher das Balkendiagramm benutzt. Das Netzplandiagramm bietet jedoch prinzipiell die gleichen Möglichkeiten wie das Balkendiagramm.

Terminplan

Der Terminplan ergibt sich aus dem Projektanfangs- oder -endtermin und dem Ablaufplan. Wird der Ablaufplan manuell erstellt, müssen auch die Termine der einzelnen Arbeitspakete manuell mit den folgenden Gleichungen berechnet werden: Ermittlung des spätesten Anfangs-/Endtermin (SA/SE) für jeden Vorgang durch Rückwärtsrechnung.

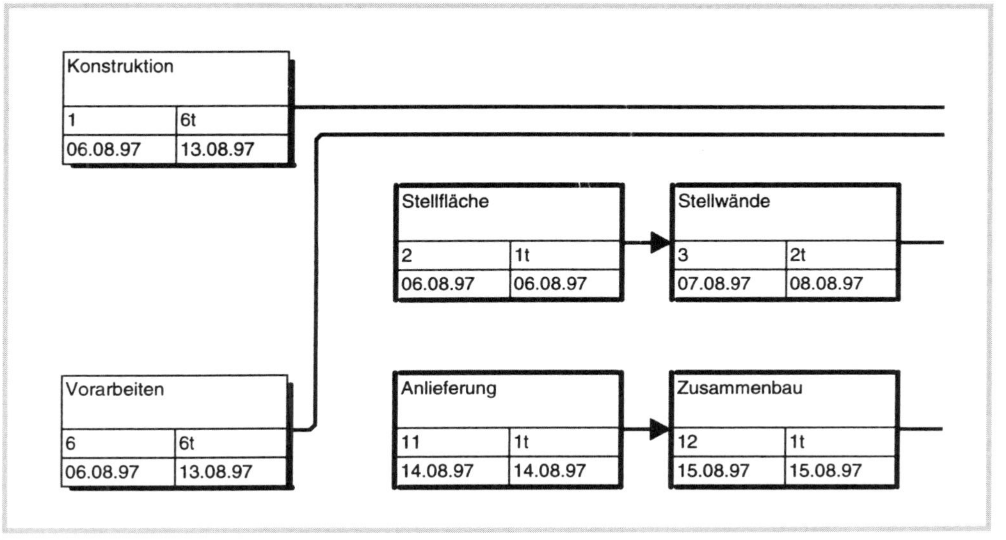

Netzplan des Messeprojekts

Beginn mit letztem Vorgang: Spätester Anfangstermin des letzten Vorgangs (SA) ist der späteste Endtermin des Vorgangs (SE) minus dessen Dauer, d.h. in Kurzform:
SA = SE – Dauer
SE = SA (Nachfolger) bzw.
SE = SA (MIN Nachfolger 1, Nachfolger 2, Nachfolger 3 ...)

Ein Softwareprogramm wie MS Project nimmt dem/der ProjektleiterIn/-assistentIn diese mühselige Arbeit ab. Sie bestimmen nur den Projektanfangs- oder -endtermin, erstellen den Projektstruktur- und -ablaufplan. Der Terminplan wird damit automatisch von dem Computerprogramm erstellt. Sollten Sie feststellen, daß sich ein Termin verschiebt oder länger dauert, ist auch dies durch eine einzelne Eingabe am Computer für das gesamte Projekt berücksichtigt. Ohne Softwareunterstützung haben Sie mühselige Kleinarbeit vor sich.

Meilensteine: Um Projekte übersichtlicher gestalten und leichter überwachen zu können, gibt es noch die Möglichkeit, in Ihr Projekt sogenannte Meilensteine zur Hervorhebung eines besonderen Ereignisses einzufügen. Hierzu gehören z.B.

- Projektanfang/Projektende
- Abschluß von wesentlichen Teilen des Projekts
- für das Projekt besonders wichtige Vorgänge

Es wurde bereits erwähnt, daß Sie die Verlängerung für die Dauer eines Vorgangs durch eine einzige Eingabe für das gesamte Projekt berücksichtigen können. Alle Vorgänge werden entsprechend zeitlich verschoben. Betrachten Sie den Meilenstein „Messebeginn“, kann dieser Automatismus fatale Folgen haben. Dauert die Anlieferung der Messestandteile einen Tag länger, würde der Messebeginn automatisch um einen Tag verschoben werden.

Dies entspricht natürlich nicht der Realität; Sie würden lediglich einen Tag zu spät beginnen. Damit solche Randbedingungen in Ihrem Projekt berücksichtigt werden,

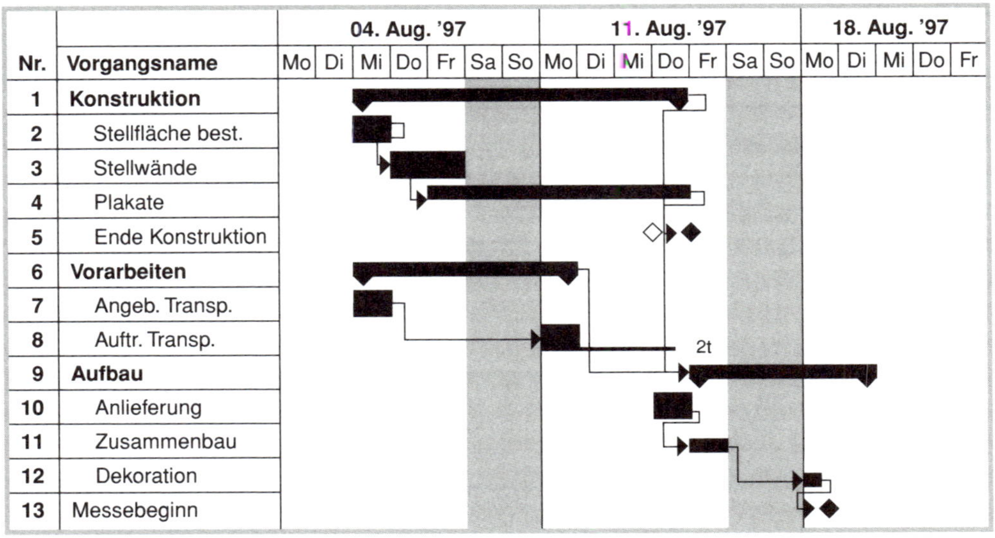

Pufferzeiten im Messeprojekt

müssen Sie sogenannte terminliche Vorgangseinschränkungen festlegen. Die Messe muß am 18.08. beginnen. Andere Vorgänge müssen Sie um diesen Termin herum planen. Eine Projektmanagementsoftware bietet wieder die Möglichkeit, Vorgangseinschränkungen im Projekt zu berücksichtigen, z. B.:

- muß beginnen am ...
- darf nicht früher beginnen als ...
- darf nicht später enden als ...

Pufferzeiten: Das ist ein weiterer Begriff des Projektmanagements. Es handelt sich hier um Zeiten, um die ein Vorgang zeitlich verschoben werden kann, ohne daß sich ein anderer Vorgang und damit der Endtermin des Projekts verzögert. In der obigen Abbildung, einer etwas anderen Darstellungsart des Balkendiagramms, ist die Pufferzeit (2 Tage) als (in Realität grüne) Linie dargestellt (Vorgang Nr. 8). Eine Verlängerung oder Verzögerung für diesen Vorgang hat keinen Einfuß auf andere Vorgänge des Projekts.

Kritischer Pfad: In diesem Zusammenhang läßt sich dann auch leicht der Begriff des Kritischen Pfads erklären. Der Kritische Pfad ist die Folge von miteinander verknüpften Vorgängen, wo die Pufferzeit 0 ist. Dieser Pfad wird im Balkendiagramm mit roten Balken dargestellt. Liegt ein Vorgang auf dem Kritischen Pfad und verzögert oder verlängert sich dieser Vorgang, verschiebt sich sofort der Endtermin des gesamten Projekts um die entsprechende Dauer.

Kapazitätsplan

Einen Kapazitätsplan zu erfassen heißt, den einzelnen Vorgängen Ressourcen zuzuweisen. Hierbei kann eine Ressource ein Mitarbeiter, ein Schulungsraum, ein Computer oder ähnliches sein.

Die Zuordnung der Ressourcen ist mit einer wesentlichen, weiteren Aufgabe für den Projektleiter/assistenten verbunden: die Verfügbarkeitsprüfung der Ressourcen.

Ein Mitarbeiter kann nicht gleichzeitig an zwei Projekten arbeiten, oder in einem

Tagungsraum können nicht gleichzeitig zwei Sitzungen stattfinden. Die Komplexität dieses Problems wächst mit der Größe des Unternehmens, da sich viele Abteilungen Ressourcen teilen. Es muß also ein entsprechender Informationsfluß stattfinden, so daß eine einzelne Ressource auf keinen Fall mehrfach verplant wird.

Weiterhin müssen die Arbeitszeiten der Mitarbeiter berücksichtigt werden. Weisen Sie bestimmten Vorgängen Halbtagskräfte zu, wird auch die doppelte Zeit für die Erledigung des Vorgangs benötigt. Feiertagen, Urlaubstagen oder anderen Arbeitszeiten von externen Unternehmen muß ebenfalls Rechnung getragen werden.

Der Kapazitätsplan hat direkten Einfluß auf den Terminplan. Muß ein bestimmter Vorgang von einer Ressource, z. B. einem EDV-Mitarbeiter, durchgeführt werden und steht er zu der geplanten Zeit nicht zur Verfügung, muß der Termin für diesen Vorgang verschoben werden.

Die verschiedenen Möglichkeiten, Ressourcenkonflikte zu lösen, werden am Ende dieses Abschnitts besprochen.

Die Zuordnung von Ressourcen zu den einzelnen Vorgängen kann mit Hilfe eines Computerprogramms, wie in der Abbildung unten zu sehen, übersichtlich dargestellt werden.

Hier erhalten Sie auch entsprechende softwaregesteuerte Unterstützung, um unterschiedlichste Arbeitszeiten zu berücksichtigen, Ressourcenkonflikte aufzuzeigen oder sogar die gemeinsam benutzten Ressourcen mehrerer Projekte zu verwalten.

Eine zeitweilige Ressourcenüberlastung ist in Abbildung „Ressourcenauslastung bzw. -überlastung“ (s. folgende Seite) dargestellt. Die (in Realität rote) Linie stellt die verfügbare Menge der Ressourcen dar, die (blauen) Balken die aktuell benötigten. Überall wo die Balken über die Linie hinausgehen, liegt eine Ressourcenüberlastung vor.

Ressourcenkonflikte durch Kapazitätsausgleich beheben

Sie haben folgende Möglichkeiten:

Ausgleich im Rahmen von Pufferzeiten: Verschieben oder strecken Sie Vorgänge unter Ausnutzung der Pufferzeiten. 2 Mitarbeiter können in 6 Tagen die gleiche Leistung erbringen wie 3 Mitarbeiter in 4 Tagen. Beachten Sie aber, daß diese Mitarbeiter vielleicht für andere Projekte verplant sind!

Einsatz von Substituten: Überlegen Sie, ob Sie überlastete Ressourcen durch andere, nicht ausgelastete Ressourcen ersetzen können.

Kapazitätserweiterung: Zeitweilig möglich durch Zeitarbeitsfirmen, Unternehmensberatungen oder auch durch Anmietung von zusätzlichen Maschinen bzw. Material. Zusätzliche Festeinstellungen stellen selbstverständlich ebenfalls eine Lösung dar, wobei sich hier eventuell das Problem der Auslastung nach dem Projekt stellt.

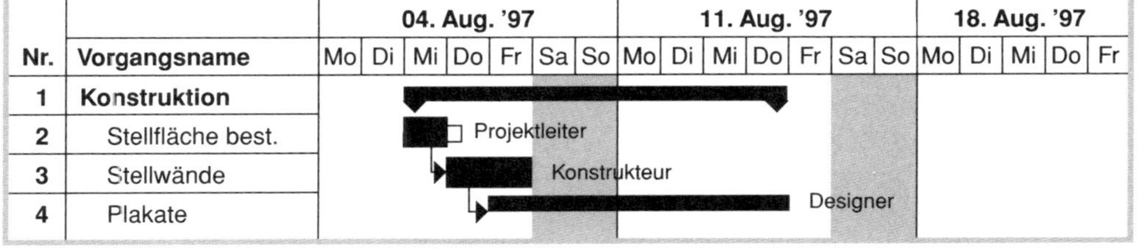

Ressourcen zuweisen

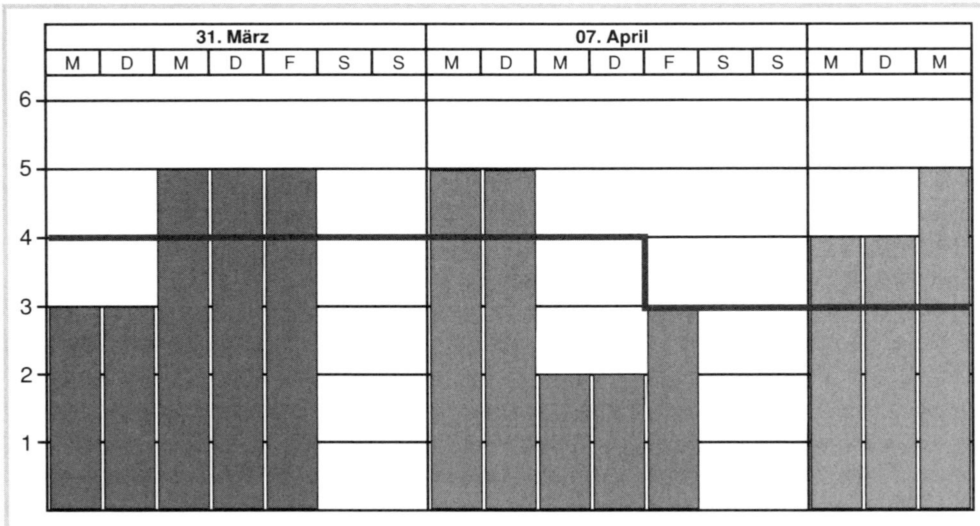

Ressourcenauslastung bzw. -überlastung

Projektverlängerung: Die einfachste, jedoch in der Regel schlechteste Möglichkeit, einen Kapazitätsausgleich durchzuführen. Leider gibt es häufig keine andere Möglichkeit.

Kostenplan

Durch die Gliederung Ihres Projekts in Arbeitspakete ist es möglich, diesen Arbeitspaketen jeweils Kosten zuzuordnen. Hierzu gehören die Lohnkosten für die Mitarbeiter, Kosten für Hotelunterkunft, Anreise usw.

Man spricht hier auch von projektbezogenen Kosten.

Weitaus schwieriger ist die Erfassung von indirekten Kosten wie Nutzungsgebühren für Gebäude des Unternehmens, Stromkosten, Subventionierung der Kantine usw. und deren Zuordnung zu Projekten. Ein Dienstwagen kann zwar abhängig von den Fahrstrecken, die er für das Projekt benutzt wurde, angerechnet werden, jedoch verursacht er auch Abschreibungskosten, wenn er nicht benutzt wird.

Fast gar nicht zu erfassen sind Kosten, die entstehen würden, wenn in unserem Beispiel die Teilnahme an der Messe nicht stattfände.

Es stellt sich somit wieder die Frage, inwieweit man für ein Projekt einen Kostenplan aufstellt. Wieder gilt, daß der Projektierungsaufwand durch entsprechende Einsparungen gerechtfertigt sein muß.

In der Praxis wird nicht unbedingt für jedes Projekt ein Kostenplan erstellt. Projektmanagement kann auch ohne Kostenrechnung sehr nützlich sein.

Planungsnutzen

Sie werden sicherlich darüber nachdenken, inwieweit Planung überhaupt wirtschaftlich ist. Im allgemeinen werden bei ProjektleiterInnen die Kosten für die Planung weit überschätzt: Sie werden bei etwa 20–30% der gesamten Projektkosten angesetzt. In der Abbildung (s. nächste Seite) ist links das Verhältnis von Planungskosten zu den übrigen Projektkosten für mittelgroße Projekte gemäß einer Untersuchung in den USA dargestellt. Demnach entfallen auf die Planungskosten nur etwa 2% der Projektgesamtkosten. Die Projektleiter bestätigen nach genaueren Betrachtungen im wesentlichen diesen Wert.

Auch ein Planungskostenanteil von 2% ist noch zu hoch, sofern er keinen Nutzen bringt. Die Untersuchung in den USA hat daher, wiederum für mittlere Projekte, versucht, die Einsparungen bezüglich Projektdauer und Kosten zu ermitteln, wie in der Abbildung unten rechts dargestellt.

Diese Werte können nur eine grobe Abschätzung liefern und sind in der Praxis von Projekt zu Projekt sehr unterschiedlich. Sie zeigen jedoch, daß Projektplanung aus betriebswirtschaftlicher Sicht sehr vorteilhaft sein kann.

Projektänderungen nach Beendigung der Planung

Die Planungsphase enthält nicht nur die Planwerte, sondern auch alle gewollten, sinnvollen Umdispositionen vor dem eigentlichen Beginn des Projekts. In der Praxis bestimmt der Projektleiter das Planungsende, indem er für sich erachtet, daß keine weitere Planung notwendig ist. Häufig ist der Zeitpunkt des Planungsendes einfach der Termin der Vorlage der Projektplanung bei Vorgesetzten oder Genehmigungskomitees.

Änderungen können natürlich auch nach Beendigung der Planung notwendig sein. Von den zahlreichen Gründen für notwendige Änderungen seien an dieser Stelle nur einige exemplarisch aufgeführt:

- Erkrankungen von Mitarbeitern, die als Ressource einem Vorgang zugewiesen wurden.
- Material, das für einen Vorgang zugewiesen, jedoch nicht rechtzeitig gefertigt oder angeliefert wurde. Hierzu gehört für das genannte Beispiel der Präsentation einer neuen Software für die Außendienstmitarbeiter z. B. die nicht rechtzeitige Fertigstellung des Programms.
- Mitarbeiter sind an einem anderen Projekt beschäftigt, das sich verzögert und Priorität vor Ihrem Projekt hat.
- Durch neue Informationen kann der Projektleiter feststellen, daß Vorgänge länger als geplant dauern.

Diese Liste ließe sich beliebig weit fortführen. Die Gründe für Abweichungen vom Plan sollten jedoch auf jeden Fall dokumentiert werden.

Dadurch kann der Projektleiter Erfahrungen für weitere, eigene Projekte sammeln, seine Erfahrungen gezielt Kollegen

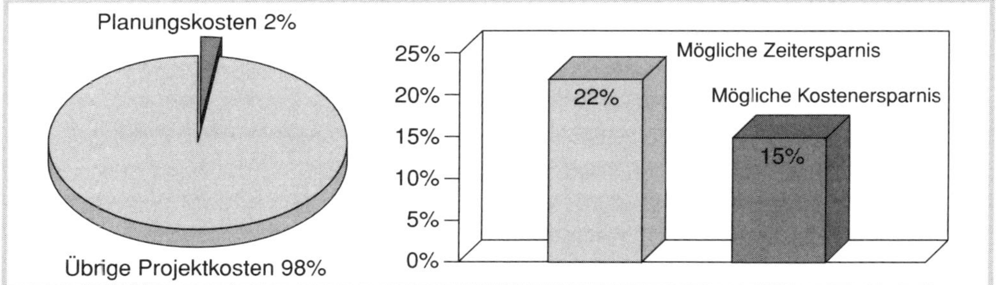

Aufwand und Einsparungspotential durch Planung

weitergeben oder Projektverzögerungen gegenüber etwaigen Vorgesetzten rechtfertigen.

Ziel muß es in jedem Fall sein, das eigene Projektmanagement und das des Unternehmens zu verbessern.

Soll-Ist-Vergleich in einem Balkenplan (s. Abbildung): Softwareprogramme können auch hier wieder hilfreich unterstützen. In der Abbildung unten ist eine weitere Variante des Balkendiagramms gezeigt.

(Alle gezeigten Balkendiagramme wurden übrigens mit MS Project 4.0 erzeugt.)

Durch graue Balken ist der ursprüngliche Plan, auch Basisplan genannt, dargestellt. Weitere Balken (schraffiert und gepunktet) zeigen den aktuellen Plan. Vorgang Nr. 4 dauert demnach einen Tag länger. Das bedeutet, dadurch verschieben sich alle weiteren Vorgänge auf dem Kritischen Pfad, und damit verschiebt sich auch der Endtermin.

Projektdurchführung und -steuerung

Mit dem Beginn des Projekts wechselt Ihre Aufgabenstellung von der Planung zur Kontrolle und Steuerung. Die Einflußmöglichkeiten auf den Ablauf Ihres Projekts werden deutlich geringer, abhängig von der Dauer und der Komplexität Ihres Projekts. Je kürzer und komplexer das Projekt ist, desto schneller müssen Sie reagieren. Für eine weitere Planung ist eventuell keine Zeit.

Am Beispiel der Teilnahme an einer Messe ist es leicht vorstellbar, daß auf unvorhergesehene Ereignisse sofort reagiert werden muß. Hat das Transportfahrzeug, das Ihre Messeteile anliefert, eine Panne, müssen Sie sofort reagieren, damit Sie pünktlich zum Messebeginn fertig sind. Es kann notwendig sein, daß Sie den Mitarbeitern, die den Messestand aufbauen, mitteilen, daß sie aufgrund der entstandenen Zeitverzögerung den Aufbau

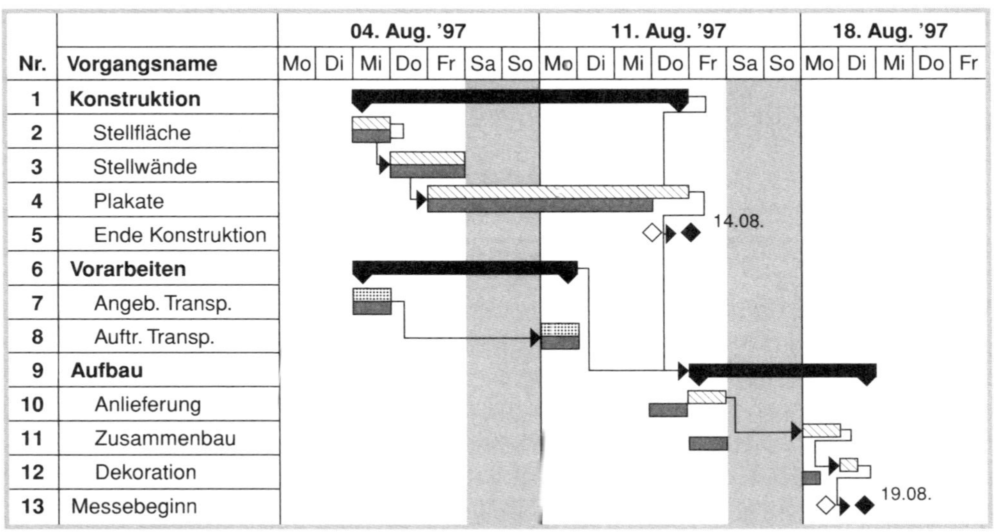

Soll-Ist-Vergleich in einem Balkenplan

nachts tätigen müssen. Außerdem müssen Sie dann dafür sorgen, daß Sie zu dieser Zeit auch den Zugang zum Messegelände erhalten.

Bei Projekten, die über längere Zeit laufen, kann die Reaktion auf unerwartete Ereignisse sehr unterschiedlich aussehen. Betrifft dieses Ereignis einen Vorgang, der auch nur einen Tag dauert und der von einem Mitarbeiter durchgeführt wird, der am nächsten Tag unbedingt an einem anderen Projekt arbeiten muß, müssen Sie vielleicht ebenso kreativ und spontan reagieren wie im vorherigen Beispiel.

Handelt sich um einen Vorgang auf einem nichtkritischen Pfad, hat eine zeitliche Verzögerung auf Ihr Projektende keinen Einfluß. Entstehen auch keine negativen Folgen für andere Projekte, kann die angemessene Reaktion des Projektleiters/-assistenten auf die Verzögerung deren bloße Dokumentierung sein.

In der Regel sind die Aufgaben des Projektmanagements in bezug auf Projektdurchführung und -steuerung jedoch wesentlich differenzierter. Man spricht hier vom operativen Projektmanagement, welches die folgenden Punkte umfaßt:

- Anfragevorgang
- Erfahrungsaustausch
- Ausweis von Problemfeldern
- Abstimmung des Informationsflusses
- Feinabstimmung und Umdisposition

Der Anfragevorgang

Der Anfragevorgang, der sich auf die Überprüfung der Verfügbarkeit aller Ressourcen zu einem Vorgang bezieht, muß folglich deutlich vor dem eigentlichen Vorgangstermin durchgeführt werden. Es muß also festgestellt werden, ob das Material, Maschinen und Mitarbeiter für einen Vorgang zur Verfügung stehen. Insbesondere müssen etwaige Tagungsräume, Computer usw. reserviert und die Mitarbeiter informiert werden. Der Anfragevorgang kann jedoch auch zu früh geschehen. Bitten Sie einen Kollegen 6 Monate vor dem eigentlichen Vorgangsbeginn um Mitarbeit, nimmt er Sie vielleicht nicht ernst oder der Vorgang gerät in Vergessenheit. Verzögert sich der Vorgang, müssen Sie dem Mitarbeiter mitteilen, daß seine Mitwirkung erst zu einem vielleicht deutlich späteren Zeitpunkt gefragt ist. Solche Situationen sind mit einem Vertrauensverlust verbunden. Die Bereitschaft beim Mitarbeiter, sich langfristig Zeit für Vorgänge Ihrer Projekte zu nehmen, wird deutlich sinken.

Daraus ergibt sich die leider nicht sehr eindeutige Regel, den Anfragetermin rechtzeitig, jedoch möglichst spät durchzuführen. Sie müssen möglichst sicher sein, daß die Anfrage positiv beantwortet wird und der entsprechende Vorgang termingerecht startet. In der Praxis liegt der Anfragetermin wenige Wochen vor dem Vorgangstermin. Auch hier liegt es wieder in der Verantwortung des Projektleiters/-assistenten, den richtigen Anfragetermin in der jeweiligen speziellen Situation zu finden.

Erfahrungsaustausch

Erfahrungsaustausch gehört auch während der Projektdurchführung zu einer der wesentlichen Komponenten, die von ProjektleiterInnen/-assistentInnen organisiert werden müssen.

Treten Probleme auf, können diese vielleicht aufgrund der Erfahrungen anderer Projektmitglieder, Mitarbeiter Ihres Unternehmens oder von einem Unternehmensberater schnell gelöst werden.

Müssen Sie das Problem selbst lösen, sollte es auf jeden Fall dokumentiert werden, damit es nicht noch einmal zum Problem werden kann.

Problemfelder

Die Ausweisung von Problemfeldern gehört ebenfalls zu den Aufgaben des/der Projektleiter(s)In/-assistent(en)In.

Problemfelder umfassen alle Vorgänge, die den Endtermin des Projekts verzögern können. Hierzu gehören alle Vorgänge auf dem Kritischen Pfad, den Sie in Ihrem Projektplan entsprechend kennzeichnen sollten (vom Projektmanagementprogramm wird er automatisch hervorgehoben).

Hierbei darf man auf keinen Fall die Vorgänge auf Fast-Kritischen-Pfaden vergessen. Der Kritische Pfad bleibt während der Projektdurchführung nicht zwangsläufig konstant. Er kann eventuell nur einen Tag länger sein als ein nichtkritischer Pfad. Bei einer Verzögerung eines Vorgangs auf einem zunächst nichtkritischen Pfad um zwei Tage wird er zum Kritischen Pfad, und Ihr Projektendtermin hat sich schon um einen Tag verzögert!

Zu den Problemfeldern gehören auch neuartige Vorgänge, deren Dauer entsprechend schwer einzuschätzen sind, sowie risikobehaftete Vorgänge, bei denen das Gelingen beim ersten Versuch in Frage steht.

Informationsfluß

Eine der wesentlichen Voraussetzungen für das Gelingen eines Projekts ist ein funktionierender Informationsfluß. Voraussetzung hierfür ist wiederum, daß allen Beteiligten Art und Struktur des Informationsflusses bekannt sind. Im folgenden werden daher verschiedene mögliche Ansatzpunkte dargestellt.

Zunächst stellt sich die Frage, wer für den Informationsfluß verantwortlich sein soll. Man unterscheidet hierbei zwischen
- Bringschuld und
- Holschuld.

Bringschuld bedeutet, daß die Informationen über den Status eines Vorgangs durch den für die Tätigkeit Verantwortlichen geliefert werden sollen. Damit gibt der/die ProjektleiterIn/-assistentIn die Kontrolle und Steuerung über das Projekt aus der Hand. Er/Sie ist auf gewissenhafte Berichterstattung der Projektmitarbeiter angewiesen.

Holschuld bedeutet, daß sich der/die ProjektleiterIn/-assistentIn selbst die Informationen über den Status der einzelnen Vorgänge des Projekts besorgt. Dadurch hat der Projektleiter zwar eine bessere Kontrolle über das Projekt, jedoch kann gerade bei größeren Projekten der Aufwand enorm oder sogar nicht mehr zu bewältigen sein.

Eine weitere Möglichkeit besteht darin, den Informationsfluß an Personen zu delegieren, die gesondert für die Überwachung beauftragt wurden.

Man unterscheidet außerdem zwischen
- ereignisorientiertem und
- zeitorientiertem Informationsfluß.

Ereignisorientiert heißt, es tritt ein Informationsfluß beim Abschluß einzelner Vorgänge auf, bei Meilensteinen oder bei besonderen Vorkommnissen. Diese Art des Informationsflusses läßt sich vorwiegend nur durch das Konzept der Bringschuld realisieren.

Zeitorientiert bedeutet, der Informationsfluß findet entweder in festen Abständen von Tagen oder Wochen statt oder in veränderbaren Zeitabständen. Letzteres könnte bedeuten, daß z. B. in den kritischen Anfangs- und Endphasen eines Projekts täglich Informationen ausgetauscht werden, in den ruhigeren Mittelphasen nur wöchentlich.

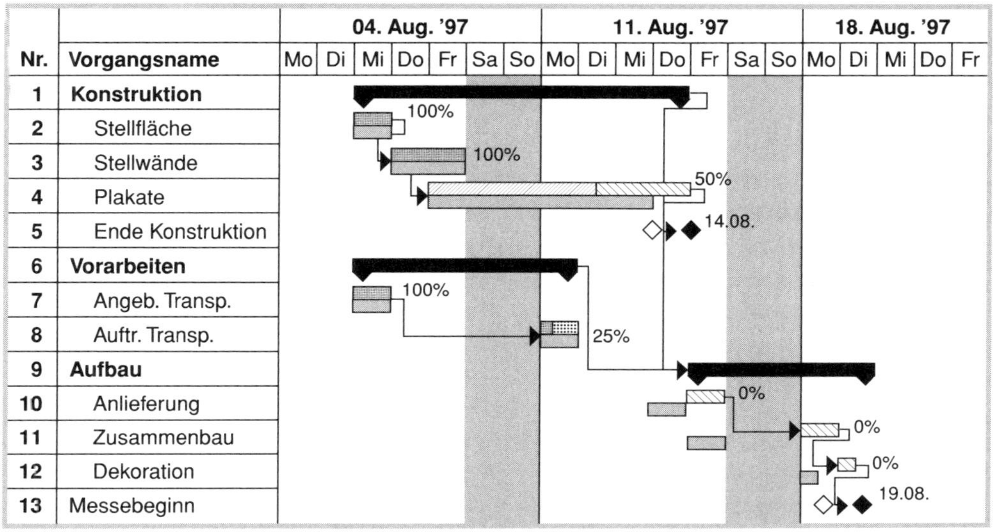

Dokumentation des Projektfortschritts

Haben Sie als Projektleiter/-assistent den Informationsfluß geregelt, stellt sich die Frage, wie Sie die Informationen verarbeiten bzw. dokumentieren. In der obigen Abbildung sieht man wieder den Projektplan. In den Vorgangsbalken ist der Anteil der bereits durchgeführten Tätigkeiten mit dichtem Raster dargestellt, die noch zu erledigenden Arbeiten mit dünnem Raster. Rechts neben den einzelnen Balken ist ergänzend der erledigte Anteil in Prozent angegeben.

Berichtswesen

Zu dem wichtigen Thema des Informationsflusses gehört auch die Frage, in welcher Form der Informationsfluß stattfinden muß. Dies geschieht in der Regel in Form schriftlicher Berichte. Der Sinn dieser Berichte ist die Verteilung der relevanten Informationen an einen definierten Adressatenkreis.

Diese Informationen müssen so dargeboten werden, daß der jeweilige Empfänger in der Lage ist, sie auch aufzunehmen. Allen Beteiligten alle Informationen über das Projekt zur Verfügung zu stellen würde bedeuten, die Mitarbeiter mit Informationen zu überfluten. Daher muß man sich beim Verfassen von Berichten die folgenden Kernfragen stellen:

- An wen richtet sich der Bericht?
- Was müssen die Vorgesetzten und die Unternehmensleitung wissen?
- Welche Darstellungsform soll gewählt werden?

An wen richtet sich der Bericht? Der Bericht muß für den Empfänger übersichtlich und verständlich gestaltet werden. Geben Sie dem Empfänger keine Informationen, die er aufgrund fehlenden Hintergrundwissens überhaupt nicht verarbeiten kann.

Informationsbedürfnisse des Empfängers? Im allgemeinen gehören hierzu grobe Informationen über das gesamte Projekt sowie natürlich Informationen, die den Empfänger direkt betreffen. Vermeiden Sie Detailinformationen über Vorgänge, die den Empfänger nicht interessieren.

Was müssen die Vorgesetzten und die Unternehmensleitung wissen? In der Regel sind hier nur Übersichtsinformationen gefragt sowie Informationen, die den positiven Verlauf des Projekts gefährden können.

Welche Darstellungsform soll gewählt werden? Auch hier gilt wieder: klar und übersichtlich. Projektmanagementsoftware bietet sinnvolle Hilfe an. Sie können gefilterte Balkendiagramme versenden, in denen z. B. nur Hauptteile des Projekts dargestellt werden, oder Balkendiagramme, in denen nur die Vorgänge dargestellt sind, die bestimmte Mitarbeiter oder Mitarbeitergruppen betreffen. Schriftliche Berichte bieten entsprechende Informationen, wobei immer eine tabellarische Darstellung gewählt ist. Haben Sie keine Software zur Unterstützung, bietet sich daher eine tabellarische Darstellung an.

Typische Elemente des Berichtswesens sind:

- Projektstatusbericht
- Projektsonderbericht
- Projektabschlußbericht

Der Projektstatusbericht sollte die folgenden Punkte enthalten:

- Stand der Leistungen
- Fortschritt im Berichtszeitraum
- Soll-Ist-Vergleich-Termine
- Soll-Ist-Vergleich-Kosten
- Qualitätswesen
- Abweichungsanalyse/Begründung
- Probleme und Sonstiges
- vorgesehene Maßnahmen
- erwartete Auswirkungen für den Projektauftrag

Der Projektstatusbericht muß es dem Projektleiter ermöglichen, sein Projekt auf den aktuellen Stand zu bringen und mögliche Gefahren für einen erfolgreichen Projektverlauf zu erkennen.

Der Projektsonderbericht sollte erfolgen, wenn eine der folgenden Bedingungen erfüllt ist:

- Ereignisse treten auf, die nicht im Statusbericht berücksichtigt werden
- Situationen treten ein, auf die schnell reagiert werden muß und ein Statusbericht käme zu spät
- Projektterminverschiebungen, Kostenabweichungen, Projektleistung können nicht erbracht werden.

Der Projektabschlußbericht muß folgende Punkte enthalten:

- Soll-Ist-Analyse für Termine und Kosten
- ursachenorientierte Abweichungsanalyse
- Auswertung und Festlegung der Konsequenzen für künftige Projekte

An dieser Stelle sei bemerkt, daß der Abschlußbericht nicht einer Schuldzuweisung für Verzögerungen und etwaiges Scheitern eines Projekts dienen soll, sondern bei zukünftigen Projekten für alle Phasen des Projektmanagements hilfreich ist. So können z. B. Abweichungen bei Vorgangsdauern dazu nützen, entsprechende Dauern für zukünftige Projekte realistischer einzuschätzen.

Zusammenfassung

Projektmanagement kann ein sehr hilfreiches Mittel sein, Projekte erfolgreich zu führen und zu unterstützen.

Projektmanagement muß jedoch ein Mittel zum Zweck bleiben und darf kein Zweck an sich sein.

Jede tiefergehende und genauere Projektarbeit bezüglich Planung oder Steuerung kostet Ihre Zeit und damit Geld. Projektmanagement kann aber auch teilweise betrieben werden, z. B. können Sie Terminplanung durchführen, Kostenplanung jedoch nicht. Der Nutzen muß immer größer als der Aufwand sein. Eine sicherlich sinnvolle Möglichkeit, den Aufwand zu reduzieren, ist die Verwendung eines Projektmanagementprogramms.

Wieviel Projektmanagement Sie sinnvoll betreiben sollten, ergibt sich letztlich aus Ihren Erfahrungen.

Weiterführende Literatur

Haynes, Marion E., Projektmanagement, Ueberreuter Verlag, Wien 1996
Schelle, Heinz, Projekte zum Erfolg führen. Beck Verlag, München 1996
Microsoft Project für Windows oder MAC-OS von Microsoft, Benutzerhandbuch

Präsentationsmanagement

Theres Schichta-Langhals

Die Situation

Silke F. aus Frankfurt denkt mit Grauen an den nächsten Montag. Sie muß im Projektteam wieder einmal die Zwischenergebnisse präsentieren. Sie fragt sich, wie sie all die wichtigen Informationen vermitteln soll.

Vor 14 Tagen hatte sie eine ähnliche Präsentation, und schon nach 10 Minuten bekam sie den Eindruck, daß die Teilnehmer nicht mehr richtig zuhörten. Geht es Ihnen auch manchmal so?

Damit Ihre Präsentation und die Ihres Chefs ein voller Erfolg werden, habe ich die wesentlichen Tips und Tricks aus meiner Praxis für Sie zusammengestellt.

Kein Tag ohne Präsentation

Sie sind aus der beruflichen Praxis nicht mehr wegzudenken. Ob es nun darum geht, Zwischenergebnisse von Projekten vorzustellen, um weiteres Vorgehen abzustimmen, oder ob es sich um Präsentationen vor Mitarbeitern, Kunden, Vorgesetzten und Kollegen handelt, immer geht es darum, Informationen zu vermitteln.

Informationen sind in unserer Gesellschaft nach Arbeit, Kapital und Boden der viertwichtigste Produktionsfaktor. Ihre Bedeutung wächst stetig. Die Teilnehmer kommen also zu Präsentationen, um Informationen zu hören, aber sie wollen sich nicht langweilen.

Jeder Teilnehmer zahlt einen hohen Preis

Informationen in Präsentationen sind nicht kostenlos. Zunächst ist es die Zeit, die aufgebracht wird. Darüber hinaus bringen die Teilnehmer aber auch Aufmerksamkeit auf, um die Informationen aufzunehmen und zu verstehen. Bei der körperlichen Anwesenheit kann der Präsentierende schnell überprüfen, ob er richtig liegt. Wenn 10 Personen eingeladen sind, aber nur drei Leute erscheinen, ist etwas schiefgelaufen.

Silke F. hatte aber eher ein Problem mit der Aufmerksamkeit der Teilnehmer. Sie waren nicht bei der Sache. Manchmal ist es sogar so, daß Zuhörer in Präsentationen offensichtlich etwas anderes machen, als aufmerksam zuzuhören, z. B. wird nebenbei gelesen, die Tagespost unterzeichnet oder mit dem Nachbarn gesprochen.

Warum sind Zuhörer nicht aufmerksamer? Warum sind sie nicht einfach begeistert von den wichtigen Dingen, die ihnen präsentiert werden? Eigentlich ist diese Situation leicht zu verstehen, wenn man sich den Präsentationsgrundsatz einmal vergegenwärtigt (s. Abbildung S. 242).

Eine Präsentation ist ein Geschäft ...

... ein Verkauf, eine Dienstleistung. Der Zuschauer kauft mit seiner körperlichen Anwesenheit und seiner geistigen Aufmerksamkeit Informationen von Ihnen. Diese Informationen aber müssen aufbereitet sein, um anzukommen.

Informationen müssen kurz, prägnant, visuell dargestellt werden, damit der

„Preis" gerechtfertigt ist. Nur die Richtigkeit einer Information ist schon lange keine Entschuldigung mehr für Langeweile.

Der Mensch will sehen

Unser Informationsaufnahmestil hat sich gerade in dieser Richtung stark weiterentwickelt. Die Menge der auf dem Markt befindlichen Medien (wie Zeitschriften, Bücher, Computerprogramme, Fernsehkanäle) ist ein Anzeichen dafür.

Präsentationen brauchen Lustgewinn

Die Aufbereitung von Informationen kann man auch mit dem Begriff Lustgewinn umschreiben. Der Zuschauer muß etwas für ihn Wichtiges hören, auf eine Art und Weise, die für ihn angenehm ist, Spaß bringt. Selbstverständlich soll und darf man deswegen aus ernsten Themen keine Witze machen.

Wie Informationen am besten aufzubereiten sind, kann man schnell feststellen, indem man sich vorstellt, auf dem „Stuhl der Teilnehmer" (Tn) zu sitzen (s. Abbildung).

Wie würde ich als Teilnehmer diese Informationen gern vorgestellt bekommen? Der kombinierte Informations- und Lustgewinn muß also größer sein als die aufgewendete Zeit und Aufmerksamkeit, dann sind die Teilnehmer bei der Sache.

Eine Präsentation ist keine Rede

Von der Definition her ist sie eine strukturierte Folge von Gedanken, vorgetragen vor einem überschaubaren Kreis von Teilnehmern, mit Hilfe von Medien. Eine Präsentation steht also im Gegensatz zu einem Gespräch auf dem Flur, bei dem man über kurz oder lang auch auf sein letztes Projekt zu sprechen kommt, denn diese Gespräche sind selten vorher strukturiert, also geplant.

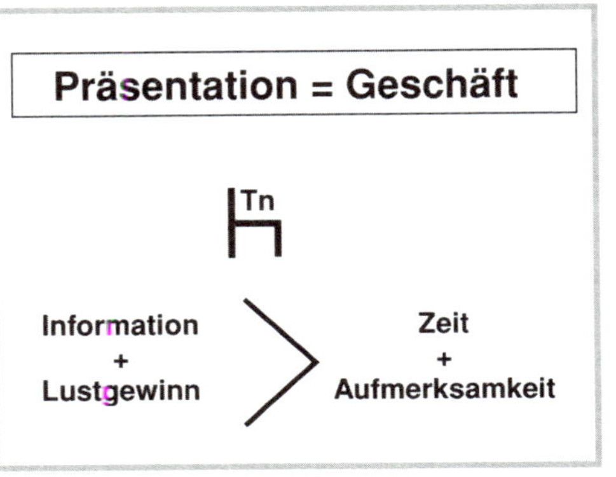

Der Präsentationsgrundsatz

Eine Präsentation ist auch keine Vorlesung, denn dort ist der Kreis der Teilnehmer selten wirklich überschaubar. Und sie ist auch keine Rede, denn hier, wie im übrigen auch bei den meisten Besprechungen, fehlen die Medien.

Eine Präsentation ist wie ein Essen in einem wirklich guten Restaurant. Es besteht mindestens aus drei Gängen, ist von den Portionen her angemessen, für alle Sinne ein Genuß und immer zielgerichtet.

Präsentationen sind die ideale Form …

… auf seine Fähigkeiten aufmerksam zu machen. Wann sonst kann man seine Kompetenz einem Kreis von Menschen so gut kommunizieren? „Tue Gutes, und rede darüber!" Diese beiden Seiten der Medaille gehören zusammen. Wer in diesem Sinn gut kommunizieren kann, wird meist darüber hinaus seine Ziele erreichen, er wird z. B. seine Ideen verwirklichen können, ein höheres Budget, mehr Verantwortung oder Personal bekommen.

Es wird immer klarer, daß der meist große Zeitaufwand für die Vorbereitung von Präsentationen gerechtfertigt ist, denn sie sind eine tolle Möglichkeit für effektive Kommunikation.

Chef-Assistentinnen brauchen grundlegendes Präsentations-Know-how ...

... denn sie unterstützen ihren Chef bei seinen Präsentationen: zuerst einmal, indem sie ihm bei der Erstellung und der Auswahl der Medien helfen. Das ist in den meisten Fällen der wichtigste Aspekt. Deshalb gebührt ihm auch in diesem Beitrag der meiste Raum. Dann, indem sie ihm bei den Aspekten der Vorplanung (Ziel-Analyse, Nutzen-Analyse, Strukturplanung) zuarbeiten.

Chef-Assistentinnen stehen immer öfter ...

... auch selbst im Rampenlicht, sie führen selbst Präsentationen durch. Dabei kann es sich um Teilbereiche seines oder ihres Aufgabenbereiches handeln. Gerade für den Einstieg in die eigene Präsentationspraxis können Teampräsentationen zusammen mit dem Chef sinnvoll sein.

Sollten Sie also selbst zur Hauptakteurin werden, setzen Sie ganz einfach all das um, was Sie für Ihren Chef sowieso schon tun. Und darüber hinaus berücksichtigen Sie auch noch die wesentlichen Aspekte eines effektiven Präsentationsverhaltens, dann läuft alles wie am Schnürchen.

Gute Charts als Attention getter

Gute visuelle Medien sind das A und O einer guten Präsentation. Durch das Fernsehen sind wir gewohnt, visuell wahrzunehmen. Die meisten Reize, die uns überhaupt erreichen, dringen über das Auge ein. Bei Präsentationen hat das zur Folge, daß Sie den Augen der Zielgruppe besondere Aufmerksamkeit widmen sollten. Selbstverständlich ist der Präsentierende selbst und seine Körpersprache ein visueller Reiz, den die Teilnehmer aufnehmen. In diesem Kapitel soll unser Hauptaugenmerk allerdings auf den visuellen Medien liegen.

Charts sind Hilfsmittel in Präsentationen

Nachfolgend habe ich für Sie aus meiner Praxis vier typische Chartbeispiele ausgewählt. Auf den ersten Blick sehen sie gar nicht so schlecht aus. Aber wenn man genauer hinsieht, fallen viele „kleine Fehler" auf, die den Teilnehmern die Wahrnehmung erschweren, sie ermüden, ihre Aufmerksamkeit und ihr Interesse schmälern.

Die Liste der wichtigsten Fehler finden Sie gleich im Anschluß an das Chart. Selbstverständlich gibt es zu jedem Chart auch eine verbesserte Version, bei der möglichst viele optische Grundregeln angewendet wurden.

Gute optische Medien wecken und halten die Aufmerksamkeit der Teilnehmer wach. Charts sind darüber hinaus hervorragende Stichwortgeber für den Präsentierenden, mit Charts brauchen Sie keine Angst vor einem Blackout zu haben.

Charts müssen sich nicht selbst erklären, sie müssen die Informationen nicht umfassend enthalten. Das ist sowieso unmöglich. Aber alles, was auf dem Chart steht, sollte Sinn machen und für den Teilnehmer gut zu lesen sein.

Falls Ihre Medien diese Anforderungen nicht immer erfüllen, können Ihnen die nächsten Beispiele und die optischen Grundregeln helfen, aus Ihren Präsentationen für sich und Ihren Chef noch mehr herauszuholen.

Beispiel 1 – So nicht!

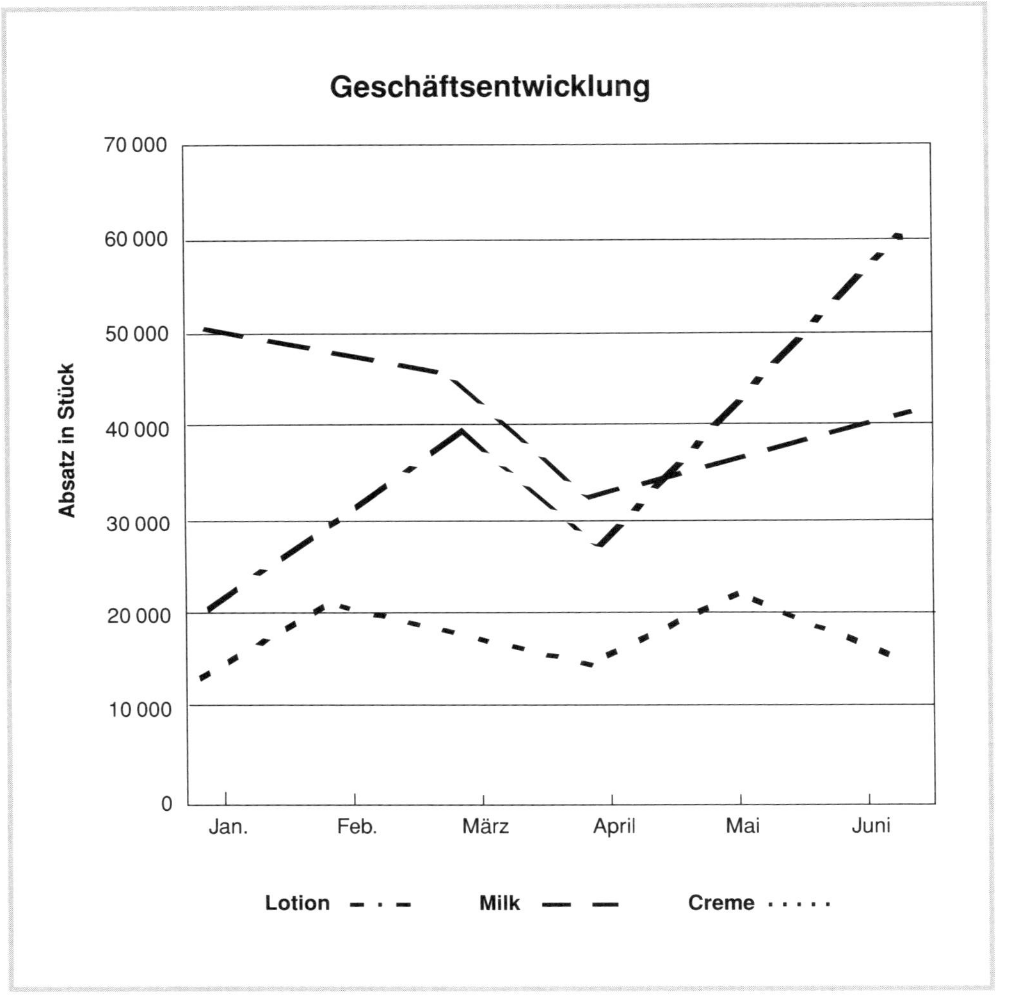

Kritische Punkte hier:

1. Die Leserichtung von "Absatz in Stück" ist verändert.
2. Es gibt viele lange Zahlen an der y-Achse (7 x fünfstellige Zahlen: 10000, 20000, 30000 ...).
3. Die Kurven-Strichelung ist sehr ähnlich, dadurch sind die Kurven schlecht zu unterscheiden.
4. Die Legende ist außerhalb des Bildes (der Betrachter muß seine Augen oft wandern lassen).
5. Die Überschrift ist nichtssagend.
6. Die waagrechten Hilfslinien sind sehr dominant (Gefahr von optischen Täuschungen).
7. Liniendiagramme (dünne Linien) sind bei der Projektion auf der Leinwand schwer zu erkennen.

Beispiel 1 – Besser so!

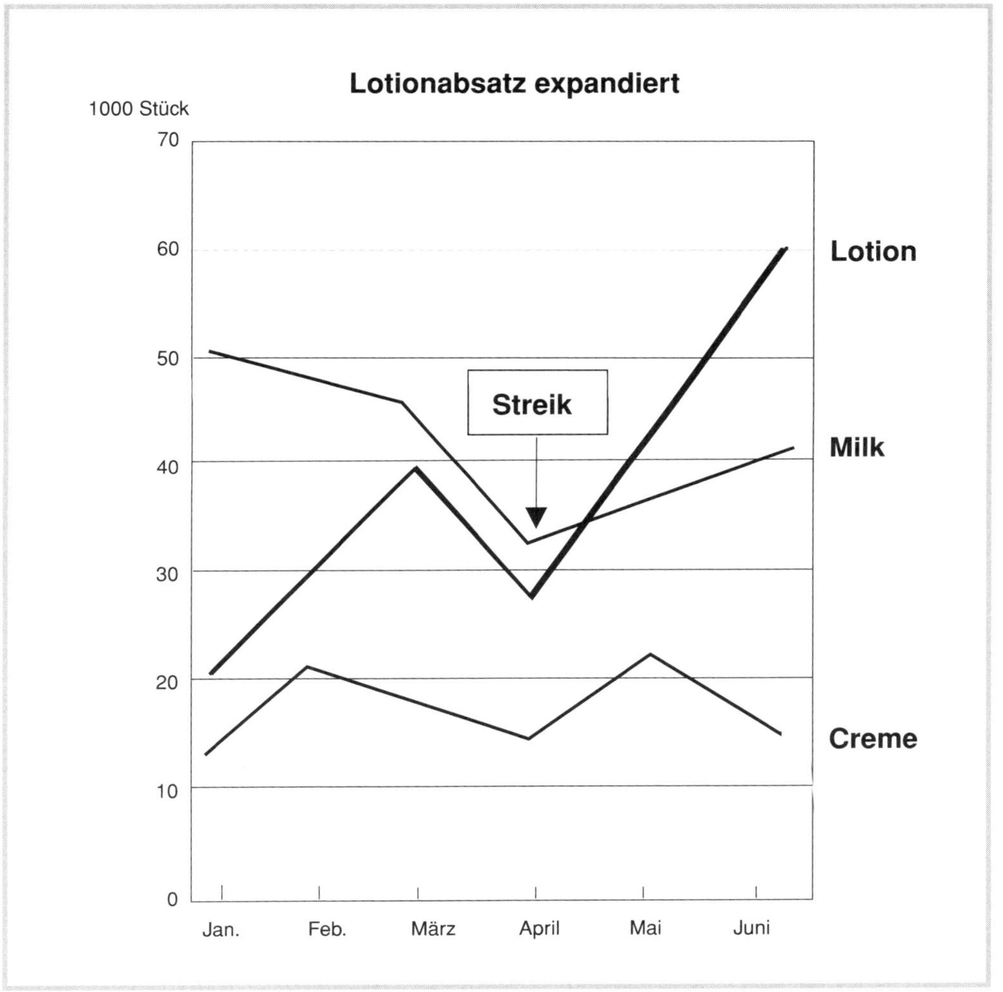

Schon besser:

1. Alle Beschriftungen und Aussagen entsprechen der Leserichtung.
2. Die y-Achse ist abgespeckt (Zahlen sind nur noch 2stellig).
3. Die Legende liegt an den Kurven, das erleichtert die Zuordnung für den Betrachter.
4. Die Unterscheidung der Kurven könnte durch Farben noch eindeutiger sein.
5. Die Kernaussage ist in der Überschrift enthalten.
6. Die waagrechten Hilfslinien treten zurück, weil die Kurven dicker sind.
7. Dadurch sind die Kurven auch in der Projektion auf der Leinwand besser zu erkennen.
8. Eine Zusatzinformation (Streik) ist hier möglich, ohne den Betrachter zu verwirren oder das Chart zu überfrachten.

Beispiel 2 – So nicht!

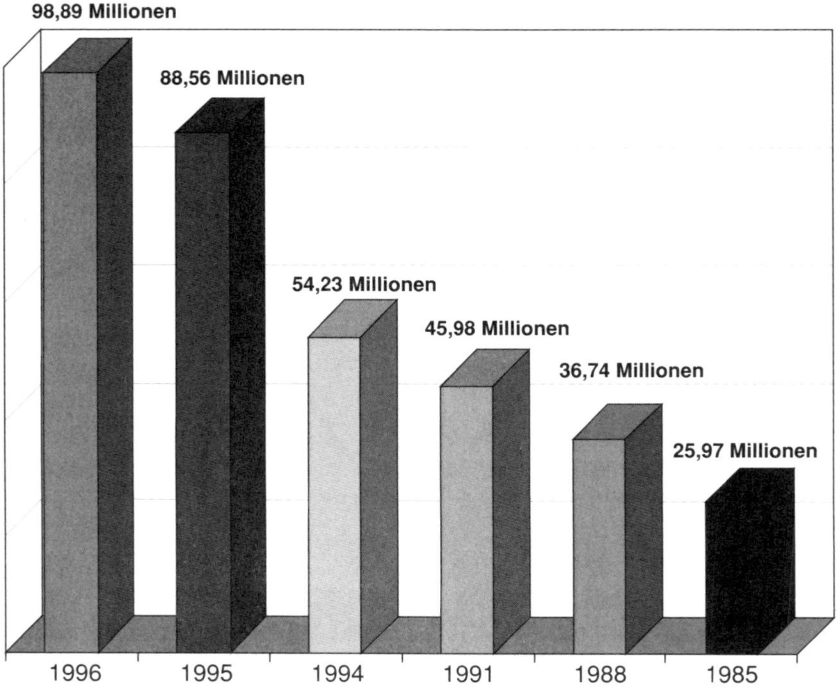

Der Umsatz des Unternehmens in den Jahren von 1985 bis 1996

Kritische Punkte hier:

1. Die Quader sind in der Schattierung (Farbe) sehr ähnlich, eine Unterscheidung ist nur schwer möglich.
2. Die Beschriftung der Quader ist lang (immer 4stellig), die Einheit (Millionen) wiederholt sich sechsmal.
3. Die dritte Dimension (z-Achse) hat keine Aussage (alle Quader sind gleich dick).
4. Dreidimensionale Koordinatensysteme erschweren die zweidimensionale Zuordnung, Genauigkeit wird nur vorgespiegelt. Die dritte Dimension ist hier bloße Spielerei.
5. Die Leserichtung der x-Achse (von 1996 bis 1985, also rückwärts) widerspricht dem, wie wir Zahlenstrahlen üblicherweise lesen.
6. Das Chart hat keine Überschrift, der Titel ist unüblicherweise unter der Grafik angebracht.

Beispiel 2 – Besser so!

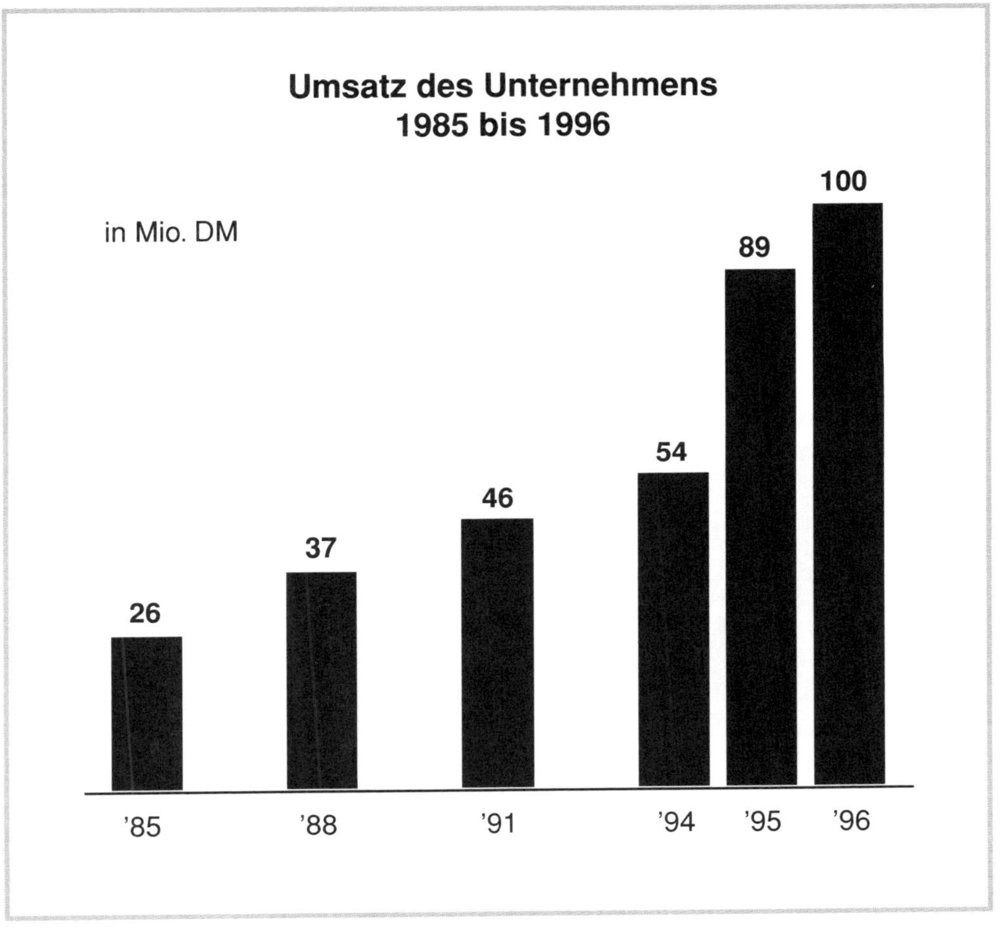

Schon besser:

1. Die Überschrift ist kurz und prägnant über dem Bild.
2. Die Maßeinheit (in Millionen DM) taucht nur einmal auf und ist allgemein verständlich abgekürzt.
3. Die Leserichtung des Zahlenstrahls ist wie üblich von links nach rechts angelegt.
4. Statt Quader sind Balken dargestellt, die dritte Dimension (ohne Sinn) entfällt.
5. Die Beschriftung der Säulen ist abgespeckt, kurz und direkt an der Säule. Das Auge des Betrachters muß nicht wandern. Die y-Achse kann entfallen.
6. Der Abstand der Balken zueinander entspricht den erfaßten Zeiträumen (keine Gefahr von Manipulation mehr).
7. Die Säulen haben alle die gleiche Schattierung/Farbe.
8. Das Chart enthält alle wesentlichen Informationen, sie sind aber viel leichter zu erfassen. Die Aussagen sind prägnanter.

Beispiel 3 – So nicht!

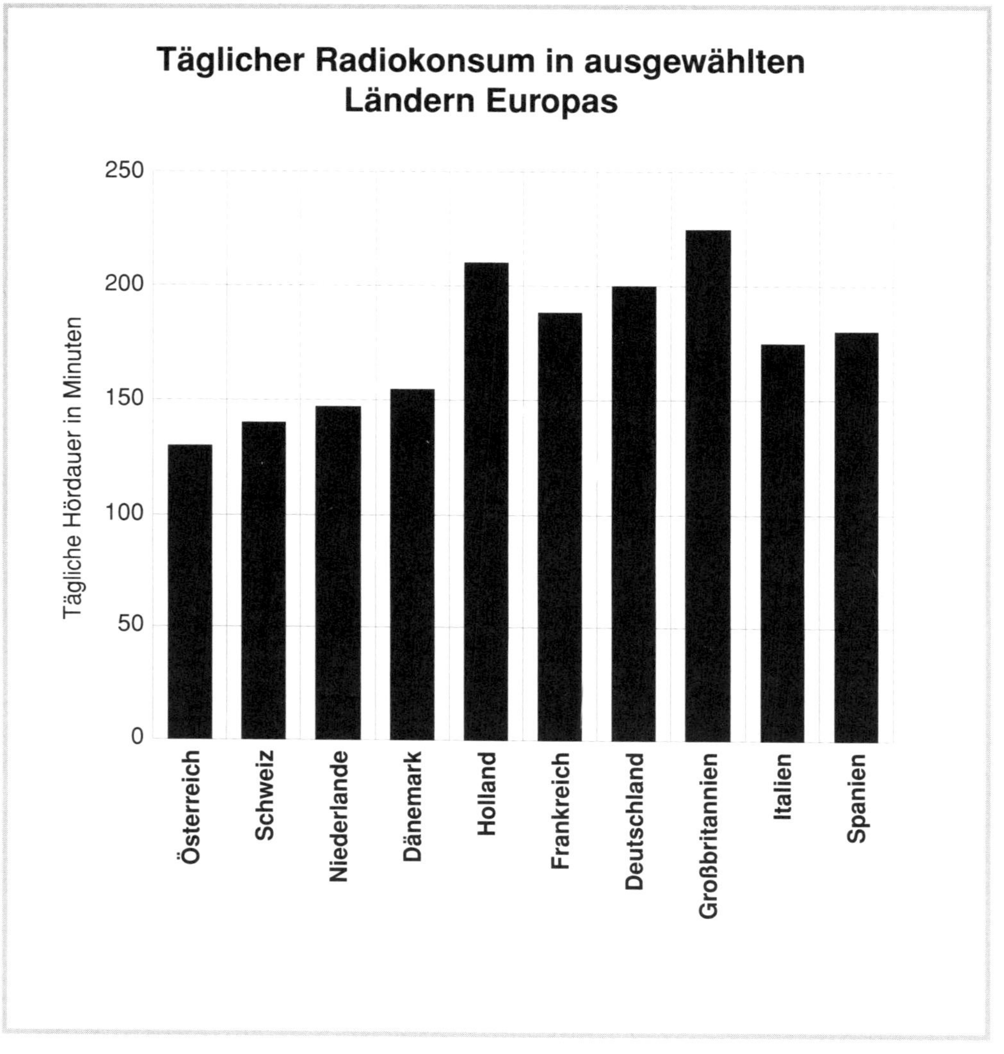

Kritische Punkte hier:

1. Die Überschrift ist sehr lang.
2. Die y-Achse hat eine unübliche Beschriftung (Was sind 200 Minuten?).
3. Die Leserichtung auf der x-Achse ist erschwert, da wir nicht von unten nach oben lesen können.
4. Die Ordnung auf der x-Achse ist nicht erkennbar (weder alphabetisch nach Ländernamen noch nach Größe der Länder; weder geographisch noch nach steigendem Radiokonsum ...).
5. Warum werden 10 Länder ausgewählt? Warum nicht 5 oder 15? 10 Länder sind auch nicht alle Länder in Europa.

Beispiel 3 – Besser so!

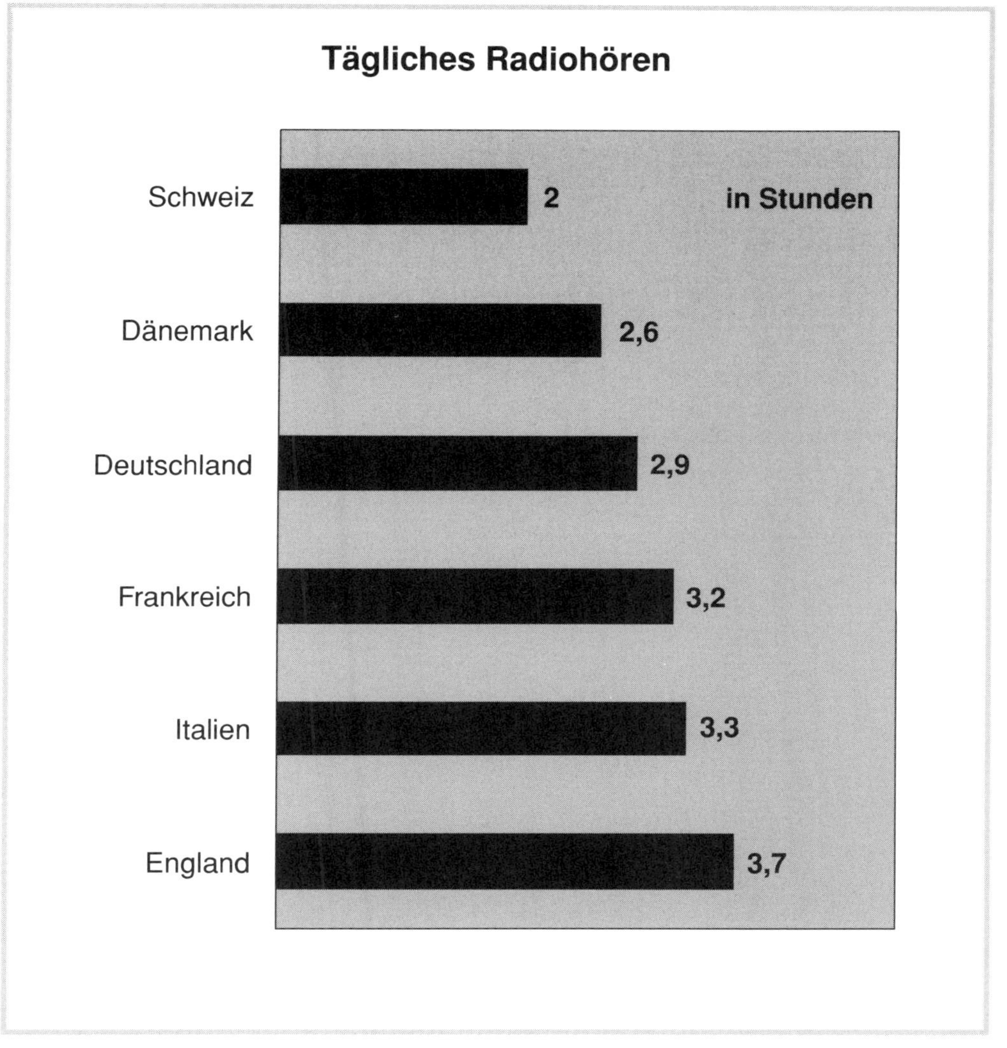

Schon besser:

1. Die Überschrift ist kurz und prägnant.
2. Die Ländernamen sind gut zu lesen, weil die Achsen gekippt wurden (aus einem Säulendiagramm ist ein Balkendiagramm geworden).
3. Die Länge des Radiokonsums ist direkt am Balken verzeichnet, dadurch werden alle Hilfskoordinaten wie x- und y-Achse gespart. Der Betrachter kann die Werte schnell zuordnen.
4. Die Maßeinheit in Stunden ist üblich.

Beispiel 4 – So nicht!

Wie Sie sicher schlechte Textbilder erzeugen können

SCHREIBEN SIE DEN TEXT SO GROSS, DASS ER UNÜBERSICHTLICH WIRD.

oder schreiben Sie ihn so klein, daß er für die Zuschauer unlesbar wird.

ordnen
Sie
alles
zentriert an.

KEINESFALLS SO, WIE WIR ÜBLICHERWEISE TEXTE LESEN.

Vermeiden Sie Farben!

Und überhaupt alles, was Ihren Text gliedern und auflockern könnte.
Das verhindert, daß irgend jemand Lust bekommt vorauszulesen. Und vor allem

beschreiben Sie wirklich alles in ausführlichen und vollständigen und in ausformulierten, langen und präzisen Sätzen, die alles genau auf den Punkt bringen.

zu Beispiel 4 – So nicht!

Kritische Punkte hierbei:

1. Die Sätze sind sehr lang. Am Ende des Satzes erinnert man den Anfang kaum noch.
2. Unsere Lesegewohnheiten sind nicht berücksichtigt. Wir lesen üblicherweise von links nach rechts, nicht zentriert. Und wir lesen in Groß- und Kleinbuchstaben, nicht nur in Versalien (Großbuchstaben).
3. Die Schrift ist zu klein. Der Teilnehmer kann sie kaum entziffern.
4. Ein Textchart mit Serifenschrift ist schwer zu lesen.
   Serifenschrift: z. B. Courier ist besser geeignet für Fließtext.
   Serifenlose Schrift: z. B. Arial eignet sich besser für Textcharts, sie ist plakativer.
5. Das Chart hat kaum Ränder.
6. Achten Sich darauf, daß das Blatt nicht zu voll und überladen wirkt. Das Auge des Betrachters braucht freie Fläche.

Striptease- oder Überleger-Technik
Eine zusätzliche Gefahr bei überladenen Charts ist die Anwendung der Striptease-Technik. Bei dieser Art der Präsentation legt der Präsentierende ein Blatt auf die Folie und „entblößt" sie Schritt für Schritt.

Ein unangenehmes Klima macht sich für alle Beteiligten breit, denn viele Teilnehmer fühlen sich bevormundet.

Aber auch der Präsentierende selbst befindet sich in einem Dilemma. Würde er die Folie nämlich als Ganzes auf einmal zeigen, würden die Teilnehmer vorweglesen. Er kann nicht mit Aufmerksamkeit rechnen, wenn er die Inhalte verbal darstellt.

Soll er eine Pause machen, bis alle mit Lesen fertig sind? Soll er reden, obwohl noch einige Teilnehmer lesen?

Soll er genau das sagen, was auf dem Chart steht, also alles vorlesen? Oder soll er die Sätze umformulieren und den Text in eigenen Worten ausdrücken?

Kompetenter wirkt der Präsentierende, wenn bei sehr inhaltsstarken Folien statt der Striptease-Technik die Überlegetechnik benutzt wird. Hierbei entwickelt der Präsentierende die komplexen Zusammenhänge, indem er nacheinander mehrere Folien übereinanderlegt und jede Folie nur einen wichtigen Teilaspekt beinhaltet.

Bei dem nebenstehenden Chart wäre das aber auch kein großer Fortschritt. Hier hilft nur, das Chart als Ganzes zu überarbeiten.

Etwa so:

Beispiel 4 – Besser so!

Gute Textbilder

Schlagwörter statt Sätze

6 Reihen

groß

gegliedert

Farbe

Lesegewohnheit

zu Beispiel 4 – Besser so!

Schon besser:
1. Die Aussagen sind kurz und bestehen aus Schlagwörtern statt Sätzen.
2. Die Schrift ist groß genug (weder optisch gebrüllt noch genuschelt: Überschrift 34 Punkt, Text 30 Punkt).
3. Eine Schrift ohne Serifen (z. B. Arial) ist leichter wahrzunehmen.
4. Die Lesegewohnheiten sind soweit wie möglich berücksichtigt.
5. Das Chart hat Ränder.

Diese optischen Grundregeln gelten ...
... bei immer mehr Firmen, gleichgültig welche Medien eingesetzt werden.
Als Standardmedium dient in den meisten Fällen immer noch die Folie.
In der letzten Zeit werden Data-Projektionen direkt aus dem Computer immer häufiger.
Für Data-Charts gelten die gleichen Grundregeln wie für Foliencharts. Sollte Ihr Chef diese neuen Medien nutzen, können Sie ihn durch die Anwendung der gleichen optischen Grundregeln in seiner Überzeugungskraft unterstützen.

Eine gute Vorbereitung ist Gold wert

Wenn Sie selbst präsentieren, werden Sie bei Ihren eigenen Medien die gleichen optischen Grundregeln anwenden. Bevor Sie aber tolle Folien erstellen, sollten Sie sich drei grundlegende vorbereitende Gedanken zu Ihrem Auftritt machen:

1. Was ist mein Ziel?
Formulieren Sie das, was Sie erreichen wollen, so konkret wie möglich, nach dem Z.D.F.-Prinzip (Zahlen, Daten, Fakten). Derartig formulierte Ziele sind überprüfbar und konkret.

Machen Sie sich klar, wohin Sie mit Ihrer Präsentation wollen. Führen Sie also unbedingt eine Ziel-Analyse durch.

2. Was haben meine Teilnehmer von meiner Präsentation?
Die meisten Teilnehmer haben kein Interesse an reinen Informationen, sondern sie fragen sich, was habe ich davon? Erleichtert es mein Leben, meine Arbeit, hilft es, Fehler zu vermeiden, Kunden besser zufriedenzustellen, hilft es, mehr zu verkaufen ...?

Der Teilnehmer nimmt Ihre Informationen gefiltert auf, und der Filter heißt *Nutzenargumente*. Eine Präsentation ohne Nutzen ist nutzlos. Führen Sie also nach der Ziel-Analyse eine Nutzen-Analyse durch.

3. Wie wird es ablaufen?
Planen Sie den Ablauf Ihrer Präsentation.

Verplanen Sie aber nicht Ihre gesamte Zeit, sondern lassen Sie sich einen Puffer für Unvorhergesehenes, für Zwischenfragen, für Überziehungen von 20–25 % der Gesamtzeit. Wenn Sie also für Ihre Präsentation einen Zeitrahmen von 20 Minuten eingeräumt bekommen, verplanen Sie abzüglich des Puffers nur etwa 15 Minuten. Davon reservieren Sie etwa 2 Minuten für die Einleitung, etwa 1,5 Minuten für den Abschluß, für den

Hauptteil selbst bleiben also nur gute 10 Minuten übrig.

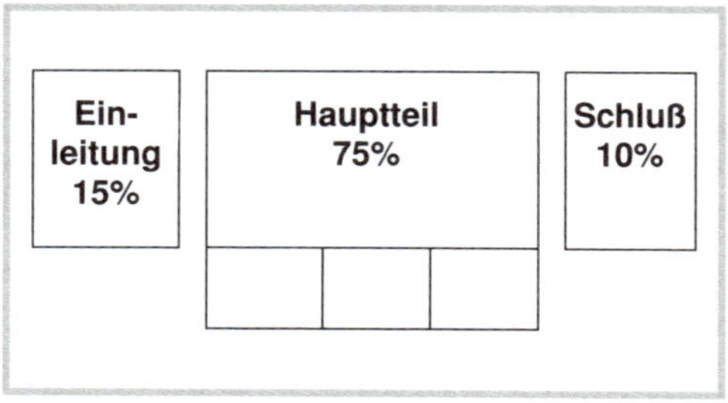

Ablaufplanung – eine der besten Ablaufplanungen ist immer noch die Dreigliederung

Teilen Sie den Hauptteil in die wichtigsten Punkte Ihres Themas auf. Meistens handelt es sich dabei um 3–5 Oberbegriffe. Diese Einteilung des Hauptteils schreiben Sie gut lesbar als roten Faden auf ein Flipchart. Dafür spricht sehr viel. Den Teilnehmern wird dadurch u. a. ermöglicht, an jedem Punkt Ihrer Präsentation wieder den Anschluß zu finden.

Weniger ist mehr …

… das ist die Devise bei der Ablaufplanung. Halten Sie sich kurz und prägnant. Lernen Sie von Martin Luther und seiner Grundthese zur Rhetorik: „Tritt fest auf, mach's Maul auf, hör' bald auf!"

Die ersten zwei Minuten sind die wichtigsten

In den ersten zwei Minuten entscheidet der Teilnehmer, ob er Ihnen sein Ohr schenkt. Fesseln Sie die Teilnehmer von Anfang an. Beantworten Sie gleich beim Start kurz und kompetent die Fragen, die sich fast jeder Teilnehmer am Anfang einer Präsentation selber stellt: Nutzen Sie hier unbedingt die Ergebnisse Ihrer drei grundlegenden Vorüberlegungen.

1. Warum spricht sie? – Nennen Sie hier kurz Ihr Hauptziel.
2. Was habe ich als Teilnehmer davon? – Stellen Sie **ein** wesentliches Nutzen-Argument gleich am Anfang vor. Es dient als Köder, um das Interesse der Teilnehmer zu angeln.
3. Wie wird es ablaufen? – Stellen Sie zu Beginn Ihren roten Faden vor, also die Gliederung Ihres Hauptteils.

Anfang gut, alles gut

Im folgenden finden Sie ein Beispiel für den Start einer Präsentation, der Ihnen hilft, das Interesse Ihrer Teilnehmer von Anfang an zu fesseln.

„Guten Tag, liebe Kollegen! Ich freue mich, Ihnen heute die neuesten Zwischenergebnisse unseres Projekts Verkürzung der Durchlaufzeiten für Bestellungen darzustellen (Ziel).

Die Zwischenergebnisse sind für uns alle wichtig, damit jeder von uns seine nächsten Hauptaufgaben davon ableiten kann (Nutzen-Argument).

In den nächsten 20 Minuten möchte ich wie folgt fortfahren (hier stellt Silke F. ihren Ablaufplan am Flip-chart vor):

Lassen Sie uns also starten mit dem ersten Punkt: Wo stehen wir jetzt? Dazu folgende Folie (hier „Der rote Faden" von S. 255 auflegen) (Überleitung zum ersten Punkt des Hauptteils)."

Übrigens können Sie die Grundüberlegungen der Ziel-Analyse, der Nutzen-Analyse und der Strukturplanung auch für Ihren Chef durchführen. Eine gute Vorplanung erleichtert auch ihm die Präsentation.

Seien Sie mehr als nur fachlich fit

Wenn Sie unsicher wirken, vermuten die meisten Teilnehmer als Ursache dafür

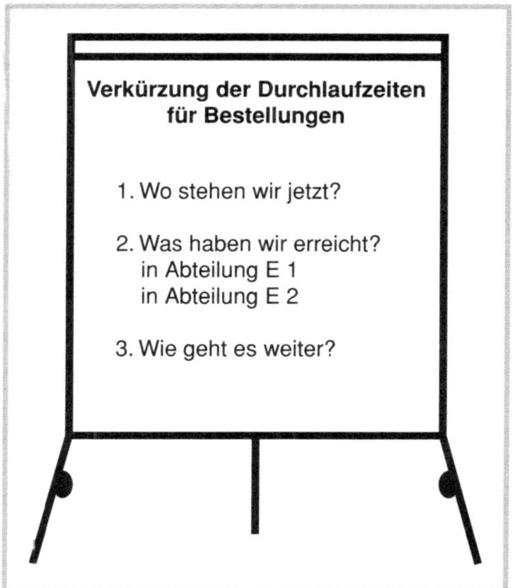

Der rote Faden auf dem Flip-chart

eine fachliche Unsicherheit. Dann ist die Gefahr sehr groß, als „nicht kompetent" eingestuft zu werden. Gute Argumente allein reichen nicht aus. Auch auf Ihr Präsentationsverhalten kommt es an. Achten Sie dabei vor allem auf folgende Punkte:

1. Zugewandter Körper

Stehen Sie offen und direkt vor den Teilnehmern, „verstecken" Sie sich nicht hinter Pulten, Ablagetischen oder Overhead-Projektoren.

Drehen Sie sich Ihren Teilnehmern richtig zu, und schauen Sie nicht über die Schulter. Wenn uns etwas wirklich interessiert, wenden wir unseren Körper dem Gegenstand unseres Interesses meist voll zu. Zeigen Sie, daß Sie sich für Ihre Teilnehmer interessieren.

2. Schauen Sie den Teilnehmern in die Augen

Blickkontakt ist sehr wichtig, denn auch er zeigt Interesse. Durch die Augen nehmen Sie auch Kontakt zu Ihren Teilnehmern auf, und ohne Kontakt können Sie nichts verkaufen. Schauen Sie also möglichst alle Teilnehmer an. „Ein Gedanke, ein Blick" ist eine gute Daumenregel für die Länge des Blickkontakts.

3. Stehen Sie fest

Der Stand kann Ihnen helfen, eine kompetente Ausstrahlung zu haben. Wer von einem auf das andere Bein tänzelt, die Füße umeinanderwickelt oder seinen ganzen Körper als Fragezeichen erscheinen läßt, wirkt nicht sicher und von seiner Sache überzeugt.

Seien Sie sicher, stehen Sie fest. Bewegungen sind erlaubt, wenn es sich um kontrollierte Ortsbewegungen handelt.

4. Stimmen Sie sich positiv ein

Eine Präsentation ist eine tolle Möglichkeit, auf Ihre Fähigkeiten aufmerksam zu machen. Freuen Sie sich über die Chance.

Sie haben sich bis jetzt gut vorbereitet. Stimmen Sie sich nun vor Ihrem Auftritt auch noch positiv mental ein, z. B. mit folgender Autosuggestion:

Ich freue mich, daß ich hier bin.
Ich freue mich, daß Sie hier sind.
Ich bin mir meiner Sache sicher!

Zusammenfassung

Es ist schon lange keine Entschuldigung mehr für Langeweile, nur „richtige Informationen" bei Präsentationen zu vermitteln. Die Teilnehmer wollen mehr, sie wollen Informationen aufbereitet, kurz, prägnant, auf den Punkt gebracht. Hilfsmittel dafür sind Charts.

Bei der Erstellung von Charts schleichen sich oft kleine Fehler ein, die in der Präsentation eine verheerende Wirkung haben:

Der Zuschauer muß mehr arbeiten (mehr Energie aufwenden), um die Kernaussagen zu erfassen, und der Präsentierende büßt einen Teil seiner (fachlichen) Kompetenz ein. Der Service, den eine Präsentation darstellen sollte, ist nicht gut erfüllt.

Folgende optische Grundregeln können Ihnen bei der Medienerstellung helfen:

1. Erstellen Sie Charts mit *Kiss*: *K*eep *i*t *s*imple and *s*hort.
2. Beachten Sie die Lesegewohnheiten (von links nach rechts, Groß- und Kleinbuchstaben).
3. Reduzieren Sie die Textmenge, indem Sie Schlagwörter statt Sätze schreiben.
4. Alles auf dem Chart sollte für den Zuschauer gut und leicht lesbar sein. Schriftgröße etwa 30 Punkt (Pt) für Gruppen von etwa 12 Personen.
5. Reduzieren Sie die Chartmenge. Die Liegezeit von „mittelschweren" Folien z. B. beträgt ungefähr 2 Minuten.
6. Erhöhen Sie den Lustgewinn Ihrer Charts für den Teilnehmer, indem Sie sinnvoll Farben (3–4), Symbole (z. B. Pfeile, Kreise) und Bilder (Cliparts) verwenden.

Wenn Sie nicht nur die Charts für Ihren Chef erstellen, sondern auch selbst präsentieren, sollten Sie sich drei grundsätzliche Vorüberlegungen machen:
1. Was will ich erreichen? – Ziel-Analyse
2. Was haben meine Teilnehmer davon? – Nutzen-Analyse
3. Wie wird es genau ablaufen? – Ablauf/ Strukturplanung, roter Faden

Unterstützen Sie Ihre fachliche Kompetenz durch ein kompetentes Präsentationsverhalten. Achten Sie auf Ihre Körpersprache. Stehen Sie sicher und fest im Zentrum, und halten Sie guten Blickkontakt mit allen Teilnehmern.

Ihre Ausstrahlung wird noch überzeugender, wenn Sie sich vor Ihrem Auftritt positiv einstimmen.

Präsentationen sind eine tolle Möglichkeit, auf Ihre Kompetenz aufmerksam zu machen. Nutzen Sie jede Chance, die sich Ihnen bietet.

Präsentationen gut durchzuführen, sich und seine Ideen gut zu verkaufen ist in vielen Unternehmen ein wichtiges Kriterium für die persönliche Karriere.

Mit diesen grundlegenden Tips und Tricks für Präsentationen werden auch Sie Erfolg haben.

Weiterführende Literatur

Hierhold, Emil, Sicher präsentieren – wirksamer vortragen, Ueberreuter Verlag, Wien 1994
American Express Business Jokes, Königsteiner Wirtschaftsverlag, Königstein/Ts. 1992
Molcho, Samy, Körpersprache im Beruf, Mosaik Verlag, München 1996
Neuland, R. und M., Ein nützlicher Ratgeber für Flip-chart-Benutzer, Neuland GmbH
Scheerer, Harald, Reden müßte man können, Gabal, Offenbach 1995
Scheler, Uwe, Informationen präsentieren, Jünger Verlag, Offenbach 1994
Seifert, Josef/Pattay, Silvia, Visualisieren – Präsentieren – Moderieren, Gabal Speyer 1996
Tosch, Michael, Moderation (Videofilm), verlag moderne industrie, Landsberg 1995
Will, Hermann, Mini-Handbuch Vortrag und Präsentation, Beltz Verlag, Weinheim – Basel 1997

IV.
Soziale Kompetenz

Emotionale Intelligenz

Die Autorin

Mona Vogl, Dr. phil., Diplom-Psychologin, ist seit 1988 als Managementtrainerin und -beraterin im Bereich Personal- und Persönlichkeitsentwicklung tätig. Als zertifizierte NLP-Lehr-Trainerin der DVNLP und NLP-Master-Trainerin der INLPTA führt sie neben firmeninternen Qualifikationsmaßnahmen auch internationale Projekte im Bereich Management- und Teamentwicklung durch. Dr. phil. Mona Vogl ist Gesellschafterin und Seniorberaterin bei Stöger und Partner Gesellschaft für Personalentwicklung in Markt Schwaben.

„Wer klug mit seinen Gefühlen umgeht, bringt es im Leben weiter!"

Unsere Welt wird zunehmend komplexer und komplizierter. Einfühlungsvermögen, Verhandlungsgeschick, Kooperation und insbesondere die Selbstdarstellung werden daher immer wichtiger. Deshalb sind emotional Intelligente den Intelligenzbestien alten Typs nachweislich überlegen. Dies belegt Daniel Goleman, Autor des internationalen Bestsellers „EQ – Emotionale Intelligenz" wissenschaftlich mit Erkenntnissen der modernen Hirnforschung.

Seine zentrale Aussage lautet: Erfolgreiche Menschen unterscheiden sich von den weniger erfolgreichen nicht durch ihren IQ, sondern in erster Linie durch ihren EQ – die Intelligenz der Gefühle.

In seinem Buch beschreibt er, was der EQ genau ist und wie man ihn entwickeln kann. Dies sind wichtige Hinweise für alle, die sich persönlich weiterentwickeln und erfolgreicher werden wollen.

Goleman hat viele Unternehmen be- und untersucht, so u. a. auch die Bell Labs, eine weltberühmte Denkfabrik in den USA in der Nähe von Princeton. Immer wieder ging er der Frage nach: Was macht manche Menschen in ihrem Privat- und Berufsleben erfolgreicher als andere?

Dabei fand er heraus:

Alle bei Bell Labs tätigen Wissenschaftler und Ingenieure schneiden bei traditionellen akademischen Intelligenztests überdurchschnittlich ab. Und dennoch gibt es bei ihnen Mittelklassespieler und Stars. Die Stars unterscheiden sich von ihren durchschnittlichen Kollegen nicht durch ihren IQ, sondern einzig und allein durch ihre emotionale Intelligenz:

Die Bell Labs-Stars pflegen ihre wichtigen Netzwerke, arbeiten effektiv im Team und können die Dinge aus der Sicht anderer, etwa von Kunden oder von Teammitarbeitern, sehen, was die Kooperation stärkt und Konflikte schnell auflöst.

Auch bei Bell Labs arbeitet man im Team, denn keiner weiß genug, um eine Aufgabe allein zu meistern. Um sich der Lösung zu nähern, muß jeder das Wissen der Kollegen anzapfen. Die hochproduktiven Mitarbeiter kommen schneller und besser an das Wissen der KollegInnen heran und verfügen über ein enges Netzwerk von wichtigen Leuten.

Die Stars kommen besser voran, weil sie mit einem gewissen Aufwand ihr Netzwerk pflegen, das dann im Notfall zur Verfügung steht. Ein durchschnittlicher Mitarbeiter fragt bei einem technischen Problem bei verschiedenen Experten an, vertut aber kostbare Zeit, weil niemand abnimmt oder die E-Mails beantwortet.

Die Spitzenkönner haben verläßliche Netzwerke, die sie aufbauen, bevor sie diese brauchen.

Wenn Stars jemanden um Rat fragen, erhalten sie fast durchgängig schnellere und ausführlichere Antworten und sofortige Hilfsangebote, auch über die Grenzen ganzer Abteilungen hinweg.

Das alles gehört zu den Grundlagen sozialer Fähigkeiten, doch darüber hinaus bewiesen die Stars noch ein anderes Talent: Sie ergriffen die Initiative, waren also hinreichend selbstmotiviert, um über ihre festgelegte Aufgabe hinaus Verantwortung zu übernehmen, und sie hatten ihre persönlichen Ziele im Griff.

Sie konnten also ihre Zeit und ihre Arbeitsverpflichtungen gut einteilen. Auch solche Fähigkeiten sind Aspekte der emotionalen Intelligenz.

Diese Erkenntnisse gelten nicht nur für Bell Labs, sondern für jedes Unternehmen und natürlich auch für das Privatleben. Die emotionale Intelligenz wird in Zukunft immer wichtiger werden, denn Teamarbeit wird immer stärker gefordert, und die Qualität der Zusammenarbeit der Mitarbeiter wird über den Erfolg eines Projekts oder eines Unternehmens entscheiden.

In der Einleitung seines Buches beschreibt Goleman, wie er bei seinem ersten Klassentreffen überrascht feststellte, daß nicht der Klassenbeste derjenige war, der es am weitesten gebracht hatte (beste Position, höchstes Gehalt), sondern ein Freund von ihm mit durchschnittlichen Noten. Dieser Freund zählte allerdings zu den beliebtesten in der Klasse und hatte eine ganz spezielle Begabung im Umgang mit Menschen. Er verstand es immer wieder, positive Gefühle und eine gute Stimmung zu verbreiten. Er war Anfang Dreißig bereits Vizepräsident einer großen amerikanischen Kabelgesellschaft.

An diesem Beispiel sieht man deutlich, welche Bedeutung die emotionale Intelligenz (EQ) für den beruflichen und persönlichen Erfolg hat.

Mittlerweile konnte der Einfluß der emotionalen Intelligenz mit Hilfe der modernen Hirnforschung auch wissenschaftlich nachgewiesen werden. Sie wird folgendermaßen definiert:

Emotionale Intelligenz

Emotionale Intelligenz oder die Intelligenz der Gefühle ist die Fähigkeit, die eigenen Emotionen zu erkennen, diese Gefühle zu managen, sich selbst zu motivieren und sich in andere hineinzuversetzen.

Testen Sie Ihren EQ!

Die EQ-Theorie wurde vor fünf Jahren von Peter Salovey, einem Psychologen an der Yale-Universität, erstmals formuliert. Der EQ kann nicht wie der IQ exakt mit einem Test gemessen werden, da er eher eine Metafähigkeit ist, von der es abhängt, wie wir unsere sonstigen Fähigkeiten und auch unsere allgemeine Intelligenz benützen.

Dennoch kann eine Selbst- und/oder auch Fremdeinschätzung nützlich sein, um zu erkennen, wie es um die eigene emotionale Intelligenz bestellt ist.

Nutzen Sie hierzu meinen nachfolgenden Selbsteinschätzungsbogen (s. folgende Seite), und füllen Sie ihn ganz ehrlich aus. Beurteilen Sie sich zunächst selbst, und vergleichen Sie dann das Ergebnis damit, wie vertraute Personen (Partner, Freunde, Mitarbeiter, Kinder usw.) Sie einschätzen. Insbesondere die Abweichungen könnten interessant werden!

Emotionale Kompetenz spielt in der Zusammenarbeit die zentrale Rolle!

Melburn McBroom war ein tyrannischer Chef, der seine Mitarbeiter durch Einschüchterung, Wutausbrüche und autoritäre Dominanz führte. Der Fall wäre vielleicht nie bekannt geworden, wäre er Manager in der Verwaltung oder Produktion gewesen. Er war aber Flugkapitän einer großen Airline. 1978 entdeckte er beim Landeanflug auf Oregon ein Problem mit dem Fahrgestell. Er begann zu kreisen, während er an der technischen Lösung bastelte. In der Zwischenzeit ging das Benzin zur Neige. Aus Angst vor seinen Wutausbrüchen informierte ihn die Crew viel zu spät: mit dem traurigen Ergebnis, daß 10 Menschen ums Leben kamen. Wie oft kommt es im Arbeitsalltag zu ähnlichen Katastrophen, wenn auch der Preis eher Auftragsrückgang, Kundenverlust oder Projektabsturz ist?

In der Pilotenausbildung wird dieser Fall als Beispiel benutzt. 80% aller Flugzeugabstürze beruhen auf Pilotenfehlern, die vermeidbar gewesen wären, wenn die Crew besser zusammengearbeitet hätte. Teamwork, offene Kommunikation und guter Umgang mit Gefühlen werden heute verstärkt in der Pilotenausbildung trainiert. Das Cockpit kann als Abbild für jede Arbeitssituation gesehen werden.

Emotionale Intelligenz ist der zentrale Faktor in der Zusammenarbeit, nicht nur bei Piloten.

Erfolgsfaktor Teamfähigkeit

Die Zukunft gehört dem emotional kompetenten Mitarbeiter mit ausgeprägten kommunikativen Fähigkeiten. Die fachlichen Fähigkeiten bleiben zwar wichtig, nutzen uns aber nichts, wenn sie nicht mit emotionaler Intelligenz zur Kooperation genutzt werden.

Jeder kennt die Folgen mangelnder emotionaler Intelligenz, wenn einer im Team sich nicht beherrschen kann oder kein Gespür für die Gefühle seiner Mitarbeiter oder Kollegen hat. Bei unkontrollierten oder negativen Emotionen können Menschen sich nicht erinnern, nicht aufmerksam sein, nicht lernen und keine klaren Entscheidungen treffen.

Auf der positiven Seite sollte man sich klarmachen, welche Vorteile die positive Kontrolle der eigenen Gefühle und das Einstimmen auf die Gefühle der anderen gerade für die Zusammenarbeit bringt:

- Flowzustände bei der Einzel- und Teamarbeit
- funktionierende Netzwerke
- Motivationssteigerung: Es macht wieder Spaß in der Arbeit!

Metaxa-Prinzip
5* ist das Beste!

Fak-toren	Fragen	1 *	2 *	3 *	4 *	5 *
1.	Ich spüre meine Belastungsgrenze sehr deutlich.					
	Ich kann mich zügig entscheiden und stehe zu meinen Entscheidungen.					
	Ich bin psychosomatisch stabil.					
	Ich weiß genau, wann es mir gut oder schlecht geht.					
2.	Ich habe einen guten Schlaf. Öffentlichen Auftritten gehe ich gelassen entgegen.					
	Eine Depression ist am nächsten Tag spätestens vorbei.					
	Ich könnte gut lügen, wenn ich wollte.					
3.	Disziplin über eine längeren Zeitraum fällt mir leicht.					
	Ich kann über Monate hinweg ein Ziel verfolgen.					
	Wenn ich etwas will, schaffe ich es immer.					
	Abnehmen, Fitneßtraining und Verzicht auf Alkohol oder Zigaretten fällt mir leicht.					
4.	Oft kann ich anderen am Gesicht ablesen, daß etwas nicht stimmt.					
	Ich habe eine gute Nase für Lügen.					
	Ich spüre sofort, wenn Spannungen in der Luft liegen.					
	Im Kino erlebe ich die Gefühle des Hauptdarstellers oft mit.					
5.	Ich bin beliebt bei meinen Kollegen.					
	Ich kann mir fast alle Infos im Unternehmen auf inoffiziellem Wege beschaffen.					
	Ich bin immer einer der ersten, der mitkriegt, was so läuft.					
	Kollegen ziehen mich bei Problemen häufig als Ratgeber heran.					
	Summe = EQ					

Auswertung: Die Gesamtpunktzahl gibt Ihnen Auskunft über Ihren EQ. In der nachfolgenden Übersicht können Sie nun mit Hilfe der Piktogramme die 5 Aspekte der emotionalen Intelligenz zuordnen und sehen, wieviele Punkte sie im jeweiligen Bereich (z.B. 15 von 20 möglichen Punkten) haben und die Gesamtsumme sagt Ihnen, wie hoch Ihr EQ ist, z.B. 78 Punkte von 100 möglichen ist schon ein guter EQ.

Selbsteinschätzung zum EQ

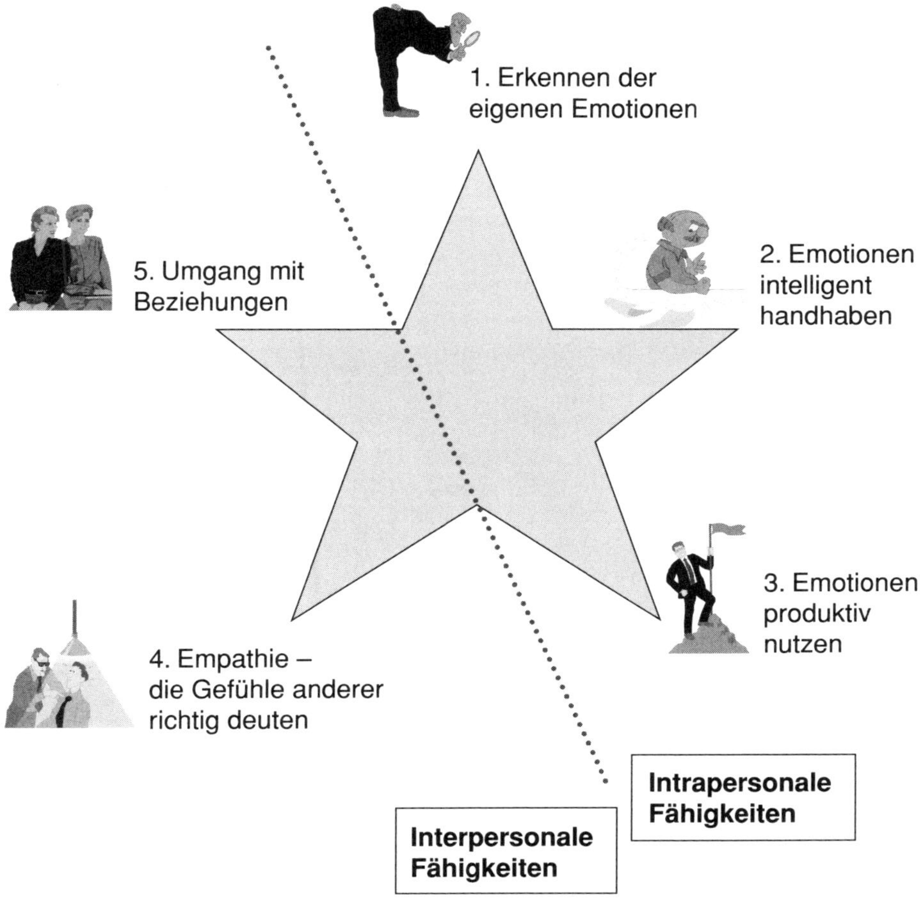

Zusammenfassung:

Goleman beweist in seinem Bestseller „Emotionale Intelligenz", daß derjenige, der klug mit seinen Gefühlen umgeht, es im Leben weiterbringt. Der EQ (der emotionale Quotient) ist wichtiger als Schulabschlüsse, Zeugnisse und Noten (d.h. der klassische Intelligenzquotient = IQ). An die Stelle des IQ tritt der EQ, nachdem man in den letzten 10 Jahren mehrfach bewiesen hat, daß der IQ zur Vorhersage von Lebenserfolg gänzlich unbrauchbar ist.

Die 5 Elemente der emotionalen Intelligenz

- fairer, deeskalierender Umgang mit Konflikten
- besseres Informationsmanagement

Zwei Aspekte der emotionalen Intelligenz

Die fünf Elemente der emotionalen Intelligenz werden in zwei Gruppen unterteilt:

1. Die intrapersonelle Intelligenz
Dazu gehören
1. Erkennen der eigenen Emotionen
2. Emotionen intelligent handhaben
3. Emotionen produktiv nutzen

Diese Gruppe umfaßt das gesamte emotionale Selbstmanagement und ist die Voraussetzung für interpersonelle Intelligenz.

Nur wer mit seinen Gefühlen gut klarkommt, kann Gefühle anderer ohne Verzerrung erkennen und Beziehungen harmonisch gestalten.

Menschen, in denen ein Gefühlschaos herrscht, neigen dazu, Emotionen anderer fehlzudeuten, zu übersehen oder übersteigert wahrzunehmen.

Wie auch bei anderen Intelligenzformen kann es unterschiedlich sein, wo Sie Ihre persönlichen Stärken und Entwicklungsfelder haben.

Sie können hierzu wieder unseren Selbsteinschätzungsbogen, der in die fünf Elemente und die zwei Aspekte der emotionalen Intelligenz gegliedert ist, heranziehen.

2. Die interpersonelle Intelligenz
Dazu gehören
4. Empathie – die Gefühle anderer richtig deuten
5. Umgang mit Beziehungen

Diese Gruppe erfaßt alle Fähigkeiten der emotionalen Beziehungsgestaltung und ist damit die wichtigste Intelligenzform im beruflichen und privaten Alltag.

Viele Menschen mit einem IQ von 160 arbeiten für Menschen mit einem IQ von 100, wenn die ersteren einen geringen, die zweiten einen hohen EQ haben.

Wer im EQ geringe Fähigkeiten aufweist, trifft keine gute Wahl, was die Mitarbeiter, den Ehepartner, den Beruf usw. angeht.

Die fünf Elemente der emotionalen Intelligenz

1. Erkennen der eigenen Emotionen
Ein japanischer Samurai möchte von einem Zenmönch den Unterschied zwischen Himmel und Hölle erfahren. Der Zenmönch antwortet verächtlich: „Du bist es nicht wert, daß ich meine Zeit mit dir vergeude!" Worauf der Samurai sein Schwert hebt und zornentbrannt schreit: „Dafür wirst du sterben!" „Das ist die Hölle!" antwortet der Zenmeister gelassen. Verblüfft über die plötzliche Erkenntnis seiner emotionalen Entgleisung bittet der Samurai um Vergebung und dankt dem Mönch für die Einsicht. „Das ist der Himmel!" antwortet der Zenmönch.
Selbstwahrnehmung – das Erkennen eines Gefühls, während es auftritt – ist die Grundlage der emotionalen Intelligenz.

Die Fähigkeit, die eigenen Gefühle laufend zu beobachten, ist entscheidend, um sich selbst zu verstehen und um im Einklang mit den eigenen Gefühlen klare und schnelle Entscheidungen zu treffen. Wer die eigenen Gefühle nicht erkennen kann, ist ihnen ausgeliefert. Wer sich seiner Gefühle sicher ist, kommt besser durch's Leben, geht zielorientierter vor und tritt selbstsicherer auf.

Und außerdem ist es gesünder!

Wie uns die psychologische Forschung zeigt, neigen Menschen mit geringer Fähigkeit zur emotionalen Selbstwahrnehmung verstärkt zu psychosomatischen Krankheiten, Depressionen und vor allem zu Eßstörungen.

Zu wissen, welche Emotionen in mir gerade das Ruder in der Hand haben, und diesen Prozeß selbst steuern zu können, ist das A und O der emotionalen Intelligenz und Grundlage für effizientes Selbstmanagement.

2. *Emotionen intelligent handhaben*

Angemessener Umgang mit Gefühlen ist eine Fähigkeit, die auf der Selbstwahrnehmung aufbaut. Wer darin schwach ist, hat beständig mit negativen Gefühlen zu tun, wer darin gut ist, erholt sich viel rascher von Rückschlägen und hat eine positive Ausstrahlung und Charisma. Vera Birkenbihl benennt dies mit dem Unterschied zwischen Homo sapiens (der wissende /weise Mensch) und dem HoRmo sapiens, der von seinen Gefühlen und Hormonen gesteuert wird.

Wie funktioniert emotionale Steuerung?

Dazu lohnt es sich, sich nochmals kurz klarzumachen, wie negative Emotionen, z.B. Angst, entstehen. Prinzipiell gibt es hierfür zwei Möglichkeiten:

2.1 Wir erzeugen unsere Gefühle selbst!

Ein Beispiel: Was machen Sie nachts um Viertel nach drei, wenn Sie morgen eine wichtige Präsentation beim Vorstand haben und nicht schlafen können? Sie sehen sich genüßlich auf der inneren Filmspur Ihren phänomenalen Erfolg an und kommentieren ihn mit: „Bravo, das ist ja alles ganz einfach!“, drehen sich um und schlafen tief und fest. Wahrscheinlich nicht!

Statt dessen sieht es eher so aus: Ihr Herz rast, und der Blutdruck ist auf 180. Von Schlaf kann keine Rede sein. Sie erkennen: Ich habe Angst und mache mir Sorgen, daß es ein Flop wird. Wie entsteht diese Angst? Entweder: Durch *Einbilden* – d.h., Sie schauen sich vor dem geistigen Auge einen Gruselfilm Marke „Mein totaler Flop“ an, natürlich in Farbe, 3D und Endloswiederholung und erzeugen so Ihre Angst.

Oder: Durch *Einreden* – d. h., Ihr innerer Dialog erzählt Ihnen in endloser Wiederholung und mit ängstlicher Stimme, was alles schiefgehen könnte und wie gräßlich, schwierig, unmöglich alles ist und wie furchtbar es werden wird.

Die drei Gehirnprinzipien
(s. Abbildung auf S. 267)

Gehirnprinzip Nr. 1: Und Ihr Flop läuft nachts normalerweise nicht nur einmal, sondern mindestens zwanzigmal ab! Kein Wunder, daß Sie nicht schlafen können! Hinzu kommt Gehirnprinzip Nr. 1, das besagt, daß der Körper zwischen Einbildung und Wirklichkeit nicht unterscheiden kann, sondern alles ausführt, was Sie sich intensiv vorstellen.

Denken Sie doch mal für zwanzig Sekunden an eine Zitrone. Eine quietschgelbe, saftige Zitrone. Was passiert? Bei gutem Vorstellungsvermögen werden Sie die Zitrone quasi schmecken und das Wasser wird Ihnen im Mund zusammenlaufen. Aber da war keine echte Zitrone, sondern nur eine vorgestellte!

Und genau das gleiche passiert, wenn Sie sich in Ihrem Kopf negative Konsequenzen Ihres Handelns minutenlang ausmalen: Ihr Blutdruck geht hoch, Ihre Magensäure wird ausgeschüttet usw. An Schlafen ist gar nicht zu denken. Sie wälzen sich noch ein paar Stunden hin und her und gehen am nächsten Tag übermüdet und mit wackeligen Knien in Ihre Präsentation.

Klar, daß Sie nicht souverän und schlagfertig sind. Und was sagt der Flop-Denker dann: „Siehste, ich hab's ja gleich gewußt!" Die Psychologie nennt dies die sich selbst erfüllende Prophezeiung.

Ihr Körper reagiert also auf diese inneren mentalen Modelle mit Hormonausschüttungen und erzeugt so Streß, Angst und bei dauerhaften Mustern psychosomatische Störungen wie Magenschmerzen oder Bluthochdruck.

Und unter Streß blockiert unser Großhirn. Wir sind nicht mehr witzig, einfallsreich und charismatisch, sondern reagieren aus dem sogenannten Reptiliengehirn mit starken Flucht- oder Kampf- reflexen, d. h. übertrieben aggressiv oder defensiv.

Dies ist auch die Ursache dafür, daß man sich an solchen Tagen gern mit dem Partner oder den Kindern anlegt oder häufiger mal „verschwinden" muß.

Nun werden Sie sich fragen, warum quälen wir uns mit diesen negativen Vorstellungen? Weil es einfach, risikolos, bequem und gewohnt ist!

Aber was gelernt und nicht angeboren ist, kann verlernt und umtrainiert werden. Beobachten Sie aufmerksam Ihren inneren Dialog und Ihre inneren Filme, und stoppen Sie Gruselfilme und übermäßig kritische Stimmen rechtzeitig. So programmieren Sie Ihr Gehirn auf Erfolg!

Gehirnprinzip Nr. 2: Auch das zweite Gehirnprinzip ist sehr wichtig. Denken Sie jetzt nicht an eine leckere Tiramisu, die es heute abend für Sie zum Nachtisch gibt! Denken Sie nicht daran, und stellen Sie es sich auch nicht vor! Genauso unmöglich ist es, nicht an einen grünen Elefanten mit lila Tupfen zu denken. Und während Sie dies lesen, ist er bereits vor Ihrem geistigen Auge erschienen. Was heißt das nun für Sie?

Alle inneren Suggestionen, wie z. B. „Es wird schon nicht schiefgehen!", „Ich werde nicht wieder versagen!" usw. sind kontraproduktiv, da sie auf mentaler Ebene negative Effekte haben.

„Heute streite ich nicht mit dem Kollegen Müller!" fokussiert Sie genau auf diesen Streit und macht ihn hochwahrscheinlich. Konsequenz: Streichen Sie Negationen aus Ihren Formulierungen, und motivieren Sie sich selbst mit positiven Aussagen, wie z. B. „Ich kriege das hin, und ich bleibe gelassen im Umgang mit dem Kollegen Müller!"

Gehirnprinzip Nr. 3: Machen Sie auch hier wieder ein kurzes Experiment: Verschränken Sie Ihre Arme vor Ihrer Brust, so daß eine Hand oben und die andere unten liegt. Ganz einfach, nicht wahr? Und nun wechseln Sie, so daß die andere oben bzw. unten ist. Seltsam oder? Obwohl auch diese Version genauso möglich ist.

Und nun ein paar Mal wechseln. So langsam wird Ihnen auch die ungewohnte Versionen vertrauter und damit richtiger erscheinen.

Daraus kann man sehen: Alles, was wir gewohnt sind, erscheint uns richtig, alles Ungewohnte erscheint uns falsch.

Konsequenz: Wenn Sie es gewohnt sind, sich mit negativen Vorstellungen zu motivieren, erscheint Ihnen das richtig.

Das ist Ihr gewohntes Programm. Lernen Sie um. Verändern Sie Ihre mentalen Programme so, daß sie für Sie hilfreich sind. Denn jeder reale Erfolg beginnt mit mentalem Erfolg.

Ein Architekt erschafft ein Haus erst in seinem Kopf, dann auf dem Zeichenbrett und dann erst in der Realität.

Machen Sie es genauso: Stellen Sie sich Ihr erfolgreiches Handeln zuerst vor, planen Sie dann die Schritte zum Ziel, und realisieren Sie diese konsequent.

Mentales Training erhöht Ihre Erfolgsaussichten! Machen Sie sich dieses Vorgehen zur Gewohnheit!

2.2 Wir reagieren auf konditionierte Auslöser früherer negativer Erfahrungen!

Als der Vorstand Sie um diese Präsentation bat, sagte er: „Dann schauen wir mal, was Sie so draufhaben!" Und dies ist ein alter Auslöser, den schon Ihr Vater und mehrere Lehrer in Ihrer Schulzeit mit Erfolg benutzt haben, um Sie zu verunsichern, was damals auch immer wieder gelungen ist. Natürlich lösen diese Worte bei Ihnen auch heute noch Ängste aus und beeinträchtigen Ihre Leistung.

Chefin im eigenen Hirn heißt ...

0. Klare Ziele!

1. (Realistische!) Erfolgsfilme statt Gruselfilme!

2. Aufbauender innerer Dialog statt innerer Kritik!

3. Mentales Training schafft die notwendigen Gehirngewohnheiten!

1. Der Körper führt alles aus, was Sie denken! (Einbilden = innere Gruselfilme Einreden = innere Negativsuggestionen)

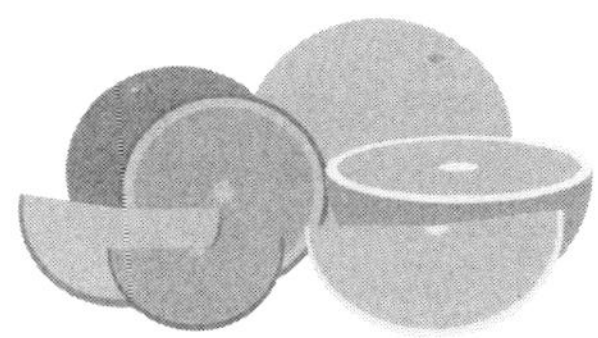

2. Das Gehirn kann Negationen nicht verarbeiten!

3. Wir funktionieren nach Gewohnheiten. Diese erscheinen uns richtig!

Die 3 Gehirnprinzipien

Gute Selbstmanager sind sich dieser Mechanismen bewußt, bemerken frühzeitig, was läuft (innerer negativer Dialog, Gruselfilm oder alter Auslöser), und können gezielt gegensteuern. Sie sind Profis in der Kunst, sich selbst zu beruhigen und positiv aufzubauen. Dies gilt als eine zentrale Voraussetzung für Lebenserfolg.

Emotionales Selbstmanagement ist ...

...die Basis und Voraussetzung für jedes andere Management und die Grundlage Ihres Erfolgs im Berufs- und Privatleben! Werden Sie Chefin im eigenen Gehirn! Steuern Sie Ihre Gefühle nach Ihren Vorstellungen durch positive Suggestionen und Erfolgsfilme!

Dies bringt Ihnen folgende Vorteile:

- sich selbst besser verstehen
- gesteigerte Entscheidungskompetenz
- klare Ausstrahlung
- souveränes Auftreten
- erfolgreicheres Handeln durch mentales Training vorab

Verabschieden Sie sich von der Katharsis-Theorie!
Experimentelle Untersuchungen belegen, daß Menschen nach dem Herauslassen (Katharsis = Reinigung) von heftigen Gefühlen, z.B. Wut, physiologisch nicht ruhiger sind, bestenfalls befriedigter!

Nach wie vor ist dabei das Großhirn nicht voll einsatzfähig. Deshalb empfehlen alle psychologischen Richtungen vier Hauptstrategien:

1. positive Filme und Selbstsuggestionen
2. Bearbeitung alter Auslöser
3. aktiver Emotionsabbau z.B. durch Entspannungstechniken oder Bewegungsübungen
4. Zerstreuung und Ablenkung

Deshalb ist Ihre emotionale Selbststeuerung so wichtig! Manchmal reicht es auch aus, nach außen ruhig und gelassen zu sein, um positive Kommunikationsresultate zu erzielen, denn die Gelassenheit überträgt sich automatisch auch auf die Gesprächspartner.

3. Emotionen produktiv nutzen

Erfolg kommt nicht von Wünschen allein, sondern vom langfristigen und konsequenten Verfolgen der persönlichen Ziele. Hierzu muß ich erstens in der Lage sein, negative Impulse zu dämpfen und Belohnungen hinauszuschieben und zweitens positive Gefühle wie Hoffnung, Begeisterung und Zuversicht zu mobilisieren. Was Olympiasportler, Musiker von Weltrang und Schachgroßmeister gemeinsam auszeichnet, ist die Fähigkeit, sich selbst schonungslosem Training zu unterwerfen.

Wie Goleman experimentell belegen konnte, werden hierfür im ganz entscheidenden Ausmaß die Weichen in der frühesten Kindheit gestellt.

Daß manche Kinder bereits Meister in der Impulskontrolle sind, haben die Forscher an Vierjährigen demonstriert. Sie gaben jedem Kind eine begehrte amerikanische Süßigkeit, einen Marshmallow, und boten denjenigen einen zweiten an, die den ersten 20 Minuten liegen lassen konnten, ohne ihn zu essen. Manche Kinder kapitulierten sofort vor der Versuchung, andere überbrückten die für Kinder lange Zeit der Impulskontrolle mit Selbstgesprächen und indem sie sich die Augen zuhielten oder sangen.

Etwa 12 Jahre später wurden diese Personen wieder untersucht. Die beherrschten Kinder von damals erwiesen sich als junge Erwachsene, selbstbewußter, sozialkompetenter und als bessere Schüler. Der Gratifikationsaufschub zeigte sich als solider Vorhersagefaktor für Lebenserfolg.

Auch die Ansätze zu interpersonaler Intelligenz lassen sich bereits im Kindergartenalter beobachten. Wenn ein sozialbegabtes Kind sich einer Spielgruppe anschließen möchte, beobachtet es zunächst deren Verhalten und imitiert dieses Verhalten langsam, statt sich hineinzudrängen. Vorsichtige Gespräche führen schließlich dazu, daß die Gruppe das Kind akzeptiert.

Diese Kinder überzeugen auch später durch gute Kontakt- und Kommunikationsstrategien.

Optimisten verkaufen besser als Pessimisten

Ein weiteres Beispiel aus der Businesswelt: Wie immens die Fähigkeit zur Mobilisierung positiver Gefühle, z.B. Optimismus, Menschen motivieren kann, beweist eine Studie, die Seligman mit den Verkäufern der Met-Life-Versicherung durchführte.

Da Verkäufer von Versicherungen sehr häufig Ablehnungen erleben, geben rund zwei Drittel aller Versicherungsverkäufer in den ersten drei Jahren auf. Seligman bewies, daß optimistische Versicherungsverkäufer in den ersten 2 Jahren 37 % mehr Versicherungen verkaufen als Pessimisten.

Und im ersten Jahr gaben von den Pessimisten doppelt so viele auf wie von den Optimisten.

Außerdem konnte Seligman die Versicherung überzeugen, eine spezielle Gruppe von Bewerbern einzustellen, die zwar über einen hohen Optimismuswert verfügten, bei den üblichen Tests jedoch im unteren Drittel lagen und normalerweise abgelehnt worden wären. Diese Gruppe übertraf die Pessimisten im ersten Jahr um 21, im zweiten Jahr um 57 %.

Aktives Gefühlsmanagement, Aufbau von Optimismus und Vertrauen in die eigenen Fähigkeiten, es zu schaffen oder zu lernen, ist offensichtlich das Haupterfolgskriterium.

Lernen Sie von Edison, dem Erfinder der Glühbirne! Erst beim 6000. Experiment war er erfolgreich, d.h., 5999 Frustrationserlebnisse konnten ihn nicht davon abhalten, sein Ziel, die Glühbirne zu erfinden, anzusteuern.

Die Geheimnisse des Erfolgs

Impulskontrolle und der positive Einsatz optimistischer Emotionen: Wichtig ist das Sichbewußtmachen der eigenen Gefühle – mit dem Ziel, nicht von ihnen überwältigt zu werden.

Wer seine inneren Stimmungen und Emotionen lesen und moderieren kann, ist ihnen nicht mehr ausgeliefert.

Eine innere Distanz zu Trauer, Ärger, Wut ermöglicht es, die eigenen Reaktionen besser zu steuern.

Inneres Gefühlsmanagement ist die Voraussetzung für sozial kompetentes Handeln und zwischenmenschlichen Erfolg.

4. Empathie – die Gefühle anderer richtig deuten

Zu wissen, was andere fühlen, ist eine weitere Fähigkeit, die auf der emotionalen Selbstwahrnehmung aufbaut. Sie ist die Grundlage von Menschenkenntnis und Sympathie.

Fehlt diese Fähigkeit, haben wir es schwer, Beziehungen aufzubauen und mit anderen „warm" zu werden. Dramatisches Beispiel hierfür sind Psychopathen, Vergewaltiger und Kindesbelästiger, die entweder keine Gefühle für ihre Opfer haben oder wirklich glauben, dem Opfer würden ihre Gewalttaten Spaß machen.

Nur selten fassen Menschen ihre Emotionen in Worte. Meistens drücken sie sie anders aus. Um die Gefühle eines anderen Menschen zu erfassen, muß man nonverbale Zeichen zu deuten wissen: den Klang der Stimme, Gestik, Mimik, Haltung usw.

Hierzu gibt es wissenschaftliche Tests, wie gut Menschen die Gefühle anderer an nonverbalen Signalen ablesen können. Diejenigen mit hohen Fähigkeiten sind generell beliebter und erfahren mehr persönliche Details.

Menschen mit hohen Empathiewerten sind emotional stabiler und erfolgreicher. Frauen sind in dieser Art von Empathie Männern generell überlegen. Psychologischen Untersuchungen zufolge scheitert heute bereits die Hälfte aller Ehen daran, daß die Partner ihre Gefühle weder erkennen noch angemessen ausdrücken können.

Ein amerikanischer Forscher namens Argyle konnte schon in den 80er Jahren experimentell nachweisen, daß die Beziehungsebene, das *Wie* im Vergleich zur Inhaltsebene, dem *Was*, in der Kommunikation dominant ist.

Er belegt, daß im Normalfall 55% der Kommunikation durch die Körpersprache und 38 % durch die Sprechweise vermittelt wird. Nur 7 % entfallen auf die rein digitalen Inhalte.

Berücksichtigen Sie das bei Ihrer nächsten Präsentation! Überlegen Sie sich nicht nur, was Sie sagen werden, sondern auch, welche Emotionen Sie durch welche nonverbalen Mittel erzeugen wollen.

Damit gewinnen Sie die Sympathien Ihrer Zuhörer!

Bedenken Sie dabei: Emotionen sind ansteckend!

Der emotional Ausdrucksstärkere zieht den anderen mit, d. h., Emotionen übertragen sich in der Kommunikation (Fachjargon: Synchronisation).

Als Faustregel gilt: Die stärkere Emotion setzt sich durch, d. h., depressive Menschen können uns runterziehen, Optimisten beflügeln. Deshalb sind Menschen mit positiven Gefühlen, die andere inspirieren und motivieren oder deren negative Gefühle dämpfen können, besonders beliebt.

Ein erfolgreicher Schauspieler oder Redner zeichnet sich dadurch aus, daß er eine große Menge Menschen zu bewegen vermag.

In einer Interaktion den emotionalen Ton anzugeben ist sozusagen Führung auf einer tiefen, sehr persönlichen Ebene, indem Sie die Emotionen des anderen steuern. Eine große Einflußmöglichkeit!

5. Umgang mit Beziehungen

Wie kann ich nun diese Informationen über die Gefühle der anderen nutzen, um sozial intelligent zu handeln?

Zunächst müssen Sie lernen, Ihre Emotionen zu beherrschen und dann Ihr Verhalten adäquat zur Situation zu steuern.

Im Konflikt mit dem Chef oder der Chefin ist es wichtig, nicht den Kopf zu verlieren, sondern (zumindest nach außen) cool und souverän zu bleiben.

So werden Sie beliebt, erhalten Zugang zu Netzwerken und können eigene Ziele besser durchsetzen.

Haben Sie auch schon ein Telefon, das anzeigt, wer anruft? Gehen Sie immer gern ran? Ihre Bereitschaft, mit einer bestimmten Person zu sprechen, kann als direktes Meßinstrument für deren interpersonale Fähigkeiten gelten.

Und fragen Sie sich selbst: Freuen sich andere, wenn ich anrufe? Kann ich sie mobilisieren, inspirieren, eine angenehme Atmosphäre schaffen? Davon wird es abhängen, ob Sie überzeugen und beeinflussen können und relevante Infos schnell erhalten.

Wann haben Sie zuletzt Ihren Chef gelobt?

Erfolgsfaktor konstruktives Feedback: Verfallen Sie nicht, wie so viele deutsche

Manager, der „deutschen Managerkrankheit", nämlich: Sparen mit Lob!

Viele Chefs pflegen noch heute eine Strategie zur Mitarbeitermotivation, die da heißt: „Solange ich nichts sage, ist alles okay!"

Unterscheiden Sie sich! Zeigen Sie emotionale Kompetenz durch ehrliches, positives Lob und konstruktives Feedback!

Ihr Lieblingskanal und wie Sie ihn optimal nutzen

Nun zu Erkenntnissen aus der modernen Psychologie und insbesondere dem NLP (Neuro-Linguistisches Programmieren), die für ein erfolgreiches Selbstmanagement besonders wichtig sind: Kennen Sie den Lieblingskanal Ihrer Sinneswahrnehmung? Wenn Sie an Ihre Wohnung denken: Ist es Ihnen ein großes Anliegen, daß Sie schöne, ästhetische Möbel darin stehen haben, oder eher, daß sie sehr ruhig ist? Ist es Ihnen im Urlaub besonders wichtig, daß Sie sich wohl fühlen? Wenn Sie Essen lieben, muß es unbedingt gut aussehen oder eher gut riechen und schmecken? Oder ist Ihnen am wichtigsten, daß Sie eine gute Unterhaltung dabei führen? Wenn Sie Ihren Lieblingskanal kennen, fällt es Ihnen leichter, sich Ihre Ziele auf die für Sie attraktivste Art vorzustellen, was wiederum direkt auf Ihre Motivation Einfluß nimmt.

Visuell dominant

Der visuelle Mensch (ca. 45%) nimmt Informationen hauptsächlich über die Augen und innere Bilder auf: Verstehen heißt hier, sich ein Bild machen zu können.

Das Denken geschieht auch überwiegend bildhaft, deshalb setzt sich diese Eigenart sogar in der Sprache durch: Der visuelle Mensch verwendet dabei viele Begriffe, die zu seinen inneren Vorstellungen passen, z.B.: „Können Sie mir das anschaulich darstellen?", „Es war wirklich ein bunter Abend", „In meiner Vorstellung haben wir prächtige Aussichten" usw.

Diese visuellen Menschen benutzen ihr Gehirn im wesentlichen als Filmstudio. Gleichgültig, wonach man sie fragt, sie sehen Bilder und Filme in ihrem Kopf, z.B. der letzte Urlaub, das erste Fahrrad, die nächste Präsentation. Dabei ist es wiederum entscheidend, ob es sich um Grusel- oder Erfolgsfilme handelt. Der visuelle Mensch sieht sich entweder schon, wie er souverän präsentiert oder wie er die Präsentation ruiniert. Ein visueller Typ sollte sich deshalb seine Zukunft, Zielerreichung oder Aufgaben und Herausforderungen in inneren Bildern attraktiv gestalten!

Auditiv dominant

Beim auditiven Menschen (ca. 15%) ist die Informationsaufnahme und -verarbeitung besonders von (inneren) Dialogen und Klängen bestimmt.

Verstehen heißt hier, die Bedeutung des Gesagten im inneren Dialog zu analysieren. In der Sprache erkennt man ihn ebenso wie den visuellen Typ an seinen Formulierungen: „Ihr Vorschlag ist Musik in meinen Ohren", „Das klingt aber gar nicht gut!" usw.

Dieses innere Tonstudio können Sie nun nutzen, um Ihrem inneren Kritiker die Möglichkeit zu geben, sich mit kritischen und nörgelnden Kommentaren selbst zu sabotieren oder sich selbst durch positive Affirmationen aufzubauen.

Gutes auditives Selbstmanagement heißt, sich im Hinblick auf seine Vorhaben Leitsätze zu bilden, verbale Erfolgsmeldungen für die Zukunft vorwegzunehmen und sich die Zukunft in harmonischen Klängen und Gesprächen vorzustellen.

Kinästhetisch dominant

Der Kinästhet oder Gefühlsmensch (ca. 40%) verarbeitet durch seine Körperwahrnehmung oder den „Eindruck", den etwas in ihm hinterläßt.

Verstehen bedeutet für ihn, etwas zu begreifen, etwas zu tun oder zu erfassen. Seine Sprache ist durchzogen von körper- oder bewegungsorientierten Ausdrücken wie „Ich habe das Gefühl, daß diese Sache ein durchschlagender Erfolg wird", „In seiner Haut möchte ich nicht stecken", „Wir müssen uns durchbeißen, wenn wir vorankommen wollen" usw.

Im Selbstmanagement hat er die Möglichkeit, sich selbst mit negativen Gefühlen zu demotivieren oder seine zukünftigen Pläne mit angenehmen und starken Gefühlen des Erfolgs zu erleben.

Unsere inneren Bilder und Stimmen erzeugen ganz bestimmte Gefühle, die wiederum unser Verhalten steuern.

Vielleicht sehen oder hören Sie innerlich, wie Ihre nächste Präsentation ein Flop oder Top wird. Ganz schnell stellt sich ein Gefühl ein. Entsprechend diesem positiven oder negativen Gefühl werden Sie auftreten und souveränes oder unsicheres Verhalten an den Tag legen.

Lernen Sie, Ihre Bilder und Stimmen bewußt wahrzunehmen und zu gestalten. Damit gestalten Sie Ihre Gefühle und Ihr Verhalten. Alle Gefühle werden von Bildern oder Tonspuren erzeugt und fallen nicht „vom Himmel". Häufig sind sie jedoch unbewußt oder unbemerkt.

Finden Sie heraus, in welchen Lieblingskanal Sie Erfahrungen speichern und wie Sie Ihre Gefühle selbst erzeugen.

Ein Beispiel, das jeder schon mal erlebt hat: Der Chef hat eine tolle Idee für seine nächste Präsentation. Er sieht die genialen Folien schon vor sich. Er stürzt ins Sekretariat und sprudelt nur so los: „Frau Fischer, wir brauchen unbedingt noch diese XYZ-Grafik mit 3-D-Darstellung, dann wird die Show super!"

Sprach's und verschwand so schnell, wie er reingestürzt war. Seine Sekretärin hat auch ein Bild von den Folien im Kopf. Sie setzt sich an den Computer und erstellt mit viel Hingabe und Liebe zum Detail die Folien und legt sie ihrem Chef auf den Schreibtisch. Dieser guckt nur kurz hin und sagt: „So hab ich es mir aber nicht vorgestellt!" Woraufhin seine Sekretärin frustriert den Raum verläßt und murmelt: „Und ich hab mich so reingehängt!"

Was ist hier passiert? Ein visueller Chef und eine kinästhetische Sekretärin kommunizieren auf unterschiedlichen Kanälen und damit direkt aneinander vorbei. Ergebnis: Viel Frust auf beiden Seiten! Deshalb: Erkennen Sie den Lieblingskanal Ihres Gegenübers, und stellen Sie sich darauf ein. Das vermeidet Frust und erhöht Ihren Kommunikationserfolg!

Die positive Botschaft der Emotionalen-Intelligenz-Schule

Gefühlsmanagement kann man lernen! Ziel ist die achtsame Verarbeitung der Gefühlsdaten.

Steigern Sie Ihren EQ durch tägliches Training: Die beiden Aspekte der emotionalen Intelligenz – Impulskontrolle und das Verstehen, was in einer sozialen Situation verlangt wird – sind nicht angeboren, sondern erlernt.

Sicher: Wer Glück hatte und in einem sozialkompetenten Umfeld aufwächst, hat einen Vorsprung! Und dennoch können wir alle unsere emotionalen Fähigkeiten erweitern und ausbauen.

Aber es nützt nichts, nur alle Jubeljahre mal ein Kompliment auszusprechen oder sich positiv auf einen anderen Menschen einzustimmen. Genau wie bei jeder anderen Fähigkeit – ob Tennisspielen oder Kreuzworträtsel lösen – werden Sie nur dann richtig gut, wenn Sie regelmäßig, am besten täglich üben.

Nachfolgend einige Übungsanregungen:

Zu 1. Erkennen der eigenen Emotionen

- Reflektieren Sie jeden Tag zu einem bestimmten Zeitpunkt und an einem definierten Ort Ihre Gefühle, z.B. immer wenn Sie das Büro verlassen, wandern Sie in Gedanken durch die Gefühle des heutigen Tages. Was war gut und passend? Wo haben Sie sich geärgert oder die Kontrolle verloren? Werden Sie sich klar über die Art der Gefühle, die typischen Auslöser, Ihre häufigen Reaktionen und bestimmte Frühwarnsysteme.
- Beobachten Sie Ihre emotionalen Rhythmen! Führen Sie ein Protokoll, ein Tagebuch und eine Verlaufskurve. Entdecken Sie bestimmte Zyklen, und gewinnen Sie dadurch mehr emotionale Steuerungskompetenz!

Zu 2. Emotionen intelligent handhaben

- Erlernen Sie Techniken des mentalen Selbstmanagements: Werden Sie Chefin im eigenen Gehirn durch (realistische!) Erfolgsfilme statt Gruselfilme und aufbauenden inneren Dialog statt inneren Kritiker!
- Erlernen Sie eine Entspannungstechnik, z.B. autogenes oder mentales Training!
- Trainieren Sie systematisch, bei negativen Auslösern entspannt zu bleiben!

Zu 3. Emotionen produktiv nutzen

- Etablieren Sie Auslöser für positive Gefühle (Anker), und trainieren Sie diese regelmäßig.
- Entwickeln Sie Ihre eigene Belohnungsstrategie, wenn Sie längerfristige Ziele diszipliniert und konzentriert verfolgen.

Zu 4. Empathie – die Gefühle anderer richtig deuten

- Trainieren Sie in Gesprächen, die nonverbalen Signale des anderen bewußt zu beobachten, und überprüfen Sie Ihre Deutung durch Rückfragen.
- Schauen Sie gute Krimis, z.B. Derrick, Columbo, Quincy oder Magnum an, und beobachten Sie, wie die Titelfigur gezielt nonverbale Signale deutet (Columbo, Quincy), wie sie im inneren Dialog mit sich umgeht (Magnum) oder wie sie Gefühle anderer steuert (Derrick).

Zu 5. Umgang mit Beziehungen

- Loben Sie täglich etwas, das Ihnen an anderen gut gefällt! Loben Sie insbesondere Ihre Chefs, nicht nur Ihre Kollegen.
- Investieren Sie mindestens 1 Stunde Zeit pro Woche in den Aufbau und die Pflege von Netzwerken. Gehen Sie gezielt mit wichtigen Netzwerkpartnern zum Essen (statt immer mit der üblichen Clique!), und verschenken Sie Kleinigkeiten zu Geburtstagen und Jubiläen usw. Sie werden sehen, das wirkt Wunder!

Dies sind natürlich alles nur Vorschläge, was Sie tun können, um den jeweiligen Aspekt der emotionalen Intelligenz zu stärken. Sicherlich wird es Ihnen gelingen, weitere persönliche Trainingselemente zu entwickeln. Häufig sind auch schon das Bewußtsein und die verstärkte Aufmerksamkeit für emotionale Prozesse ein wichtiger Meilenstein auf dem Weg zu mehr emotionaler Kompetenz!

Denn Sie wissen ja nun:
Der EQ macht Sie erfolgreich!

Führung – eine Assistenzaufgabe?

Die Autorin

Sabine N. Ritterbusch ist Diplom-Psychologin, Trainerin und Verhaltenstherapeutin. Aus einer über zehnjährigen Tätigkeit in der Wirtschaft (Bereiche: Personalentwicklung, Beratung und Training) sowie zugleich in privater Praxis (Bereiche: Coaching und Gesundheitsprophylaxe) ist Haus Carstenfeld entstanden. Es bietet Interventionen rund um die Kommunikation, von der Mitarbeiterschulung bis zur individuellen Einzelberatung, Coaching, Mental- und Verhaltenstraining – insbesondere für Menschen, die einige Zeit einkehren wollen, um hier neue Ideen und Lösungen zu entwickeln.

Assistenz für den Erfolg

„Wohl und Wehe, Macht und Ohnmacht einer Sekretärin resultieren aus der unmittelbaren Anbindung an den Chef." (Wirtschaftswoche, 19.10.1990)

Die Zusammenarbeit zwischen Chef und Assistentin ist eine eigentümliche und häufig undefinierte Mischung von Abhängigkeit und Selbständigkeit, offiziellen Regelungen und inoffizieller Realität. Grundsätzlich hat die Assistentin ihren Platz neben der Hierarchie. Sie ist in der Regel niemandem gegenüber weisungsbefugt, es sei denn, ihr selbst sind Mitarbeiter unterstellt. Ihr Aufgabenbereich ist stark abhängig von der Person, Position und Tätigkeit des Chefs. Sein Führungsstil und sein Verständnis der Zusammenarbeit prägen den Berufsalltag in ihrem Büro. Dabei sind die Erwartungen, die Chefs an ihre Assistentinnen stellen, in sich oft widersprüchlich. Einerseits erwartet der Vorgesetzte die absolut loyale, eher laut- und widerspruchslose Weisungsempfängerin, andererseits ist ihre Selbständigkeit, ihr Mitdenken, ihr Mithandeln und ihr Mitverantworten die Assistenzfunktion, die ihn entlastet, unterstützt und erfolgreich macht (vgl. Klein, 1996, S. 34 ff.).

Wie oft kommen Sie selbst in die Situation, daß Sie Menschen in eine bestimmte Richtung führen, sie motivieren wollen, etwas Bestimmtes zu tun? Häufig, manchmal, gar nicht? Denken Sie nur an den Kurier, der Ihrem Chef in höchster Eile die vergessene Präsentationsmappe zum Flughafen bringen soll?

Und was wäre, wenn der Chef Sie während seiner längeren Dienstreise zur Platzhalterin macht? Vielleicht sind Sie auch selbst Chefin von mehreren Berufskolleginnen, oder Sie haben Auszubildende und Praktikanten anzuleiten. Und wer ist eigentlich der Ansprechpartner für den neuen Mitarbeiter, und wer sorgt dafür, daß er sich auch menschlich in dem Unternehmen wohl fühlt?

Was haben alle diese Situationen gemeinsam? In jeder dieser Situationen ist Ihre Fähigkeit, Menschen zu führen, gefragt. Führung im eigentlichen Sinn zielt darauf ab, das Verhalten eines Menschen zu beeinflussen. Es bedeutet, andere zu motivieren, eine Aufgabe optimal zu erledigen. Menschen zu führen heißt, andere – und damit das Unternehmen – erfolgreich zu machen. Die Assistentin ist entscheidender Geburtshelfer des Erfolgs.

In welchen Bereichen gibt es Ansatzpunkte für Führungsassistenz und Chefentlastung? Wie sieht das zukünftige Berufsbild der Assistentin und Office-Managerin aus? Wahrscheinlich werden Sie sich in der folgenden Zusammenstellung in unterschiedlichen Punkten wiederfinden, oder Sie können die Liste ergänzen. Wenn Sie die Möglichkeit haben, diese Liste mit Ihrem Vorgesetzten durchzugehen, können Sie vielleicht gemeinsam individuelle Ansätze zur optimalen Chefentlastung in Ihrer Zusammenarbeit finden.

Checkliste 1: Führung als Assistenzaufgabe

Gesprächsführung und Verhandlungstechnik

Die Assistentin verhandelt mit externen Dienstleistern (Reisebüros, Hotels, Seminaranbietern, Veranstaltern u. ä.)

Eigene Ansatzpunkte:

....

Motivation

Die Assistentin ist Kommunikationsbrücke bei Chef-Mitarbeiter-Problemen. Sie erkennt die Anzeichen von Mobbing und dem Phänomen der inneren Kündigung. Sie ist in der Lage, im Einzelfall vermittelnd tätig zu werden.

Eigene Ansatzpunkte:

....

Konfliktmanagement

Die Assistentin geht produktiv, lösungs- und zukunftsorientiert mit Konflikten um. Bei Konfliktlösungen wirkt sie unterstützend.

Eigene Ansatzpunkte:

....

Informationsmanagement

Die Assistentin nutzt im Sekretariat als Informationsschaltzentrale die technischen Möglichkeiten von Internet und zunehmender Vernetzung „... und der Möglichkeit, zu jeder Zeit auf eine – nicht vorstellbare – Vielfalt von Informationen zugreifen und diese verarbeiten zu können ...“ (Klein, 1996, S. 37).

Eigene Ansatzpunkte:

....

Besprechungsmanagement

Die Assistentin bereitet Besprechungen vor, moderiert sie und verfolgt das Einhalten von Absprachen. Wenn nötig, setzt sie Kontrolltermine, um Reibungsverluste zu vermeiden und Kooperation zu gewährleisten.

Eigene Ansatzpunkte:

....

Projektmanagement

Die Assistentin übernimmt Assistenzfunktionen bei projektbezogener Zusammenstellung und Zusammenarbeit von Mitarbeitern. Sie gewährleistet die fachliche und organisatorische Kontinuität auch über die Projektdauer hinaus und in Projekten mit wechselnder Zusammensetzung der Mitarbeiter.

Eigene Ansatzpunkte:

....

Platzhaltefunktion

Als Platzhalterin des Chefs trifft die Assistentin bei seiner Abwesenheit die Entscheidung, ob eine Angelegenheit so wichtig ist, daß der Chef sofort informiert werden muß – gleichgültig, wo er gerade ist –, ob es bis zu seiner Rückkehr warten kann oder an eine dritte Stelle weitergeleitet werden muß.

Eigene Ansatzpunkte:

....

Aufgabenbezogene Leitungsfunktion

Die Assistentin übernimmt vom Chef an sie delegierte partielle Leitungsfunktion für definierte Aufgaben, z. B. Koordination von Reiseaktivitäten der Projektteams. Hat sie Leitungsfunktion und Weisungsbefugnis, muß der Chef die Mitarbeiter aus Akzeptanzgründen vorab selbst über ihre Leitungsfunktion informieren.

Eigene Ansatzpunkte:

....

Zeitmanagement und Arbeitstechniken

Durch den eigenen Einsatz von Zeitmanagement- und Arbeitstechniken ist die Assistentin in der Lage, das eigene Arbeitsaufkommen zu bewältigen und den Chef bei seinem effizienten Zeitmanagement zu unterstützen.

Eigene Ansatzpunkte:

....

Kontrollfunktion

Die Assistentin überwacht die Geschäftsvorgänge und die Termineinhaltung von Chef, Mitarbeitern und externen Dienstleistern.

Eigene Ansatzpunkte:

....

Die Assistentin als Führungsgehilfin

Das traditionelle Verständnis der Assistentin als Kaffeeköchin und Schreibkraft nach dem Motto „Eine Assistentin führt doch keine Menschen, wenn sie etwas führt, dann vielleicht die Portokasse" ist überholt. Wer dies behauptet, würde heute als uninformierter Laie gelten. Tatsächlich ist die Assistentin im modernen und wettbewerbsorientierten Unternehmen weitaus öfter Führungsassistentin, als dies in der offiziellen Arbeitsplatzbeschreibung wiederzufinden ist.

Ein Fallbeispiel: Frau Schulz arbeitet seit 15 Jahren in einem internationalen Großunternehmen. Sie ist als Assistentin für Herrn Schnell, den Bereichsleiter des Vertriebs tätig. Zuvor hat sie im selben Unternehmen für fünf andere Chefs in verschiedenen Abteilungen gearbeitet. Die Chefs sind gegangen – sie ist geblieben.

Sie kennt das Unternehmen, die Mitarbeiter. Frau Schulz weiß, worauf es ankommt. Sie kann aufgrund ihrer Erfahrung Betriebsabläufe vorhersehen und wesentlich zum reibungslosen Ablauf beitragen. Sie weiß, daß die belgische Mutterfirma etwa zwei- bis dreimal im Jahr alle Mitarbeiter zum Meeting einlädt. Sie sollen dann die Verkaufszahlen des vergangenen Zeitraums präsentieren, einen Soll-Ist-Abgleich vornehmen und die weitere Strategie festlegen.

Das nächste Meeting wurde wegen eines drastischen Umsatzeinbruchs von der belgischen Holding sehr kurzfristig für 14 Tage später angesetzt. Diese Mitteilung findet Frau Schulz im Posteingang, den sie zu bearbeiten hat. Eine Routineaufgabe – laut Stellenbeschreibung.

Ihr Chef kommt erst in einer Woche von seiner Geschäftsreise aus Hongkong zurück. Erst dann würden die Mitarbeiter von dem bevorstehenden Meeting erfahren, da Herr Schnell die Einladung zum Meeting gewöhnlich selbst veranlaßt. Frau Schulz errechnet, daß den Mitarbeitern dann noch fünf Arbeitstage zum Erstellen der notwendigen Präsentationsunterlagen für die belgische Direktion bleiben würden. Sie weiß, daß diese Zeit kaum ausreicht, zumal derzeit ein anderes Projekt die Mitarbeiter stark beansprucht. Sie überlegt, was zu tun ist, und entscheidet, den Termin schon vorab an die Mitarbeiter weiterzuleiten.

Frau Schulz denkt global, hat das gesamte Unternehmensziel im Auge. Sie weiß, daß ihr Chef von ihr erwartet, daß sie eigenverantwortlich mitdenkt, für reibungslosen Informationsaustausch sorgt und mit den Mitarbeitern gut kooperiert. Was er von seiner Assistentin erwartet, hat er einmal mit WISO und DENVER, getragen von den drei Ms, beschrieben.

WISO

Wissen
Initiative
Selbständigkeit
Organisation

DENVER

Diplomatie
ENgagement
VERtrauenswürdigkeit

Mitdenken **M**ithandeln **M**itverantworten

Herr Schnell praktiziert einen *kooperativen Führungsstil* und strebt weitmöglichste *Delegation* an. Er weiß, daß damit nicht nur Verantwortung, sondern auch *Handlungskompetenz* und *Entscheidungs-*

befugnisse übertragen werden müssen. Manchmal ist er sich unsicher, ob er eine Aufgabe delegieren sollte, da er sie selbst gut und zügig erledigen könnte und der Mitarbeiter erst eingearbeitet werden müßte. Das kostet Zeit. Genausoviel Zeit, als wenn er es selbst machen würde. Er betrachtet dann diese Zeit jedoch als Investition in die Zukunft. Und er vertraut seinen Mitarbeitern. Da er viele Aufgaben an seine Mitarbeiter überträgt, muß er viel mit ihnen zusammenkommen, *Informationen weitergeben und einholen*. Auch ist es seine Aufgabe zu *kontrollieren*, ob seine Mitarbeiter die *vereinbarten Absprachen einhalten* und die *Ziele erreichen*, die er mit ihnen gemeinsam gesteckt hat. Sein Terminkalender weist aus, daß er 60 % seiner Arbeitszeit mit anderen kommuniziert, entweder am Telefon oder in persönlichen Besprechungen. Seine Assistentin betrachtet er dabei als Mitdenkerin, als *zweites Kontroll-Ich* und als *zweites Organisations-Ich* (vgl. Das zweite Ich, in: Wirtschaftswoche, 24.07.1987).

Wo konkretisiert sich in diesem Beispiel die Führungsassistenz von Frau Schulz? Fast unbemerkt bei der Bearbeitung des Posteingangs. Führungsassistenz ist eine Frage der Einstellung: Mitdenken, Mithandeln, Mitverantworten. Doch kommt es dabei auf den praktizierten Führungsstil des Vorgesetzten an.

Woran Sie Führungsstile erkennen können

Eine breit angelegte Untersuchung (vgl. Klein, 1996) kommt zu dem Ergebnis: Es gibt das traditionelle und das moderne Berufsbild der Assistenz. Das traditionelle Berufsbild der „Assistentin“ oder der „Assistentin mit Schwerpunkt Dokumentenerstellung“ läßt einen geringeren Spielraum, von sich aus agieren zu können, als das modernere Berufsbild der „Office-Managerin“ oder auch der „Qualifizierten Assistenz“. Diese beinhalten größere Spielräume zur Eigeninitiative und sogar die Aufforderung, selbständig die Initiative zu ergreifen (vgl. Klein, 1996, S. 39 ff.).

Voraussetzung ist, daß sowohl die Führungskraft als auch das gesamte Unternehmen eine entsprechend zeitgemäße, auf Kooperation ausgerichtete Führungskultur praktizieren.

Welcher Führungsstil wird in Ihrem Unternehmen praktiziert? Wie führt Ihr direkter Vorgesetzter? Wie führen Sie vielleicht selbst? Grundsätzlich können vier Führungsstile unterschieden werden:

- der autoritäre Führungsstil
- der patriarchalische Führungsstil
- der Laissez-faire-Führungsstil
- der kooperative Führungsstil

Wodurch Führungsstile beeinflußt werden

Über Fragen der Führung, so könnte man etwas überspitzt behaupten, gibt es so viele Meinungen, wie es Menschen gibt, die darüber nachdenken, Menschen, die führen, oder Menschen, die geführt werden. Und nicht selten klafft eine tiefe Kluft zwischen den theoretischen Ansprüchen und dem tatsächlichen Verhalten. So manch ein Chef oder eine Chefin mußte sicherlich die schmerzliche Erfahrung machen, daß die guten Vorsätze, „es anders zu machen als die eigenen Vorgesetzten“, an diversen Sachzwängen geschmolzen sind wie Schnee in der Sonne.

Da wird der Mitarbeiter zum Vorgesetzten und sieht sich plötzlich Anforderungen gegenübergestellt, auf die er oftmals nur unzureichend vorbereitet ist. Wenn der Vorgesetzte „auf Seminar fährt“, um zu lernen, was es bedeutet zu führen, und worauf es besonders ankommt, ist diese – oft einmalige – Aktivität besser als gar nichts, aber nicht wirklich ausreichend.

Führung ist ein komplexes Gebilde. Das Führungsverhalten, das Sie in Ihrer Abteilung, in Ihrem Büro, an Ihrem Arbeitsplatz erleben, das Führungsverhalten Ihres direkten Vorgesetzten und das Führungsverhalten wiederum dessen Vorgesetzten usw. bis hin zur Führungsspitze; dieses Führungsverhalten ist eine dynamische Funktion aus sich gegenseitig beeinflussenden Variablen. Einige sind nachfolgend aufgeführt.

Die Unternehmensleitung: Welche Führungskultur auf breiter Basis in einem Unternehmen herrscht, wird bereits an der Führungsspitze geprägt und setzt sich bis nach unten fort. Oft stimmt auch hier die alte Erkenntnis: Der Fisch stinkt am Kopf zuerst!

Die Rahmenbedingungen: Ob die Führungskraft mit den notwendigen Entscheidungsbefugnissen und Kompetenzen ausgestattet ist, um auch tatsächlich führen zu können, zählt ebenso zu den Rahmenbedingungen wie die Unternehmenspolitik und -verwaltung, informelle Standards, Karrierechancen, die „guten Beziehungen“ zu den entscheidenden Personen und die Besonderheiten der Situation.

Die Aufgabenstellung: Bei der Frage, welcher Führungsstil praktiziert werden soll, besteht ein Unterschied darin, ob eine komplexe Aufgabe Kreativität und selbständiges Erarbeiten von Lösungen verlangt oder ob Routinetätigkeiten zu erledigen sind. Während die erstgenannte Aufgabe am besten mit Unterstützung durch den kooperativen Führungsstil zu lösen ist, kann vielfach der autoritäre Führungsstil für die Bewältigung der Routineaufgaben angezeigt sein. Es gilt die Faustregel: Je komplexer die Aufgabe und je motivierter und fähiger die Mitarbeiter, desto weniger sinnvoll ist der autoritäre und desto erfolgreicher ist der kooperative Führungsstil.

Das Verhalten der Führungskraft: Das Verhalten der Führungskraft bekommt für viele Mitarbeiter eine besondere, fast „magische“ Bedeutung. Vergißt der Chef z.B. gedankenverloren seinen Mitarbeiter morgens zu grüßen, ruft dieses Verhalten sicherlich andere Gefühle beim Mitarbeiter hervor, als wäre er von einem Kollegen übersehen worden. Führungskräfte müssen sich des Vorbildcharakters ihres Verhaltens bewußt sein. Dem Verhalten liegt die innere Einstellung zugrunde.

Die Einstellung der Führungskraft: Die Einstellung zur mir selbst und zu meinen Mitmenschen bestimmt und steuert mein Verhalten. Wer sich selbst nicht annehmen kann, wird kaum anderen Menschen Wertschätzung vermitteln können. Wer mit sich selbst Probleme hat, wird diese auch schnell mit anderen haben.

Die Kenntnisse und Fähigkeiten der Führungskraft: Wenn aus dem besten Fachmann oder der besten Fachfrau eine Führungskraft wird, besitzt sie oder er nicht immer auch die besten sozialen Kompetenzen. Und umgekehrt: Hohe Sozialkompetenz reicht allein nicht aus, um erfolgreich Menschen zu führen. Führung verlangt in hohem Maß die Vereinigung von ausgeprägter Fach- und Sozialkompetenz. Tatsächlich gibt es jedoch mehr Führungspositionen, die diese Qualifikation erfordern, als es Menschen gibt, die in der Lage sind, diese Forderung zu erfüllen.

Nur selten ist das Führungsverhalten der Vorgesetzten so, wie es wünschenswert wäre oder theoretisch gefordert wird. Das macht die Zielvorstellungen darüber, „wie es idealerweise sein sollte", jedoch nicht überflüssig. Vielmehr sollten sie immer wieder einmal herangezogen werden, um kritisch über die eigene Situation nachzudenken und – wenn nötig – Änderungen anzustreben.

Welcher Führungsstil in Ihrem Unternehmen praktiziert wird, können Sie daran erkennen, in welchem Ausmaß der Vorgesetzte seine Mitarbeiter in den Entscheidungsprozeß mit einbezieht.

Den autoritären Führungsstil erkennen

Gehen alle Aktivitäten vom Vorgesetzten aus und sind die Mitarbeiter nicht an Entscheidungen beteiligt, kann man von einem autoritären Führungsstil sprechen. In diesem Fall erteilt der Vorgesetzte Anweisungen. Dabei verdeutlicht er nicht den Sinn und Zweck der Anordnungen, sondern erwartet Gehorsam und Bereitschaft, Weisungen entgegenzunehmen und auszuführen. Dienstwege und Richtlinien haben einen besonderen Stellenwert.

Der Vorgesetzte kehrt die Autorität kraft seines Amtes heraus und hält seine Mitarbeiter auf Distanz. Er kontrolliert seine Mitarbeiter, ohne daß sie auf die Art und den Zeitpunkt der Kontrolle Einfluß nehmen können. Die Leistung ist in der Regel so lange zufriedenstellend, wie die Führungsperson anwesend ist.

Für den Fall schlechter Leistungen hat der Mitarbeiter mit Zurechtweisungen zu rechnen. Angst und Beklommenheit kennzeichnen häufig die Atmosphäre in solch einem Unternehmen. Nicht selten führt dies dazu, daß auf allen Ebenen nach oben gebuckelt und nach unten getreten wird.

Auch begünstigt dieser Führungsstil mangelnde Verantwortungsbereitschaft für eigene Fehlleistungen. Daraus resultiert eher die Suche nach einem Schuldigen als die Suche nach Verbesserungsmöglichkeiten für die Zukunft. Solch eine Organisation ist wenig lern- und innovationsfähig. Dieser Ansatz ist heute nicht mehr mit modernen Managementkonzepten zu vereinbaren und selten anzutreffen.

Den patriarchalischen Führungsstil erkennen

In manchen Unternehmen wird immer noch der patriarchalische Führungsstil – eine Variante des autoritären Führungsstils – praktiziert.

Der patriarchalische Führungsstil ist stark persönlichkeitsbezogen. Die Führungskraft ist oft der Firmengründer selbst. Keiner kennt die Branche so gut wie er, ihm kann keiner etwas vormachen. Er bezieht die Autorität kraft seiner Kompetenz.

Für seine Mitarbeiter versteht er sich als eine Art Vaterfigur mit allen Konsequenzen: Alleinentscheidungsrecht und absoluter Gehorsam, aber auch Fürsorgepflichten gegenüber den Mitarbeitern.

Im Gegensatz zum autoritären Führungsstil besteht ein enger Kontakt zu seinen Mitarbeitern, die sich ihm nicht selten persönlich verpflichtet fühlen. Geschäftlicher und privater Bereich sind stark miteinander verwoben.

Der Patriarch verwendet für seine Assistentin nicht selten das Du oder nennt sie Mädchen, auch wenn sie ihm schon seit 25 Jahren zur Seite steht. Häufig befinden sich für das Unternehmen wesentliche Informationen nicht nachvollziehbar in Akten oder auf Festplatte, sondern ausschließlich im Kopf des Patriarchen.

Die Karriere der Mitarbeiter ist stark von der Gunst des Patriarchen abhängig. Dies kann dazu führen, daß „Honig-um-den-Mund-schmieren", Konformismus und Opportunismus sich für den Mitarbeiter als entscheidende Karriereinstrumente etablieren.

Den Laissez-faire-Führungsstil erkennen

Dieser Führungsstil läßt sich durch das Fehlen von führendem, lenkendem Verhalten am besten charakterisieren. Die Mitarbeiter sind sich selbst überlassen. Vielleicht erhalten sie noch Zielvorgaben oder Arbeitsaufträge, aber ihnen wird keinerlei Hilfestellung angeboten, wie sie diese erreichen bzw. erfülllen können.

Diese Form der Nicht-Führung bewirkt Unzufriedenheit und Desorientierung bei den Mitarbeitern. Das Resultat ist in der Regel: niedrige Leistung auf einem niedrigen Qualitätsniveau.

Das Laissez-faire war in den 50er Jahren in Deutschland eine Art Gegenbewegung auf die damals vorherrschenden autoritären Erziehungs- und Führungsstile.

Im Bereich des Managements ist das Laissez-faire so gut wie nie bewußt gewählte Strategie, sondern meist unbeabsichtigtes Resultat – hervorgerufen durch uneindeutige Kompetenzen, Überforderung, Unfähigkeit oder Abwesenheit der Führungsperson.

Da der Laissez-faire-Stil im eigentlichen Sinn kein Führungsstil, sondern die Abwesenheit von Führung ist, gilt: Wer nicht führt, den können Sie darin auch nicht unterstützen.

Den kooperativen Führungsstil erkennen

Da dieser Führungsstil auf die Beteiligung der Mitarbeiter ausgelegt ist, spricht man auch von partizipativer oder demokratischer Führung.

Diesen Führungsstil können Sie daran erkennen, daß die Mitarbeiter am Entscheidungsprozeß beteiligt sind. Konkrete Zielvereinbarungen ermöglichen dem Mitarbeiter die Selbstkontrolle seiner eigenen Leistungen. Wenn er bemerkt, daß er ein vereinbartes Leistungsziel in der vorgegebenen Zeit nicht erreichen kann, liegt es in seiner Verantwortung, dies seinem Vorgesetzten rückzumelden und sich die nötige Hilfestellung zu holen.

Der Vorgesetzte verhält sich partnerschaftlich und offen. Er delegiert weitgehend Aufgaben, Kompetenzen und Entscheidungsbefugnisse an kompetente Mitarbeiter. Wenn ein Mitarbeiter noch wenig erfahren oder neu im Unternehmen ist oder seine Arbeitsleistung aus anderen Gründen von der Führungskraft nicht eingeschätzt werden kann, vereinbart man engmaschige Kontrolltermine zur gegenseitigen Absicherung. Der Mitarbeiter kann Art und Zeitpunkt der Kontrolle mit beeinflussen. Die Verantwortung für die Einhaltung der Kontrolltermine, um Soll-Ist-Abweichungen früh genug festzustellen – nicht erst, wenn das Kind in den Brunnen gefallen ist –, liegt im Bereich der Führungskraft. Hier tun sich jüngere Führungskräfte manchmal schwer.

Delegation, Kooperation, Beteiligung und Partnerschaftlichkeit bedeuten nicht, daß der Vorgesetzte seine Führungsverantwortung auf die Mitarbeiter übertragen kann. Die Vorteile dieses Führungsstils liegen vor allem darin, daß er ein gutes Arbeitsklima erzeugt und Ideen wie auch die Einsatzbereitschaft der Mitarbeiter nutzbar macht.

In der Praxis münden zu hoch gesteckte Ideale der kooperativen Führung manchmal in ein resigniertes Laissez-faire. Man verwirklicht kooperative Führung nicht von heute auf morgen. Der kooperative Stil ist für alle Beteiligten ein Lernprozeß mit Erfolgen und Rückschlägen. Da er nicht für alle Mitarbeiter und nicht in allen Situationen gleich gut geeignet ist, erfährt er eine sinnvolle Ergänzung durch das Gedankengut der situativen Führung (im Kapitel „Wie Sie Mitarbeiter motivieren“ erfahren Sie mehr darüber).

Führungsgrundsätze der kooperativen Führung

Der kooperative Stil nimmt eine wichtige Bedeutung ein, da moderne Konzepte zur Unternehmensführung – wie Lean Management, TQM, Kaizen, Projekt- und Teamarbeit – hinsichtlich der Menschenführung auf den Prinzipien der kooperativen Führung basieren. Aus diesem Stil leiten sich die folgenden Führungsaufgaben ab:

- Ziele vereinbaren
- Delegation von Aufgaben und Verantwortung
- Informieren
- Entscheiden
- Kontrollieren
- Beurteilen
- Mitarbeiterförderung

Jeder Führungsaufgabe sind in der Checkliste 2 die entsprechenden Führungsgrundsätze zugeordnet. Wenn Sie gemeinsam mit Ihrem Chef herausgefunden haben, daß bei Ihnen eher ein kooperativer Führungsstil favorisiert wird, gehen Sie die Führungsgrundsätze der Checkliste 2 zusammen mit ihm durch. Entwickeln Sie Maßnahmen und Hilfsinstrumente, durch die Sie Ihre persönliche Zusammenarbeit optimieren können.

Auch wenn Sie feststellen, daß in Ihrem Unternehmen eher autoritär, patriarchalisch oder Laissez-faire geführt wird, könnte es eine gute Idee sein, die Checkliste mit Ihrem Chef zu besprechen. Häufig werden dabei Verbesserungsmöglichkeiten deutlich. Versuchen Sie es! Verbesserung ist ein kontinuierlicher Prozeß.

Checkliste 2: Wie Sie Ihren Chef bei der kooperativen Mitarbeiterführung entlasten können

Ziele vereinbaren

Grundsatz 1
Jeder muß die Ziele seines Handelns kennen und wissen, wozu das Ergebnis seiner Arbeit im Rahmen des gesamten Unternehmens dient.

Assistenzbeispiel: Der neue Mitarbeiter schildert, noch sichtlich erregt, wie er den Kunden mit dessen „unangemessenen Forderungen“ abserviert hat. Die Chef-Assistentin, Frau Weiß, bemerkt, daß der Mitarbeiter die übergeordnete Zielsetzung des Unternehmens, die Kundenorientierung, nicht kennt. Sie sorgt dafür, daß er darüber informiert wird, warum seine Vorgehensweise nicht dem Unternehmensziel dient.

Wie können Sie Ihren Chef bei Grundsatz 1 unterstützen?

....

Grundsatz 2
Der Vorgesetzte ist dafür verantwortlich, daß die für seinen Bereich gesetzten Ziele erreicht werden. Er soll dazu gemeinsam mit seinen Mitarbeitern Teilziele festlegen und den Arbeitsablauf, wenn nötig, organisieren.

Assistenzbeispiel: Frau Weiß ermöglicht durch eine entsprechende Arbeitsorganisation, daß ihr Chef jederzeit kontrollieren kann, ob die Ziele und Teilziele erreicht werden. Sie entwickelt mit ihrem Chef gemeinsam hilfreiche Checklisten.

Wie können Sie Ihren Chef bei Grundsatz 2 unterstützen?

....

Delegation von Aufgaben und Verantwortung

Grundsatz 1
Den Mitarbeitern müssen Aufgaben und Verantwortungsbereiche einschließlich der zur Erfüllung notwendigen Kompetenzen eingeräumt werden. Voraussetzung sind die notwendige Sachkompetenz und Zugang zu den erforderlichen Informationen.

Assistenzbeispiel: Frau Weiß unterstützt die Mitarbeiter darin, ihren Verantwortungsbereich zu führen, und gewährt ihnen Zugang zu den erforderlichen Informationen. Sie hat gemeinsam mit Mitarbeitern und Chef eine Checkliste entwickelt, aus der Aufgaben, Verantwortungsbereiche und Entscheidungsbefugnisse der Mitarbeiter zu entnehmen sind. Die Liste wird von ihr laufend aktualisiert.

Wie können Sie Ihren Chef bei Grundsatz 1 unterstützen?

....

Grundsatz 2
Der Mitarbeiter trägt die Verantwortung für die Erfüllung der ihm übertragenen Aufgaben. Die Führungskraft bleibt dafür verantwortlich, die richtigen Mitarbeiter richtig ausgewählt, informiert, kontrolliert sowie unterstützt zu haben.

Assistenzbeispiel: Mitarbeiter weisen im Gespräch darauf hin, daß sie sich aus organisatorischen oder anderen Gründen in ihrer Arbeit beeinträchtigt fühlen. Frau Weiß sammelt diese Informationen und leitet sie entsprechend weiter. Dadurch sorgt sie im Sinn des Qualitätsgedankens dafür, daß Fehler korrigiert, Reibungsverluste vermieden und Abläufe optimiert werden können.

Wie können Sie Ihren Chef bei Grundsatz 2 unterstützen?

....

Grundsatz 3
Führungskräfte sollen Selbständigkeit, Eigeninitiative und Verantwortungsbereitschaft ihrer Mitarbeiter fördern.

Assistenzbeispiel: Herr Richtig möchte alles richtig machen. Er ruft häufig wegen Kleinigkeiten an, um sich beim Chef rückzuversichern. Frau Weiß gelingt es, ihn durch gezielte Fragestellung zu mehr Selbständigkeit anzuregen. „Herr Richtig, was meinen Sie, würde Herr Schnell Ihnen raten ...?“ oder „Wann hatten Sie ein ähnliches Problem? Wie sind Sie da vorgegangen ...?“

Wie können Sie Ihren Chef bei Grundsatz 3 unterstützen?

....

Grundsatz 1

Informieren

Mitarbeiter brauchen mehr Informationen als die zur Erledigung der Aufgaben direkt erforderlichen. Sie müssen Zusammenhänge sehen und ihr Arbeitsgebiet in einen größeren Rahmen einordnen können. Der Vorgesetzte muß rechtzeitig und regelmäßig informieren.

Assistenzbeispiel: Frau Weiß nimmt die Informationsbedürfnisse der Mitarbeiter ernst: „Natürlich, ich kann verstehen, daß Sie unbedingt sofort die Daten brauchen. Ich versichere Ihnen, mich selbst darum zu kümmern. Sobald ich den Chef sehe, kläre ich es für Sie und schicke die Daten direkt an Ihre E-Mail-Adresse.“ Sie denkt mit und erkennt, ob über den Verteiler hinaus bestimmte Informationen für bestimmte Mitarbeiter erforderlich oder hilfreich sind: „Wissen Sie, Herr Schnell, ich frage mich, ob es sinnvoll wäre, wenn auch Herr M. an der Besprechung teilnehmen würde, er hat viele Informationen, die für uns wichtig sind." Sie erinnert den Chef an seine Informationsbringpflicht: „Sind Sie sicher, daß Mitarbeiter P. weiß, was Sie von ihm erwarten? Stehen ihm die nötigen Informationen aus dem letzten Protokoll zur Verfügung?"

Wie können Sie Ihren Chef bei Grundsatz 1 unterstützen?

....

Grundsatz 2
Die Mitarbeiter ihrerseits sind verpflichtet, ihren Vorgesetzten über wesentliche Vorkommnisse des eigenen Arbeitsbereichs sowie abweichende Entwicklungen der Zielvereinbarungen zu informieren.

Assistenzbeispiel: Frau Weiß hat oft näheren Bezug zu den Mitarbeitern als ihr Chef. In einem Gespräch kann sie Mitarbeiter Müller ggf. dezent an die Informationsbringpflicht erinnern: „Was Sie sagen, hört sich ungewöhnlich an. Haben Sie schon darüber nachgedacht, ob diese Information für Herrn Schnell wichtig sein könnte?"

Wie können Sie Ihren Chef bei Grundsatz 2 unterstützen?

....

Grundsatz 3
Es kann nicht jeder über alles informiert werden. Informationsüberflutung vermeiden.

Wie können Sie Ihren Chef bei Grundsatz 3 unterstützen?

....

Grundsatz 1

Entscheiden

Entscheidungen sollen nicht willkürlich, sondern jederzeit begründbar sein.

Assistenzbeispiel: Frau Weiß bemerkt, daß der Vorgesetzte in der Mitarbeiterinformation seine Entscheidungen nicht begründet hat. Sie erinnert den Chef an den Begründungsgrundsatz: „Herr Schnell, Sie haben Ihre Entscheidung diesmal nicht begründet, war dies Ihre Absicht ...?" Als sie angehalten ist, eine Entscheidung mündlich zu übermitteln, fragt sie: „Wie darf ich auf Nachfrage die Entscheidung begründen ...?"

Wie können Sie Ihren Chef bei Grundsatz 1 unterstützen?

....

Grundsatz 2
Die Delegation von Aufgaben und Verantwortungen beinhaltet zugleich die Kompetenz des Mitarbeiters, innerhalb dieses Rahmens selbständig zu entscheiden.

Assistenzbeispiel: Frau Weiß ermöglicht den Mitarbeitern Zugang zu den für die Entscheidung und Aufgabenerfüllung notwendigen Informationen und Hilfsmitteln. Indem sie die Mitarbeiter in deren Job unterstützt, unterstützt sie ihren Chef bei seiner Führungsfunktion.

Wie können Sie Ihren Chef bei Grundsatz 2 unterstützen?

....

Grundsatz 3
Führungskräfte können innerhalb des Verantwortungsbereichs ihrer Mitarbeiter dann entscheiden, wenn aus sachlicher oder terminlicher Sicht eine Ergebniserfüllung gefährdet erscheint.

Assistenzbeispiel: Frau Weiß überwacht das Einhalten der Kontrolltermine. Sie ist mit den Mitarbeitern ihres Unternehmens viel enger kommunikativ verknüpft als der Chef. Deshalb weiß sie auch, bei welchen Mitarbeitern eine Vorab-Erinnerung an die Termineinhaltung größeren Schaden abwenden könnte.

Wie können Sie Ihren Chef bei Grundsatz 3 unterstützen?

....

Kontrollieren

Grundsatz 1
Kontrolle stellt für die Führungskraft den wichtigsten Informationskanal für die gewissenhafte Wahrnehmung der Führungsverantwortung dar. Sie soll nicht als Machtinstrument gegenüber den Mitarbeitern mißbraucht werden.

Assistenzbeispiel: Frau Weiß informiert die Mitarbeiter rechtzeitig über den Besuch des Chefs. Das negativ besetzte Wort Kontrolle vermeidet sie. Frau Weiß sagt: „Herr Schnell plant seinen Besuch bei Ihnen in der Produktion für nächste Woche. Paßt es Ihnen besser Donnerstag oder am Freitag?“ Sie bietet zwei Wahltermine an. Jeder Mensch mag es lieber, wenn er mitentscheiden kann und nicht über ihn bestimmt wird.

Wie können Sie Ihren Chef bei Grundsatz 1 unterstützen?

....

Grundsatz 2
Kontrolle ist ein notwendiges Instrument, um eine drohende Zielabweichung zu erkennen und Alternativmaßnahmen einzuleiten.

Assistenzbeispiel: Frau Weiß soll mit den Außendienstmitarbeitern Termine abstimmen, an denen Herr Schnell sie bei ihren Kundenbesuchen begleiten kann. Sie weiß, daß die Mitarbeiter skeptisch und unsicher sein werden. Sie schlägt ihrem Chef vor, sein unübliches Vorgehen kurz zu begründen: „ … werde ich Sie jetzt in regelmäßigen Abständen begleiten. Ich möchte auf unseren Stärken aufbauen, sehen, was gut läuft und wo wir unsere Kundenbetreuung optimieren können.“

Wie können Sie Ihren Chef bei Grundsatz 2 unterstützen?

....

Grundsatz 3
Kontrolle soll sich auch auf Positivabweichungen beziehen, Ansatzpunkte für Verbesserungen liefern und Mitarbeiter zur Eigenkontrolle motivieren.

Assistenzbeispiel: Frau Weiß hat Protokolle für die Mitarbeitergespräche von Herrn Schnell in Form von Checklisten entwickelt. Sie hat die Punkte „Positivabweichungen“, „Verbesserungsvorschläge“ und „Vereinbarungen“ aufgenommen. Damit unterstützt sie Herrn Schnell, seine Zusagen an die Mitarbeiter konsequent einzulösen, und sie kann kontrollieren, ob die Mitarbeiter die Vereinbarungen einhalten. Nach den Besprechungen läßt sie sich von Herrn Schnell die Listen geben und terminiert sie in ihre Wiedervorlage.

Wie können Sie Ihren Chef bei Grundsatz 3 unterstützen?

....

Beurteilen

Grundsatz 1
Jeder eigenverantwortlich tätige Mitarbeiter hat einen Anspruch auf eine sowohl umfassende als auch objektive Beurteilung.

Grundsatz 2
Im Mittelpunkt der Mitarbeiterbeurteilung steht das Mitarbeitergespräch, das regelmäßig durchgeführt wird. Diese Gespräche müssen beiderseitig durch Offenheit und Präzision gekennzeichnet sein.

Grundsatz 3:
Ziel der Mitarbeiterbeurteilung und der daraus abzuleitenden Maßnahmen ist eine Verstärkung der Mitarbeiterstärken und ein Abbau der Schwächen.

Assistenzbeispiel: Frau Weiß bereitet die Beurteilungsgespräche für Herrn Schnell vor. Sie legt ihm die vorhandenen Checklisten der bisherigen Mitarbeitergespräche und den vorhandenen Beurteilungsbogen für Mitarbeiter vor. Der Beurteilungsbogen dient der Objektivität in den Gesprächen. Er ist speziell auf die Belange des Unternehmens zugeschnitten. Herr Schnell denkt derzeit darüber nach, ob er sich in seinem Führungsverhalten auch von seinen Mitarbeitern beurteilen lassen sollte. „Warum eigentlich nicht?" sagt er. Frau Weiß entwickelt derzeit für Herrn Schnell einen Vorschlag für einen „Vorgesetzten-Beurteilungsbogen".

Wie können Sie Ihren Chef bei Grundsatz 1 bis 3 unterstützen?

....

Mitarbeiterförderung

Grundsatz 1
Aufgabe der Führungskraft ist es, den Mitarbeiter bei der Weiterentwicklung seiner Kenntnisse und Fertigkeiten zu unterstützen, damit sich dieser für neue Anforderungen seines Arbeitsplatzes oder für andere Aufgaben qualifizieren kann.

Grundsatz 2
Die Beurteilung ist Basis für die Förderungshilfe durch den Vorgesetzten.

Grundsatz 3
Mitarbeiter mit besonderen Fähigkeiten sollen gezielt gefördert werden.

Assistenzbeispiel: Frau Weiß hält Informationen über Weiterbildungsmöglichkeiten bereit. Sie unterstützt Herrn Schnell und den Mitarbeiter darin, die für den Mitarbeiter optimale Fördermöglichkeit zu finden.

Wie können Sie Ihren Chef bei Grundsatz 1 bis 3 unterstützen?

....

Wie Sie Mitarbeiter motivieren

Nicht alle Menschen sind gleich. Und es wäre ungerecht, alle Mitarbeiter über einen Kamm zu scheren. Auch die Bedingungen sind unterschiedlich. Darum sollte das Führungsverhalten an die Mitarbeiter und die Situation angepaßt sein.

In Anlehnung an das Modell der „Situativen Führung“ (vgl. Blanchard, Zigarmi, 1995) werden die Mitarbeiter einerseits nach dem Grad ihrer Fähigkeiten und Kenntnisse und andererseits nach ihrer Bereitschaft, ihrem Engagement, ihrer Motivation unterschieden.

Sinnvoll ist diese Unterscheidung aus folgendem Grund: Ein Mitarbeiter, der hoch motiviert ist, aber unzureichende Kenntnisse und Fähigkeiten aufweist, sollte anders geführt werden als ein Mitarbeiter, der zwar ausgezeichnete Kenntnisse und Fähigkeiten besitzt, derzeit aber wenig Motivation und Engagement an den Tag legt.

Die Kenntnisse und Fähigkeiten eines Mitarbeiters, die an ihn gestellten Anforderungen zu erfüllen, kann man sich auf einer Skala von negativ über durchschnittlich bis positiv vorstellen. Das ergibt die

– KEFÄ-Achse –

KEnntnisse und FÄhigkeiten

Stellen Sie sich einen bestimmten Mitarbeiter vor. Vergegenwärtigen Sie sich, wie bereit und motiviert der Mitarbeiter derzeit ist, die an ihn gestellten Anforderungen zu erfüllen. Seine

BEreitschaft und MOtivation

– BEMO-Achse –

können Sie sich ebenso wie oben auf einer Skala von negativ über durchschnittlich bis positiv vorstellen. Daraus ergibt sich das rechts dargestellte Koordinatenkreuz (s. Abbildung „Motivations-Leistungs-Fenster“).

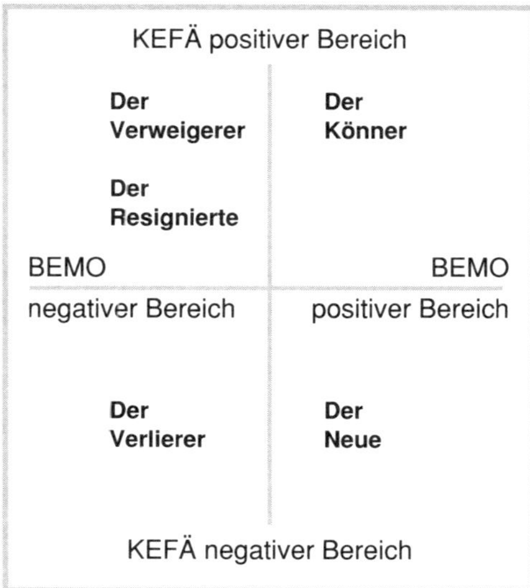

Das Motivations-Leistungs-Fenster mit den unterschiedlichen Typen

Die Schnittstelle der gedachten Linien stellt die derzeitige

KEFÄ-BEMO-Position

dar. Je weiter seine Position vom Mittelpunkt des Koordinatenkreuzes entfernt ist, desto extremer die Position.

Diese Extrempositionen machen insgesamt nur etwa 20 % der Mitarbeiter aus, aber diese beanspruchen oft 80 % der Aufmerksamkeit, Zeit und Energie.

Typische Merkmale einiger KEFÄ-BEMO-Positionen und Anregungen für die Praxis finden Sie in der folgenden Zusammenstellung (vgl. auch Petz, 1997). Dem „Verlierer“ werden Sie naturgemäß seltener begegnen. Auf die Darstellung dieser Position wird deswegen verzichtet.

Der Neue (Anfänger)

Merkmal	Was Sie tun können
Er ist meist hoch motiviert, aber ihm fehlt es an Erfahrung, er erkennt Probleme nicht und weiß eventuell nicht, was Sie meinen.	Benutzen Sie die 4-W-Formel: Sagen Sie ihm, was wann wie auf welche Weise getan wird. Sagen Sie ihm die Schritte, wie er vorgehen soll: „Am besten gehen Sie so vor: „... 1. ..., 2. ..., 3. ... Wenn Sie bei 3. angekommen sind, sagen Sie mir Bescheid!“
Er möchte alles richtig machen.	Machen Sie ihn mit den Gewohnheiten bekannt, und klären Sie ihn darüber auf, welche dummen Fehler er von Anfang an vermeiden kann. Falls Probleme zu erwarten sind, bereiten Sie ihn darauf vor: „Da kann es Ihnen passieren, daß..., aber das ist ganz normal ... “
Er ist unsicher, spricht aber über seine Schwierigkeiten nicht.	Stellen Sie keine direkte Frage wie „Wie kommen Sie zurecht?“ oder „Wie gefällt es Ihnen bei uns?“ Fragen Sie besser neutral „Was fällt Ihnen bei uns auf?“ „Was ist anders als in Ihrer letzten Firma?“

Der Könner

Merkmal	Was Sie tun können
Er beherrscht seine Aufgaben und kennt Lösungswege für Abweichungen und kritische Punkte.	Nutzen Sie sein Wissen, seine Erfahrung und seine Unterstützungsbereitschaft. Er freut sich in der Regel, wenn er um Rat gefragt wird.
Er geht seinen Weg! Beispiel: Trotz Chefanweisung „Nicht stören – wichtige Besprechung“ läßt er sich von Ihnen nicht aufhalten und stürmt ins Chefzimmer.	Sagen Sie ihm, wie Sie sein Verhalten erleben, und stellen Sie lösungsorientierte und zukunftsorientierte Fragen: „Herr X, ich habe den Eindruck, Sie akzeptieren meine Funktion als ... hier nicht richtig. Was kann ich tun, damit wir in Zukunft besser kooperieren können?“
Er strahlt Zuversicht aus.	Prüfen Sie die Frage, ob er den Resignierten oder den Verweigerern Zuversicht vermitteln könnte.

Der Verweigerer

Merkmal	Was Sie tun können
Er kritisiert fast alles, was man von ihm verlangt.	Argumentieren Sie nicht gegen ihn an. Stellen Sie Fragen, die ihn zum Denken anregen: ‚Was können wir denn Ihrer Meinung nach tun?“ oder: „Was sollte Ihrer Meinung nach in Zukunft in solchen Fällen unternommen werden?“
Er redet schlecht über Kollegen.	Animieren Sie ihn zu Neutralität und spiegeln Sie sein Verhalten: „Sie mögen Herrn X nicht besonders, nicht wahr? Die Menschen sind sehr unterschiedlich!“
Er vernachlässigt seine Aufgaben.	Erinnern Sie ihn an bevorstehende Kontroll-, Abgabe- oder Fertigstelltermine.

Der Resignierte

Merkmal	Was Sie tun können
Dienst nach Vorschrift, ja sagen, nach dem Mund reden.	Kommen Sie mit ihm behutsam ins Gespräch, indem Sie zurückhaltend sein Verhalten spiegeln: „Sie verhalten sich in letzter Zeit anders als sonst, ich kenne Sie viel motivierter. Kann ich etwas für Sie tun?“
Rückzug, vermeidet die Kommunikation.	Sprechen Sie ihn daraufhin an. Räumen Sie ein, daß Sie sich vielleicht täuschen könnten.
Beeinflußt andere Mitarbeiter in negativer Weise.	Dringender Handlungsbedarf, Gespräch mit den Kollegen bzw. mit dem Vorgesetzten vermitteln.

Selbst zur Chefin werden

Frau Weiß ist befördert worden. Nun ist Frau Weiß leitende Office-Managerin mit Führungsverantwortung für sieben weitere Damen. Lange hat sie diesen Moment herbeigesehnt. Endlich hat es geklappt. Sie freut sich und denkt: „Jetzt hast du es geschafft.“ Was sie noch nicht weiß: Sie hat es noch lange nicht geschafft! Das merkt sie erstmals an jenem Morgen, als sie wie üblich ihre Kollegin – nunmehr Mitarbeiterin – fragt: „Wie lange warst du denn gestern abend noch im Büro?“ Die Kollegin hat bisher unkompliziert und unter leichtem Stöhnen geantwortet: „Ganz schön lange noch! Bis halb neun!“ Diesmal ist die Reaktion anders. Die Kollegin – nunmehr Mitarbeiterin – fragt etwas irritiert: „Warum willst du das denn wissen?“ Frau Weiß merkt: Die Beziehung scheint sich zu ändern.

Für diese Veränderung gibt es eine Erklärung aus der Psychologie. Jeder Mensch hat als Kind Erfahrungen mit Autoritäten gemacht. Aus der kindlichen Perspektive sind die Erwachsenen so überwältigend, daß sie im Kind Gefühle von Hilflosigkeit oder auch Wut auslösen. Jedes Kind entwickelt nun seine eigenen Mechanismen, mit diesen Autoritäten zurechtzukommen. Man kann sich als Kind z.B. anpassen, um Liebe und Zuwendung zu erlangen.

Wer nur durch gute Leistungen Lob und Liebe erfährt, wird wahrscheinlich besonders darauf bedacht sein, alles richtig zu machen. Wer die Autoritäten als zu bedrohlich erfährt, versucht sich vielleicht unsichtbar zu machen und zieht sich zurück. Ein anderes Kind reagiert mit Widerstand, Trotz, Auflehnung oder Feindseligkeit, Weinen, Krankheit oder Lügen. Man kann andere beschuldigen, Intrigen gegen die Autoritätsperson spinnen oder nach Verbündeten suchen.

Ganz gleich, was das Kind unternehmen mag, es wird seine Lieblingsstrategien entwickeln. Diese wird es immer häufiger anwenden und darin immer geschickter werden. Irgendwann sind diese Strategien so normal wie die Luft, die es atmet. Und das Kind behält diese Strategien bei, wenn es älter, wenn es erwachsen wird. Diese Verhaltensweisen werden ein fester Bestandteil der Persönlichkeit. Sie werden dann im Erwachsenen unbewußt aktiv, wenn andere anscheinend oder tatsächlich im Besitz von Autorität oder Macht sind und so an die damaligen Autoritäten erinnern. Der Mensch überträgt also von den damaligen auf die heutigen Autoritätsfiguren. Er wendet die Verhaltensweisen an, die er als Kind erlernt hat. Die erlernte Reaktion auf Autoritäten springt automatisch an. Man könnte auch sagen: Der heutige Führer erbt das einstige Kind im erwachsenen Mitarbeiter. Durch dieses Wissen werden Verhaltensweisen verständlicher, und man erhält Tips für das eigene Verhalten als „Autoritätsfigur“.

Tips für Ihr eigenes Verhalten in einer Führungsrolle

Tip: Vermeiden Sie Autoritätssignale

In der Rolle der Führungskraft ist es sinnvoll, darauf zu achten, möglichst wenig Autoritätssignale zu senden. Autoritätssignale, bei denen das innere Kind „anspringt“, sind beispielsweise:

- hochgezogene Augenbrauen
- der erhobene Zeigefinger
- auf den Zehenspitzen wippen
- die Wörter „muß“ oder „müssen“
- Belehrungen wie „Das sollten Sie eigentlich wissen ...“
- Interpretieren: „Sie haben Autoritätsprobleme!“
- Vorträge halten: „Sind Sie sich darüber im klaren, daß ...“
- Besserwisserei: „Wenn ich Ihnen einen Rat geben darf ...“

Tip: Entrümpeln Sie Ihren Wortschatz

Wörter erzeugen Emotionen. Beginnen Sie mit dem Wort „müssen“. Es ruft leicht Erinnerungen an Bevormundung hervor und erweckt bei den meisten Menschen inneren Widerstand. Ersetzen Sie es durch ein neutrales Wort. Meist ist „sinnvoll plus Begründung“ eine gute Alternative.

Es macht einen Unterschied, ob die Tochter von der Mutter hört „Du mußt dir was Wärmeres anziehen“ oder „Es ist sinnvoll, einen Pulli mitzunehmen, wenn Du nicht frieren willst.“

Die Tochter wird bei „Du mußt ...“ vielleicht antworten: „Ich muß gar nichts!“ Die Formulierung „Wenn ..., dann ist es sinnvoll ...“ erzeugt weniger Widerstand. Sie erweckt nicht das Gefühl der Bevormundung. Nicht beim Kind und nicht beim Erwachsenen. Versuchen Sie es!

Anstatt zu sagen „Dann müssen Sie als nächstes diesen Brief tippen!“, können Sie auch formulieren „Damit dieser Brief umgehend raus kann, ist es sinnvoll, wenn Sie ihn gleich tippen."

Diese Formulierung erscheint Ihnen vielleicht schwerfällig. Das liegt daran, daß sie für die meisten von uns ungewohnt ist. Doch darin liegt ihr Vorteil. Sie erzeugt somit keine Erinnerungen an Autoritäten.

Testen Sie die Reaktion Ihrer Mitarbeiter (oder auch Ihrer Kinder oder Ihres Ehepartners).

Tip: Verwenden Sie positive Formulierungen

Machen Sie folgendes kurze Experiment: *Kein Eiffelturm!* Stellen Sie sich bitte *nicht* den Eiffelturm vor. Denken Sie auch *nicht* an Ihren Chef, und stellen Sie sich *auf gar keinen Fall* Ihren Chef unter dem Eiffelturm vor.

Ist es Ihnen gelungen, nicht Ihren Chef unter dem Eiffelturm zu sehen?

Die Mehrheit der Teilnehmer in meinen Seminaren berichtet, daß zumindest flüchtig das Bild „Chef unter dem Eiffelturm" vor ihrem inneren Auge entstanden sei.

Damit der Befehl „nicht" vom Gehirn verarbeitet werden kann, muß das innere Bild zuerst konstruiert werden. Das Bild ist dann jedoch stärker als die Verneinung. Wenn Sie nun zu einem Mitarbeiter sagen „Nicht schlecht", bleibt „schlecht" haften. Bei „Bitte machen Sie keine Fehler", bleibt „Fehler" im Unterbewußtsein hängen.

Wenn Sie durch Worte führen wollen, nutzen Sie die Macht der Sprache. Formulieren Sie positiv. Sagen Sie statt „nicht schlecht" lieber „gut" und statt „keinen Fehler" können Sie „alles richtig" sagen.

Tip: Denken und sprechen Sie zukunftsorientiert …

… und nicht vergangenheitsbezogen. Wenn meine Mitarbeiterin einen Fehler gemacht hat, bringt es wenig zu fragen: „Wie konnte es dazu kommen?" Was ich eigentlich wissen möchte ist: „Wie können wir diesen Fehler in der Zukunft vermeiden?"

Alle Möglichkeiten liegen in der Zukunft. Orientieren Sie Ihre Mitarbeiter auf zukunftsorientiertes Denken. Die Suche nach einem Schuldigen in der Vergangenheit können wir überspringen, wenn wir wissen, wie wir es in der Zukunft besser machen können.

Tip: Denken und sprechen Sie lösungsorientiert

Lösungsorientierte Fragen sind z. B.: Was können wir tun? Wie sollen wir vorgehen? Was machen andere in solchen Fällen? Was haben wir bisher in ähnlichen Angelegenheiten unternommen?

Und motivieren Sie Ihre Mitarbeiter, eine positive, zukunfts- und lösungsorientierte Haltung einzunehmen. Das erreichen Sie, indem Sie Ihre Mitarbeiter durch gezielte Fragestellung selbst zum Nachdenken, zum Mitdenken und Mitverantworten, zu mehr Selbständigkeit und Eigeninitiative anregen.

Die wichtigsten Führungstips

So können Sie Ihre Mitarbeiter unterstützen:

- **Vermeiden Sie Autoritätssignale.**
- **Entrümpeln Sie Ihren Wortschatz.**
- **Formulieren Sie positiv.**
- **Sprechen Sie zukunftsorientiert.**
- **Sprechen Sie lösungsorientiert.**

Besprechungsmanagement als Ihre Aufgabe

Modernes Führungsverhalten verlangt ständigen Informationsaustausch.

Ein Manager in der Führungsetage verbringt im Durchschnitt 60 bis 80% seiner Arbeitszeit in Besprechungen und Konferenzen.

H. Scharfenberger gibt an, daß die Konferenzen in der Bundesrepublik täglich 112,5 Millionen DM kosten, wenn man nur die Gehälter der Beteiligten zusammenrechnet. Und diese Zahl stammt von 1973 – wie hoch sind die Gehälter heute? Haben Sie einmal errechnet, was die Besprechungen in Ihrem Unternehmen kosten? Und wie effektiv sind diese Meetings? Vielfach werden folgende Grundübel beklagt:

- Die Besprechung hätte durch Korrespondenz oder Telefonate eingespart werden können.
- Es gibt zu viele Meetings, und diese sind zu schlecht vorbereitet.
- Das Ziel der einzelnen Besprechungspunkte ist nicht allen Teilnehmern klar.
- Die Ergebnisse werden nicht konsequent weiterverfolgt.
- Abschweifen, Verzetteln und Vielredner.

Wenn Sie erkennen wollen, wie effektiv die Besprechungen in Ihrem Unternehmen sind, füllen Sie den Fragebogen auf der nachfolgenden Seite aus.

Wenn Sie die Fragen beantwortet haben, erkennen Sie die Schwachpunkte in Ihren Besprechungen.

Viele Probleme lassen sich durch ein „Zielorientiertes Besprechungsmanagement" lösen. Voraussetzung ist, daß zwischen den Beteiligten eine gesunde Arbeitsbeziehung besteht. Und sie sollten bereit sein, die Hilfsmittel des „Zielorientierten Besprechungsmanagements" auszuprobieren. Es kann sinnvoll sein, den Beteiligten den Fragebogen (s. folgende Seite) vorzulegen. Vielleicht stellt sich heraus, daß die anderen mit dem Ergebnis der Besprechung ebensowenig zufrieden sind wie man selbst. In solch einem Fall braucht man nur noch zu fragen, ob sie bereit sind, eine modifizierte Vorgehensweise auszuprobieren und hinterher zu entscheiden, ob die modifizierte oder die bisherige Vorgehensweise effizienter war.

Wie Sie Ihre Besprechungen effektiver werden lassen

Die Lösung des Problems ineffektiver Meetings liegt in einer konsequenten Zielsetzung, Planung und Kontrolle der gemeinsamen Besprechungszeit.

Besprechungen effektiver gestalten

Das Instrumentarium des „Zielorientierten Besprechungsmanagements" besteht hierzu aus drei Arbeitsblättern:

1. Die Tagesordnung
2. Der Themenspeicher
3. Der Maßnahmeplan

Um die kostbare Zeit effektiv zu nutzen, werden zwei freiwillige Instanzen als Dienstleistung für die Arbeitsgruppe geschaffen:

Ein Besprechungsteilnehmer moderiert die Besprechungen.

Er ist der Moderator.

Ein anderer achtet darauf, daß die avisierten Zeiten eingehalten werden.

Er ist der Zeitmanager.

Der Ablauf der Besprechung unterteilt sich in die drei Phasen:

Die Vorbereitung
Die Durchführung
Die Nachbereitung

Vor der Besprechung

Gehen wir davon aus, die Chef-Assistentin ist für die Besprechungen verantwortlich. Sie bereitet das Meeting vor, fungiert während des Meetings als Moderatorin und übernimmt die mit dem Meeting zusammenhängende Nachbereitung.

Vor der Besprechung stellt die Assistentin folgende Überlegungen an:

- Ist das Meeting überhaupt notwendig, könnten die anstehenden Tagesordnungspunkte nicht telefonisch, schriftlich oder per E-Mail geklärt werden?
- Ist die Anzahl der Teilnehmer so gering wie möglich? Ist jeder für Entscheidungen notwendige Teilnehmer anwesend?
- Wann ist der geeignete Zeitpunkt (störungsfreie Zeiten berücksichtigen)?

Es ist oft nicht klar, weshalb wir zusammenkommen.	① ② ③ ④ ⑤ ⑥ ⑦ ⑧ ⑨
Wir halten nicht fest, was wir bis zum Ende einer Sitzung erreicht haben wollen.	① ② ③ ④ ⑤ ⑥ ⑦ ⑧ ⑨
Wir bereiten uns nicht genügend auf unsere Sitzungen vor.	① ② ③ ④ ⑤ ⑥ ⑦ ⑧ ⑨
Wir kontrollieren zuwenig unsere Fortschritte während der Sitzung.	① ② ③ ④ ⑤ ⑥ ⑦ ⑧ ⑨
Unsere Sitzungstermine liegen nicht besonders günstig.	① ② ③ ④ ⑤ ⑥ ⑦ ⑧ ⑨
Ideen und Argumente gehen oft verloren oder geraten in Vergessenheit.	① ② ③ ④ ⑤ ⑥ ⑦ ⑧ ⑨
Wir stimmen uns nicht ab, welche Tagesordnungspunkte Vorrang haben.	① ② ③ ④ ⑤ ⑥ ⑦ ⑧ ⑨
Triviale und wichtige Fragen nehmen oft gleich viel Zeit in Anspruch.	① ② ③ ④ ⑤ ⑥ ⑦ ⑧ ⑨
Wir schweifen oft ab.	① ② ③ ④ ⑤ ⑥ ⑦ ⑧ ⑨
Die Konzentration und Aufmerksamkeit der Teilnehmer läßt zu wünschen übrig.	① ② ③ ④ ⑤ ⑥ ⑦ ⑧ ⑨
Es wird viel geredet, aber wenig davon auch weiterverfolgt.	① ② ③ ④ ⑤ ⑥ ⑦ ⑧ ⑨
In Besprechungen kommen immer dieselben zu Wort.	① ② ③ ④ ⑤ ⑥ ⑦ ⑧ ⑨
Vorschläge und Wünsche finden nicht genügend Raum.	① ② ③ ④ ⑤ ⑥ ⑦ ⑧ ⑨
Teilnehmer schweifen oft ab, verlieren den roten Faden.	① ② ③ ④ ⑤ ⑥ ⑦ ⑧ ⑨

Bitte ordnen Sie den Aussagen Punkte zu.
1 Punkt bedeutet: Diese Aussage trifft meiner Meinung nach nicht auf uns zu.
9 Punkte bedeuten: Diese Aussage trifft meiner Meinung nach vollständig auf unsere derzeitige Besprechungssituation zu.
Addieren Sie die gegebenen Punkte.
Bei mehr als insgesamt 56 Punkten sollten Sie die Effektivität Ihrer Besprechungen verbessern.

Fragebogen: Wie effektiv sind Ihre Besprechungen?

- Stehen ein störungsfreier Raum und Visualisierungsmedien (Flip-Chart oder Over-Head-Projektor) zur Verfügung?
- Sind die Tagesordnungspunkte mit den jeweiligen Zielsetzungen versehen?
- Gibt es seitens der Teilnehmer Ergänzungen zu den Tagesordnungspunkten? Welche Zielsetzungen liegen den Ergänzungen zugrunde?
- Welche Vorgabezeiten sind für die einzelnen Themen einzurechnen?
- Sind die drei Arbeitsblätter für alle Teilnehmer visualisiert dargestellt? Am besten Flip-chart vorbereiten!

Von großer Wichtigkeit für ein effektives Meeting ist es, vorab festzulegen, was mit einem bestimmten Tagesordnungspunkt (TOP) erreicht werden soll. Was ist das Ziel? Es gibt drei grundsätzliche Ziele: Information, Problemlösung und Entscheidung (s. Abbildung unten).

Während der Besprechung

Während der Besprechung hat die Moderatorin folgende Aufgaben:

- Sie achtet darauf, daß pünktlich begonnen wird. Unpünktlicher Beginn fördert häufig weitere Unpünktlichkeiten oder Unzuverlässigkeit. Pünktlichkeit schafft Vertrauen und Motivation.
- Sie erklärt die Vorgehensweise und die Arbeitsblätter.
- Sie achtet darauf, daß ein Zeitmanager bestimmt wird.
- Sie kontrolliert den Verlauf der Besprechung anhand der Tagesordnungspunkte und der jeweiligen Ziele.
- Im Verlauf der Besprechung auftretende Themen, die nicht der Zielsetzung dienen, werden – damit sie nicht verlorengehen – in den Themenspeicher übertragen. So kann fokussiert am eigentlichen Thema weitergearbeitet werden.
- Sie setzt Arbeitsaufträge auf den Maßnahmenplan und wiederholt diese am Schluß der Besprechung.
- Sie faßt Ergebnisse zusammen.
- Sie fragt: „Wie geht es weiter?", „Was ist der nächste Schritt?", „Wer moderiert die nächste Besprechung?"
- Sie kopiert den Maßnahmenplan und verteilt ihn.
- Die offenen Tagesordnungspunkte und die Themen aus dem Themenspeicher werden gesichtet. Sollen offene Punkte auf die Tagesordnung für die nächste Besprechung gesetzt werden oder haben sich die Themen mittlerweile erledigt?

Während einer Besprechung tauchen am Rand der eigentlichen Tagesordnungs-

I = Information

Dieser TOP dient der Information. Ist die Information das Ziel eines TOP, gilt die Regel: Verständnisfragen ja – aber nicht in Problemdiskussionen einsteigen. Eventuell ergibt sich ein neuer TOP unter „P".

P = Problemlösung

Eine Problemlösung wird angestrebt. Diese Lösung ist eventuell in diesem Meeting nicht zu erreichen, ggf. sind bis zum nächsten Meeting Fragen zu klären. Diese werden in den Maßnahmenplan übernommen.

E = Entscheidung

Ziel dieses TOP ist die Herbeiführung einer Entscheidung. Daraus ergeben sich eventuell neue Punkte unter „P" oder „I" sowie Arbeitsaufträge an einzelne Teilnehmer. Diese Aufträge werden in den Maßnahmenplan übernommen.

Grundlegende Tagesordnungspunkte (TOPs)

punkte weitere Themen auf. Die Gefahr des Verzettelns ist groß. Beim „Zielorientierten Besprechungsmanagement" werden solche Nebenthemen in den Themenspeicher übertragen und strikt von dem eigentlichen Fokus, dem Tagesordnungspunkt, getrennt.

Tagesordnung

TOP	ZEIT	ZIEL
Bericht	30 Min.	Info
Produkt	10 Min.	Entscheidung
Vertrag	20 Min	Problemlösung

Die Tagesordnungspunkte werden mit Zeit- und Zielvorgaben versehen

Während der Besprechung ist darauf zu achten, daß für jeden TOP ein Ziel und eine Zeitvorgabe benannt werden. Sollte sich das Ziel oder die Zeitvorstellung eines TOP im Lauf des Meeting verändern, wird dies definitiv benannt. Jeder Teilnehmer muß jederzeit wissen, was das aktuelle Thema, das angestrebte Ziel und die zur Verfügung stehende Zeit sind.

Sicherlich werden im Verlauf einer Diskussion neue Themen, Fragen, Informationen auftauchen. Wichtigste Aufgabe des Moderators ist es, fokussiert zu bleiben. Er fragt: „Gehört diese Frage, Diskussion oder Information zur Zielsetzung unseres TOP?" Wenn nein, stellt er die Frage: „Soll dieser Punkt in den Themenspeicher übernommen werden?"

Themenspeicher

- Neue Parkplätze
- Vertragsentwürfe
- Betriebsfest
- Herbstmesse
- Weihnachtskarten
- Internet-Anschluß
- usw.

In den Themenspeicher werden alle Punkte aufgenommen, die nicht auf der Tagesordnung stehen

Am Ende der Besprechung wird der Themenspeicher gesichtet. Offene Punkte werden mit der Angabe des jeweiligen Ziels auf die nächste Tagesordnung gesetzt. Meistens stellt man jedoch fest, daß sich viele der Themen von selbst erledigt haben.

Arbeitsaufträge und Selbstverpflichtungen – auch nach dem Motto „Ich kläre das demnächst mal" werden sofort in den Maßnahmenplan übernommen.

Im Maßnahmenplan wird genau festgehalten, WER WAS BIS WANN macht und AN WEN gibt. Der Maßnahmenplan wird unmittelbar im Anschluß an die Besprechung fotokopiert und den Teilnehmern ausgehändigt. In einigen Fällen kann er das Ergebnisprotokoll ersetzen.

Nach der Besprechung

Die Termine aus dem Maßnahmenplan werden im Rahmen der Wiedervorlage so terminiert, daß die Assistentin sie vor dem nächsten Meeting kontrollieren kann. Nur so kann Unerledigtes auf die Tagesordnung für das nächste Meeting gesetzt und zu Beginn überprüft werden.

Nach der Besprechung ist die Moderatorin für folgendes verantwortlich:

- Verlauf und Erfolg der Besprechung überprüfen
- Ergebnisprotokoll anfertigen (ist das wirklich nötig oder ist der Maßnahmenplan als Kurzprotokoll ausreichend?)
- Maßnahmenplan rechtzeitig vor dem nächsten Meeting kontrollieren
- Nichterledigtes auf die nächste Tagesordnung setzen

Maßnahmenplan				
THEMA	WER	WAS	BIS WANN	AN
Vertrag	Frau Maus	§ 0815	01.03.	Dr. Hahn

Im Maßnahmenplan wird genau festgehalten, WER WAS BIS WANN macht und AN WEN gibt

Moderation als Assistenzaufgabe

Die Moderatorin ist verantwortlich für eine effektive und zielgerichtete Kommunikation. Sie ist kein Leiter, Führer oder Hierarch, sondern ein Dienstleister der Arbeitsgruppe und ein Anwalt eines jeden einzelnen Teilnehmers.

Die Moderatorin vermittelt zwischen dem Thema, den Interessen der einzelnen und den Interessen der Gruppe. Sie nimmt durch Blickkontakt eine Verbindung zu allen Teilnehmern auf, spricht die Teilnehmer mit Namen an und sorgt dafür, daß jeder zu Wort kommt.

Sie faßt Themen zusammen, ohne sie zu kommentieren, stellt Fragen oder bietet Vorschläge an.

Sie greift Beiträge aufmerksam und akzeptierend auf und ordnet sie nach inhaltlicher Wichtigkeit. Während die Teilnehmer auf Inhaltliches achten, achtet die Moderatorin auf den Prozeß.

Ihr zur Seite steht der Zeitmanager. Er achtet darauf, daß die Wortbeiträge auf drei Minuten Länge begrenzt sind (3-Minuten-Regel). Der Zeitmanager unterstützt die Effektivität der Gruppe, indem er zwei Minuten vor Ablauf des für den Tagesordnungspunkt festgesetzten Zeitlimits auf die Zeit verweist. Er ist ein zweites Kontroll-Ich für die Gruppe der Besprechungsteilnehmer.

Zusammenfassung

Dieser Beitrag umfaßt die Aspekte:

- Führung als Assistenzaufgabe
- Mitarbeitermotivation als Führungsassistenz
- eigenes Verhalten in einer Führungsrolle
- Besprechungsmanagement als Bestandteil des kooperativen Führungsverhaltens

Die Assistentin ist das zweite Führungs-Ich des Chefs. Da der kooperative Führungsstil mehr oder weniger immanent den moderneren Managementkonzepten zugrunde liegt, wurde auf ihn besonders eingegangen.

Die Assistentin unterstützt ihren Chef dabei, sein Führungsverhalten an den Leitzielen der kooperativen Führung auszurichten.

Diese unterstützende Funktion wurde eingehend besprochen. Die Assistentin erfüllt dabei weitgehend die Rolle einer Mitdenkerin, Mithandlerin und Mitverantworterin.

Da die Assistentin mit den Mitarbeitern oftmals kommunikativ enger als der Chef verknüpft ist, kann sie durch gezielte Gesprächsführung unterstützend und motivierend auf die Mitarbeiter einwirken. Hierzu wurden verschiedene Formulierungshilfen gegeben.

Kommt die Assistentin selbst in die Rolle einer Vorgesetzten, ändert sich für sie einiges. Tips für das eigene Führungsverhalten wurden psychologisch hergeleitet und sind konkret anwendbar.

Moderne Führungskonzepte leben von der Weitergabe von Informationen. Die Assistentin übernimmt die Verantwortung für ein effektives und zielorientiertes Besprechungsmanagement. Das entsprechende Instrumentarium des Zielorientierten Besprechungsmanagements wurde erläuternd dargestellt.

Wie wichtig die Weitergabe von Information ist, zeigt nicht zuletzt dieser Beitrag, der immens durch die vielen Anregungen, Erkenntnisse und Einsichten gewann, die ich durch die Gespräche mit Chefs und Assistentinnen, Vorgesetzten und Mitarbeitern in meinen Seminaren erhielt.

Weiterführende Literatur

Blanchard, Kenneth/Zigarmi, Patricia/Zigarmi, Drea, Der Minuten Manager: Führungsstile, Rowohlt TB, Reinbek 1995

Freitag, Erhard, Die Macht Ihrer Gedanken, Goldmann Verlag, München 1996

Gordon, Thomas, Managerkonferenz, Heyne Verlag, München 1989

Helgesen, Sally, Frauen führen anders, Campus Verlag, Frankfurt/Main, New York 1991

Klein, Barbara, Vom Sekretariat zum Office-Management, Deutscher Universitäts-Verlag, Wiesbaden 1996

Lay, Ruppert, Führen durch das Wort, Ullstein Verlag, Frankfurt/Main, Berlin 1989

Petz, Michael F., Führen – Fördern – Coachen, Ueberreuter Verlag, Wien 1997

Seifert, Josef, Visualisieren – Moderieren – Präsentieren, Gabal Verlag, Speyer 1992

Stoebe, Rainer W., Kommunikation in Besprechungen, Sauer Verlag, Heidelberg 1980

Wirtschaftswoche 24.7.1987

Westerholt, Birgit, Frauen können führen, dtv, München 1995

Produktive Arbeit in Teams

Die Autorin

Sibylle May ist Leiterin eines Beratungsbüros. Angeboten werden Trainings und Seminare, Messeberatung/Messeanalyse sowie Personalmanagement und Coaching. Nach dem erfolgreichem Abschluß als Fremdsprachenkorrespondentin arbeitete sie 12 Jahre in internationalen Konzernen. Anschließend war sie im Vertriebs- und Marketingbereich als Marketing-Koordinatorin tätig. Das Sibylle May Beratungsbüro hat außerdem die Generalvertretung für die Firma Canon Benelux N V (Canon Communicator) übernommen. Zu den angebotenen Einzelthemen gehören u. a. auch Sekretariatsseminare.

Haben Sie das auch schon in Ihrer Praxis festgestellt? Es wird viel gesprochen über die Teamarbeit, und sie wird erwartet von uns, aber wenn wir sie einmal praktizieren, merken wir, wie schwer es ist, wirklich gute Teamarbeit zu leisten und teamfähig zu sein.

Was ist ein Team?

Wie können Sie mit Ihrem Chef die kleinste Einheit eines Teams bilden, und was bedeutet Teamfähigkeit speziell für Sie als Sekretärin?

Machen wir uns doch erst einmal Gedanken darüber, was der Begriff Team heißt. Francis/Young definieren den Begriff so: „Ein Team ist eine aktive Gruppe von Menschen, die sich auf gemeinsame Ziele verpflichtet haben, harmonisch zusammenarbeiten, Freude an der Arbeit haben und hervorragende Leistungen bringen.“

Man kann es scherzhaft auch so übersetzen:

T = toll
E = ein
A = anderer
M = macht’s

Nun haben viele Unternehmen zwischenzeitlich festgestellt, daß die Teamarbeit nicht von heute auf morgen funktioniert. Dies bedeutet, daß wir uns einmal Gedanken über den Begriff Teamarbeit machen sollten.

Beachten wir denn dabei, daß der Mensch ein Individuum ist, geboren mit Verhaltensvariablen maximaler Variationsbreite? Von den gesellschaftlichen und kulturellen Tendenzen her wurde in der westlichen Hemisphäre ein – zumindest was den Arbeitsprozeß betrifft – grundlegender Fehler gemacht: Unsere Gesellschaft hat seit Jahrzehnten den Individualisten, den Einzelkämpfer gezüchtet.

In der gesamten Entwicklung einer Person stehen immer die eigenen Leistungen und ausschließlich diese im Vordergrund. Das Erbringen von Gruppenleistungen, Konfliktlösungstechniken in Gruppen, Zusammenhalt, gemeinsamer Erfolg, wird nirgendwo in unserer Gesellschaftsstruktur vermittelt, aber in immer stärkerem Maß gefordert.

Erst mit dem Eintritt in das Berufsleben tritt auch die Forderung nach Gruppenleistung auf. Aber auch dann wird Ihnen kaum gesagt, wie Sie es machen sollen.

Einzelelemente des Teams

Um teamorientierte Verhaltensweisen aufzubauen, müssen erst einmal die Einzelelemente eines Teams klar sein. Diese Einzelelemente aber sind Menschen, Menschen wie Sie und ich, und als solche gehen wir mit ganz bestimmten Voraussetzungen an diese Sache heran.

Mit diesen Problemen sind wir speziell in der westlichen Wirtschaftswelt konfrontiert, denn das Beispiel der Automobilindustrie zeigt, daß japanische Mitarbeiter wesentlich effektiver und schneller auf alles reagieren können, dabei mit wesentlich höherer Produktivität arbeiten, gleichzeitig überdurchschnittliche Qualität anbieten, und das bei niedrigen Kostenfaktoren. Dies läßt uns erahnen, wie schlagkräftig ein Team sein kann.

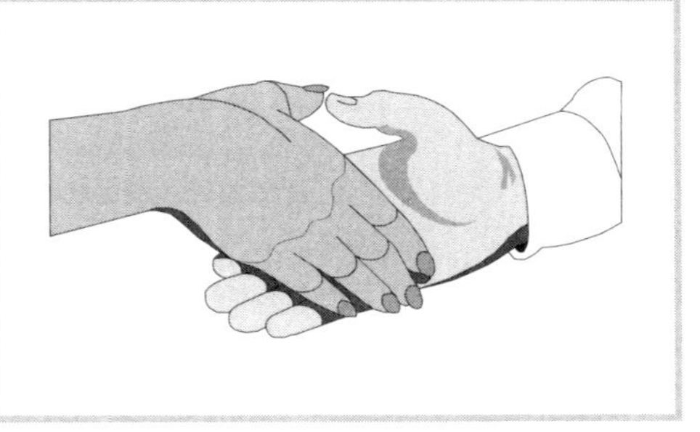

Dieses Beispiel zeigt bereits ganz deutlich, daß wir sehr viel tun und lernen müssen, um wirklich effektive Teamarbeit zu leisten. Wir können andere Menschen nur beeinflussen durch Veränderung der eigenen Haltung.

Gute Teamarbeit entsteht nicht von allein

Im Alltag heißt das: Wenn Ihr Chef Mitarbeiter wünscht, die offen kommunizieren, dann muß er selbst offen kommunizieren. Wenn Sie mit Ihrem Chef und Ihren Kollegen eine partnerschaftliche Beziehung aufbauen wollen, müssen Sie selbst Partner sein.

Wenn Sie Vertrauen suchen, müssen Sie selbst Vertrauen aufbringen, und wenn Sie die Haltung Ihrer Kollegen verändern wollen, müssen Sie auch Ihre eigene Haltung verändern.

Wenn Ihr Chef Begeisterung für neue Wege auslösen will, die Motivation fördern will, muß er auch zu seinen eigenen Veränderungsansprüchen stehen und auch so handeln. Offenheit muß vorgelebt werden. Für alle Beteiligten heißt dies, alte

Gewohnheiten aufzugeben, denn Offenheit, Schnelligkeit, Beweglichkeit und gute Teamarbeit entstehen nicht von allein, sie müssen erarbeitet und erkämpft werden.

Wir sind uns nun darüber im klaren, daß zur Herstellung von echtem Teamdenken erhebliche Anstrengungen bei jedem einzelnen notwendig sind, denn es müssen nicht nur relativ fest etablierte Module im menschlichen Verhalten, sondern auch die Ergebnisse eines individualistisch orientierten Sozialisationsprozesses, der mindestens bis zum Berufseintritt andauert, im Regelfall auch noch länger, verändert werden.

Ihre Rolle als Mittlerin

Ein solcher Veränderungsansatz zeigt sicherlich nur dann Wirkung, wenn er auch langfristig geplant ist.

Die Grundgedanken, die hinter dem Begriff Team stehen, sind, die Möglichkeiten einer kulturellen und industriellen Revolution aufzuzeigen, die sich als positive, zukunftsweisende Entwicklung herausstellen kann.

Die Effektivität japanischer Unternehmen läßt einen Teil der Schlagkraft ahnen, die hinter dem Gedanken der echten Kooperation steht.

Hier ist Ihr Einsatz von großer Bedeutung. Nicht umsonst tituliert man Ihre Aufgabe als Sekretärin „die Rolle der Mittlerin". Sie tragen mit Ihrem Verhalten wesentlich dazu bei, ein gutes Team mit Ihrem Chef, aber natürlich auch ein gutes Team mit Ihrem Bereich innerhalb des Unternehmens zu bilden.

Fallbeispiel

Ein Beispiel aus der Praxis kann dies sicher noch verdeutlichen: Wir wurden in ein Unternehmen gerufen, um einen Vertriebsbereich auf Teamarbeit zu schulen. Das Unternehmen hatte festgestellt, daß die Zahlen in den letzten Jahren stark rückläufig waren, dies aber weder am Markt noch am Produkt lag, vielmehr wohl die Ursache bei den Mitarbeitern zu suchen war.

Der Firmeninhaber, der dem Teamgedanken sehr offen gegenübersteht, wollte deshalb externe Berater mit hinzuziehen, weil er selbst mit seinem Versuch des Teamgedankens in diesem Bereich gescheitert war.

Die Sekretärin des Vertriebsleiters war inzwischen so weit, daß sie kurz vor der Kündigung stand, weil sie nicht nur mit den anderen Kollegen Probleme hatte, sondern auch mit dem Chef. Sie war der Meinung, daß man nicht miteinander, sondern gegeneinander arbeitete.

In Intervallen führten wir mit den Mitarbeitern Workshops durch, in denen sie selbst ihre Aufgabe im Team finden sollten. Wir erstellten einen Leitfaden, wie der Bereich zukünftig als Team arbeitet.

Zu Beginn war es erst einmal unsere Aufgabe, den Mitarbeitern zu verdeutlichen, daß sie nur als Team eine Überlebenschance haben.

Wir haben mit den Mitarbeitern gemeinsam erarbeitet, daß Individualität nur über den Weg der Kooperation funktioniert, dies gilt im kleinen wie auch im größeren Team.

Ebenso haben wir den Mitarbeitern verdeutlicht, daß sich Teamarbeit nicht von heute auf morgen erlernen läßt, sondern ein langer Prozeß ist. Es gibt viele Hintergründe dafür, warum etwas geschieht oder etwas nicht geschieht.

Nach einigen Wochen war die Maßnahme abgeschlossen, und der Bereich mußte nun zeigen, wie es in der Praxis funktioniert.

Sie haben sämtliche Prozesse des Teams, (die wir uns noch im einzelnen anschauen) durchlaufen, und heute, nach rund einem Jahr, hat sich der Umsatz in diesem Bereich fast verdoppelt.

Die Mitarbeiter richten ihre Anstrengungen und ihren Einsatz nicht darauf, gegeneinander anzugehen, sondern sie arbeiten miteinander.

Der Satz „Gemeinsam sind wir stark!" wird heute von diesen Mitarbeitern gelebt. Die Sekretärin hat das Unternehmen nicht verlassen, sondern arbeitet sehr effektiv mit dem Team zusammen. Sie stellt eine ausgezeichnete „Mittlerin" in ihrem Bereich dar.

Eine kleine Geschichte (irgendeine?)

Dieses Beispiel soll verdeutlichen, daß es durchaus erlernbar ist, im Team zu arbeiten. Die folgende kleine Geschichte über Teamarbeit gehört in diesem Unternehmen der Vergangenheit an:

Das ist die Geschichte über vier Kollegen namens Jeder, Jemand, Irgend jemand und Niemand.

Es ging darum, eine wichtige Arbeit zu erledigen, und *Jeder* war sicher, daß sich *Jemand* darum kümmert.

Irgend jemand hätte es tun können, aber *Niemand* tat es.

Jemand wurde wütend, weil es *Jeders* Arbeit war. *Jeder* dachte, *Irgend jemand* könnte es machen, aber *Niemand* wußte, daß *Jeder* es nicht tun würde.

Schließlich beschuldigte *Jeder Jemand*, weil *Niemand* tat, was *Irgend jemand* hätte tun können.

Die Rollenfunktionen im Team

Schauen wir uns nun die Rollenfunktion im Team an. In jedem Team entwickeln sich bestimmte Rollenfunktionen, die den Zielen des Teams dienen, damit dieses seine Arbeit fortsetzen kann. Ich zeichne Ihnen hier einige Teamrollen auf.

Suchen Sie für sich heraus, wo Sie sich wiederfinden und wo Sie der Meinung sind, daß Sie sich im Team aktiv einbringen können.

1. Initiative und Aktivität

Bedeutung: Sie schlagen Lösungen vor, bringen neue Ideen, starten ein neues Inangriffnehmen eines Problems.

2. Informationssuche

Bedeutung: Hier wollen Sie Vorschläge genau geklärt haben, und Sie fordern ergänzende Informationen oder Tatsachen für die bestehende Sache.

3. Meinungserkundung

Bedeutung: Sind Sie ein solcher Typ, versuchen Sie bestimmte Gefühlsäußerungen von Teammitgliedern zu erhalten, um dann damit entsprechend umzugehen?

4. Informationen geben

Bedeutung: Sie bieten Tatsachen an, und Sie verbinden die eigenen Erfahrungen mit dem Teamproblem und werden anhand dessen bestimmte Punkte und Vorgänge erläutern.

5. Meinungen geben

Bedeutung: Sie gehören zu den Menschen, die ihre Meinung äußern und auch ihre Überzeugung hinsichtlich auf Vorschläge. Sie sagen auch, was Sie denken.

6. Ausarbeiten
Bedeutung: Dieser Typ im Team klärt gern Dinge genau, er entwickelt auch Beispiele und versucht sich vorzustellen, wie sich sein Vorschlag auswirkt, wenn er angenommen wird.

7. Koordinieren
Bedeutung: Dieser Teamtyp zeigt die Beziehungen zwischen den verschiedenen Ideen und Vorschlägen auf und versucht, diese zusammenzubringen und die Aktivität der verschiedenen Mitglieder miteinander zu vereinigen.

8. Zusammenfassen
Bedeutung: Hier werden verwandte Ideen oder Vorschläge zusammengezogen und bereits diskutierte Vorschläge zur Nachformulierung diskutiert.

Und, haben Sie sich in einigen Rollen wiedergefunden? Machen Sie sich an dieser Stelle einmal Gedanken, welche Rollen im Team Ihnen liegen und welche Sie übernehmen können.

Machen Sie sich auch Gedanken, welche Rollen Ihr Chef übernehmen kann, welcher Typ er ist.

Vielleicht teilen Sie die anderen Teammitglieder entsprechend mit ein. Warum dies wichtig ist, werden Sie im folgenden noch erfahren.

Dies zählt sicher auch zu den Aufgaben im Sekretariat, hier können Sie Ihren Chef unterstützen, denn Sie beobachten Mitarbeiter, gehen mit ihnen um, wissen häufig mehr über deren Verhalten.

Geben Sie Ihrem Chef doch einmal Tips, wo Sie welche Verhaltensweisen bei den Mitarbeitern beobachtet haben. Er kann diese gezielt nutzen.

Klären Sie auch im Gespräch, daß die Zusammenstellung einer Personengruppe mit den nötigen Fachkenntnissen erstens noch lange kein Team ist und zweitens auch nicht die Leistungsfähigkeit eines echten Teams besitzt, denn ein Team hat genau wie die Großfamilie neben der reinen Überlebenssicherungsfunktion auch die Funktion der Sicherung oder der Erfüllung der psychischen Bedürfnisse.

Die Bedürfnisse im Team

Die psychischen Bedürfnisse der Einzelmitglieder einer Gruppe gehören heute in der modernen Industrie gesellschaftlich zu den Problemfeldern.

Die Darstellung der Beziehung in einer Gruppe soll dies verdeutlichen.

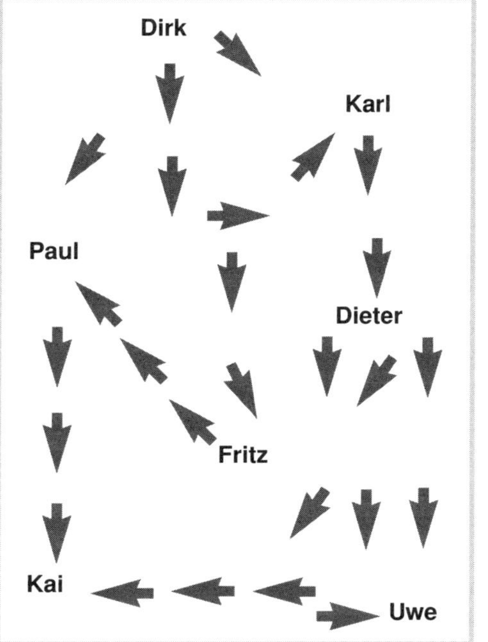

Darstellung der Beziehung innerhalb einer Gruppe

Nehmen Sie sich an dieser Stelle ein paar Minuten Zeit, und zeichnen Sie aus dem

Kopf heraus die grafische Darstellung Ihres jetzigen Bereichs oder Ihrer Arbeitsgruppe so, wie Sie den Bereich sehen.

Konflikte in der Gruppe

Wir kommen nun zu einem weiteren entscheidenden Punkt der Teamarbeit: zu den Konflikten. Keine Gruppe und auch schon gar kein Team existiert in einem konfliktfreien Raum.

Jedes Team ist ständig damit beschäftigt, Entscheidungen zu treffen und Probleme zu lösen. Jedes Team wird zu gewisser Zeit mit internen Problemen konfrontiert, die sich auf ihre Arbeit und ihre Leistung hinderlich auswirken. Dies alles sind Dinge, die Sie in Ihrer Praxis tagtäglich erleben.

Die häufigsten Hemmnisse für die Teamarbeit sind Konflikte, Interessenlosigkeit und Unentschlossenheit. Diese Gruppen- oder Teamprobleme müssen diagnostiziert werden.

Vielleicht nehmen Sie sich an dieser Stelle wieder ein paar Minuten Zeit und schreiben auf, welche Konflikte Sie aus Ihrer Erfahrung kennen.

Hier ein paar Beispiele, wie ein Team mit Konflikten umgehen kann.

Natürlich besteht das Interesse an der Lösung von Konflikten nur dann, wenn überhaupt Interesse am Fortbestand des Teams besteht, denn die ungelösten Konflikte bedrohen den Bestand eines Teams:

1. Vermeidung von offenem Konfliktaustausch
2. Unterdrückung von Auseinandersetzungen
3. Eliminierung von Konflikten
4. Allianz der Teammitglieder untereinander
5. Kompromißbereitschaft im Team
6. Zustimmung und Akzeptanz der anderen im Team
7. Integration des einzelnen in das Team

Und, wie sieht es bei Ihnen und in Ihrem Team aus? Wie gehen Sie mit Konflikten um? Stellen Sie sich selbst und auch dem Team die Frage, wie Sie in Zukunft mit den Konflikten umgehen können, denn nur wenn Sie diese erfolgreich lösen, gibt es auch eine Zukunft für das Team.

Entwicklungsphasen des Teams

Nun sind wir an einem Punkt angelangt, wo wir uns einmal Gedanken über die Entwicklungsphasen von Teams machen sollten. Ein Team ist kein festes Gebilde, das, wenn es einmal zusammengesetzt ist, für längere Zeit beständig funktioniert.

Das Team ist ein soziales System, das sich ständig verändert. Diese Veränderung bezeichnen wir auch als Gruppendynamik. Veränderungen können z.B. bei den einzelnen Mitgliedern in ihrer Beziehung zueinander auftreten, in den Rollen der einzelnen Gruppenmitglieder, in der Umwelt des Teams, der inneren Situation und auch der Ziele und Werte des Unternehmens.

Dies sind sicherlich nur ein paar Dinge. Man kann also nicht einfach beschließen: „Ab morgen sind wir ein Team“.

Eine Gruppe arbeitet nicht von Anfang an und auf Dauer problemlos. Das müssen wir uns bewußtmachen.

Die Gruppenstruktur, ein Aufgaben- und Beziehungsgefüge, muß sich entwickeln, und jedes Team durchläuft dabei verschiedene Entwicklungsstadien, die sich in vier Phasen darstellen lassen. Diese gelten für ein Zweierteam – Sie und Chef – ebenso wie für ein größeres Team:

- Formierungsphase
- Konfliktphase
- Normierungsphase
- Arbeitsphase

Schauen wir uns an, was in den einzelnen Entwicklungsphasen eines Teams geschieht.

Formierungsphase

Die Teammitglieder müssen Unsicherheiten in der neuen Situation (neue Gesichter, Verhaltenserwartungen usw.) abbauen. Das geschieht, indem man sich zunächst auf seinen sozialen Status zurückzieht und „Maske" zeigt, speziell dann, wenn formale Positionen, Ränge oder formale Strukturen der Organisation im Spiel sind.

In dieser Phase prüfen die Teammitglieder die gemeinsame Situation. Sie entdecken, testen und bewerten die gegenseitigen Verhaltensweisen. Der Teamleiter wird kritisch beobachtet.

Wichtigste Ziele in dieser Phase:

- eigene Standortbestimmung im Team
- Rollenklärung, Rollenfindung

Konfliktphase

Die Teammitglieder versuchen, Unsicherheiten im persönlichen, emotionalen Bereich zu überwinden. Es bilden sich wechselnde Koalitionen, Beziehungen, Machtkämpfe werden ausgetragen, Meinungen prallen aufeinander.

Diese Phase muß erfolgreich durchlaufen werden, damit die Gruppe überhaupt entstehen und später produktiv arbeiten kann. Erinnern Sie sich, wir hatten schon darüber gesprochen.

Wird der Versuch unternommen, diese Phase zu unterdrücken, wird sie später auftreten, dann aber ungewollt und damit störend oder sogar destruktiv.

Wichtigste Ziele in dieser Phase:

- respektvolles Austragen von Konflikten
- offenes, ehrliches Feedback
- Selbstbild/Fremdbild

Normierungsphase

Haben die Teammitglieder die zweite Phase erfolgreich abgewickelt, entspannt sich ihr Verhältnis zueinander. Widerstände werden überwunden, Konflikte beigelegt. Die Atmosphäre wird lockerer. Man ist bereit, zusammenzuarbeiten und sich an der Arbeit des Teams zu beteiligen. Es entwickelt sich langsam ein „Wir-Gefühl".

Ein offener Austausch von Ansichten ist möglich, die Teilnehmer spielen sich aufeinander ein und können an die Arbeit gehen.

Wichtigste Ziele in dieser Phase:

- Finden der endgültigen Rollen
- Vereinbarung von Spielregeln der Zusammenarbeit

Arbeitsphase

Das Team ist arbeitsfähig und in der Lage, mit Konflikten und Spannungen fertig zu werden. Die Gruppe hat sich strukturiert, die verteilten Rollen und gebildeten Kommunikationsbeziehungen werden im Sinne der Aufgaben genutzt.

Es werden konstruktive Anstrengungen sichtbar, alle Energie ist jetzt für effektive und effiziente Arbeit verfügbar.

Wichtigstes Ziel in dieser Phase:

- konstruktive und kooperative Aufgabenbewältigung

In der Praxis hat sich gezeigt, daß dieses Durchlaufen der einzelnen Phasen 12 Monate und mehr dauern kann. Um so deutlicher wird uns nun, daß Teamarbeit harte Arbeit voraussetzt. Wichtig ist, daß das Team die einzelnen Phasen durchläuft, und die wichtigste Phase dabei ist die Konfliktphase. Wenn diese nicht erfolgreich durchlaufen wird, gibt es keine Chance für ein Team.

Haben wir im Team einen Wechsel oder kommt ein neues Mitglied dazu, werden sicherlich die Phasen wieder durchlaufen, aber schneller.

Schaut man sich an, wie schwierig es ist, ein Team zu bilden, dann fragt man sich vielleicht: Warum machen wir uns denn überhaupt diese Mühe? Im Hinblick auf die Teamarbeit mit Ihrem Chef ist das sicherlich schnell beantwortet, denn ohne Teamarbeit läuft zwischen Ihnen beiden gar nichts.

Glauben Sie mir, aus der Praxis weiß ich, wie wichtig die Teamarbeit ist und wie positiv sie sich auswirken kann, auch auf Ihr eigenes Befinden.

Hemmende und fördernde Faktoren

Befassen wir uns nun in einer Gegenüberstellung mit den hemmenden und fördernden Faktoren der Teamarbeit:

Hemmende Faktoren
- Bedürfnisse der Teammitglieder werden übergangen
- Ziele und Werte stimmen nicht immer überein
- Zielvorgaben, Befehle, Anordnungen
- konkurrierende Spezialisten
- Vermeidung von Anerkennung
- direkte, verletzende Kritik
- Leugnen/Unterdrückung von Konflikten
- Schuldige werden gesucht
- Erfolge als Selbstverständlichkeit übergehen

Fördernde Faktoren
- Möglichkeit, eigenes Selbstwertgefühl zu erhöhen
- Wertkonsens/Zielkonsens
- Prozeß der Werteklärung und Zielfindung
- Qualifikationen und Fähigkeiten werden gemeinsam eingebracht
- gesunde „Streicheleinheiten"
- offenes Feedback von allen Teammitgliedern
- Bereitschaft zum Konflikt
- Probleme werden gelöst
- Würdigung/Feiern von Erfolgen

Hieraus können wir auch sofort eine Aufgabe ableiten, die das Team hat.

Ziele setzen
Ziele für die Teamentwicklung können sein:
1. Klärung der gemeinsamen Ziele und Werte
2. Verständnis für die Rolle eines jeden Teammitglieds verbessern
3. Offene Kommunikation im Team fördern
4. Schaffung einer Gruppenkultur, die Möglichkeit zur Identifikation bietet
5. Stärkung der gegenseitigen Unterstützung im Team
6. Verständnis schaffen
7. Verbesserung der Produktivität in der Gruppe
8. Probleme auf der Sach- und Beziehungsebene partnerschaftlich klären
9. Lernen, Konflikte positiv zu lösen
10. Kooperative Zusammenarbeit stärken und Konkurrenzverhalten abbauen, das auf Kosten des Teams geht
11. Bewußtsein schaffen für das gegenseitige Aufeinander-angewiesen-Sein

Leitfaden für die Teamentwicklung

Was halten Sie von dem Vorschlag, einen Leitfaden für die Teamentwicklung zu erstellen? Vielleicht erst einmal für das kleinere Team, Chef und Sekretärin, und dann für Ihre Abteilung.

Man spricht anstelle eines Leitfadens auch von Teamverstärkern. Ich möchte Ihnen hier einige Hinweise geben, die Ihnen den Weg zu diesem Leitfaden ebnen sollen.

Teamverstärker/Teamleitfaden

1. Freundlichkeit, Wärme, Antwortbereitschaft gegenüber anderen. Die Ideen anderer loben, Beiträge anderer annehmen.
2. Regeln für das Team formulieren, die für Verfahrensweisen oder auch Entscheidungsbewertungen erforderlich sind. Die Gruppenmitglieder erinnern, daß sie Entscheidungen vermeiden sollten, die mit den Regeln kollidieren.
3. Fassen Sie zusammen, welche Gefühle innerhalb der Gruppe zu spüren sind.
4. Versuchen, jedem Teammitglied einen Beitrag zu ermöglichen. Die Aufmerksamkeit der anderen dafür wecken. Sprechzeitbegrenzung für alle, somit haben alle eine Chance, tatsächlich gehört zu werden.
5. Teamentscheidungen überprüfen = Ziel.
6. Probleme bestimmen und die nächsten Schritte der Situation entsprechend einleiten. Die Haupthindernisse analysieren, die sich dem Ziel eventuell entgegenstellen.
7. Im Team vermitteln, Kompromisse vorschlagen, verschiedene Standpunkte miteinander koordinieren.
8. Prüfen, ob eine Übereinstimmung im Team besteht.
9. Negative Gefühle und Spannung durch Kommunikation vermindern.

So, nun haben wir schon eine ganze Menge über das Teamverhalten gesprochen. Betrachten wir uns nun, wie ein ideales Team auszusehen hat.

Die Rolle des Teamleiters

Hier einige Ideen, wie Sie die Teamarbeit mit Ihrem Chef vereinbaren können. Dies gilt auch für Ihre Abteilung. Nennen wir sie einmal die Idealvorstellungen für ein gutes Team. Nicht zu vergessen ist dabei die wichtige Rolle des Teamleiters.

- An den Teamleiter wird eine hohe Anforderung gestellt, und er muß in der Lage sein, die Gefühle der Teammitglieder mit der geforderten Leistungsfähigkeit konstruktiv zu verbinden.
- Alle Mitglieder im Team müssen sich mit den Zielen und Absichten des Teams identifizieren, sie müssen dahinterstehen. Nur so ist eine gemeinsame Aufgabe auch gemeinsam zu bewerkstelligen.
- Eine wichtige Voraussetzung ist, daß alle Teammitglieder für ihre Arbeit qualifiziert sind und ihre Qualifikation auch voll in das Team einbringen können.
- Das Team hat den richtigen Weg gefunden, um Probleme und Konflikte gemeinsam zu meistern und damit umzugehen.
- Die Atmosphäre im Team ist so, daß sich alle Mitglieder wohl fühlen, sie können offen und direkt miteinander umgehen.
- Die Mitglieder besprechen ihre Fehler und Schwächen und wissen, daß sie aus der Kritik der anderen lernen können. Persönliche Angriffe werden vermieden.

Sie sehen, daß das entscheidende Kriterien für Ihren Arbeitsalltag, für den Umgang miteinander sind. An erster Stelle steht dabei das Thema Kommunikation. Wie ist die Dialogfähigkeit im Team?

Wie Sie die Teamentwicklung unterstützen können

Ich möchte Ihnen ein paar Tips und Hinweise geben, wie Sie dazu beitragen können, mit Ihrem Chef ein gutes Team zu bilden, und wie Sie ihn bei der Teamentwicklung unterstützen können.

- Gehen Sie mit Feingefühl an alle Dinge heran, denn Einfühlungsvermögen ist mehr gefragt als Ellenbogen. Vereinbaren Sie, daß Sie sich gegenseitig Feedback geben. Dazu zählt natürlich auch, kritisch zu sein. Helfen Sie Ihrem Chef mit Ihrer Beobachtungsgabe.
- Gehen Sie im Team mit gutem Beispiel voran. Zeigen Sie im Sekretariat Ihre Persönlichkeit, und strömen Sie Gelassenheit, Optimismus und Sicherheit aus. Ihr Chef muß sich auf Sie verlassen können. Zeigen Sie dies auch nach außen.
- Zeigen Sie den anderen Teammitgliedern, daß Sie voll hinter Ihrem Chef stehen. Nehmen Sie ihm alles ab, was Sie für ihn erledigen können, denn alles, was ihn weiterbringt, ist gut für das Unternehmen, und was gut ist für das Unternehmen, ist auch gut für Ihr Team.
- Widmen Sie viel Aufmerksamkeit dem Informationsmanagement. Es ist nicht nur wichtig, daß Sie Informationen weitergeben, sondern daß Sie entsprechend damit arbeiten. Fragen Sie sich bei jeder Information, wie Sie sie am besten anwenden und erfolgreich für die Teamarbeit verwenden können.
- Seien Sie kollegial, so gewinnen Sie die Achtung und Freundschaft der Teammitglieder. Kollegialität zeigt sich in Höflichkeit, Respekt und Anerkennung. Machen Sie sich den Satz zu eigen: „Was Du nicht willst, das man Dir tu …“
- Stellen Sie sich in bezug auf die Teamarbeit die Frage: Was kann ich verlangen, und was muß ich erfüllen? Erkennen Sie auch dabei ganz klar die Grenzen Ihrer eigenen Autorität an, denn Sie müssen auch wissen, wie weit Sie in diesem Fall gehen können.
- Erkennen Sie die Arbeit anderer an, dazu zählt natürlich nicht nur die Arbeit Ihres Chefs, sondern auch die Arbeit von Kollegen. Loben Sie auch einmal, denn so, wie Sie sich über ein Lob freuen, freuen sich auch die anderen. Gestehen Sie auch einmal zu, daß andere vielleicht etwas besser können als Sie, Ihre Stärken liegen dafür wieder woanders. So kann man Teammitglieder und auch den Chef motivieren.
- Seien Sie fair, hören Sie nicht zu sehr auf Ihre „Vorurteile“, mit Fairneß nehmen Sie Ihr Gegenüber genauso wichtig, wie Sie sich selbst nehmen.
- Schwächen und Stärken erkennen. Dies bezieht sich zuerst auf Sie selbst wie auch auf Ihren Chef und die anderen Teammitglieder. Seien Sie hier ganz realistisch, denn nur so können Sie die einzelnen Teammitglieder zur Höchstleistung motivieren.
- Entscheidungen treffen. Ein Team ist eine Gruppe, weder ein „Befehlsgeber“ noch ein „Befehlsempfänger“. Dies bedeutet, daß alle im Team an den Entscheidungen teilhaben. Jede Meinung wird akzeptiert, sie wird erst einmal angehört und dann darüber gesprochen.

Kommunikation im Team

Nun noch ein paar Anmerkungen zum Thema Kommunikation im Team. Einige Grundvoraussetzungen sind dafür notwendig.

Interesse
Sachbezogenes Interesse, Akzeptanz der anderen, Interesse für die anderen im Team und für deren Themen. Hören Sie zu, akzeptieren Sie die Meinung der anderen erst einmal, und wenn Sie nicht der gleichen Ansicht sind, dann diskutieren Sie gemeinsam. Wenn Sie beim Dialog zuhören, werden Sie auch verstehen. Hören Sie zu, ohne sofort zu korrigieren oder zu bestreiten. Das Ergebnis heißt: „Dem Team gehört die Zukunft", denn die Leistung eines funktionierenden Teams steht immer über der Summe aller Einzelleistungen. Teamleistung aber setzt Teamgeist voraus.

Motivation
Ein letzter Punkt ist die Motivation, denn das Arbeiten im Team motiviert zur Leistung. Diese Möglichkeit wird häufig viel zu wenig genutzt. Sie wissen aus Ihrer Erfahrung, daß Menschen unterschiedliche Vorzüge und Schwächen haben, die man im Team ausgleichen kann, denn die psychologische Freiheit und die Geborgenheit, die die Gruppe dem Individuum bietet, verschafft ihm die Chance, sein meist ungenutztes Potential weitaus besser auszuschöpfen.

Sie müssen nun entscheiden, was Sie von dem Gelesenen in Ihren Berufsalltag einbauen können. Sie sind in Ihrer Rolle bestätigt, in Ihrer Rolle als Mittlerin im Team.

Ihnen stehen viele Möglichkeiten offen, sei es in der Teamarbeit mit Ihrem Chef oder Ihrer Chefin, sei es bei der Unterstützung zur Teamentwicklung, aber auch bei der Arbeit in der Abteilung. Setzen Sie Ihre Team-Persönlichkeit gezielt ein.

Viel Erfolg bei Ihrer Teamarbeit,
das wünsche ich Ihnen.

Effiziente Kommunikation

Der Autor

Jörn Ehrlich ist Diplom-Sportwissenschaftler und NLP Master-Practitioner. Er arbeitet als Trainer in der Wirtschaft und in der Erwachsenenbildung. Seine Spezialgebiete sind Kommunikation, persönliche Arbeits-Technik, Streßbewältigung und die Entwicklung ganzheitlicher Konzepte zur Gesundheitsförderung. Als Coach unterstützt er Teams und Einzelpersonen beim Erreichen ihrer Ziele und Visionen.

Die Kommunikation ist eine der grundlegenden Tätigkeiten im Geschäftsalltag. Als Sekretärin und Chefassistentin verbringen Sie einen großen Teil Ihrer Arbeitszeit damit, mit anderen Menschen Informationen auszutauschen. Ob mit Kollegen oder Besuchern, mit dem Chef oder am Telefon – ständig empfangen und senden Sie Botschaften.

Wer effizient kommunizieren möchte, benötigt dafür das nötige Rüstzeug. Die Kommunikation ist ein so selbstverständlicher Bereich in unserem Leben, daß wir oft vergessen, wieviel Fingerspitzengefühl und Flexibilität dabei verlangt werden.

Kommunikation ist eine Kunst! Wer gelernt hat, sein Anliegen gezielt und ansprechend zu formulieren, wirkt souverän, erreicht seine Ziele und vermeidet unnötige Konflikte.

Im folgenden Text möchte ich Sie für diesen wichtigen Aspekt Ihres beruflichen Lebens sensibilisieren. Sie werden auf den nächsten Seiten effiziente und praxisorientierte Kommunikationswerkzeuge kennenlernen, die Ihnen helfen werden, Ihren Berufsalltag besser zu bewältigen.

Was geschieht beispielsweise im Kopf Ihres Gesprächspartners, wenn Sie etwas berichten?

Welche rhetorischen Techniken sollten Sie als guter Kommunikator anwenden?

Was ist der Unterschied von verbalen und nonverbalen Signalen?

Welche Faktoren beeinflussen den Kommunikationsprozeß?

Was sind die Kennzeichen eines guten Gesprächsklimas?

Weshalb ist es so wichtig zu loben, und welche Funktion haben konstruktive Rückmelde-Gespräche im Arbeitsalltag?

Diese Fragen möchte ich Ihnen auf den nächsten Seiten beantworten. Die Antworten werden Ihnen helfen, die großen und kleinen Hürden im Umgang mit Kollegen und Kunden elegant zu meistern. Einfache Übungen werden Sie dabei unterstützen, Ihr neues Wissen schrittweise in die Praxis umzusetzen.

Das Kommunikationsmodell

Die Kommunikation (lateinisch: communicatio = Mitteilung, Verständigung) ist so alt wie die Geschichte der Menschheit. Schon immer haben wir versucht, unsere Erfahrungen, Wünsche, Erlebnisse, Ziele, Pläne und Wertvorstellungen anderen zu übermitteln. Ständig empfangen, verarbeiten und bewerten wir die Signale unserer Außenwelt.

Damit der einzelne in einem Unternehmen seine Aufgaben effizient erledigen kann, muß er gelernt haben, sein Anliegen gezielt zu adressieren und den anderen kurz und prägnant mitzuteilen, worum es ihm geht. Als Empfänger von Informationen sollte er in der Lage sein, genau herauszuhören, welches Anliegen der Gesprächspartner an ihn heranträgt.

Das folgende Kommunikationsmodell kann Ihnen helfen, Gespräche zu analysieren, um dadurch unnötigen Mißverständnissen vorzubeugen. Es soll Sie ermutigen, Ihre Gesprächsabsichten zielgerichtet zu „verpacken".

Des weiteren soll es Sie motivieren, offen und neugierig zu sein für die vielen interessanten Botschaften, die im Lauf eines Arbeitstags zwischen den Zeilen an Sie gesendet werden.

Die Abbildung (unten) zeigt, wie einfach die Grundstruktur einer Kommunikation beschrieben werden kann. Dieses vereinfachte Modell erklärt jedoch nicht, warum in dem Prozeß des Informationsaustauschs so häufig Mißverständnisse, Irrtümer und Konflikte entstehen. Deshalb müssen wir diesen „magischen" Vorgang der Übermittlung von Nachrichten etwas genauer betrachten. Was geschieht in den Köpfen der Gesprächspartner, wenn sie gegenseitig Informationen austauschen?

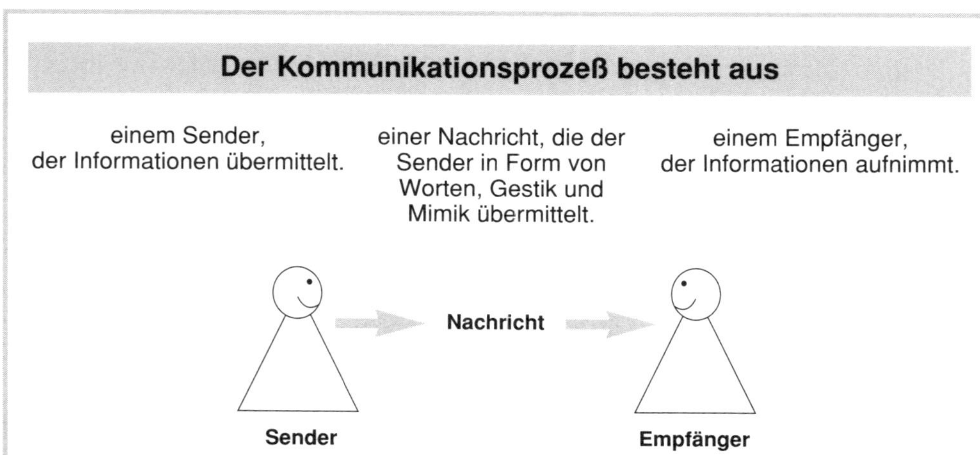

Die Grundstruktur einer Kommunikation

Achtung! Informationsverlust!

Bevor eine Nachricht übermittelt werden kann, muß im Kopf des Senders eine Gesprächsmotivation vorliegen. „Was will ich dem anderen aus welchem Grund sagen?“ Diese – oft unbewußt gestellte – Frage führt dazu, daß im Gehirn des Senders innere Suchprozesse stattfinden, die alle relevanten Daten zu dem aktuellen Thema aktivieren helfen. Blitzartig werden Informationen gesammelt, miteinander verknüpft und in eine logische Reihenfolge gebracht. Anschließend werden die Gedanken in Worte übersetzt und nach grammatikalischen Regeln geordnet. Dann übersetzt der Sprechapparat – bestehend aus Brust, Hals, Mund, Lippen und Stimmbändern – die gesammelten Daten in Schallwellen, die vom Mund des Sprechers an das Ohr des Empfängers gesendet werden. Dabei versucht der Sender über den Gebrauch von Mimik und Gestik seinen Worten den nötigen Ausdruck zu verleihen.

Die gesendeten Informationen müssen jetzt vom Gehirn des Empfängers weiterverarbeitet werden. Er empfängt die Signale und verknüpft die Nachricht mit seinen eigenen, bereits vorhandenen Erfahrungen. Gleichzeitig wird der Empfänger dabei – bewußt oder unbewußt – Signale senden, die für einen aufmerksamen Sender wiederum wertvolle Rückmeldungen über die Wirkung seiner Botschaft enthalten.

Daß bei einem so komplexen Vorgang Informationen verlorengehen, nicht richtig verstanden oder falsch interpretiert werden können, ist nur allzu verständlich. Mit anderen Worten: Die Wahrscheinlichkeit, daß der Empfänger die Gedanken des Senders in seinem Gehirn originalgetreu wieder aufbauen wird, ist sehr viel geringer als sechs Richtige im Lotto.

Lassen Sie uns dazu ein kleines Experiment machen. Setzen Sie sich bequem hin, und lassen Sie vor Ihrem geistigen Auge eine Feder erscheinen. Genießen Sie Ihre Fähigkeit, innere Bilder zu kreieren. Betrachten Sie Ihre Feder von allen Seiten. Welche Farben können Sie wahrnehmen? Wie groß ist Ihre Feder? Welche Form besitzt sie? Versuchen Sie, dieses mentale Kunstwerk so deutlich wie möglich anzuschauen – jetzt!

An welche Feder dachten Sie? An eine Bettfeder? Eine kleine weiße Daune? An eine Matratzenfeder aus Metall? Oder an eine geschwungene Schreibfeder aus vergangenen Zeiten? Vielleicht an die Feder am Stoßdämpfer Ihres Autos? Oder eine Sprungfeder? Eine kleine Spirale im Bauch eines Kugelschreibers?

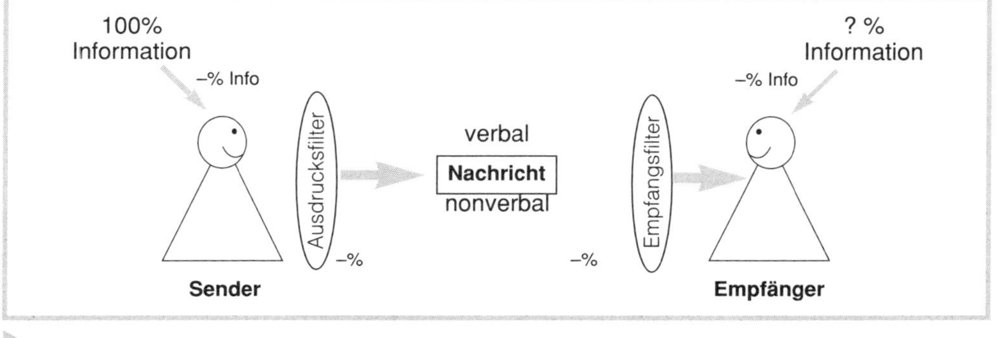

Beachten Sie: Informationsverlust ist der Regelfall

Vielleicht haben Sie eine Vogelfeder gesehen? Falls ja, war es der zarte Flaum von einem Küken, eine große, vielfarbig schimmernde Feder eines stolzen Pfaus oder die bunte Feder eines exotischen Vogels aus dem fernen Afrika?

Stellt man diese Frage in einer Seminargruppe, sind die Teilnehmer meist sehr erstaunt darüber, wie groß die Abweichungen voneinander sind. Seitdem wir dieses kleine Experiment in unseren Seminaren durchführen, haben wir noch nie eine hundertprozentige Übereinstimmung aller vorgestellten Federn feststellen können.

Das Interessante an diesem kleinen Experiment ist, wie jeder Mensch seine einzigartige Vorstellung auf das Wort „Feder" überträgt. Normalerweise wird stillschweigend davon ausgegangen, daß alle eine gleiche oder zumindest eine sehr ähnliche Vorstellung haben, wenn von etwas Bestimmtem die Rede ist.

Bei so einem kleinen Experiment im Rahmen eines Fachbuchs spielt diese Erkenntnis vielleicht keine so wichtige Rolle. In den kleinen und großen alltäglichen Mißverständnissen sieht es jedoch anders aus.

Nicht alle, aber doch die meisten Streite im Alltagsleben drehen sich lediglich um Worte; und Worte sind im Grunde nicht mehr als Verpackungen für bestimmte Erfahrungen. Sie umschreiben die innere Wirklichkeit des Redners meistens nur sehr ungenau.

Informationsverlust ist der Regelfall!

Unsere Sprache kann nur ansatzweise die tatsächlich zugrundeliegenden Vorstellungen eines Menschen übermitteln. Welche Bilder im Kopf eines Menschen tatsächlich entstehen, ist abhängig von sehr vielen Einzelfaktoren wie z.B. Alter, Lebenserfahrung, Erziehung und Schulbildung.

Um unnötigen Mißverständnissen vorzubeugen, sollten Sie Ihr Gesprächsverhalten ständig verbessern, um die – nur allzu menschlichen – Hürden der Kommunikation souverän zu überspringen.

Glücklicherweise ist es meist nicht notwendig, sich in Details hundertprozentig zu verstehen. Vielmehr gilt es, die eigene Neugier wiederzuentdecken.

Viele Menschen haben die Tendenz, schon nach den ersten zwei Sätzen zu glauben, sie hätten die Aussagen des anderen vollständig verstanden. Dies ist jedoch ein großer Irrtum.

Als geübter Zuhörer können Sie jedoch anhand der Formulierung sehr genau heraushören, ob und welche Informationen Sie noch weiter hinterfragen müssen, um sich ein realistisches Bild von der Aussage des anderen machen zu können.

Empfängerorientierte Kommunikation

Wie Sie bereits erfahren haben, müssen Sie davon ausgehen, daß während eines Kommunikationsprozesses wichtige Informationen unzureichend gesendet und auf der anderen Seite nicht richtig empfangen werden. Eine Vielzahl der gesendeten Informationen wird vom Empfänger nur teilweise oder verzerrt verstanden. Deshalb gilt in jedem Gespräch das Prinzip der empfängerorientierten Kommunikation.

Im Berufsleben ist die Annahme immer noch weit verbreitet, daß Mißverständnisse lediglich ein Problem des Empfängers darstellen. Gerade „alte Hasen" mit jahrelanger Berufserfahrung neigen zu der Annahme, daß der Sachverhalt doch klar und eindeutig vermittelt worden sei.

Diese Routiniers sind mit den Arbeitsabläufen und den internen Regeln so gut vertraut, daß sie unbewußt annehmen, weniger erfahrene Kollegen, neue Mitarbeiter oder die Kunden hätten denselben Erfahrungshorizont. „Ich habe es ihr/ihm schon tausendmal gesagt und sie/er hat es immer noch nicht verstanden!" So einen Satz bekommt man aus ihrem Mund des öfteren zu hören.

Dabei vergessen diese Profis sehr oft, daß sie ihre Information möglicherweise tausendmal auf dieselbe Weise gesendet haben!

Speziell bei dem Delegieren von Aufgaben setzen viele Menschen stillschweigend voraus, der andere „würde schon wissen, was gemeint ist." Dem ist jedoch meistens nicht so!

Unfähigkeit, Motivationslosigkeit und Inkompetenz der Kollegen, Kunden oder Besucher sind sehr häufig auf die mangelnde Bereitschaft des Senders zurückzuführen, sich für den anderen die nötige Zeit zu nehmen, um ihm ausführlich zu erklären, was genau das eigene Anliegen ist. Deshalb wird ein empfängerorientierter Kommunikator zuerst das eigene Verhalten hinterfragen, bevor er die Ursachen beim anderen sucht.

In der Kommunikation zählen nicht die beabsichtigten, sondern die tatsächlich erzielten Resultate!

Wenn sich Ihre Kollegen oder Ihr Chef nicht so verhalten, wie Sie es sich wünschen, dann ändern Sie Ihr Gesprächsverhalten.

Der Wert Ihrer Kommunikation ergibt sich daraus, wie Ihr Gesprächspartner auf Ihre Botschaften reagiert. Entscheidend für den Erfolg Ihrer Kommunikation ist nicht die Absicht, die Sie verfolgen, wenn Sie eine Nachricht an Ihren Gesprächspartner senden. Entscheidend ist auch nicht Ihr Bemühen, die richtigen Worte zu wählen. Es geht nicht darum, daß Sie recht haben oder die Wahrheit sagen. Entscheidend für den Erfolg ist, wie die Botschaft bei dem Empfänger der Nachricht ankommt und wie dieser darauf reagiert!

Es sind häufig Kleinigkeiten, die einen Kommunikationsprozeß in erfolgreiche Bahnen lenken. Ein freundlicher Unterton in der Stimme, eine veränderte Geste oder ein Lächeln zum richtigen Zeitpunkt können einem festgefahrenen Gespräch neue Impulse verleihen.

Kennzeichen einer empfängerorientierten Kommunikation

- eine gute Gesprächsvorbereitung
- der Einsatz der Frage-Technik, um Mißverständnisse zu klären und zusätzliche Informationen einzuholen
- die Fähigkeit, aufmerksam zuzuhören
- der Mut, sich anders zu verhalten, wenn man auf die gewohnte Weise sein Ziel nicht erreicht
- das Bestreben, einen guten, offenen Kontakt zum Gesprächspartner aufzubauen
- die Bereitschaft, den anderen zu loben und ihm konstruktive Rückmeldung zu geben
- rhetorisches Know-how, um eine Botschaft attraktiv und für den anderen verständlich zu übermitteln
- eine sensible Wahrnehmung für unterschwellig gesendete Botschaften (Mimik, Gestik, Tonfall ...), um sein eigenes Verhalten darauf abzustimmen
- die Fähigkeit, sich in die Wirklichkeit des Gesprächspartners einzufühlen

Wenn Sie auf diese Aspekte achten, erhöhen Sie die Wahrscheinlichkeit der echten Verständigung.

Rhetorik – Schulen Sie Ihr Ausdrucksvermögen!

Rhetorik ist die Kunst des Redens. Rhetorische Fähigkeiten helfen beim Argumentieren und Überzeugen. Dabei geht es weniger darum, was gesagt wird, sondern in erster Linie, wie es gesagt wird!

Geschickte Rhetorik ist nützlich, um die eigene Fachkompetenz optimal zu präsentieren, andere von den eigenen Ideen zu überzeugen und schwierige Gesprächssituationen zu meistern.

Mimik, Gestik und Stimmführung beeinflussen unsere zwischenmenschlichen Kontakte meist auf unbewußte, doch kaum zu unterschätzende Weise.

Rhetorisch ungeschickte Zeitgenossen haben das Talent, ihre Gesprächspartner zu langweilen und einzuschläfern, obwohl sie vom Wesen her oftmals sehr intelligente und scharfsinnige Geister sind. Leider machen diese Menschen sich das Leben unnötig schwer, weil sie ausschließlich auf den Inhalt ihrer Worte fokussieren. Sie lassen dabei außer acht, daß eine ansprechende Verpackung ebensowichtig ist wie die Übermittlung kompetenter Argumente.

Rhetorisch geschickte Menschen überzeugen durch ihr charismatisches Auftreten. Sie versprühen Witz, Charme und Lebendigkeit, sind gerngesehene Gäste auf Feiern, und in Besprechungen freut man sich auf ihren dynamischen Redebeitrag. Durch ihre freundliche Art öffnen sie die Herzen der Menschen. Man mag ihnen gern zuhören, weil sie in der Lage sind, ihren Inhalten die nötige Ausdruckskraft zu verleihen. Mühelos verstehen es diese Kommunikationskünstler, den Zuhörer für sich und ihr Thema zu begeistern.

Durch ein gezieltes Training kann jeder von uns lernen, sein Ausdrucksvermögen zu verbessern.

Unter der Überschrift „Tips zum Thema" werden Sie jeweils am Ende von zwei Kapiteln nützliche Hinweise erhalten, die Ihnen helfen werden, Ihr kommunikatives Potential auszubauen. Die darin enthaltenen Merksätze sind in übersichtliche Kategorien eingeteilt. Dabei wurde bewußt auf lange Erklärungen verzichtet.

So erhalten Sie einen schnellen Überblick, worauf andere Menschen achten, wenn Sie mit ihnen in Dialog treten.

Gleichzeitig können Sie anhand der Merksätze Ihr derzeitiges Verhalten gezielt hinterfragen.

Überprüfen Sie, in welchen Bereichen Ihre Stärken liegen und worin Sie sich zukünftig verbessern möchten.

Als Bewertungsschema schlage ich Ihnen eine 7-Punkte-Skala von 1 (gering) über 4 (gut) bis 7 (exzellent) vor. Machen Sie sich gegebenenfalls. kurze Randnotizen. Dieser kleine Test zur freiwilligen Selbstkontrolle wird Ihnen helfen, die einzelnen Merksätze schneller zu verinnerlichen (tragen Sie bitte Ihre Bewertung ein).

Beispiel:

- [5] Vermeiden Sie unnötige Fremdwörter. Sprechen Sie deutsch!
- [4] Sprechen Sie einfach, verständlich, kurz und prägnant.
- [3] Entwickeln Sie einen umfangreichen Wortschatz.

Hinweis: Bevor Sie anfangen, die nachfolgenden Aussagen aufmerksam durchzulesen, sollten Sie sich eine Kopie der nächsten Seiten anfertigen. Auf diese Weise können Sie in regelmäßigen Abständen (z. B alle 3 Monate) Ihre persönliche Entwicklung überprüfen.

Tips zum Thema: Rhetorik

Die Stimme

Viele Menschen erschweren sich die Kommunikation unnötig, weil sie im wahrsten Sinn des Wortes den Mund nicht richtig aufmachen. Sie nuscheln, verschlucken Worte, formulieren Endlossätze oder sprechen so schnell, daß der Zuhörer nach wenigen Minuten das Interesse am Gesagten verliert. Deshalb:

- ❑ Sprechen Sie in einem angemessenen Tempo.
- ❑ Sprechen Sie klar und deutlich.
- ❑ Betonen Sie auch die Endungen eines Wortes.
- ❑ Passen Sie die Lautstärke an die jeweilige Gesprächssituation an.
- ❑ Betonen Sie Schlüsselwörter, um Ihre Aussage interessanter zu machen.
- ❑ Variieren Sie Ihre Stimmlage (hoch – tief). Sprechen Sie nicht monoton auf einer Frequenz.
- ❑ Machen Sie Pausen, um einzelnen Worten und Sätzen mehr Gewicht zu verleihen.
- ❑ Bemühen Sie sich um einen freundlichen Unterton. Ihr Gesprächspartner möchte respektiert und entgegenkommend behandelt werden.
- ❑ Trainieren Sie Ihre Stimme! Sie sollte voll und kräftig klingen, jedoch nicht zu laut.
- ❑ Achten Sie auf eine akzeptable Dialektfärbung. (Kann ein Mensch aus einer anderen Region Sie problemlos verstehen?)
- ❑ Vermeiden Sie Füllsel (ähm, 'ne, ehh).
- ❑ Entwickeln Sie einen flexiblen und fließenden Sprachrhythmus.
- ❑ Achten Sie auf eine Sprachmelodie, die ansprechend und belebend wirkt.
- ❑ Vermeiden Sie Verlegenheitslaute (Räuspern, Pfeifen).

Der Inhalt

Natürlich bestimmt auch der inhaltliche Aufbau Ihrer Kommunikation, ob Ihr Gesprächspartner motiviert ist, Ihnen zu folgen.

- ❑ Entwickeln Sie einen roten Faden, an dem sich Ihre Zuhörer orientieren können (Einleitung, Hauptteil, Schluß).
- ❑ Verwenden Sie eine bildhafte, anschauliche Sprache. Sie erhöhen dadurch die Wahrscheinlichkeit, daß sich Ihr Gesprächspartner Ihre Aussagen auch merken wird.
- ❑ Vermeiden Sie unnötige Fremdwörter.
- ❑ Sprechen Sie einfach, verständlich, kurz und prägnant.
- ❑ Entwickeln Sie einen umfangreichen Wortschatz.
- ❑ Versuchen Sie, in kurzen Sätzen zu sprechen (Punkt statt Komma).
- ❑ Verwenden Sie Beispiele und Analogien (Gleichnisse), um Ihr Thema für den Zuhörer spannend zu machen.

Die Körpersprache

Ihre Gesprächspartner beobachten Sie oftmals sehr aufmerksam. Trainieren Sie deshalb Ihr nonverbales (körpersprachliches) Ausdrucksvermögen. Alle großen Redner verfügen über ein vielseitiges Repertoire an Verhaltensweisen, um Ihre Zuhörer für Ihr Thema zu begeistern.

- ❑ Bemühen Sie sich, während eines Gesprächs locker und entspannt zu bleiben. Geistige und körperliche Verspannung überträgt sich auf Ihre Zuhörer!
- ❑ Seien Sie in Ihren Bewegungen dynamisch, jedoch nicht hektisch.
- ❑ Halten Sie angemessenen Blickkontakt zu Ihrem Gesprächspartner. Starren Sie ihn jedoch nicht an!
- ❑ Lächeln Sie. Ein Lächeln gewinnt!
- ❑ Sorgen Sie dafür, daß Ihre Mimik Freundlichkeit und Offenheit signalisiert.

- ❏ Benutzen Sie Ihre Hände und Arme, um Ihren Worten mehr Überzeugungskraft zu verleihen.
- ❏ Vermeiden Sie, mit dem ausgestreckten Finger auf andere Menschen zu zeigen. Dies kann als Ausdruck der Aggression interpretiert werden.
- ❏ Bemühen Sie sich, Ihre Gestik rund, weich und offen einzusetzen.
- ❏ Stehen Sie aufrecht und kraftvoll.
- ❏ Stehen Sie sicher und fest.
- ❏ Vermeiden Sie es, beim Reden beide Hände in die Taschen zu stecken.
- ❏ Kleiden Sie sich gepflegt und vorteilhaft (dem Anlaß entsprechend).

Emotionale Aspekte

Ihre innere Einstellung prägt die Gesprächssituation auf eine unterschwellige Weise. Menschen spüren es, ob Sie innerlich Lust haben, mit ihnen zu reden. Wer innerlich von seinem Thema überzeugt ist, wird dies nach außen hin ausstrahlen. Gute Rhetorik kommt von Herzen!

- ❏ Lernen Sie Ihre eigene Stimme kennen und lieben.
- ❏ Motivieren Sie sich selbst, bevor Sie etwas Wichtiges sagen.
- ❏ Lernen Sie, auftretendes Lampenfieber als eine Quelle der Kraft zu schätzen.
- ❏ Glauben Sie an Ihren Rede-Erfolg.
- ❏ Akzeptieren Sie es, Fehler zu machen. Erkennen Sie Fehler als Lernchancen.
- ❏ Reden Sie mit Engagement und Begeisterung.
- ❏ Loben Sie sich innerlich für gute (Gesprächs-)Leistungen.

Trainingsprogramm

Viele Seminarteilnehmer klagen häufig darüber, daß sich ihr Verhalten – trotz eines umfangreichen Wissens über ihre Außenwirkung – nicht verändert. Die meisten von ihnen vergessen dabei, daß das kontinuierliche Üben einen sehr wichtigen Schritt in der persönlichen Weiterentwicklung darstellt.

Schon der Volksmund sagt: „Übung macht den Meister!“ Deshalb habe ich für Sie einige Übungen aufgelistet, die sich in meinen Trainings bewährt haben.

Gönnen Sie sich einige Minuten am Tag, um Ihr neugewonnenes Wissen Stück für Stück in die Praxis umzusetzen. Erst durch das regelmäßige Üben werden sich Ihre rhetorischen Fähigkeiten sicht- und hörbar verbessern.

Stimmführung

Insgesamt sind an dem Vorgang der Sprachübermittlung über 30 verschiedene Muskeln beteiligt. Die meisten werden jedoch normalerweise kaum benutzt und sind infolgedessen weniger belastbar und unflexibel.

Viele Menschen sprechen aus diesem Grund nicht klar und deutlich genug. Sie haben nicht gelernt, ihren Mund beim Reden richtig zu öffnen.

Jede professionelle Führungskraft schult durch gezieltes Training ihre Stimme. Durch kontinuierliche Schulung Ihrer Stimme wird sich auch Ihr Ausdrucksvermögen steigern. Trainieren Sie Ihr Sprachwerkzeug, indem Sie:

- Lippen und Zunge bewußt bewegen
- Vokale (a, e, i, o, u) in verschiedenen Tonlagen und unterschiedlichen Lautstärken aussprechen

- Ihre Atemräume aktivieren (Stellen Sie sich vor, daß Ihre Brust- und Bauchräume Resonanzkörper sind, die Sie durch Töne in Schwingungen versetzen können: Brummgeräusche, Summen usw.)
- Grimassen schneiden

Zungenbrecher
Die nachfolgenden Sätze eignen sich sehr gut, um Ihrer Zunge mehr Beweglichkeit zu verleihen. Diese Übung wird Ihnen helfen herauszufinden, welche Wörter und Buchstaben für Sie schwer zu betonen und auszusprechen sind. Nach einiger Zeit des Übens werden Sie bemerken, wie sich Ihre Artikulationsfertigkeit verbessert hat.

Sprechen Sie die nachfolgenden Sätze schnell und deutlich aus.
- Wenn Fliegen hinter Fliegen fliegen, fliegen Fliegen hinter Fliegen her.
- Fischers Fritze fängt frische Fische. Frische Fische fängt Fischers Fritze.
- Brauchbare Bierbrauerburschen brauen brausendes Braunbier.
- Die Katze tritt die Treppe krumm, die Treppe tritt die Katze krumm.
- Es saßen zwei zischende Schlangen zwischen zwei spitzen Steinen und zischten sich zuweilen zweimal an.
- Es klapperten zwei Klapperschlangen, bis ihre Klappern schlapper klangen.
- Was lange währt, wird gut. Was lange gärt, wird Wut.
- Im Juni und Juli des jetzigen Jahres johlen die Jäger zur jähen Jagd, jagen am Yukon den jammernden Yak.
- Sieben dicke Riesen liefen in die Wiesen. Wie die Winde bliesen, kriegten sie das Niesen.
- Cottbusser Postkutscher putzen den Cottbusser Postkutschenkasten.

Pausen und Betonung
Eine geschickte Pausensetzung und eine gezielte Betonung verleihen Ihren Aussagen die nötige Überzeugungskraft. Um diese Technik zu verfeinern, sollten Sie regelmäßig einige Seiten aus einem Gedichtband laut vorlesen.

Machen Sie dabei gezielt Sprechpausen, und betonen Sie die einzelnen Wörter klar und deutlich.

Sprechen Sie Konsonanten und Endungen betont aus.

Übertreiben Sie diese Übung phasenweise. Dadurch entwickeln Sie ein Gefühl für das richtige Timing und eine angemessene Dosis.

So groß wie ...
Ein passender Vergleich ist für den Zuhörer oft einprägsamer als lange, sachliche Erklärungen. Schulen Sie Ihre Spontaneität und verbale Flexibilität.

Finden Sie für jeden der nachfolgende Sätze jeweils 3 passende Vergleiche.

Beispiel: so schnell wie ein Ferrari, der Wind, das Licht
- so teuer wie . . . .
- so günstig wie . . . .
- so hoch wie . . . .
- so stark wie . . . .
- so intelligent wie . . . .
- so überzeugend wie . . . .
- so klein wie . . . .

Erfinden Sie weitere Vergleiche.

Präsentation von Informationen
Nehmen Sie sich 15 Minuten Zeit, und beschreiben Sie schriftlich irgendein Thema Ihrer Wahl (z.B. einen Ort, eine Person des öffentlichen Lebens oder Ihre Lebensziele). Anschließend tragen Sie Ihre Ausführung laut vor. Sie können

diese Übung erweitern, indem Sie Ihren Vortrag für unterschiedliche Zielgruppen vorbereiten. Sie lernen so, ein Thema gut vorzubereiten und zuhörerorientiert zu formulieren.

Mimik

Die Zuhörer können Ihrem Mienenspiel sehr viel entnehmen. Wenn Sie lernen, Ihre Mimik gezielt einzusetzen, werden Sie Ihr Thema überzeugender vermitteln.

- Beobachten Sie Ihren Gesichtsausdruck in einem Spiegel. Betrachten Sie Ihre Augenbrauen, die Stirn, die Augen, die Stellung der Mundwinkel usw.
- Entspannen Sie zeitweilig ganz bewußt Ihre Gesichtsmuskulatur.
- Versuchen Sie, die folgenden Gefühle mit Ihrer Mimik zum Ausdruck zu bringen: Freude, Zuneigung, Ekel, Aggression, Wut, Erstaunen, Ablehnung und Überraschung. Welche Gefühle fallen Ihnen noch ein?

Gestik und Körperhaltung

Eine geschickte Wortwahl ist wichtig, und die Stimme verleiht Ihren Sätzen die nötige Aussagekraft. Doch erst die Körpersprache gibt Ihrem Thema die nötige visuelle Unterstützung. Dadurch helfen Sie dem Zuhörer, Ihre Informationen besser nachzuvollziehen und einzuprägen.

- Berichten Sie anderen von Ihrem letzten Urlaub (Kinobesuch, Freizeiterlebnis). Versuchen Sie, während der Beschreibung möglichst viel von Ihrer Gestik Gebrauch zu machen.
- Finden Sie Körperhaltungen, die folgendes aussagen: Wut, Freude, Hoffnungslosigkeit, Begeisterung, Reserviertheit, Mißtrauen, Stolz usw.
- Werden Sie zum Pantomimen und versuchen Sie, einen Gegenstand ohne Worte zu umschreiben.

Zentriert stehen

Wenn Sie bemerken, daß Sie Lampenfieber haben, sollten Sie diese Übung durchführen. Sie wird Ihnen helfen, das nötige „Standing" aufzubauen und Ihre Nerven zu beruhigen.

- Stehen Sie mit beiden Beinen fest auf dem Boden. Verlagern Sie Ihr Gewicht so, daß sich Ihr Körper ausgewogen und zentriert anfühlt. Beugen Sie Ihre Knie leicht an. Richten Sie Ihren Oberkörper auf. Halten Sie auch Ihren Kopf gerade. Wenn Sie mögen, können Sie dabei die Augen schließen. Atmen Sie jetzt ruhig und gleichmäßig in den Unterbauch. Halten Sie diese Position für 3 bis 5 Minuten. Anschließend recken und strecken Sie sich ausgiebig.

Der Körper offenbart, was der Kopf denkt!

Viele Menschen glauben, daß gute Kommunikation eine Frage der sprachlichen Flexibilität ist. Allerdings ist dies nur ein Teil der Wahrheit.

Ein guter Kommunikator zeichnet sich auch dadurch aus, daß er in der Lage ist, die körpersprachlichen (nonverbalen) Reaktionen des Empfängers auf sein Kommunikationsangebot zu erkennen.

Verfeinern Sie Ihre Wahrnehmung! Viele Antworten und Reaktionen können Sie dem Gesprächspartner im wahrsten Sinn des Wortes „von den Lippen" ablesen.

Trainierte Ohren und Augen helfen, die Signale von Zustimmung oder Ablehnung rechtzeitig zu bemerken.

Auf diese Weise erhalten Sie die Chance, Ihr Gesprächsverhalten neu auszurichten, um so dafür zu sorgen, daß das Gesprächsklima nicht unnötig belastet wird.

Zustimmung, Ablehnung, Einverständnis, Widerspruch, Begeisterung, Unverständnis, Wohlwollen und viele andere innere Zustände äußert Ihr Gesprächspartner auf nonverbale Weise. Manchmal sind diese Reaktionen sehr offensichtlich, manchmal werden Sie nur sehr feine Veränderungen beobachten können.

Wenn Sie sich das nächste Mal mit jemandem unterhalten, dann lassen Sie sich von der Vielfalt der körperlichen Reaktionen überraschen, mit der Ihr Gesprächspartner auf Ihre Worte „antwortet".

Wenn Sie genau hinschauen, werden Sie feststellen, daß seine Augen in viele Richtungen blicken, die Körperspannung und die Gesichtstönung zu- oder abnimmt, der Kopf sich in eine bestimmte Richtung dreht, die Position der Arme und Beine verändert werden und der gesamte Körper in Bewegung ist.

Menschen verhalten sich innerhalb einer Kommunikation sehr lebendig. Was wir als Kontinuität im anderen erleben, ist häufig eher ein Ausdruck unseres trägen und untrainierten Wahrnehmungsvermögens.

Verwechseln Sie eine geschärfte Wahrnehmung nicht mit den rhetorischen „Patentrezepten" aus den 70er Jahren.

Nicht immer bedeuten verschränkte Arme Distanz und Abwehr. Für manche Gesprächspartner ist es Ausdruck ihres Wohlbefindens, und andere können Ihnen so am besten zuhören.

Für die Interpretation der Signale gibt es keine Pauschallösungen, doch durch aufmerksames Beobachten mit geschärften Sinnen können Sie einiges über die unausgesprochenen, inneren Prozesse Ihres Gegenübers erfahren.

Mit der Zeit wird sich Ihr Wahrnehmungsvermögen immer mehr verfeinern, und Sie werden feststellen, daß die körpersprachlichen Signale Ihres Gesprächspartners manchmal mehr aussagen als der gesprochene Inhalt.

Die Innere Landkarte

Sicherlich haben Sie schon beobachtet, daß Menschen manchmal sehr abweichende Erinnerungen an eine Situation haben. Die Erinnerungen können so stark voneinander abweichen, daß man manchmal zweifeln möchte, ob alle Beteiligten tatsächlich dasselbe Erlebnis beschreiben.

Ein gutes Beispiel dafür sind die unterschiedlichen Zeugenaussagen nach einem Unfall. Jeder beschreibt den Tatvorgang auf eine andere Weise. Für den einen war der Wagen blau, während der andere behauptet, er habe ein schwarzes Auto gesehen. Woran liegt das? Und welche Bedeutung hat dieses Phänomen für unsere tägliche Kommunikation?

Jeder Mensch ist einzigartig! Leider wird diese ebenso wichtige wie nützliche Einsicht viel zu selten in der Kommunikation berücksichtigt.

Wir leben in der Illusion, daß alle anderen Menschen die momentane Situation auf eine ähnliche Weise wahrnehmen. Diesem Trugschluß folgend, entstehen viele unnütze Reibereien, Mißverständnisse und Konflikte. Man beginnt über Worte zu streiten, anstatt diese zu hinterfragen.

Eine Kommunikation stellt immer einen ganzheitlichen Erfahrungsprozeß dar. Menschen sehen, hören und fühlen in jedem Moment ihres Lebens, ob ihnen das bewußt ist oder nicht.

Diese sinnlichen Wahrnehmungen werden an das Gehirn weitergeleitet, dort verarbeitet und als Erfahrung abgespeichert. Das Interessante daran ist, daß nur ein sehr geringer Teil der aufgenommenen Informationen in das Bewußtsein dringt. Gehirnforscher gehen davon aus, daß unser Gehirn lediglich 5 bis 9 Nachrichteneinheiten bewußt verarbeiten kann. Dies entspricht in etwa der Informationsmenge Ihrer Telefonnummer. Der Rest – bestehend aus vielen Millionen Daten! – wird irgendwo in den Tiefen des Unbewußten abgespeichert. Dieser Mechanismus schützt unser Gehirn vor Überbelastung und hilft, sich selbst im turbulenten Arbeitsgeschäft auf eine Sache zu konzentrieren.

Es erklärt auch, warum Menschen, obwohl sie sich in derselben Situation (z. B. in einer Besprechung oder beim gemeinsamen Kinobesuch) befinden, so unterschiedliche Erinnerungen daran haben. Denn jeder Mensch verarbeitet die sinnlichen Daten auf eine einzigartige Weise. Im Lauf des Lebens entwickelt sich ein einzigartiges Modell der Welt – die sogenannte Innere Landkarte. Diese Landkarte ist jedoch lediglich ein reduziertes Abbild der Wirklichkeit und nicht die Wirklichkeit selbst!

Frauen haben eine andere Landkarte als Männer. Kinder achten auf ganz andere Dinge als Erwachsene. Deutsche betrachten die Welt mit anderen Augen als z. B. Afrikaner oder Asiaten. Das Modell des Chefs wird sich erheblich von dem seiner Mitarbeiter unterscheiden. Ebenso werden Ihr Lebenspartner, Ihre Kollegen, Besucher, Freunde und Bekannte ein einmaliges Abbild der Wirklichkeit in sich tragen. Im Alltag oder in beruflichen Gesprächssituationen wird dieser Aspekt jedoch selten berücksichtigt.

Erkunden Sie die Welt des anderen!

Wenn Sie beginnen, diesen Umstand in Ihrem Gesprächsverhalten zu berücksichtigen, werden Sie den Kontakt zu anderen Menschen auf eine neue Weise gestalten. Anstatt voreilig zu behaupten, daß das eigene Modell der Wirklichkeit das einzig wahre (beste, logischste, attraktivste, richtige ...) ist, sollten Sie sich zunächst für die Weltansicht des anderen öffnen. Wenn z. B. ein Kollege verärgert anruft, weil ihm eine wichtige Nachricht zu spät übermittelt wurde, dann ist seine Wut – zumindest aus seiner Perspektive – berechtigt.

Es wird niemandem helfen, voreilig zu behaupten, es gebe gar keinen Anlaß für seine Verärgerung. Selbst dann, wenn gute Gründe dafür bestehen sollten, weshalb ihn diese Nachricht nicht früher erreicht hat. Anstatt sich zu streiten, sollten Sie seine Verärgerung zunächst anerkennen. Dies wird die gesamte Situation entspannen.

In einem weiteren Schritt sollten beide Gesprächspartner analysieren, wie es zu der Verspätung gekommen ist, um zukünftigen Ärgernissen vorzubeugen.

Sie können das Gesprächsklima positiv beeinflussen, indem Sie interessierte Fragen stellen und aufmerksam zuhören. Auf diese Weise lassen sich Vorurteile und Mißverständnisse aus dem Weg räumen.

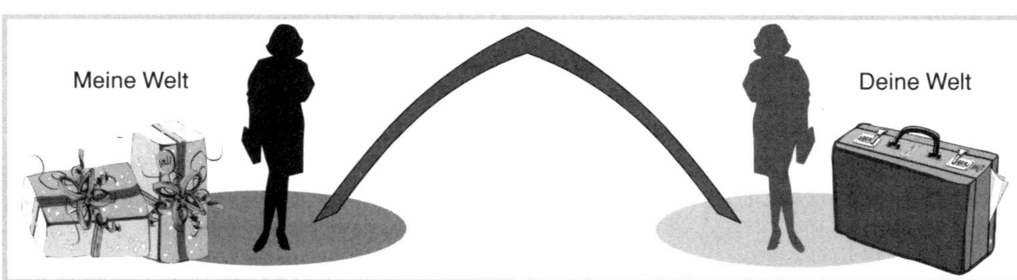

Erkunden Sie die Welt des anderen!

Gerade in Konfliktsituationen ist der aufrichtige Wunsch, den Standpunkt des anderen nachzuvollziehen, ein wichtiger Schritt, um eine zufriedenstellende Lösung für alle Konfliktpartner herbeizuführen.

Trainingsprogramm – Landkarten erforschen

Beobachten Sie die Menschen in Ihrem Umfeld, und versuchen Sie, ihre Realitätswahrnehmung zu verstehen.

Fragen Sie sich, was die Personen erlebt haben müssen, um genau dieses Modell der Welt aufzubauen.

Versetzen Sie sich in die Situation von anderen Menschen.

Fragen Sie sich, was daran neu, interessant und bemerkenswert ist, die Welt aus ihrem Blickwinkel zu betrachten.

- Sensibilisieren Sie sich für die Realität Ihres Chefs, Ihrer Geschäftskunden und Kollegen. Finden Sie heraus, worin genau sich die einzelnen Weltansichten voneinander unterscheiden. Was ist diesen Personen wichtig? Was sind deren Prioritäten? Wie sieht ihr Alltag aus?
- Betrachten Sie die Welt mit den Augen Ihres Lebenspartners. Wie erlebt Ihr Partner das Zusammenleben mit Ihnen? Was mag er an Ihnen? Was eher nicht?
- Verfolgen Sie Talkshows im Fernsehen. Versuchen Sie, bei kontroversen Diskussionen die Standpunkte aller Teilnehmer nachzuvollziehen. Fühlen Sie sich in deren Weltbild ein.
- Lesen Sie Zeitschriften, die Sie normalerweise nicht kaufen würden. Für welche Zielgruppe sind sie konzipiert worden? Welches Weltbild wird darin kommuniziert? Spekulieren Sie, was den Leuten wichtig ist, die so eine Zeitung regelmäßig kaufen.
- Beschäftigen Sie sich mit der Weltansicht von verschiedenen Kulturen. Wie erleben Chinesen, Araber oder Eskimos das Leben auf diesem Planeten? Was ist diesen Menschen wichtig? Vergleichen Sie die unterschiedlichen Betrachtungsweisen miteinander.
- Fragen Sie verschiedene Menschen, die dasselbe Ereignis erlebt haben. Welche Antworten erhalten Sie von Personen, die alle denselben TV-Spielfilm gesehen haben, mit denen Sie gemeinsam im Kino waren, die in derselben Besprechung waren oder die alle an einem Konflikt beteiligt gewesen sind? Versuchen Sie bewußt, nicht zu bewerten, sondern nur zu beobachten. Sammeln Sie möglichst viele Informationen und vergleichen Sie diese miteinander.

Die Beziehungsebene

In der Kommunikation unterscheidet man zwischen Sach- und Beziehungsebene. Ein Gespräch verläuft grundsätzlich auf beiden Ebenen. Während auf der Sachebene Informationen über ein festgelegtes Thema ausgetauscht werden, senden und empfangen die Gesprächspartner gleichzeitig Botschaften, die verdeutlichen, in welcher Beziehung sie zueinander stehen. Mag man sich oder herrscht Antipathie vor? Wird man vom anderen respektiert und ernstgenommen oder herrscht ein Klima der Geringschätzung und gegenseitiger Mißachtung? Ist es eine hierarchisch-autoritäre Beziehung (z. B. der Chef gibt Anordnung, der Mitarbeiter hat zu gehorchen) oder ein gleichberechtigter Kontakt (z. B. von Kollege zu Kollege)?

Als guter Kommunikator bemüht man sich zuerst um ein positives, respektvolles Klima. Man begrüßt sich, tauscht einige Worte aus und sendet positive Signale, die

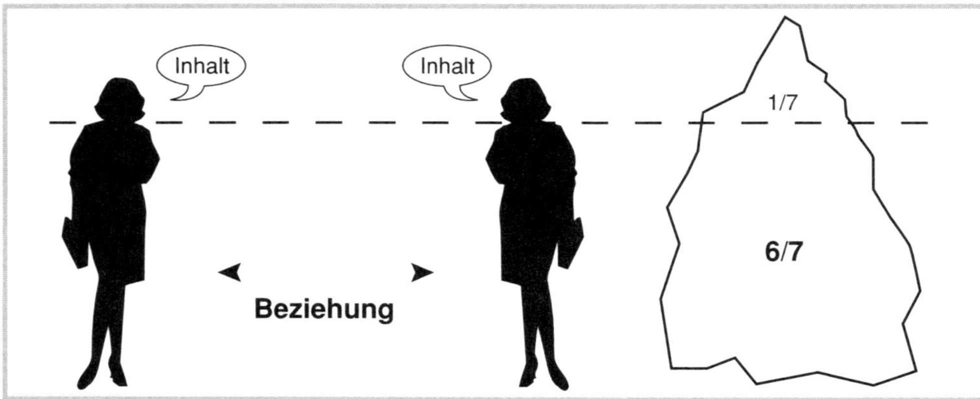

Achten Sie auf die Beziehungsebene!

den anderen öffnen und einladen, am Gespräch teilzunehmen. Im Volksmund wird diese Phase auch „Plaudern“, „miteinander warm werden“, „zueinander finden“, „das Eis brechen“ oder „Small talk“ genannt.

Erst wenn diese Phase erfolgreich abgeschlossen ist, die Menschen einander nähergekommen sind und sich ein positives Gesprächsklima entfaltet hat, wechselt man auf die Inhaltsebene. Man kommt zum „eigentlichen“ Thema.

In der Hektik des Alltags vergessen viele Menschen – speziell in führenden Positionen –, Zeit darauf zu verwenden, das magische Band der Kommunikation zwischen sich und dem anderen zu spannen. Sie fallen mit der Tür ins Haus und erwarten auch noch, daß man begeistert ihren Anweisungen folgt. Es gibt kein Lob, kein ermunterndes Lächeln, kein ernstgemeintes „Wie geht es Ihnen?“ und kein offenes Ohr für die Anliegen des anderen. Der Gesprächspartner wird lediglich als Befehlsempfänger betrachtet.

Natürlich haben diese Menschen auch Gründe, sich so zu verhalten. Ihre Zeit ist knapp, Termine lassen sich nicht verschieben, und es gibt schließlich noch tausend andere Dinge zu tun.

Kompetentes, zielorientiertes Argumentieren auf der Sachebene ist wichtig. Wenn Sie jedoch vorher keine Zeit in den Aufbau einer gut funktionierenden Gesprächsbeziehung investieren, wird es Sie auf Dauer viel unnötige Mühe und Kraft kosten, Ihr Anliegen zu verwirklichen.

Sach- und Beziehungsebene verhalten sich zueinander wie ein Eisberg, der aus dem Wasser ragt. Lediglich ein Siebtel der Eismassen ist sichtbar, während sich die restlichen sechs Siebtel unterhalb der Oberfläche befinden.

Ein Großteil Ihres Kommunikationserfolgs hängt davon ab, wie gut Sie als professioneller Kommunikator in der Lage sind, die Beziehungsebene zu Ihrem Gesprächspartner positiv zu gestalten. Eine der wichtigsten Kommunikationsregeln lautet: *Beziehungsebene vor Sachebene!*

Viele Menschen unterschätzen diesen wohl wichtigsten Aspekt in der Kommunikation und laufen damit Gefahr, Schiffbruch zu erleiden. Menschen suchen Bestätigung, Anerkennung und Verständnis. Das Unbewußte des anderen möchte wissen: „Bin ich o.k., so wie ich bin?"

Wenn wir einen Menschen in seinem Verhalten bestätigen, entsteht Sympathie und Zuneigung. Ein guter Kontakt auf der Beziehungsebene ist gekennzeichnet durch gegenseitigen Respekt und das Gefühl, seinem Gesprächspartner vertrauen zu können. Sachliche Themen werden souverän und in einem Klima der Wertschätzung ausgetauscht.

Trainingsprogramm

Der Ton macht die Musik

Die Beziehungsebene sollte in einem Gespräch fortlaufend beachtet werden.

Während Sie mit Ihrem Kommunikationspartner auf der Sachebene Informationen austauschen, wird Ihr Gegenüber wachsam mitverfolgen, wie Sie mit ihm reden. Unser „Beziehungsohr" ist ständig auf Empfang.

Die meisten Menschen besitzen sehr feine Antennen dafür, was zwischen den Zeilen gesendet wird. Der Tonfall und die Körpersprache geben wichtige Hinweise darüber, welche Botschaft in einer Aussage indirekt mitschwingt.

Angenommen, Frau Maier sagt zu Frau Schmidt: „Sie tragen heute ein wirklich schönes Kleid", dann entscheidet ihre Körpersprache und die Art ihrer Betonung darüber, welche Informationen unterschwellig in dieser Botschaft noch mitschwingen. Auf der Beziehungsebene sendet sie vielleicht:

1. „Können Sie sich so etwas überhaupt leisten?" oder
2. „Sie verstehen es, sich vorteilhaft zu kleiden." oder
3. „Ich mag dieses Ding überhaupt nicht leiden." oder
4. „Heute wieder auf Männerfang?" oder
5. „Wo kann man dieses Kleid kaufen?" oder
6. „Ich kann mich nicht so schön kleiden wie Sie."

Gönnen Sie sich eine kleine Lesepause und versuchen Sie den Satz: „Sie tragen heute ein wirklich schönes Kleid", so zu betonen, daß er die Aussagen 1 bis 6 zum Ausdruck bringt.

Trainieren Sie Ihre Ohren!

Während Sie anderen Menschen zuhören, beachten Sie zeitweilig den Klang der Stimme. Achten Sie auch auf die Sprache Ihrer Mitmenschen, hören Sie genau hin. Analysieren Sie die Wortwahl.

Was möchte der andere Ihnen tatsächlich mitteilen, welche Botschaften verbergen sich hinter seinen Worten?

Achten Sie jedoch darauf, nicht zuviel in die Aussagen der anderen hineinzuinterpretieren. Einige Menschen haben die Tendenz, jedes Wort auf die Goldwaage zu legen.

Wenn sich die Gelegenheit bietet, sollten Sie zeitweilig Ihre Wahrnehmung überprüfen. Fragen Sie den anderen ganz offen, was genau er mit dieser Aussage bewirken wollte. Sagen Sie ihm auch, wie Sie seine Botschaft verstanden haben.

Viele Menschen sind sich oft nicht darüber im klaren, daß ihre Art zu reden für andere verletzend wirkt oder eine Provokation darstellt.

Tips zum Thema: Die Beziehungsebene gestalten

Wer seine Gesprächsziele verwirklichen möchte, muß zunächst guten Kontakt herstellen. Deshalb erhalten Sie jetzt einige Tips, die helfen, die Beziehungsebene aufzubauen und zu verbessern.

Während Sie die einzelnen Aussagen lesen, können Sie sich erneut fragen, inwieweit Sie diese Punkte schon berücksichtigen und worin Sie sich verbessern möchten (vgl. Anweisungen auf Seite 316).

Hinweis: Bevor Sie anfangen, die nachfolgenden Aussagen aufmerksam durchzulesen, sollten Sie sich eine Kopie dieser Seite anfertigen. Auf diese Weise können Sie auch diesen Aspekt in regelmäßigen Abständen überprüfen.

- ❑ Senden Sie positive Signale.
- ❑ Berücksichtigen Sie in Ihrer Argumentation auch den Standpunkt Ihres Gesprächpartners.
- ❑ Fühlen Sie sich in die Realität des anderen ein.
- ❑ Geben Sie positives Feedback.
- ❑ Senden Sie Signale der Freundlichkeit (Lächeln, freundlicher Blickkontakt).
- ❑ Erwecken Sie Vertrauen durch eine offene Körpersprache.
- ❑ Zeigen Sie Verständnis für die Probleme des anderen.
- ❑ Lassen Sie den Partner ausreden, und hören Sie aktiv zu.
- ❑ Zeigen Sie ehrliches Interesse an der Person des anderen.
- ❑ Wenn sich die Gelegenheit bietet, sagen Sie offen, wie Sie bestimmte Aussagen verstanden haben.
- ❑ Betonen Sie Gemeinsamkeiten, das verbindet.
- ❑ Lernen Sie, die Erwartungshaltung Ihres Gesprächpartners zu erkennen, anzuerkennen und darauf einzugehen.
- ❑ Loben Sie Ihre Kollegen für ihre guten Leistungen. (Auch für die kleinen Dinge!)
- ❑ Akzeptieren Sie es, wenn Menschen Fehler machen.
- ❑ Vermeiden Sie es, Witze auf Kosten Dritter zu machen.
- ❑ Kämpfen Sie nicht um jede Kleinigkeit. Zeigen Sie sich großzügig.

Fragen steuern Informationen

Ein guter Kommunikator ist in der Lage, zielgerichtet Fragen zu stellen. Sie sind der Schlüssel, um gewünschte Informationen zu erhalten.

Wer diese Gesprächstechnik beherrscht, verfügt über ein sehr effektives Kommunikations-Werkzeug. Alle hervorragenden Führungskräfte, Top-Verkäufer und guten Berater wissen, wie wichtig es ist, sich genug Zeit zu nehmen, um durch das Stellen von Fragen ein ausreichendes Verständnis für die Bedürfnisse und Anliegen ihrer Gesprächspartner zu erhalten.

Fragen öffnen das Tor zur Welt des anderen. Sie helfen, ein Gespräch zu lenken und zu vertiefen.

Außerdem stärken motivierende Fragen das Selbstwertgefühl des Gefragten – wer wird nicht gern um seine Meinung gefragt?

In unserer heutigen Zeit ist die Informationsflut, die täglich über uns hereinbricht, kaum noch zu bewältigen.

Die Aufgabenbereiche des einzelnen werden immer komplexer und damit auch komplizierter. Viele Arbeitsbereiche sind miteinander vernetzt und voneinander abhängig. Nur durch ein gutes Informationsmanagement ist der einzelne in der Lage, den Überblick zu behalten und zum geeigneten Zeitpunkt die richtige Entscheidung zu treffen.

Durch gezieltes Fragen helfen Sie, den Blick immer wieder auf das Wesentliche zu lenken.

- „Was muß bis wann erledigt werden?“
- „Wer ist wofür verantwortlich?“
- „Welche Aufgaben haben jetzt Priorität?“
- „Wie kann ich Ihnen dabei am besten helfen?“
- „Was genau meinen Sie?“
- „Nach welchen Kriterien beurteilen Sie das?“
- „Wann genau soll das fertig sein?“

Jedes Gespräch kann durch Fragen ganz bewußt und zielorientiert gesteuert werden. Wer fragt, führt! Der Fragende agiert, der Gefragte muß reagieren.

Fragen geben dem Gehirn des Gefragten einen „hypnotischen“ Suchbefehl. Um eine komplexe Frage zu beantworten, muß der Mensch seine Aufmerksamkeit zunächst nach innen richten.

Als einfühlsamer Kommunikator sollten Sie diesen Prozeß nicht unterbrechen. Es gilt als unhöflich, andere Menschen bei ihren Denkprozessen zu stören. Leider setzen viele Menschen den Gesprächspartner durch ihre Ungeduld unnötig unter Druck. Sie können es kaum abwarten, bis der andere antwortet.

Ein guter Kommunikator vermeidet unnötige Hektik und Unruhe. Er schenkt seinem Gesprächspartner genügend Zeit, damit der andere seine Gedankengänge in Ruhe ordnen kann. Dadurch wird die Gesprächsatmosphäre nicht unnötig belastet, und außerdem wird sich die Qualität der Antworten erheblich verbessern.

Fragen sind eine elegante Methode, um seine Interessen und Ziele zu verfolgen. Sie helfen, die eigenen Absichten mit denen des anderen in Übereinstimmung zu bringen. Dabei ist es entscheidend, die richtige Frage zum richtigen Zeitpunkt zu stellen. Ich möchte Ihnen jetzt die wichtigsten Fragetypen vorstellen. Zunächst betrachten wir die Unterteilung in offene und geschlossene Fragen.

Offene und geschlossene Fragen

1. Offene Fragen (W-Fragen)

Diese Art der Fragestellung ermöglicht es, viele Informationen zu sammeln.

Sie geben dem Befragten eine Vielzahl von Antwortmöglichkeiten.

Durch den gezielten Einsatz von offenen Fragen werden Gespräche in eine konstruktive Richtung gelenkt.

W-Frageworte:
Wer? Was? Wann?
Wie? Welche? Wo?

Vorsicht bei: Warum? Wieso? Weshalb?
Denn diese fragen nach Ursachen und können Ihren Gesprächspartner in eine Rechtfertigungshaltung führen.

Falls Sie diesen Fragetypus wählen, müssen Sie besonders auf die Beziehungsebene achten.

Zeigen Sie dem anderen deutlich, daß Sie ihn nicht angreifen wollen, sondern sich im positiven Sinn für seine Motive interessieren.

2. Geschlossene Fragen (Alternativ-Fragen)

Dieser Fragetyp bewirkt eine starke Einengung der Antwortmöglichkeiten (ja, nein oder vielleicht). Er dient der Kontrolle und wird oft am Gesprächsende eingesetzt.

Geschlossene Fragen werden durch Verben oder Hilfsverben eingeleitet:
Beispiele: Waren Sie ...?
Können Sie ...? Brauchen wir ...?

M.U.Z.-Fragen

Die sogenannten M.U.Z.-Fragen helfen, sich ein konkretes Bild über die **M**otivationen, **U**rsachen und **Z**iele Ihres Gesprächspartners zu machen.

Auf diese Weise veranlassen Sie Ihren Kommunikationspartner, seinen eigenen roten Faden (wieder) zu finden.

Der Einsatz der M.U.Z.-Fragen motiviert Vielredner, ihre Redeschwälle wieder auf die Gesprächssituation abzustimmen.

- „Wie meinen Sie das? Wie soll ich das verstehen?"
- „Worauf wollen Sie hinaus?"
- „Was sind Ihrer Meinung nach die Ursachen für ..."
- „Aus welchen Gründen fragen Sie mich das?"
- „Worauf genau zielt Ihre Frage ab?"

Z.D.F.-Fragen

Durch die Z.D.F.-Fragen erforschen Sie die genauen **Z**ahlen, **D**aten und **F**akten.

Dieser Fragetyp hilft, verschlossene, zurückhaltende Gesprächspartner zu öffnen. Gerade bei Vereinbarungen, Absprachen und Zielformulierung sind diese Fragen unverzichtbar.

Sie bewirken, daß alle Beteiligten im Kopf ein genaues Bild von der bestehenden Sachlage entwickeln.

- „Können Sie das bitte etwas näher beschreiben? Was genau meinen Sie mit ...?"
- „Was genau verstehen Sie in diesem Zusammenhang unter ...?"
- „Wie genau müssen wir hier vorgehen?"
- „Wer ist dafür verantwortlich?"
- „Bis wann soll das erledigt sein?"

Gegen-Fragen

Die Gegen-Fragen sind ein rhetorisches Manöver und sollten sehr bewußt eingesetzt werden.

Dabei wird eine Frage mit einer Gegen-Frage „beantwortet". Gegen-Fragen können vom Gesprächspartner sehr schnell als Provokation verstanden werden.

Achten Sie deshalb auf die Beziehungsebene, und senden Sie gleichzeitig positive körpersprachliche Signale.

Sprechen Sie Wertschätzung aus, und betonen Sie den sachlichen Nutzen Ihrer Gegen-Frage.

- „Ja das ist eine gute Frage! Bevor ich sie beantworte, würde mich zunächst noch interessieren, ..."

Rhetorische Fragen

Die rhetorische Frage wird meistens in Reden und Vorträgen benutzt, um einer Argumentation die nötige „Würze" zu verleihen, Einwände aufzugreifen und den Zuhörer zu aktivieren.

Sie soll den Zuhörer zum Nachdenken anregen, man erwartet nicht wirklich eine Antwort von ihm – denn sie wird vom Redner selber geliefert.

- „Sie werden sich wahrscheinlich gerade fragen, warum wir nicht schon viel früher ..."
- „Wir alle müssen uns die Frage gefallen lassen, weshalb ..."
- „Wer wird sich unter diesen Voraussetzungen nicht die Frage stellen, ..."

Aktives Zuhören

Neben dem gezielten Fragen ist das aktive Zuhören ein weiteres Werkzeug der exzellenten Kommunikation.

Dabei ermutigen Sie als Zuhörer den Sprecher auf dezente Weise, mit seinen Ausführungen fortzufahren, indem Sie sich in den anderen einfühlen und dessen Realität durch kurze verbale Rückmeldungen anerkennen:

„Ja, ich verstehe ..., stimmt ... Ja, genau ... Mmh, ja ... Richtig, so ist es ... Genau, Sie sagen es ... "

Am Ende einer längeren Ausführung können Sie dem Sender eine bestätigende Rückmeldung geben, indem Sie die wichtigsten Kernpunkte seiner Aussage noch einmal in Ihren eigenen Worten zusammenzufassen:

„Wenn ich das richtig verstanden habe, dann meinen Sie ... Ah, ich verstehe, das ist vergleichbar mit ... Lassen Sie mich sehen, ob ich alles richtig verstanden habe ... Sie meinen also ... Sie möchten mir damit sagen ..."

Auf diese Weise können Sie überprüfen, ob Sie die wesentlichen Aussagen Ihres Gesprächspartners so verstanden haben, wie er es gemeint hat. Mögliche Mißverständnisse werden rechtzeitig geklärt und eine konstruktive Arbeitsbeziehung aufgebaut.

Aktives Zuhören sollte jedoch nicht als mechanische Technik eingesetzt werden! Sonst laufen Sie Gefahr, eine gegenteilige Wirkung zu erzielen. Der andere wird mißtrauisch und verschließt sich.

Aktives Zuhören wird zwar durch äußere Aktivität praktiziert, wesentlich dabei ist jedoch der Aufbau einer gemeinsamen „Wellenlänge". Deshalb ist es wichtig, das aktive Zuhören als eine Methode zu verstehen, die von Respekt und Wertschätzung begleitet wird.

Ein weiterer Aspekt des aktiven Zuhörens ist das Nachfragen bei Verständnisproblemen. Wer aktiv zuhört, zeigt Interesse am Thema.

Viele Menschen haben leider Hemmungen, ihren Kommunikationspartner respektvoll zu unterbrechen, wenn sie etwas nicht richtig verstanden haben, weil es ihnen peinlich ist, Verständnisfragen zu stellen.

Sie täuschen statt dessen lieber vor, alles begriffen zu haben. Dabei gehen viele Informationen verloren.

Deshalb denken Sie zukünftig daran: Als guter Zuhörer haben Sie ein Recht darauf, nachzufragen und Verständnisprobleme zu klären! So werden wertvolle Informationen gesichert.

Gleichzeitig beweisen Sie Ihr aufrichtiges Interesse am Thema.

Gute Argumente für das aufmerksame Zuhören

Nehmen Sie sich etwas Zeit, und machen Sie sich die Bedeutung der folgenden Aussagen bewußt:

- Besser einmal zu oft zugehört als einmal zuwenig.
- Viel Geld verdient man in den Berufen, bei denen man besonders aufmerksam zuhören muß.
- Wer redet, sagt viel. Wer zuhört, versteht viel.
- Wer gut zuhört, gewinnt Sympathie.
- Versteckte Bedürfnisse können Sie nur erkennen, indem Sie Ihren Mitmenschen gut zuhören.
- Redner rutschen leichter aus als Zuhörer.
- Wir erreichen mehr, wenn wir zunächst gut zuhören, bevor wir anfangen, andere zu überzeugen.
- Wer zuhört, erhält wertvolle Informationen und Hinweise.

- Zuhörer können bessere Argumente entwickeln als Menschen, die permanent reden.

Trainingsprogramm

Die folgende kurze Übung ist eine gute Vorübung für das aktive Zuhören. Sie öffnet Ihre Ohren für die feinen unterschwelligen Geräusche in Ihrer Umgebung.

Schließen Sie die Augen, atmen Sie tief durch und lauschen Sie aufmerksam den Geräuschen in Ihrer Umgebung. Was können Sie hören? Achten Sie auf die feinen Nuancen der einzelnen Geräusche! Nehmen Sie wahr, welche Sinneseindrücke eher in Ihr linkes und welche eher in Ihr rechtes Ohr dringen. Genießen Sie auch die stillen Momente der Besinnung, in denen Sie nur die Geräusche der Ruhe hören.

Loben Sie!

Das Bedürfnis nach Anerkennung und Wertschätzung der eigenen Leistung ist eine riesige Quelle der Motivation. Dies gilt für den Chef, die Kollegen und für die eigene Person.

Wer es gelernt hat, sich selbst und andere für ihre (großen und kleinen) Leistungen zu loben, der verbessert das Selbstwertgefühl seiner Mitschmenschen und wird meist auch von anderen für seine offene, motivierende Art geschätzt.

Geben Sie positives Feedback!

Jeder Mensch besitzt Fähigkeiten und Talente. Über jede Person läßt sich etwas Gutes sagen – stimmt's?!

Leider haben viele von uns ihre Wahrnehmung jedoch so ausgerichtet, daß sie vorzugsweise auf das Negative achten. Selbst wenn 99 % einer Leistung hervorragend sind, wird wegen des einen fehlenden Prozentes noch herumgenörgelt. Viele Menschen sind sehr kritisch bei der Bewertung ihrer eigenen Leistungen – und bei denen der anderen. Sie vergessen, ihre Wahrnehmung auf eine gesunde Weise auszubalancieren.

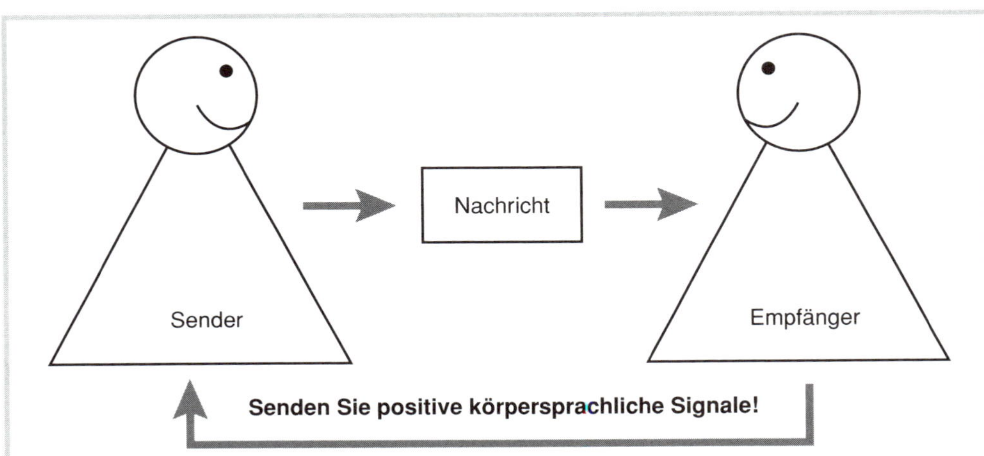

Geben Sie positives Feeback! Ermutigen Sie Ihren Gesprächspartner durch: Interessiertes Fragen! Lob! Aktives Zuhören!

Lob und konstruktive Kritik sollten in einem angemessenen Verhältnis zueinander stehen.

Lob stärkt das Selbstwertgefühl, während Kritik helfen soll, die persönliche Leistung zu verbessern und Schwachstellen aufzuzeigen.

Es empfiehlt sich, hin und wieder zu überprüfen, in welche Richtung Sie Ihre Wahrnehmung ausrichten.

Achten Sie verstärkt auf die positiven oder auf die negativen Aspekte?

Ich möchte Ihnen vorschlagen, jeden Tag für einige Zeit ganz bewußt darauf zu achten, was Sie selbst und Ihre Kollegen Lobenswertes vollbringen.

Sie werden erstaunt sein, wieviele Anlässe sich bieten werden, um ein aufrichtiges Lob auszusprechen.

Jeder Mensch besitzt Fähigkeiten, die von einem aufmerksamen Beobachter auf ehrliche Weise gewürdigt werden können. Nutzen Sie die alltäglichen Gelegenheiten, und geben Sie ermunternde, positive Rückmeldungen. Geizen Sie nicht mit Lob. Denken Sie daran: „Dem, der gibt, dem wird gegeben!“

Trainingsprogramm

Gerade das Loben fällt vielen Menschen schwer – insbesonders dann, wenn es um die eigene Person geht. Bedenken Sie: Eigenlob stinkt nicht, sondern verbreitet einen wunderbaren Duft!

Lob stärkt das Selbstwertgefühl und verbreitet eine angenehme Atmosphäre. Deshalb:

- Schreiben Sie einen zweiseitigen Lobbrief an sich selbst. Listen Sie alle positiven Eigenschaften auf, die Sie finden können. Fragen Sie sich: Was kann ich gut? Wo liegen meine Talente? Was zeichnet mich als einzigartigen Menschen aus? Wo liegen meine Stärken?
- Fragen Sie sich in einer stillen Stunde, was Sie alles an Ihren Kollegen, dem Chef, den Freunden und Ihrem Lebenspartner mögen.
- Loben Sie andere für ihre guten Leistungen. Bedanken Sie sich ausdrücklich, wenn Ihnen jemand einen Gefallen tut. Wertschätzen Sie auch Kleinigkeiten.
- Um Mißerfolge als eine nützliche Rückmeldung interpretieren zu können, stellen Sie sich zukünftig folgende Fragen: Was lerne ich aus dem Mißerfolg? Welche Fähigkeit fehlte bisher zum Erfolg? Was werde ich das nächste Mal anders machen? Wie genau?

Konstruktives Feedback

Feedback heißt wörtlich übersetzt „Zurückfüttern“. Dabei wird ein Mensch mit Informationen über seine Außenwirkung nach außen versorgt.

Feedback gibt eine Rückmeldung zum eigenen Verhalten. Jeder Mensch braucht ständig Feedback, um sich zu orientieren.

Wenn Sie beim Autofahren auf den Tacho blicken, bekommen Sie Feedback zur Geschwindigkeit des Autos. Auf diese Weise wissen Sie, wie schnell Sie fahren. Sie können sich orientieren und das angemessene Tempo wählen, indem Sie mehr Gas geben oder bremsen.

In der Kommunikation ist es ähnlich. Sie wird zum Gewinner-Gewinner-Modell, wenn alle Beteiligten konstruktives Feedback bekommen und dabei mit ausreichend brauchbaren Informationen zur eigenen Person versorgt werden.

Deshalb möchte ich Ihnen an dieser Stelle einige nützliche Tips geben, wie Sie in

Zukunft Ihren Mitmenschen auf konstruktive Weise Rückmeldung geben können.

Regeln zum Feedback-Geben

Wenn Sie einen anderen Menschen Feedback anbieten, können Sie dies in einer Form tun, die es ihm leicht macht, den Kern Ihrer Aussage zu verstehen und anzunehmen.

Vermutlich wissen Sie aus eigener Erfahrung, daß es nicht immer einfach ist, kritische Rückmeldungen zur eigenen Person freudig zu begrüßen – wer wird schon gern kritisiert?

Deshalb ist es prinzipiell gut, wenn Sie dem Empfänger zunächst durch positives Feedback signalisieren, daß Sie ihn als Person wertschätzen.

Dann versuchen Sie, kritisches Feedback so zu verpacken, daß der andere sicher sein kann, daß Sie ihn weder angreifen noch belehren wollen, sondern ihm dabei helfen wollen, etwas zu lernen und sein Verhalten in Zukunft zu optimieren.

Um den partnerschaftlichen Charakter Ihres Feedback zu unterstreichen, ist es gut, die folgenden Regeln zu beherzigen:

- Suchen Sie Blickkontakt! – Dadurch signalisieren Sie eine offene Gesprächsbereitschaft.
- Senden Sie Ihr Feedback direkt! Vermeiden Sie, über die betroffene Person zu reden.
- Beschreiben Sie das Verhalten so konkret wie möglich! Je genauer Ihre Rückmeldung, desto besser ist die Lernchance für den Partner.
- Vermeiden Sie Unsachlichkeit und Abwertungen! Achten Sie darauf, den anderen nicht unnötig zu verletzen.
- Optimale Offenheit! Halten Sie eine bewußte Balance zwischen Sachlichkeit und aufrichtiger Betroffenheit.
- Positive Alternativen anbieten! Bieten Sie konstruktive Lösungsvorschläge für die Zukunft an.

Regeln zum Feedbacknehmen

Jeder Mensch braucht Feedback, um die eigene Außenwirkung realistisch einschätzen zu können. Ohne Feedback kann kein Lernen stattfinden! Damit Sie das Feedback Ihrer Kollegen auf nützliche Weise annehmen können, benötigen Sie eine offene und lernbereite Einstellung.

In der Praxis ist dies allerdings nicht immer einfach, da viele Menschen daran gewöhnt sind, kritisches Feedback als Angriff gegen die eigene Person zu empfinden. Zum Schutz gegen diesen vermeintlichen Angriff reagieren sie mit einem Rechtfertigungs-Reflex.

Damit Sie jedoch das Feedback für Ihre Weiterentwicklung nutzen können, ist es notwendig, die Rückmeldung nicht abzuwehren, sondern den Feedbackgeber zu motivieren, Sie auch weiterhin mit wertvollen Informationen zu versorgen.

Dieser partnerschaftliche Lernprozeß kann durch folgende Regeln unterstützt werden:

- Nehmen Sie Blickkontakt auf! Dadurch signalisieren Sie Ihre Gesprächsbereitschaft.
- Hören Sie aufmerksam zu! Lassen Sie den anderen ausreden.
- Fragen Sie sich: Was kann ich daraus lernen? Versuchen Sie, den Kern/das Wertvolle in der Aussage zu verstehen.
- Keine unnötigen Abwehrmanöver! Wenn die Kritik berechtigt ist, dann öffnen Sie sich den Worten des anderen.
- Eventuell nachfragen! Wenn Sie einzelne Kritikpunkte nicht nachvollziehen können, sollten Sie weitere Informationen einholen.

Lerntransfer

Abschließend möchte ich Ihnen jetzt vorschlagen, ein kurzes Fazit zum Thema „Effiziente Kommunikation“ zu erstellen.

Nehmen Sie sich etwas Zeit, und blättern Sie die eben gelesenen Seiten in Ruhe durch.

Notieren Sie sich, was Ihnen beim Studium dieses Artikels durch den Kopf gegangen ist.

Fragen Sie sich, wo Ihre Stärken liegen und in welchen Bereichen Sie zukünftig was genau tun werden, um Ihre kommunikative Kompetenz zu verbessern. Welchen Aspekten werden Sie in nächster Zeit besondere Aufmerksamkeit schenken? Was werden Sie morgen anfangen zu üben?

Setzen Sie sich realistische Ziele, und planen Sie Ihre Veränderungswünsche langfristig. Versuchen Sie, nicht alles auf einmal zu verwirklichen. Wählen Sie lieber zwei oder drei Aspekte aus, und trainieren Sie Ihre kommunikativen Fähigkeiten ganz gezielt.

Denken Sie daran: Lernprozesse brauchen etwas Zeit. Seien Sie geduldig mit sich, genießen Sie Ihre Fortschritte, und arbeiten Sie an Ihren Zielen – so lange, bis Sie Ihr persönliches Lernprogramm gemeistert haben.

Ich wünsche Ihnen viel Spaß dabei!

Weiterführende Literatur

Allnach, Konstanze/Rusch, Caroline, Rhetorik, Compact Verlag, München 1995

Berckhan, Barbara, u. a., Schreck laß nach – Was Frauen gegen Redeangst und Lampenfieber tun können, Kösel Verlag, München 1993

Ebeling, Peter, Rhetorikhandbuch, Deutscher Sparkassenverlag, Stuttgart 1994

Jentzsch, Klaus, Rhetorik, Haag + Herchen Verlag, Frankfurt am Main 1992

Ornstein, Robert, Multimind – Ein neues Modell des menschlichen Geistes, Junfermann Verlag, Paderborn 1992

Rückerl, Thomas, NLP in Stichworten, Junfermann Verlag, Paderborn 1994

Rückerl, Thomas/Ehrlich Jörn, NLP in Action, Junfermann Verlag, Paderborn 1997

Schulz von Thun, Friedemann, Miteinander Reden 1., Rowohlt Verlag, Reinbek 1981

Schulz von Thun, Friedemann, Miteinander Reden 2., Rowohlt Verlag, Reinbek 1989

Streßbewältigung und gesundes Arbeiten

Jörn Ehrlich

Herzlich willkommen!

In diesem Kapitel werden Sie erfahren, wie Sie durch achtsames Verhalten und gezieltes Üben Ihren Gesundheitszustand positiv beeinflussen können.

Nutzen Sie die Gelegenheit, über Ihre derzeitige Arbeitssituation nachzudenken. Sie werden erstaunt sein, wieviel Sie persönlich dazu beitragen können, um Ihr (Arbeits-)Leben gesünder zu gestalten.

Schenken Sie sich täglich etwas Zeit für etwas außerordentlich Wichtiges in Ihrem Leben – Ihre Gesundheit. Sie werden sehr schnell bemerken, wie angenehm, vitalisierend und erholsam solche kurzen „Auszeiten" sind.

Ich möchte Ihnen schon an dieser Stelle viel Erfolg und Spaß dabei wünschen.

Moderne Arbeitswelt – Segen oder Fluch?

Das heutige Berufsleben ist – verglichen mit den Lebensbedingungen unserer Urahnen – bewegungsarm und künstlich. Viele Berufstätige sind umgeben von moderner Bürotechnik, Kopierautomaten, Plastikpflanzen, einer Klimaanlage, Fast food und klingelnden Telefonapparaten. In dieser Atmosphäre muß die täglich anfallende Informationsflut geordnet, bearbeitet, abgelegt und weitergeleitet werden. Dafür müssen wir unser Gehirn zu Höchstleistungen antreiben. Hier wird eine Besprechung einberufen, dort muß ein Termin verschoben werden, dazu Akten sichten, Unterschriften einholen und natürlich die anfallende Schreibarbeit am PC erledigen. Viele dieser Arbeiten verlangen ein hohes Maß an geistiger Präsenz. Es dürfen keine Fehler gemacht werden. Die Zeit ist knapp und kostbar.

Und was macht inzwischen unser Körper?

Der sitzt auf einem bequemen, ergodynamischen Bürostuhl und wird gezwungen, über lange Phasen in ein und derselben Position zu verharren. Wir lassen ihn von Fahrstühlen hinauf- und hinuntertransportieren, um ihn anschließend wieder vor den PC hinzusetzen. Nach der Arbeit fahren wir mit dem Auto nach Hause, wo unser Körper es sich dann vor dem Fernseher bequem machen darf.

Wir sollten jedoch nicht vergessen, daß wir trotz der vielen Annehmlichkeiten, die eine hochtechnisierte Leistungsgesellschaft zu bieten hat, in einem Körper leben, der genetisch an die Umweltbedingungen von vor über 30000 Jahren angepaßt ist.

Unser Körper braucht vielseitige Bewegungsangebote, um langfristig gesund zu bleiben.

Was genau können Sie am Arbeitsplatz tun, um sich die notwendige Erholung zukommen zu lassen? Wie können Sie den tagtäglichen (Über-)Belastungen entgegenwirken? Was ist der Sinn von Schmerzen und anderen Körpersignalen? Welche Übungen können Sie praktizieren, um Ihr gesundheitliches Niveau anzuheben und Streß vorzubeugen? Welchen Wert hat eine aktive Pausengestaltung? Auf diese Fragen möchte ich Ihnen auf den folgenden Seiten

Antworten bieten, die Ihnen helfen werden, Ihr Berufsleben auf eine gesunde Weise zu meistern.

Achten Sie auf Ihre Körpersignale!

Auch wenn sich viele Menschen im Alltagsgeschehen dessen nicht bewußt sind – unser Körper ist auf eine aufmerksame und kooperative Zusammenarbeit mit dem Verstand angewiesen.

Ähnlich wie das Pferd den Reiter trägt uns unser Körper durch den (Berufs-)Alltag. Hier stellt sich die Frage, wie wir als mentaler Reiter unser physisches Pferd behandeln – als guten Freund und lebendigen Gefährten oder als bloßes Transportmittel, das lediglich im Krankheitsfall durch einen Arztbesuch auf seine Funktionstüchtigkeit hin überprüft wird?

Der aktuelle Zeitgeist der Jahrtausendwende und der damit verbundene allgegenwärtige Leistungsdruck bewirken, daß sich sehr viele von uns daran gewöhnt haben, ihr Pferd erbarmungslos voranzutreiben, ohne dessen Bedürfnisse nach Nahrung, Ausgleich, Pflege und Ruhephasen zu berücksichtigen.

Doch was geschieht mit einem Pferd, das über lange Zeiträume hinweg schonungslos geritten wird? Es wird zunächst Verschleißerscheinungen aufweisen und schließlich zusammenbrechen!

Unsere Gesundheit ist jedoch eines der kostbarsten Güter, die uns von Mutter Natur zur Verfügung gestellt worden sind. Leider ist es eine noch immer weitverbreitete Verhaltensweise, daß wir uns erst über unser Wohlbefinden Gedanken machen, wenn wir uns krank und unwohl fühlen. Wir achten häufig viel zu spät auf die Warnsignale, die unser Körper sendet. Und selbst dann schleppen sich viele von uns durch den Tag, bevor sie sich entschließen, professionelle Hilfe aufzusuchen, und anfangen, Verantwortung für ihre eigene Gesundheit zu übernehmen.

Wenn in Ihrem Bürohaus die Alarmanlage angeht, es lautstark klingelt und rote Warnlampen aufblitzen – wie verhalten Sie sich dann? Versuchen Sie als erstes, die Sirenen und Warnleuchten abzuschalten? Verfluchen Sie die Alarmanlage, während Sie die Kabel aus der Wand reißen? Wohl kaum!

Statt dessen versuchen Sie, die Störung ausfindig zu machen und den Schaden zu beheben. Und im nachhinein sind Sie sicher froh, daß Ihre Alarmanlage so gut funktioniert hat.

Unsere Fähigkeit, Schmerzen und Unwohlsein zu empfinden, ist die Alarmanlage unseres Körpers!

Menschliche Krankheits- und Überlastungssymptome haben eine wichtige

- Konzentrationsbeschwerden
- Überbelastung der Augen
- Verspannungen (speziell des Nacken-Schulter-Bereichs und der unteren Rückenmuskulatur)
- Neigung zur Krampfaderbildung
- Kopfschmerzen
- Magen-Darm-Probleme
- Appetitlosigkeit
- Abgespanntheit
- Veränderungen der Stütz- und Haltemuskulatur

Typische Folgen von einseitiger körperlicher Beanspruchung

Funktion. Sie wollen den Menschen veranlassen, sich so zu verhalten, daß auftretende Störungen möglichst bald kuriert werden. Über unsere Körpersignale bekommen wir wertvolle Rückmeldungen über die aktuellen Bedürfnisse unseres Organismus. In einem natürlichen Lebensraum führen diese Signale automatisch dazu, daß wir uns so verhalten, daß unser Körper wieder ins Gleichgewicht kommt.

Wir Menschen haben jedoch in vielen Fällen verlernt, unsere Körpersignale sinnvoll zu deuten. Wir leben heute oftmals in einem künstlichen Lebensraum, in dem der natürlichen Körperintelligenz nicht mehr viel Beachtung geschenkt wird. Die moderne Medizin mit ihrem umfassenden Wissen über biochemische Vorgänge bietet vielerlei Möglichkeiten, organische Signale künstlich zu unterbinden. Wir haben gelernt, die nützliche körpereigene Alarmanlage zu betäuben oder sogar außer Kraft zu setzen.

Durch die Einnahme von Schmerztabletten können schrille Sirenentöne in dumpfes, unterschwelliges Pochen verwandelt oder grellrotes Licht durch einen Graufilter entschärft werden. Dadurch empfinden wir die Signale der Alarmanlage nicht mehr so lästig und können weiterarbeiten.

Diese Strategie funktioniert jedoch nur kurzzeitig. Unser Körper wird dafür sorgen, daß er über kurz oder lang zu seinem Recht kommt. Wenn Sie die feinen, unterschwelligen Hilferufe einfach überhören (oder medikamentös betäubt haben), wird Ihr Körper mit allen Mitteln versuchen, sich auf andere Weise bei Ihnen Gehör zu verschaffen.

So wird sich etwa mit der Zeit aus einem anfänglichen Unwohlsein in der Schultergegend ein deutlicher Verspannungsschmerz entwickeln. Das leichte Druckgefühl im Magen verwandelt sich zu Sodbrennen, steigert sich zu einer Nahrungsmittelunverträglichkeit und endet schließlich in einem Magengeschwür.

Dies geschieht aus gutem Grund! Sie können davon ausgehen, daß hinter jedem körperlichen Signal, sei es nun Schmerz, Unlust oder Freude, eine positive Absicht verborgen liegt. Ihre unbewußten Kräfte wünschen sich nichts sehnlicher, als daß es Ihnen langfristig gutgeht.

Um Ihnen diese wichtigen Hinweise bewußtzumachen, wählt Ihr Körper jede erdenkliche Möglichkeit, um mit Ihnen in Kontakt zu treten. Sie haben die Wahl! Sie können diese Hinweise ignorieren, betäuben oder kurzfristig verdrängen, oder Sie akzeptieren die Nachrichten und suchen nach Wegen, um auf verantwortungsvolle Weise damit umzugehen.

Fragen Sie sich zukünftig:
Welche wichtige Botschaft möchte mir mein Körper gerade übermitteln?
Was genau kann ich aktiv dazu beitragen, daß es mir bald wieder besser geht?

- Stimmungsschwankungen
- Schlaflosigkeit
- Konzentrationsschwierigkeiten
- Verdauungsprobleme
- Schwindelgefühle
- Müdigkeit
- Gefühl der Hetze
- unerklärliches Druckgefühl
- leichte Reizbarkeit
- innerliche Unruhe
- blasse Haut
- Pessimismus
- Kraftlosigkeit
- andauernde Unlust
- Verspannungen
- unerklärliche Kopfschmerzen

Typische Erschöpfungs- und Überlastungssymptome

Ich möchten Sie anregen, Ihre körperlichen Beschwerden nicht zu verdammen, sondern sie als nützliche Botschaften Ihres Unbewußten zu verstehen.

Nutzen Sie die Intelligenz Ihres Körpers! Das archetypische Wissen um die bio-psychischen Zusammenhänge ist in jeder Zelle Ihres Körpers gespeichert; es schlummert in den Tiefen Ihres Unbewußten, Sie brauchen es nur zu aktivieren, indem Sie auf respektvolle und aufmerksame Weise Kontakt herstellen.

Sobald Sie wissen, was zu tun ist, verschaffen Sie sich den nötigen Ausgleich, den Ihr Körper benötigt, um sich zu erholen und Kraft zu tanken.

Ich möchte Sie ermutigen, mit den ersten Schritten gleich heute zu beginnen. Ihr Körper wird dies sicherlich voller Freude zur Kenntnis nehmen.

Die aktive Pausengestaltung

Gestalten Sie Ihre Pausen aktiv! Häufig ignorieren wir unsere aktuellen Bedürfnisse. Anstatt die bestehenden Körpersignale ernst zu nehmen, neigen wir auch in unseren Pausen dazu, unseren liebgewonnenen Gewohnheiten zu folgen. Der Griff zum Kaffeebecher, den Süßigkeiten oder zur Zigarette ist naheliegend.

Statt diesen routinemäßigen Impulsen zu folgen, fragen Sie sich, was genau Ihr Körper in diesem Moment benötigt. Sind Sie wirklich durstig nach Kaffee, oder benötigen Sie eher einen wohlschmeckenden Fruchtsaft? Will sich Ihr Körper im Aufenthaltsraum erneut auf einem Stuhl niederlassen, oder möchte er sich viel lieber ausgiebig recken und strecken?

Viele Menschen werden von ihren Gewohnheiten „beherrscht". Sie vergessen, in sich hineinzufühlen und sich ihren wahren Bedürfnissen entsprechend zu verhalten. Spüren Sie Ihren körperlichen Impulsen auf offene und kooperative Weise nach. Langfristig beugen Sie so ernsthafteren Beschwerden vor.

Die Problemzonen

Durch häufiges Sitzen während der Büroarbeit ist der Körper verschiedenen ungünstigen Belastungen ausgesetzt. Dauerhafte und einseitige Belastungen bewirken, daß sich der gesamte Organismus über kurz oder lang verspannt. Leistungsabfall, Abgespanntheit und Unwohlsein sind die Folgen.

Es ist deshalb außerordentlich wichtig, daß Sie sich für diese Körpersignale sensibilisieren und durch entsprechende Maßnahmen dazu beitragen, sich in einen besseren Zustand zu bringen.

Damit Sie Ihr Übungsprogramm zielgerichtet gestalten können, werden an dieser Stelle die typischen Problemzonen aufgelistet, in denen es meiner Erfahrung nach immer wieder zu Verspannungen und Unwohlsein kommen kann:

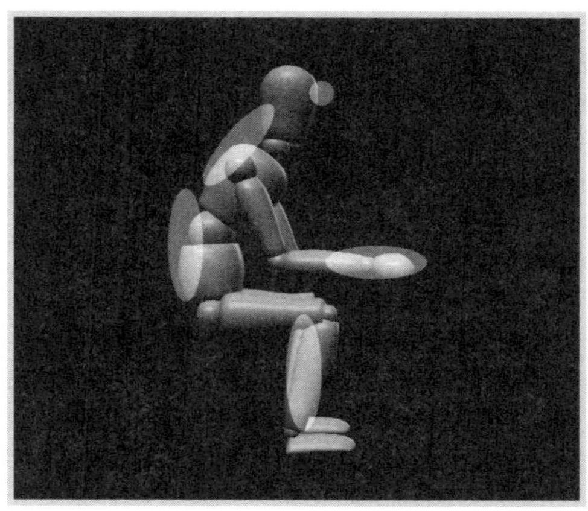

Typische Problemzonen: Augen, Oberkörper (speziell Schulter-Nacken), Arme und Hände, Unterkörper (speziell: Lendenwirbelsäulen-Bereich), Beine und Füße

Funktionsweise des Muskelsystems

Das Muskelsystem ist in seiner Beschaffenheit sehr flexibel. Es paßt sich problemlos der jeweiligen Körperhaltung an. Verhalten wir uns über einen längeren Zeitraum immer gleich, reagiert unser Muskelsystem mit schrittweisen Anpassungsvorgängen. Die Muskeln verändern ihre Länge und Form entsprechend den vorherrschenden Krafteinwirkungen. Der Organismus „lernt", welcher Muskel sich wie zu verhalten hat. Er paßt sich immer den vorherrschenden Umweltbedingungen an. Bewegen wir uns einseitig, krumm und nicht ausreichend, verliert die Muskulatur mit der Zeit ihre natürliche Flexibilität, verhärtet und reagiert schmerzhaft auf Belastungsveränderungen.

Wenn Sie z. B. beim Sitzen für einen längeren Zeitraum Ihren Oberkörper und Kopf vorbeugen, müssen die Schulter-, Nacken- und Rückenmuskulatur permanent Haltearbeit verrichten. Früher oder später werden sich diese Bereiche verspannen und überdehnen, während die Bauch- und Brustmuskulatur als deren natürliche Gegenspieler ungenügend beansprucht werden und sich infolgedessen verkürzen und erschlaffen.

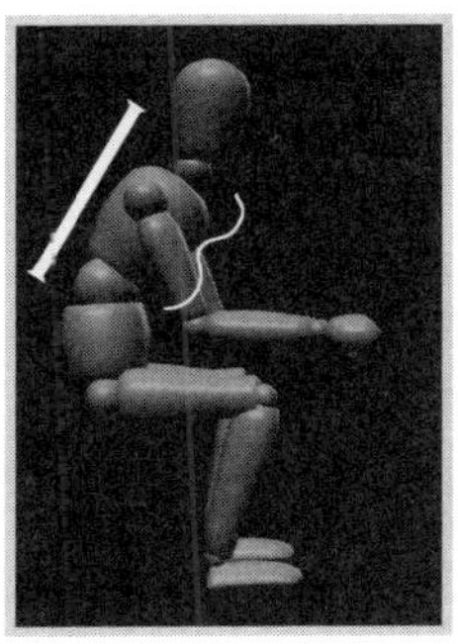

Langfristig kommt es so zu einem Ungleichgewicht innerhalb des Muskelsystems, den muskulären Dysbalancen. Die muskulären Dysbalancen haben zur Folge, daß sich die gesamte Statik des Organismus verändert.

Muskeln, die aufgrund einseitiger Belastung verkürzt, überbelastet oder schwach entwickelt sind, reagieren unter Belastung sehr häufig mit Schmerz. Sie sind druckempfindlicher als andere Körperregionen und ermüden vorzeitig.

Ein natürliches Verhalten beim Auftreten von Schmerzen ist das Bestreben, diese zu vermeiden. Wenn das betroffene Gewebe bereits geschädigt ist, ist diese Reaktionsweise auch richtig und angemessen (z. B. bei Muskelfaserriß, Hautabschürfung, Prellung, Knochenbruch).

In vielen Fällen ist die Muskulatur jedoch nicht verletzt, sondern lediglich unter- bzw. überbelastet. Diese Regionen reagieren in solchen Fällen sensibler auf äußere Einflüsse.

Anstatt diese Regionen in eine Schonhaltung zu zwängen, sollten Sie sich vorsichtig an Ihre Schmerzgrenze herantasten. Tun Sie so, als ob Sie in das betroffene Muskelgewebe hineinatmen könnten, und versorgen Sie es mit besonderer, liebevoller Aufmerksamkeit.

Auf diese Weise werden Sie mit der Zeit Ihre Grenzen Stück für Stück erweitern. Schon leichte Dehnung, sanfte Druckmassage und gezielte Bewegungsanreize können hier kleine Wunder vollbringen.

Sollten Sie unsicher sein, ob an den betroffenen Stellen nicht doch eine ernsthafte Schädigung vorliegt, müssen Sie einen Arzt oder Fachmann konsultieren!

Das Übungsprogramm

Der nachfolgende Übungskatalog soll Ihnen helfen, einen gezielten und notwendigen Ausgleich in Ihrem Berufsalltag herzustellen. Nach einer gewissen Zeit des Übens werden Sie erfreut feststellen, daß diese Übungen Ihr Wohlbefinden steigern. Sie werden erfrischt mit neuer Energie an die Arbeit zurückkehren.

Es ist nicht nötig, daß Sie das gesamte Übungsprogramm durcharbeiten. Sobald Sie die einzelnen Übungen kennengelernt haben, können Sie beginnen, Ihr individuelles Programm zu erstellen. Wählen Sie sich gezielt die Übungen aus, die Ihnen helfen, Ihr körperliches und geistiges Wohlbefinden anzuheben.

Es ist nicht wichtig, daß Sie viele Übungen durchführen. Solange Sie Ihr Programm – auch wenn es nur aus einer Übung besteht – aufmerksam und mit liebevoller Zuwendung praktizieren, befinden Sie sich auf dem richtigen Weg. Sie brauchen einfach nur in Ihren Körper hineinzufühlen und werden zielsicher die Bereiche erspüren, die momentan besonderer Zuwendung bedürfen.

Die Übungen sind in 6 Abschnitte unterteilt:

- Augen (Seite 340)
- Schultern – Nacken (Seite 342)
- Hände – Arme (Seite 343)
- Wirbelsäule – Hüfte (Seite 345)
- Beine (Seite 347)
- Ganzkörperübungen (Seite 349)

Lesen Sie bitte auch die „Leitsätze für Ihr Übungsprogramm" auf Seite 350.

Augen

Büroarbeit bedeutet heutzutage, lange Zeiträume vor dem PC-Bildschirm zu verbringen. Unseren Augen wird hierbei Höchstleistung abverlangt. Durch ständiges Blicken auf den Bildschirm ist die Augenmuskulatur gezwungen, den Augenkörper in einer fixierten Position ruhigzustellen. Dies führt langfristig zu Verspannungen, die sich in Form von Kopfschmerzen, Seh- und Konzentrationsstörungen bemerkbar machen.

Auch die Augenmuskulatur benötigt Abwechslung und Entspannung, um geschmeidig und leistungsfähig zu bleiben. Deshalb sollten Sie Ihren Augen täglich etwas Aufmerksamkeit schenken.

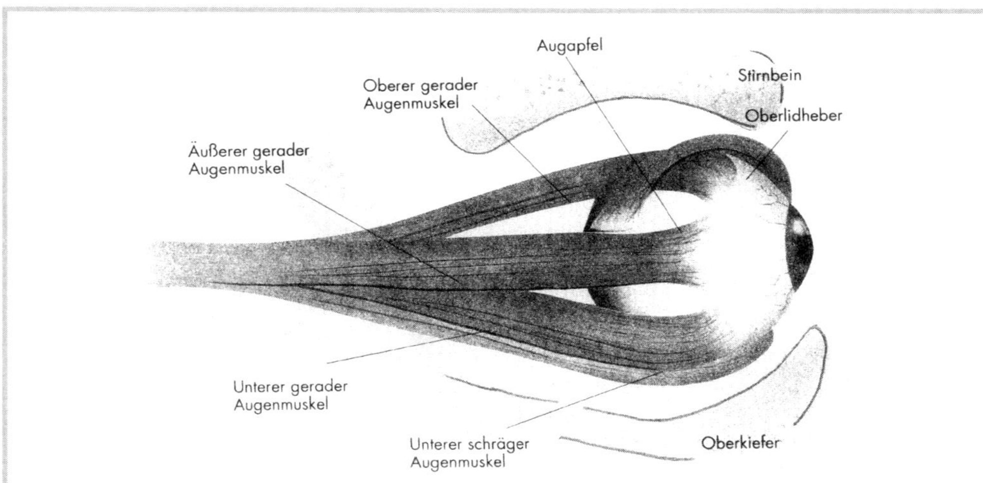

Der Augenkörper wird über insgesamt sechs verschiedene Muskeln gesteuert. Dadurch sind wir in der Lage, unsere Augen sehr flexibel in alle Richtungen zu bewegen.

Palmieren

Das Palmieren (englisch: palm, die Handfläche), auch Abschirmen genannt, ist eine der wichtigsten Grundübungen, um die Augen zu entspannen.

Stützen Sie Ihre Ellenbogen auf einer stabilen Unterlage ab, damit sich die Schulter- und Nackenmuskulatur entspannen kann. Legen Sie nun Ihre hohlen Handflächen wie kleine Zelte auf Ihre geschlossenen Augen.

Sorgen Sie dafür, daß die Augen nicht berührt werden! Bedecken Sie Ihre Augen sorgsam. Es sollte kein Lichtstrahl mehr eindringen. So können sich die Augen von ihrer Arbeit erholen und völlig entspannen. Lassen Sie sich von der Dunkelheit ganz einhüllen, beobachten Sie, wie das Farbspiel hinter Ihren Augenlidern langsam abnimmt.

Atmung: ruhig und gleichmäßig
Aufmerksamkeit: ruht wechselnd auf der Atmung und der Rückseite der Augenlider
Dauer/Wiederholung: mindestens 1 Minute
Hinweis: Wie fühlen sich die Augen an? Wie ist das allgemeine Wohlbefinden? Schauen Sie sich im Raum um. Können Sie bestimmte Dinge jetzt besser erkennen?

Brennpunkt verstellen

Suchen Sie sich drei Objekte Ihrer Wahl, die in einer Linie zu Ihnen stehen. Die Entfernung der einzelnen Gegenstände zueinander sollte möglichst groß sein (z.B. 30 cm – 2 m – 6 m).

Wechseln Sie Ihren Fokus langsam zwischen den nahen und fernen Objekten hin und her.

Atmung: ruhig und gleichmäßig
Aufmerksamkeit: ruht wechselweise auf den Objekten und den Augen; spüren Sie, wie sich Ihre Augenmuskeln und Ihre Pupillen bewegen, um die Gegenstände scharfzustellen.
Dauer/Wiederholung: Fixieren Sie jedes Objekt ca. 5–10 Sekunden, bevor Sie wechseln. Anschließend palmieren.

Die geöffneten Augen bewegen

Setzen Sie sich aufrecht hin. Bringen Sie Ihren Kopf in eine gerade, entspannte Haltung. Bewegen Sie ausschließlich die Augen nach allen Seiten, ohne dabei Ihre Außenwelt wahrzunehmen.

Konzentrieren Sie sich auf die Bewegungsempfindungen. Normalerweise sind wir es nicht gewohnt, unsere Augen unabhängig von unserem Kopf zu bewegen. Deshalb werden Sie vermutlich am Anfang sehr deutlich spüren, wie Ihre Augenmuskulatur auf diese Belastung reagieren wird. Werten Sie das als ein gutes Zeichen.

Atmung: ruhig und gleichmäßig
Aufmerksamkeit: ruht auf der Bewegung der Augen
Dauer/Wiederholung: solange Sie mögen, danach palmieren

„Augenrallye"

Verändern Sie kontinuierlich den Fokus Ihrer visuellen Aufmerksamkeit. Dabei folgt der Kopf Ihren Augenbewegungen. Wechseln Sie zügig zu möglichst vielen Objekten im Raum. Versuchen Sie dabei Ihre Augen möglichst rund, sanft und weich zu bewegen.

Atmung: begleitet die Augenbewegungen
Aufmerksamkeit: ruht wechselweise auf der Augenbewegung und den Objekten
Dauer/Wiederholung: 1–2 Minuten, anschließend palmieren

Window-viewing
Setzen Sie sich bequem hin. Schauen Sie aus dem Fenster. Versuchen Sie, möglichst nichts zu fixieren, sondern Ihre Außenwelt als ein ganzes, einheitliches Panorama wahrzunehmen.

Betrachten Sie dieses Bild als eine dreidimensionale Einheit, ohne mit Ihrem Interesse an einem Objekt zu verhaften. Lassen Sie dabei Ihre Gedanken ziehen wie die Wolken am Horizont.

Atmung: ruhig und gleichmäßig
Aufmerksamkeit: ruht auf der Wahrnehmung des gesamten Panoramas; vermeiden Sie, sich auf etwas Bestimmtes zu konzentrieren.
Dauer/Wiederholung: solange Sie mögen

Schultern – Nacken

Die Schulter- und Nackenmuskulatur reguliert die Gesamtspannung Ihres Körpers. Wenn Sie gelernt haben, diesen Bereich willentlich zu entspannen, verbessern Sie die Sauerstoffversorgung Ihres Gehirns und beugen unnötigen Verspannungen vor.

Schulterkreisen
Kreisen Sie Ihre Schultern langsam in großen, runden und weichen Bewegungen vorwärts und rückwärts.
Achten Sie darauf, welche Bewegungsphasen sich eher rund und welche sich eher eckig anfühlen.

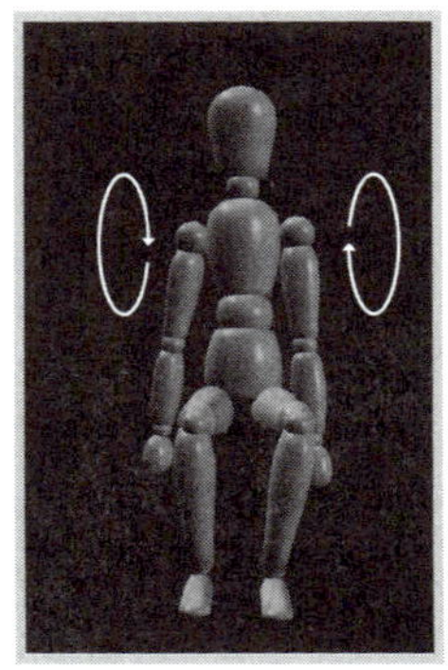

Atmung: Versuchen Sie, Ihre Atmung mit der Bewegung zu verknüpfen (aufwärts = einatmen, abwärts = ausatmen).
Aufmerksamkeit: ruht auf der Bewegung
Dauer/Wiederholung: 5–10mal pro Richtung

Kopfkreisen
Neigen Sie Ihren Kopf sanft nach unten zum Brustbein. Halten Sie dabei Ihren Oberkörper (speziell die Brustwirbelsäule) aufrecht. Führen Sie den Kopf, von der Mitte ausgehend, zur linken Schulter, zurück zur Mitte und danach zur rechten Schulter. Vermeiden

Sie es, den Kopf hinter den Schultern zu kreisen.

Atmung: nach links = ein, zur Mitte = aus, nach rechts = ein usw.
Aufmerksamkeit: ruht auf der hinteren und seitlichen Nackenmuskulatur
Dauer/Wiederholung: 5–10mal

Boje
Richten Sie Ihren gesamten Oberkörper auf. Arbeiten Sie mit der Vorstellung, daß Ihr Kopf ganz leicht wie eine Boje im Wasser treibt.

Bewegen Sie Ihren Kopf – ganz sanft und kaum sichtbar – in alle Richtungen, so wie der Wind eine Boje im Wasser bewegt.

Atmung: ruhig und gleichmäßig
Aufmerksamkeit: ruht auf den obersten Halswirbeln
Dauer/Wiederholung: solange Sie mögen

Nacken dehnen (seitlich)
Sitzen Sie aufrecht. Ziehen Sie den rechten Arm sanft nach unten zum Boden. Dabei schaut der Handrücken zur Decke. Danach senken Sie Ihren Kopf langsam zur linken Schulter. Danach wechseln Sie die Seiten.

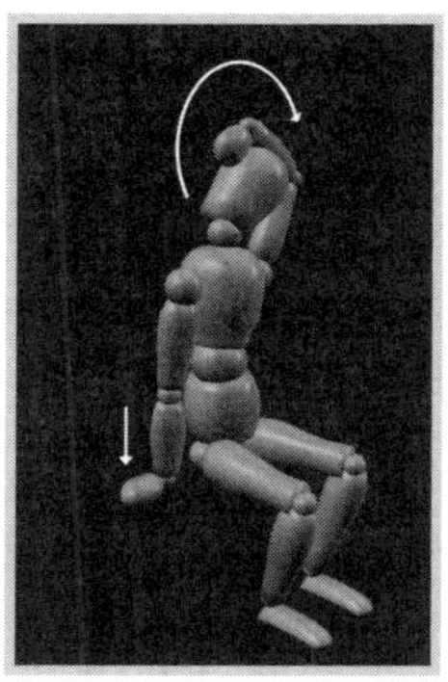

Atmung: Atmen Sie in die Dehnungsempfindung hinein.
Aufmerksamkeit: seitliche Dehnung der Nackenmuskulatur
Dauer/Wiederholung: 2mal ca. 20–30 Sekunden

Nacken dehnen (brustwärts)
Verschränken Sie die Hände hinter dem Kopf. Senken Sie den Kopf in Richtung Brustbein. Halten Sie währenddessen die Brustwirbelsäule aufrecht. Ziehen Sie nicht mit Kraft am Hinterkopf, sondern nutzen Sie maximal das Gewicht Ihrer Arme, um den Kopf nach unten zu führen!

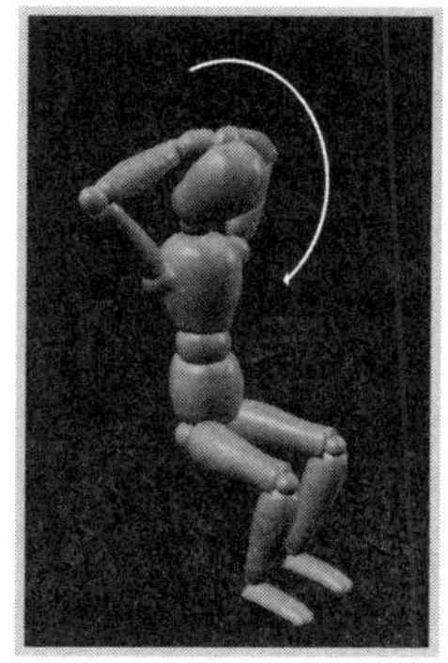

Atmung: Beatmen Sie die Bereiche der hinteren Nackenmuskulatur.
Aufmerksamkeit: ruht auf dem Dehnungsempfinden; wie weit können Sie die Dehnung nachspüren (Nacken, oberer Rücken, unterer Rücken)?
Dauer/Wiederholung: 2mal ca. 20–30 Sekunden

Hände – Arme

Die Hände sind es gewohnt, ständig Greifbewegungen durchzuführen. Dadurch kräftigen und belasten wir kontinuierlich den Unterarmbereich, ohne ihn jedoch regelmäßig zu dehnen und auf diese Weise für den nötigen Ausgleich zu sorgen. Neueren Untersuchungen zufolge kann sich daraus eine berufsbedingte Krankheit entwickeln, das sogenannte RSI (Repetitive Strain Injury), was als „Wiederholte Beanspruchungs-Erkrankung" übersetzt werden kann (vgl. Bullinger, S. 28):

- RSI: Durch jahrelange, kontinuierliche Tastaturarbeit am Bildschirm entstehender Schmerz im Hand-Arm-Bereich

- RSI: 48 % aller Berufskrankenfälle in den USA lassen sich auf RSI zurückführen.
- RSI: Im Extremfall ist selbst das Halten einer Kaffeetasse mit extremen Schmerzen verbunden.
- RSI: Vorbeugende Maßnahmen sind Durchführung regelmäßiger Ausgleichsübungen, ergonomische Aufklärung, Klärung persönlicher Probleme, gesunde Pausengestaltung, Verteilung der Bildschirmarbeit über den gesamten Arbeitstag.

Finger aufstellen

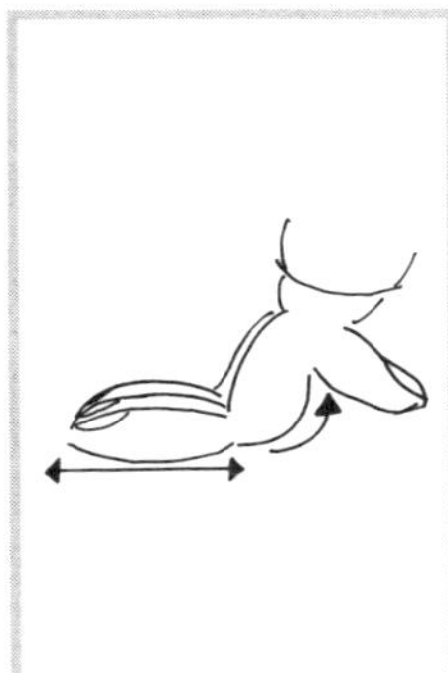

Stellen Sie Ihre Hand rechtwinklig zum Unterarm auf den Schreibtisch auf. Heben Sie nun langsam den Handballen vom Boden ab, ohne die Finger zu bewegen. Nachdem Sie ein stärkeres Dehngefühl in den Fingern, Handballen und vielleicht auch im Unterarm aufgebaut haben, beginnen Sie, den Handballen sanft und langsam von links nach rechts zu führen. Beziehen Sie auch Ihren Daumen in die Übung mit ein.

Atmung: ruhig und gleichmäßig
Aufmerksamkeit: ruht auf den Bereichen, die das stärkste Dehnungsempfinden signalisieren
Dauer/Wiederholung: pro Hand 2mal 30–60 Sekunden

Unterarme dehnen

Strecken Sie den rechten Arm waagerecht nach vorne.

Entspannen Sie die Schultern! Umfassen Sie mit der linken Hand Ihre rechte Hand. Ziehen Sie die Hand langsam zum oberen Teil des Unterarms.

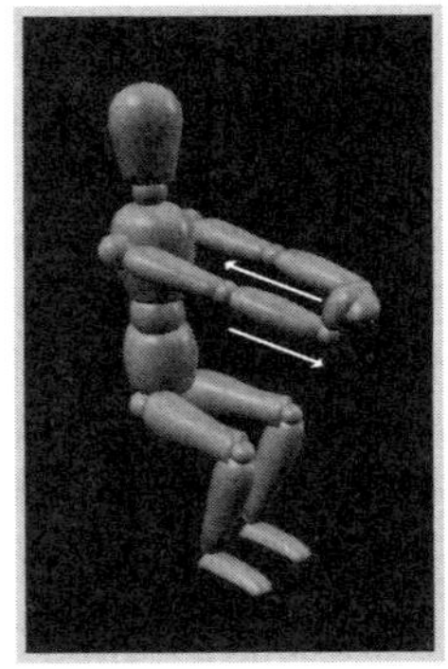

Experimentieren Sie mit der Zugrichtung. Wann erleben Sie die stärkste Dehnungsempfindung? Wechseln Sie anschließend die Arme.

Atmung: Atmen Sie in die Unterseite des gedehnten Unterarms.
Aufmerksamkeit: ruht auf der Unterseite des gedehnten Unterarms
Dauer/Wiederholung: pro Hand 2mal 30–60 Sekunden

Variation: Unterarme dehnen

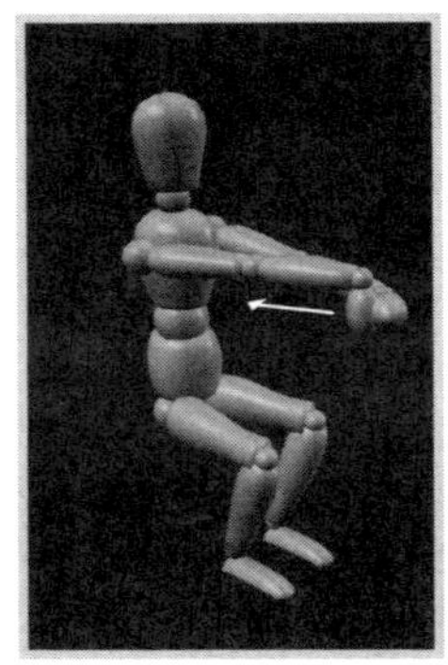

Wie oben beschrieben. Diesmal zeigt jedoch die Handinnenseite nach unten. Stabilisieren Sie mit dem linken Daumen die rechte Handinnenseite am Handgelenk.

Mit Ihrem Mittelfinger und Ringfinger der linken Hand drücken Sie nun den rechten Handrücken – kurz über dem ersten Fingerknöchel – vorsichtig in Richtung Unterseite des Unterarms.

Atmung: Atmen Sie in die Oberseite des gedehnten Unterarms.
Aufmerksamkeit: ruht auf der Oberseite des gedehnten Unterarms
Dauer/Wiederholung: pro Hand 2mal 30–60 Sekunden

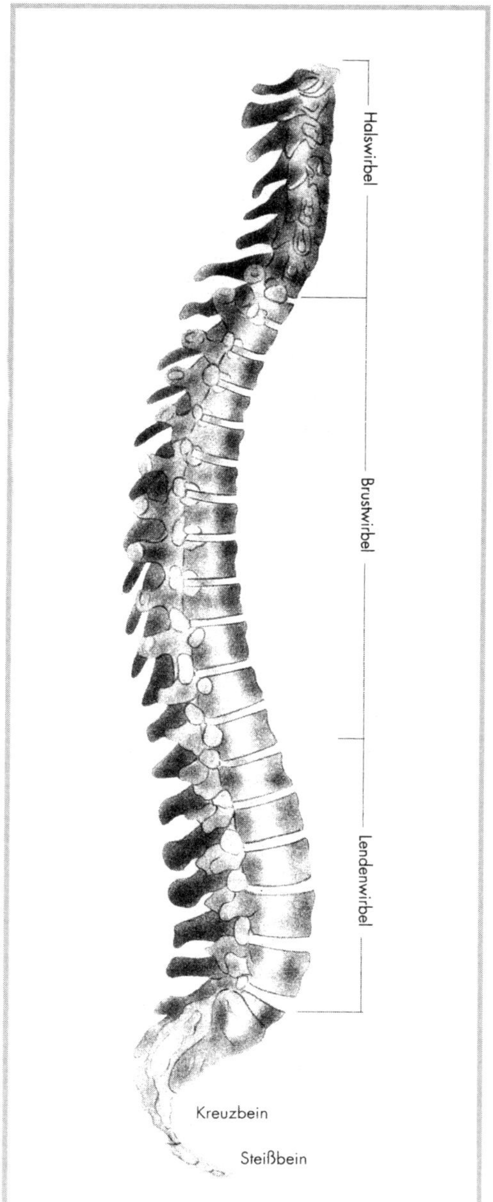

Die Wirbelsäule ist in verschiedene Segmente eingeteilt:
HWS-Bereich = Halswirbelsäule
BWS-Bereich = Brustwirbelsäule
LWS-Bereich = Lendenwirbelsäule

Wirbelsäule – Hüfte

Zur Wirbelsäule gehören mehr als 32 Wirbelkörper und zwei zusammengewachsene Wirbelabschnitte, das Kreuz- und das Steißbein.

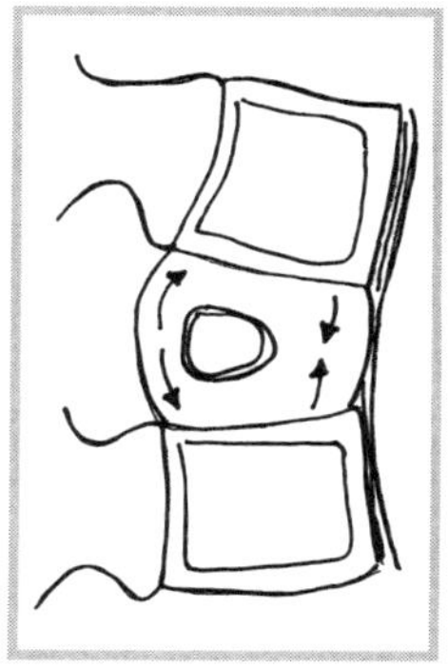

Die Bandscheiben
Die zwischen den einzelnen Wirbelkörpern liegenden Bandscheiben erfüllen eine sehr wichtige Funktion. Ihre Aufgabe besteht darin, die einzelnen Wirbelkörper voneinander zu trennen und die Wirbelsäule als Ganzes elastisch zu halten. Ähnlich wie bei einem Stoßdämpfer federn sie die Erschütterungen der Bewegungen ab. Außerdem unterstützen die Bandscheiben den Rumpf darin, sich in alle Richtungen abbeugen zu können.

Die Bandscheiben bestehen aus einem Faserring und einem gallertartigen Kern. Sie reagieren auf Belastung wie ein in Flüssigkeit liegender Schwamm. Die Seite, die belastet (zusammengepreßt) wird, verliert an Flüssigkeit, während die unbelastete Seite Flüssigkeit aufnimmt.

Fehlt dieser Wechsel – etwa durch einseitige Bewegung oder langes Sitzen –, wird der betroffene Teil nicht ausreichend mit Gewebsflüssigkeit versorgt.

Die Bandscheiben verlieren an Elastizität, werden porös und verformen sich. Es kommt zu schmerzhaften Beschwerden in den betroffenen Bereichen, schlimmstenfalls zu einem Bandscheibenvorfall.

Die Wirbelsäule

Sie ist links und rechts von sehr kräftigem Muskelgewebe umgeben, der sog. Rückenstreckmuskulatur. Diese starken Muskelstränge stabilisieren die Wirbelsäule und geben dem Oberkörper den nötigen Halt.

Durch die einzelnen Wirbelkörper verläuft das Rückenmark. Seine Funktion besteht darin, die Kommunikation zwischem dem Gehirn und dem Muskelgewebe bzw. den inneren Organen sicherzustellen. Ist diese Funktion infolge übermäßiger und einseitiger (Druck-) Belastung eingeschränkt, treten körperliche Beschwerden auf.

Wer seine Wirbelsäule trainiert, sorgt nicht nur dafür, daß seine Bandscheiben ihre Funktion hervorragend erfüllen, sondern unterstützt den gesamten Organismus darin, langfristig leistungsfähig bleiben.

Aktives Sitzen

Im Sitzen hat jeder seine Lieblingshaltung. Doch belastet gerade diese Haltung – über eine längeren Zeitraum eingenommen – den gesamten Organismus erheblich.

Es gibt keine perfekte Sitzhaltung. Keine Sitzhaltung ist so gesund, um darin den gesamten Tag zu verharren. Auf den Belastungswechsel kommt es an! Durch ständiges Variieren der Sitzhaltung – aktives Sitzen – wird die Bandscheibe vielseitig be- und entlastet.

Versuchen Sie deshalb, während Ihrer Arbeitszeit möglichst viele unterschiedliche Sitzpositionen einzunehmen. Zunächst einmal sollten Sie das nächste Mal darauf achten, welche Haltungen Sie bevorzugen, um diese anschließend zu verändern. Und nach längerer Zeit des Sitzens sollten Sie nie vergessen: Stehen Sie auf, und gehen Sie einige Schritte!

Hüfte kreisen und wippen

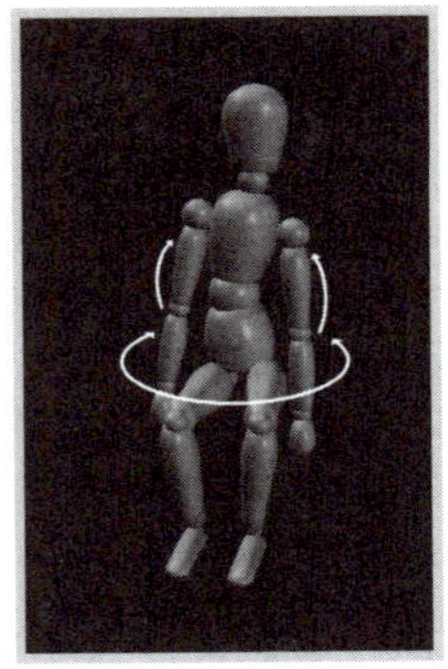

Heben Sie abwechselnd die linke und rechte Gesäßhälfte von Ihrer Sitzunterlage. Bewegen Sie die Hüfte vorwärts und rückwärts. Verbinden Sie beide Bewegungen und führen Sie kreisende Bewegungen in beide Richtungen aus.

Atmung: wird von der Bewegung geführt (z.B. vorbeugen = ein, seitwärts = aus, zurückbeugen = ein, seitwärts = aus usw.)
Aufmerksamkeit: ruht im Lendenwirbelsäulen-Bereich; spüren Sie den einzelnen Bewegungen nach.
Dauer/Wiederholung: solange Sie mögen

Körper aufrollen (sitzend)

Beugen Sie Ihren Oberkörper bis zu den Oberschenkeln ab. Neigen Sie zuerst den Kopf, und lassen Sie dann – ganz langsam – den Oberkörper folgen.

Richten Sie sich anschließend – von der Lendenwirbelsäule ausgehend – ganz langsam nach oben hin auf.

Achten Sie darauf, mit beiden Gesäßhälften auf der Sitzfläche zu bleiben!

Atmung: abwärts = aus, aufwärts = ein
Aufmerksamkeit: ruht auf den einzelnen Wirbelkörpern und auf der Rückenstreckmuskulatur
Dauer/Wiederholung: 3–5mal

Brust hervorschieben

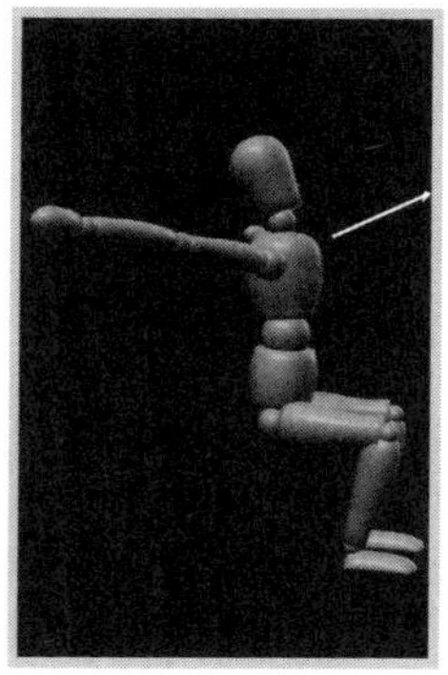

Richten Sie sich auf. Schieben Sie den Brustkorb gerade nach vorn, während Sie die waagerecht ausgestreckten Arme synchron nach hinten führen. Der Kopf schaut dabei in der Endposition (Brust ist vorn) im 45-Grad-Winkel nach oben. Wenn Sie den Oberkörper und die Arme zurückführen, begibt sich der Kopf in eine aufrechte Position.

Atmung: Brust öffnen = ein, Brust zurückführen = aus
Aufmerksamkeit: Einatmungsgefühl im Brustraum, Dehnung der Rippen und Brustmuskulatur (speziell am Oberarmansatz)
Dauer/Wiederholung: Bleiben Sie ca. 10–15 Sekunden in dieser Position, und atmen Sie ruhig weiter. 3–5 Wiederholungen.

Bauch strecken

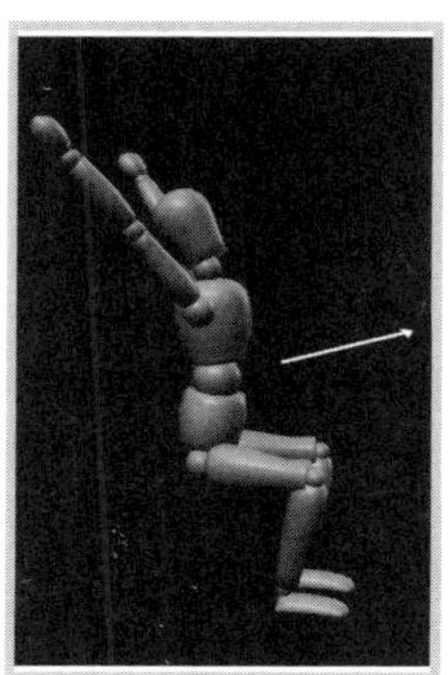

Richten Sie sich erneut auf. Die Bewegungsausführung wird diesmal vom Bauch bestimmt, während die Arme nach oben gestreckt und nach hinten geführt werden. Vermeiden Sie eine zu starke Hohlkreuzbildung. Stellen Sie sich vor, daß Ihr Bauch die Bewegung führt, *nicht* die Wirbelsäule!

Atmung: Bauch vor = ein, Bauch zurückführen = aus
Aufmerksamkeit: Einatmungsgefühl im Bauchraum, Dehnung der Vorderseite des gesamten Oberkörpers
Dauer/Wiederholung: Bleiben Sie ca. 10–15 Sekunden in dieser Position, und atmen Sie ruhig weiter. 3–5 Wiederholungen.

Beine

Das Herz ist der Antriebsmotor des Körpers. Durch die Arterien wird das Blut in die Körperperipherie gepumpt und versorgt das Gewebe mit lebenswichtigen Nährstoffen. Über die Venen gelangt das Blut schließlich zurück zum Herzen, und wird über den Lungenkreislauf wieder mit Sauerstoff versorgt.

Die Venen

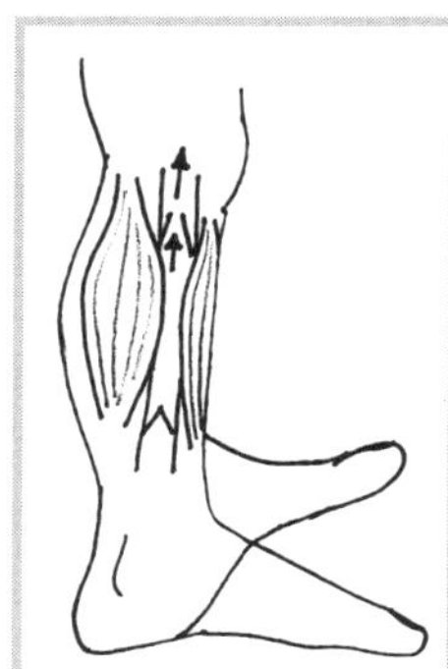

Die Venen sind – speziell in den Beinen – auf die aktive Mitarbeit der sie umschließenden Muskeln angewiesen. Durch den rhythmischen Wechsel von An- und Entspannung der Muskulatur, (z. B. beim Gehen), wird der natürliche Rückfluß zum Herzen unterstützt. Dabei verhindern die Venenklappen ein Rückfließen des Blutes in die entgegengesetzte Richtung. Dieser Vorgang wird in der Fachliteratur als Muskelpumpe beschrieben.

Durch langes Sitzen und die damit verbundene Inaktivität der Beinmuskulatur kann es zu einem Blutstau in den Beinen kommen. Verbrauchte Nährstoffe werden schlechter abtransportiert, die Füße schwellen, die Beine werden „dick" und fühlen sich schwer an.

Sollte noch eine Gewebsschwäche der Venenwände bestehen, können sich über kurz oder lang Krampfadern bilden. Sie stellen nicht nur ein kosmetisches Problem dar, sondern in ihnen können sich erhebliche Blutmengen (bis zu 1 Liter) ansammeln. Die Folgen sind u. a. Herzbeschwerden, Schwindelgefühle und Ohnmachtsanfälle.

Für Ihr Gesundheitsmanagement bedeutet dies:

- Stehen Sie häufiger auf. Bewegen Sie sich.
- Tragen Sie möglichst weite, bequeme Kleidung. Durch das Sitzen kommt es ohnehin – infolge des ungünstigen Sitzwinkels – zu einem erschwerten Bluttransport im Bereich der Leistenvenen.
- Achten Sie auf Ihr Gewicht.
- Ziehen Sie Ihre Schuhe aus. Bewegen Sie Ihre Zehen spielerisch in alle Richtungen.
- Nutzen Sie die nachfolgenden Übungen regelmäßig.

Fußwedeln

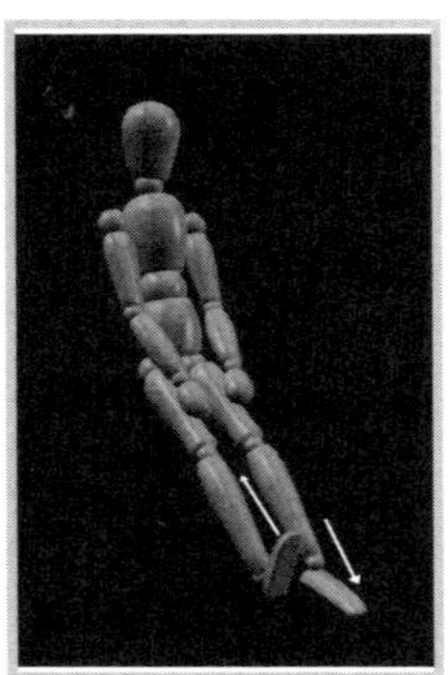

Rücken Sie mit Ihrem Gesäß bis an die vordere Stuhlkante.

Strecken Sie Ihre Beine. Lehnen Sie Ihren Oberkörper zurück an die Rückenlehne.

Bewegen Sie Ihre Füße rhythmisch auf und ab. Entspannen Sie währenddessen Ihre Oberschenkel.

Atmung: ruhig und gleichmäßig
Aufmerksamkeit: Waden- und Schienbeinmuskulatur, Oberschenkel
Dauer/Wiederholung: 1–2 Minuten

Variationen:

- Füße kreisen
- Füße nach innen und außen führen
- Oberschenkel-Unterschenkel im rechten Winkel aufstellen, Ballen und Ferse wechselseitig heben und senken

Oberschenkel dehnen (Rückseite)

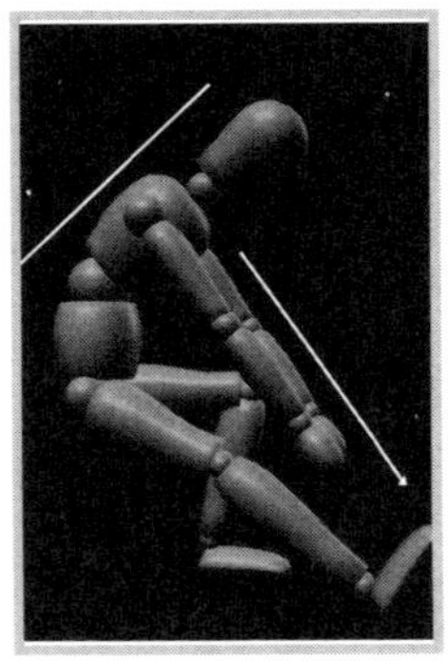

Sie sitzen auf der Stuhlkante. Das rechte Bein ist gestreckt. Der Fuß ist entspannt. Ihr linkes Bein ist angewinkelt. Beugen Sie Ihren Oberkörper langsam so lange nach unten ab, bis Sie ein deutliches Dehnempfinden in der Rückseite Ihres Oberschenkels wahrnehmen. Arbeiten Sie mit der Bewegungsvorstellung, daß Ihr Brustkorb Ihr Knie berühren möchte. Danach wechseln Sie die Seiten.

Atmung: Oberkörper nach unten = aus, unten halten = ruhig und gleichmäßig weiteratmen, Oberkörper nach oben = ein
Aufmerksamkeit: Rückseite der Oberschenkel
Dauer/Wiederholung: 20–30 Sekunden

Variation: Oberschenkel dehnen (Rückseite)

Wie oben. Diesmal ziehen Sie die Fußspitze in Richtung des Knies. Vergleichen Sie beide Varianten miteinander. Im zweiten Fall sollte sich die Dehnung in den Wadenbereich verlagern.

Oberschenkel dehnen (Vorderseite)

Stellen Sie sich hin. Der Kopf ist aufrecht und richtet den Oberkörper sanft auf. Heben Sie Ihr rechtes Bein, und ergreifen Sie mit der linken Hand Ihren rechten Fuß. Dabei zeigt das rechte Knie in den Boden. Ziehen Sie die rechte Hacke zum Gesäß, während Sie Ihre Hüfte langsam nach vorne schieben. Falls Sie unsicher stehen, halten Sie sich mit der rechten Hand an der Stuhllehne fest.

Atmung: Beatmung der Vorderseite des Oberschenkels
Aufmerksamkeit: Lendenwirbelsäule gerade, Dehnungsempfinden des Oberschenkels
Dauer/Wiederholung: 20–30 Sekunden

Fahrstuhl

Stellen Sie sich hin. Ihre Füße stehen parallel (etwa doppelte Schulterbreite auseinander).

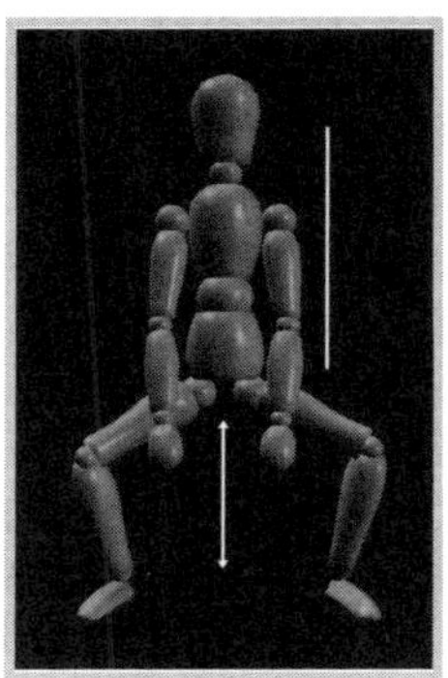

Bewegen Sie sich in fünf Stufen nach unten. Ihr Oberkörper bleibt dabei aufrecht. Halten Sie jede Stufe für mindestens 5 Sekunden, sowohl in der Abwärts- als auch in der Aufwärtsbewegung.

Vermeiden Sie es, sich tiefer als in einem rechten Winkel (Ober- zu Unterschenkel) abzubeugen.

Atmung: ruhig und gleichmäßig
Aufmerksamkeit: Beine
Dauer/Wiederholung: mindestens 5 Sekunden pro Stufe

Tänzeln

Wartezeiten (z. B. vor dem Kopierer) können Sie aktiv überbrücken, indem Sie auf den Fußballen balancieren.

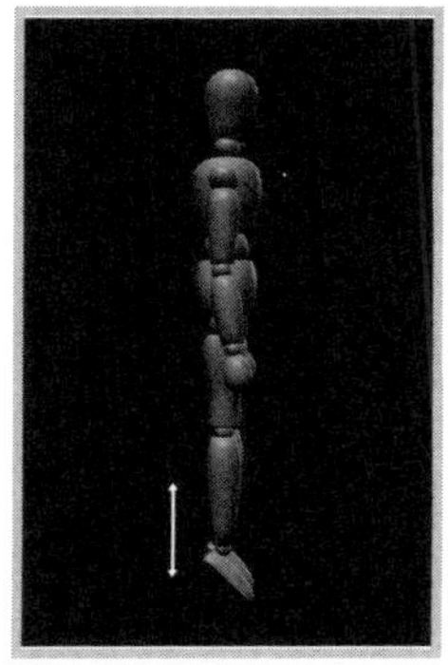

Heben Sie dabei den gesamten Körper langsam auf und ab.

Atmung: ruhig und gleichmäßig
Aufmerksamkeit: Beinmuskulatur
Dauer/Wiederholung: solange Sie mögen

Variation: Tänzeln

- Belasten Sie mal das rechte, mal das linke Bein stärker.
- Bleiben Sie mit einem Bein (Knie leicht angewinkelt) fest am Boden, während das andere Bein abwechselnd kreisende, schwingende, auf- und abwärts gerichtete Bewegungen vollzieht.

Ganzkörperübungen

Die körperliche Intelligenz nutzen

Aktivieren Sie Ihre natürlichen Selbstheilungskräfte, indem Sie Ihre körperliche Intelligenz nutzen.

Was tun Sie, wenn Sie Bauchschmerzen haben? Genau, Sie legen Ihre Hand auf die schmerzende Stelle.

Was tun Sie, wenn Sie Kopfschmerzen plagen? Richtig, Sie reiben sich die Schläfen und massieren Ihren Kopf.

Warum tun Sie das? Weil Ihr Körper sehr genau weiß, was er benötigt, um gesund

und leistungsfähig zu bleiben. Warten Sie nicht, bis sich unüberhörbare Signale der Überlastung einstellen, handeln Sie vorbeugend. Schaffen Sie sich Freiräume, in denen Sie sich heilsame Aufmerksamkeit schenken.

- Klopfen, streicheln, schütteln und strecken Sie Ihren Körper.
- Massieren Sie Ihre Muskulatur (nicht die Knochen!). Dafür benötigen Sie kein Fachwissen. Vertrauen Sie darauf, daß Ihr Körper schon die richtigen Bewegungen „zeigen" wird. Vermeiden Sie dabei, entzündete bzw. lädierte Körperbereiche zu massieren.
- Versuchen Sie, die Stellen an Ihrem Körper zu lokalisieren, die auf Druck besonders schmerzhaft reagieren. Bearbeiten Sie diese Punkte besonders aufmerksam, indem Sie mit dem Daumen oder den Fingerspitzen sanften, kreisenden Druck ausüben. Atmen Sie währenddessen in die empfindliche Muskulatur hinein.
- Reiben Sie Ihre Hände so lange, bis sie angenehm warm geworden sind. Anschließend legen Sie sie auf die Stellen, die im Moment besondere Zuwendung benötigen. Überlassen Sie Ihrem Körper diese Entscheidung. Genießen Sie die wohltuende Wärme, die von Ihren Händen ausgeht.
- Versuchen Sie, verspannte Körperregionen aufzuspüren und durch sanftes Schütteln aufzulockern. Wechseln Sie die Intensität. Spüren Sie nach, inwieweit sich der Bewegungsimpuls auf andere Körperregionen überträgt.

Atmung: ruhig und gleichmäßig
Aufmerksamkeit: ruht auf den betreffenden Körperregionen
Dauer/Wiederholung: solange Sie mögen

- Versuchen Sie, die Übungen so aufmerksam wie möglich zu machen! Je intensiver Sie Ihren inneren Empfindungen „lauschen", desto eher können Sie Ihre Bedürfnisse klar einschätzen und danach handeln.
- Weniger ist mehr! Oft sind es die kleinen, natürlichen Bewegungen, wie z. B. Gähnen, Recken und Strecken oder das spontane Ausschütteln einzelner Körperteile, die effektiv wirken. Es bieten sich jeden Tag viele kleine Gelegenheiten, in denen Sie mit wenig Aufwand viel bewirken können.
- Achten Sie auf Ihre Körpersignale. Was möchte Ihr Körper Ihnen Wichtiges mitteilen?
- Beatmen Sie die zu trainierenden Körperbereiche.
- Üben Sie, solange Sie Spaß haben. Die empfohlenen Angaben über Dauer bzw. Wiederholungshäufigkeit verstehen sich als Richtwerte.
- Versuchen Sie, bei der Übungsausführung Oberkörper und Kopf aufrecht zu halten. Stellen Sie sich vor, daß eine unmerkliche Kraft Ihren Kopf am Scheitelpunkt aufwärts nach oben zieht, während Ihr Becken sanft nach unten sinkt.
- Entspannen Sie die Schultern. Stellen Sie sich vor, daß Ihre Arme an den Fingerspitzen ganz sanft abwärts nach unten gezogen werden.
- Vergleichen Sie Ihre Körperempfindungen vor und nach einer Übung. Fragen Sie sich: „Was genau hat sich verändert? Wie hat es sich verändert?"

Leitsätze für Ihr Übungsprogramm

Stretching

Diese Übung kann sowohl im Sitzen als auch im Stehen durchgeführt werden. Dehnen, recken und strecken Sie sich ausgiebig in alle Richtungen. Ihr Körper kennt genau das Maß an Dehnung, die vitalisierend und ausgleichend wirkt.

Spüren Sie dazu in sich hinein. Lassen Sie die Bewegungen von Ihrem Körper lenken. Erlauben Sie den Bewegungsimpulsen, sich bis in die Zehen- und Fingerspitzen auszubreiten.

Aktivieren Sie vor allem auch den unteren Bereich des Körpers. Gerade die Gesäßpartie, die rückseitige Oberschenkelmuskulatur und die Wadenpartien neigen infolge des langen Sitzens häufig zu Verspannungen.

Sie können das Stretchen unterstützen, indem Sie so tun, als ob Sie gähnen müßten. Öffnen Sie den Mund weit, und atmen Sie dabei so tief es Ihnen möglich ist ein. Wiederholen Sie diesen Vorgang so lange, bis Ihr Körper dieses Angebot verstanden hat und von allein anfängt zu gähnen.

Noch ein kleiner Tip

Sie werden sicherlich Phasen haben, in denen Sie völlig „vergessen" werden, daß Sie beschlossen haben, regelmäßig etwas für Ihre Gesundheit zu tun. Vielleicht werden Sie sich auch nur daran erinnern, jedoch keine Lust haben, eine dieser Übungen durchzuführen.

Statt sich dafür zu verurteilen und sich mit Gewissensbissen herumzuschlagen, sollten sie lieber großmütig sein. Nobody is perfect!

Gönnen Sie sich diese Trainingspausen in der Gewißheit, daß Sie sehr bald Ihre Aktivitäten wieder aufnehmen werden. Warten Sie jedoch nicht zu lange. Je mehr Zeit verstreicht, desto schwieriger wird der Wiedereinstieg. Erinnern Sie sich in solchen Momenten daran, daß Sie mit jeder Übung dafür sorgen, daß es Ihnen langfristig besser gehen wird.

Weiterführende Literatur

Bullinger, Hans, Ergonomie – Produkt- und Arbeitsplatzgestaltung, B. G. Teubner Verlag, Stuttgart 1994

Dethlefsen, Thorwald, Krankheit als Weg, Goldmann Verlag, München 1996

Höhnke, Olaf/Ramme-Wichmann, Astrid, Bewegung und Entspannung am Arbeitsplatz, Georg Thieme Verlag, Stuttgart 1990

Kempf, Hans, Die Rückenschule, Rowohlt Verlag, Reinbek 1990

Kopp, E., Die Berufskrankheit heißt RSI, Kontrapunkt 8/1991

Langbein, Kurt, Mühlberger, M., Skalnik C. u.a., Kursbuch Lebensqualität, Kiepenheuer & Witsch Verlag, Köln 1995

Öko-Test-Sonderheft (Nr. 17–95/96), Büro, Öko-Test Verlag

Ritter, Monika, Bewußte Körperschulung – Das Übungsprogramm für die Wirbelsäule, Mosaik Verlag, München 1987

Rückerl, Thomas/Ehrlich, Jörn, NLP in Action, Junfermann Verlag, Paderborn 1997

Teegen, Frauke, Ganzheitliche Gesundheit, Rowohlt Verlag, Reinbek 1990

Stichwortverzeichnis

G

H

I

K

L

M

U

V

W

Z